本书系太原科技大学 2018 年度校博士基金项目"行政执法效能的程序保障机制研究"（编号：w20182006）的阶段性研究成果。

行政执法效能的
程序保障机制研究

——兼论行政执法程序立法完善

XINGZHENG ZHIFA XIAONENG DE
CHENGXU BAOZHANG JIZHI YANJIU

王亚利◎著

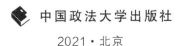

中国政法大学出版社

2021·北京

图书在版编目（CIP）数据

行政执法效能的程序保障机制研究：兼论行政执法程序立法完善/王亚利著.—北京：
中国政法大学出版社，2021.8
　ISBN 978-7-5764-0025-0

Ⅰ.①行…　Ⅱ.①王…　Ⅲ.①行政执法－研究－中国　Ⅳ.①D922.114

中国版本图书馆CIP数据核字(2021)第178719号

出　版　者　　中国政法大学出版社
地　　　址　　北京市海淀区西土城路25号
邮寄地址　　北京100088 信箱8034分箱　邮编100088
网　　　址　　http://www.cuplpress.com (网络实名：中国政法大学出版社)
电　　　话　　010-58908435(第一编辑部) 58908334(邮购部)
承　　　印　　保定市中画美凯印刷有限公司
开　　　本　　720mm×960mm　1/16
印　　　张　　19.25
字　　　数　　305 千字
版　　　次　　2021 年 8 月第 1 版
印　　　次　　2021 年 8 月第 1 次印刷
定　　　价　　66.00 元

序

　　亚利于 2014 年开始博士生的学习生涯，期间，她希望能以行政程序领域为其博士论文研究的方向。根据我的建议，亚利选择以行政执法效能的程序保障机制研究作为她的博士论文选题。亚利在读博期间，学习、工作、家庭均要照顾，自然十分辛苦，她能够按期完成博士论文写作并顺利通过答辩，想是付出了极大的辛苦的。毕业之后，亚利继续对这一主题进行思考，结合新的行政执法实践，对论文进行修改锤炼，呈现出了一份更为完善的研究成果。作为导师，我为亚利的博士论文得以成书出版而感到由衷高兴，遂应她所邀，写下只言片语。

　　广义行政执法是指行政机关实施法律规范的活动。法律制定后，其预设的客观法秩序能否得以形成，与行政执法的效能密切相关。当前，行政执法实践依然面临着双重问题：一方面是部分执法人员违法行使执法权，损害相对人权利；另一方面是行政执法中违法不究、执法不严、执法不力等现象较为突出，法律法规得不到有效的实施，法秩序得不到有效确立，呈现出执法效能不足的状况。行政执法效能不足，形式上体现为国家立法得不到有效实施，实质上是政府未能提供有效的公共治理和公共服务，最终受损害的是公共福祉和人民的利益。如何提升行政执法的效能，既是行政执法制度改革的难点，也是当前需要学界予以回应的重大课题。

　　行政执法效能的提升与行政执法体制机制的完善均有密切关系，行政执法程序机制的完善为其中的重要组成部分。当前，行政执法体制改革进展缓慢，新行政诉讼法加大了法院对执法活动司法审查，行政执法程序机制的完善无疑更突显其现实意义。传统秩序行政背景下的行政程序关注个体权利保障，行政程序法律制度带有很强的主观法色彩，防止行政权滥用、更好保障公民权利，一直是、当然依然是程序法治在行政领域要解决的核心问题。但随着行政职能的扩张，传统控权理念下建构的行政程序法律制度已不足以满足保障行政目标得以有效实现的现实需求。行政活动性质上是一种积极的国家作用，国家法律的有效实施，优质的公共服务的提供，都依赖于一个有效率的政府。因此，程序立法不能单纯限权，亦需要通过立法来提升行政效能，通过优化行政程序，推动社会和经济的发展；通过立法促使执法人员积极作为，保障法律得到有效实施；通过立法设置合理科学的程序，使得行政资源得到优化配置。亚利的新著《行政执法效能的程序保障机制研究——兼论行政执法程序立法完善》围绕如何完善行政执法程序法律制度以提升行政执法效能展开了深入、系统的研究，无疑很好地回应了现实问题。

效能原则能否作为行政法基本原则予以确立，是"通过完善行政程序机制提升执法效能"这一命题的讨论是否有意义的理论前提。那么，效能原则可否纳入行政法基本原则体系？本书通过对于行政法学说史的回顾、行政法学研究视野及方法转变轨迹的梳理、行政效能在成文法中的规范分析、以效能为导向的行政法实践之考察，提出并论证了应当承认行政效能的行政法基本原则地位。这一结论，是对于行政法理念变革的重申，也是本书的理论意义之一。以此为出发点，针对行政执法效能不足之现状及原因，本书较好论证了行政程序在促进执法效能方面有诸多作用空间。

行政执法程序制度内容多，体系庞杂，如何对诸多程序制度进行合理结构安排，难度很大，我至今还记得亚利的博士论文大纲拟定过程中，我们反复讨论了很多次，最后确定的结构应当说很好地解决了这一问题。本书从外部程序机制、内部程序机制、信息化程序机制三个方面，将纷繁复杂、制度差异性很大的诸多执法程序制度，以一种合理的结构和体系予以展现，并逐项进行了系统研究。在外部程序机制上，主张从行政过程的整体检视，应当积极形塑有利于行政任务实现的行政过程，改变传统行政程序"控权功能"对于过程的忽视；在内部程序机制上，着力于通过内部程序机制解决碎片化执法体制引起的执法效能问题；在信息化程序机制上，提出应当体现信息化时代行政所需的特别程序环节与形式，实现工业时代行政程序向信息化时代行政程序的转型。在论文写作阶段，执法信息化还处于初始发展阶段，相关的探讨还比较零散。基于行政执法信息化的具体实践的考察，本书对信息化时代行政执法的特别程序环节提出了较为全面和具体的立法建议，值得肯定。

近年来，完善行政执法程序立法在各个层面展开。《中华人民共和国行政处罚法》已于 2021 年 1 月修订，将于 2021 年 7 月实施；《中华人民共和国行政许可法》《中华人民共和国行政强制法》的修订渐次列入立法议程，相应程序制度的修改和完善构成修法的重要组成部分；《国务院办公厅关于全面推行行政执法公示制度执法全过程记录制度重大执法决定法制审核制度的指导意见》《司法部全面推行行政执法公示制度执法全过程记录制度重大执法决定法制审核制度实施办法》相继出台，推动了以行政执法三项制度为核心的执法程序制度改革；随着大数据在行政管理和公共服务中的深度应用，执法活动的信息化发展呈现出日新月异的状态。在诸多执法程序制度改革和完善举措中，均能看到行政执法效能这一目标的设定，相应对于程序机制的完善也提出了诸多新的思考。希望在未来，亚利对本书主题仍能给予持续的关注和思考，在相关理论研究方面有更为突出的贡献。

亚利现在已经是硕士生导师，我由衷地为她取得的成绩由衷感到高兴，更欣喜于学术的传承所带来的希望。祝愿亚利在学术的道路上走得更远、更扎实！

是为序。

王万华

2021 年 2 月于哥伦比亚大学

Contents

目录

绪　　论

一、研究背景

随着我国中国特色社会主义法律体系的建成，法规范的供给相对来说已经比较充足，如何确保法律法规得到有效的实施，成为新时期法治建设的关键。这其中，大多数法律法规需要依靠行政执法来得到贯彻和落实，因此，行政执法是最直接反映行政效能的环节，它关系到理想法秩序的形成，关系到法律法规的有效实施，决定着国家法治建设的整体质量。2015年国务院印发的《法治政府建设实施纲要（2015—2020年）》中论及"坚持严格规范公正文明执法"的目标时指出："权责统一，权威高效的行政执法体制建立健全、法律法规规章得到严格实施，各类违法行为得到及时查处和制裁，公民、法人和其他组织的合法权益得到切实保障，经济社会秩序得到有效维护，行政违法或不当行为明显减少，对行政执法的社会满意度显著提高。"这段话中虽未直接使用"行政执法效能"的概念，但其中表达出对于行政执法效能的追求。但是，尽管法治理念、执法制度、执法体制不断更新，当前行政执法实践仍然面临着双重问题：一方面是违法行使执法权，损害相对人权利；另一方面是行政执法中执法不严、执法不力、违法不究等现象较为突出，呈现出执法效能严重不足的状况。因此，行政执法面临着双重的需求，一方面要解决行政执法的合法性与正当性问题，而另一方面要解决执法效能不足的问题。而后者，在相当长的一段时间内并未引起制度变革的足够关注。

1990年以来，行政执法领域的法律制度越来越趋完备，但是这些法律制度更多关注的是行政执法的规范性与正当性问题，旨在以规范执法权、防止执法权滥用、提升执法行为的可接受性为要旨。如《中华人民共和国行政处罚法》（以下简称《行政处罚法》）、《中华人民共和国行政许可法》（以下简称《行政许可法》)、《中华人民共和国行政强制法》(以下简称《行政强制法》)的制定便是如此,而相关行为的执法程序也旨在通过程序的规范、公开及公平,规范行政权依法行使,保护公民权利不受侵害。《中华人民共和国行政诉讼法》(以下简称《行政诉讼法》)、《中华人民共和国行政复议法》(以下简称《行政复议法》)等救济法则通过外部、内部的权力制约,以达到防止执法权滥用之目的。所有这些制度变革,都围绕着合法性与正当性的主题而展开,而对于行政执法有效性的回应则有所不足。[1]而随着社会主义法律体系的建成,面对执法效能严重不足的状况,行政执法体制改革、执法规范化建设、执法方式创新、执法技术革新等措施逐步实施,意味着提升执法效能的制度变革也相应开启。

这种变化其实也符合行政法治发展的规律。英国行政法里有一个灯论的启示,其要义是,行政权力的行使,一般都经历从绿灯到红灯,再到黄灯的发展演变过程,即"绿灯—红灯—黄灯"模式。[2]我国行政法治的发展历程,也印证了这样的规律,即从开始阶段注重维护公共秩序而给政府权力过多,给相对人设置义务多,到注重控制行政权力不被滥用的现阶段,《行政处罚法》《行政许可法》和《行政强制法》的制定和实施,便是进入这一阶段的体现。但是,当法规范越趋充分和完善的时候,执法效能的问题也日趋突出。典型的例证是,我们有最严厉的《中华人民共和国食品安全法》(以下简称《食品安全法》),然而食品安全违法行为却屡禁不止。到此阶段,执法效能的提升也成了相应制度变革和实践举措的关注点。

诚然,执法效能的提升有待于执法体制等各种综合性因素的变革,但不容忽视的是,程序机制在提升执法效能方面仍能发挥自己的作用。在体制改革缓慢的现实背景下,通过程序机制的改革提升行政效能,也是一条可行的

---

〔1〕 张晓:"我国行政执法制度变革的新制度主义解读",载《湘潭大学学报(哲学社会科学版)》2012年第1期。

〔2〕 在绿灯阶段,法律规则是以公共秩序的维护为目标,相应的就是立法给行政机关开绿灯多,也即行政机关权力多,行政相对人义务多。如此一来,行政主体容易滥用权力,于是,社会舆论转向质疑行政机关的权力过大,行政法开始转向给行政主体亮"红灯",要求限制和控制行政权力,以防止权力过度侵犯相对人的权利和自由。这样的"红灯阶段"必然会带来行政主体不积极行政、消极对待职务的履行,给社会秩序的维护带来普遍不作为的现实困扰,这也不是应有的法治状态。于是,行政法再向"黄灯"阶段转化,也就是既要加快行驶,又要警示其注意安全,也就是要求行政主体既不能滥用权力,侵犯相对人的权利,又要积极作为,为公民和社会提供公共产品和公共服务。

路径。最为强有力的例证是，在审批领域，以效能为导向的各种程序机制创新，在各地屡屡有实践，克服了体制的弊端，发挥了较好的效果，这种效能为导向的程序改革，一定程度能够说明程序机制在提升行政效能方面有较大的作为空间。

而对于行政程序来说，行政程序的效能价值在理论界、立法界未能获得足够的重视，传统行政程序以"控权"为单一视角，忽视了在促进理性，提高效能方面，程序应该有的作为空间和制度设计。但是，这种状况在逐步改变，随着现代行政的变迁，公共行政呈现出新的样态，行政任务之巨要求政府积极作为，而以司法权为蓝本构造的正当程序无法回应"积极行政"与"良好行政"之诉求。在实践中，传统行政程序面对公共行政的变革也在进行积极有效的自我更新，将效能作为行政程序机制创新的一个考量基点。对于正当行政程序法律功能的认识也逐渐从单纯的自然法色彩的权利保障功能转向具有功利色彩的行政效能之提升。[1]

因此，在我国，统一的行政执法程序立法的时机已经成熟，以此为契机，通过行政执法程序立法，发挥程序制度在促进行政效能方面的作用，既可回应行政执法对于效能的现实需求，也能够借此实现行政程序功能的转变。

二、研究现状

由于论文选题旨在回答如下问题：①行政效能可否成为行政法的根本价值？可否纳入行政法基本原则体系？②为何行政程序能够促进效能？③行政执法效能不足之原因分析。④执法程序在促进执法效能方面的作用空间和制度设计。因此，对于研究现状的介绍分为如下几方面。

（一）行政效能作为行政法的根本价值和基本原则

进入 20 世纪中后期，面对公共行政变迁的新现象，德国学者沃尔夫、巴霍夫和施托贝尔在其编写的行政法教材中明确，行政法学应当积极回应行政实践的反馈，"将行政法转化为行政实践是法学研究的目的和任务，所以要

---

〔1〕 唐明良、骆梅英："地方行政审批程序改革的实证考察与行政法理——以建设项目领域为例"，载《法律科学（西北政法大学学报）》2016 年第 5 期。

从实践需要和行政效果的角度对行政法进行超正义的实用主义的研究"。[1]
德国著名行政法学者施密特·阿斯曼教授认为，所有法律均以其有效性为目
标，据此，阿斯曼教授明确地提出了行政法学应当具有的两个研究路径：一
是保护人民权利，二是有效执行行政任务。日本的大桥洋一教授，其在《行
政法学的结构性变革》一书中开篇指出传统行政法学的弊端，认为行政法学
"闭关锁国"，舍去了政治学视角、社会学分析、文化洞察等，偏重于纯粹法
学上的考察，关注不到真实的行政法问题，忽视合目的性等标准，成为其自
身发展的桎梏。基于此，他提出应整合行政学和立法学以重构行政法学，并
引进政策评价视点。[2]以上这些学者的观点，对行政任务的关注、合目的性
和效率、行政与行政法学的融合以及法学以外其他学科知识的运用，无不折
射出行政效能的考量基点。

　　我国行政法学界其实从未忽视对行政效能、效率的关注。梳理行政法初
创早期到现在有关行政法基本原则的表述，会发现将行政效能或效率纳入行
政法基本原则体系的观点一直有之。最初是对于效率的关注，1988 年罗豪才
教授在他主编的《行政法论》一书中指出，行政法的基本原则包括行政法治
原则和民主与效率相协调的原则。很多学者承继了这一观点，在有关行政法
基本原则的研究中，认为行政法基本原则应当包括行政效率。[3]如章剑生教
授认为，行政法基本原则应当以有效率的行政权和有限制的行政权为基点进

---

〔1〕　［德］汉斯·J. 沃尔夫、奥托·巴霍夫、罗尔夫·施托贝尔：《行政法》（第1卷），高家
伟译，商务印书馆 2002 年版，第 13 页。

〔2〕　［日］大桥洋一：《行政法学的结构性变革》，吕艳滨译，中国人民大学出版社 2008 年版，
第 3~22 页。

〔3〕　有学者认为行政法基本原则应当表述为自由、权利保障原则，依法行政原则和行政效益原
则，参见薛刚凌："行政法基本原则研究"，载《行政法学研究》1999 年第 1 期。有学者并在行政法
治原则核心基础上增加行政效率原则、行政公开原则，参见姜明安主编：《行政法与行政诉讼法》，
北京大学出版社、高等教育出版社 1999 年版，第 44 页。也有学者认为，在新世纪，我国行政法的实
体性基本原则主要包括依法行政原则、尊重和保障人权原则、越权无效原则、信赖保护原则和比例原
则；行政法的程序性基本原则包括正当法律程序原则、行政公开原则、行政公正原则、行政公平原
则。参见姜明安："行政法基本原则新探"，载《湖南社会科学》2004 年第 2 期。有学者提出应当区
分行政法的最高形式原则和行政法的基本原则两个不同层次的概念，诚信原则应当为行政法最高形式
原则，它派生出法律优先、法律保留、比例、信赖保护、行政公开、行政效率等六项行政法的基本原
则，参见刘莘、邓毅："行政法上之诚信原则刍议"，载《行政法学研究》2002 年第 4 期。

行表述。[1]也有学者在行政法基本原则体系中直接提出行政效能原则。[2]另有学者将行政法的根本价值定位成消极和积极两个面向，并在此基础上构造行政法的两项基本原则：依法行政原则与行政效能原则。[3]新近，有学者提出应把成本收益分析原则列为行政法基本原则，它兼具方法、工具、原则的功能。同时认为，效能原则在科学性与程序结构上的欠缺无法成为有利于行政权行使的优化及效益标准的基本原则，应为成本收益原则吸收。[4]

从以上学者们对于行政法基本原则的表述来看，尽管具体的归纳表述丰富多彩，但有一个共同点是，在传统的控权面向之外，认识到了行政效率或效能的问题，而最近的研究，则重提行政效能原则，并对其规范内涵及具体适用进行深入的阐释。[5]需要强调的是，尽管从行政法初创早期开始，将行政效率或效能作为行政法基本原则的观点一直都有肯定论者，但是从未成为主流学说。有以下因素：其一，在早期，行政法学的目标取向着眼于行政行为的形式合法，而对于过程和实务则不予过问。其二，传统行政法学以司法审查和权利救济为最终落脚点，而法院关注的是行政的合法性问题，行政的有效性问题不在其考量范围内，因此也无法形成与行政法的互动。其三，既有肯定论的主张者们尚未对效能原则提供非常有说服力的和清晰的阐释。[6]

近年来，"新行政法"逐渐成为我国行政法学上的一个新的名词，尽管它表征的内涵与外延还不确定，但不容否认，其影响在逐步扩大。新行政法的研究中，我国许多学者开始注意到传统行政法忽视行政任务和政策目标的

〔1〕 行政法基本原则应当以有效率的行政权和有限制的行政权为基点，确立行政行为效力推定原则、行政自由裁量原则和司法审查优先原则；以有限制的行政权为基点，确立行政职权法定原则、行政程序正当原则和多元控权必要原则。参见章剑生："现代行政法基本原则之重构"，载《中国法学》2003年第3期。

〔2〕 姜明安、余凌云主编：《行政法》，科学出版社2010年版，第99页。沈岿："论行政法上的效能原则"，载《清华法学》2019年第4期。

〔3〕 朱新力、唐明良等：《行政法基础理论改革的基本图谱——"合法性"与"最佳性"二维结构的展开路径》，法律出版社2013年版，第54~61页。

〔4〕 郑雅方："论我国行政法上的成本收益原则：理论证成与适用展开"，载《中国法学》2020年第2期。

〔5〕 沈岿："论行政法上的效能原则"，载《清华法学》2019年第4期。

〔6〕 沈岿："论行政法上的效能原则"，载《清华法学》2019年第4期。

结构性缺失，开始探索旨在有效实现行政任务、提升行政效能的新路径。[1]
沈岿教授《监控者与管理者可否合一：行政法学体系转型的基础问题》一文
中综观既有新行政法的研究，认为在各种新行政法的研究中，大体上可分为
两种进路："内生增长论"和"结构转换论"。这两种进路背后都潜藏着"监
控者"和"管理者"的角色。[2]前者以法官适法对行政进行形式合法性判
断为导向，以法教义学为基本方法。"管理者"导向的行政法以行政任务和
目标的高效实现为目标，探索良好行政的制度设计，将行政效能的提升作为
主要诉求与根本价值。[3]

综上，在我国新行政法研究的视野中，行政法的基础理论改革框架以保
障相对人权利与提高行政效能作为两个基本的考量基点，也就是沈岿教授所
讲的"监控者"与"管理者"的角色同时并存。

（二）关于行政执法效能的研究

在中国知网以"执法效能"为主题进行搜索，文章的数量并不少，但大
多由实务部门的人士所撰写，主题主要限于治安执法、环境执法、城市管理
执法，从实务的角度分析各部门遇到的实际问题，提出一些实际的对策，尽
管学术含量有所不足，但也可为理论界提供一些实践素材。而在理论界，尽
管学者们的研究并没有直接从"执法效能"切入，但结合执法特定领域，对
于当前行政执法所面临的困境、执法的有效性予以深入思考，并进行制度改
良的积极探索，这本质上均是对于执法效能的探索与思考。

王锡锌教授在《中国行政执法困境的个案解读》中采取的是规则主义的
立场，他指出在中国行政执法过程中，执法困境的产生在于立法过程中政府
立场与民间态度缺乏沟通，导致政府立场与民间态度的紧张。[4]但张晓基于

---

〔1〕 与新行政法研究有关的学术动态综述，参见李洪雷："中国行政法（学）的发展趋势——
兼评'新行政法'的兴起"，载《行政法学研究》2014年第1期。

〔2〕 沈岿教授将新行政法的两种进路归纳为"内生增长论"和"结构转换论"。前者虽然认为
一般行政法正在面临巨大挑战，需要进行较大程度的改变，但新行政法基本可以在传统框架和结构内
寻求增长和变革；后者则强调传统行政法结构已很难适应新公共行政以及相应法规范的需求和变化，
新行政法的适应能力和前景寄托于实现结构层面上的转换。参见沈岿："监控者与管理者可否合一：
行政法学体系转型的基础问题"，载《中国法学》2016年第1期。

〔3〕 沈岿："监控者与管理者可否合一：行政法学体系转型的基础问题"，载《中国法学》
2016年第1期。

〔4〕 王锡锌："中国行政执法困境的个案解读"，载《法学研究》2005年第3期。

当前行政执法制度越来越完备的现实，在《我国行政执法制度变革的新制度主义解读》中运用新制度主义的组织分析视角对于执法制度的变革进行解读，发现诸多行政执法的制度性变革主要起着正当化的功能，执法有效性的问题被遮蔽了，他提出有关执法有效性的问题需要引起理论与实践的高度重视。[1]

另有部分学者从执法体制的角度，分析执法效能不足的原因。代表性的有何艳玲《土地执法摇摆现象及其解释》，文章分析中国土地执法实践呈现"摇摆现象"（有时有效，有时失灵），并非完全因为法律不完备或者执法能力有限，原因在于中国集中体制下的"嵌入式执法"。[2]刘磊在《街头政治的形成：城管执法困境之分析》中也从"嵌入式执法"的视角分析城管执法的困境，认为城管执法活动深受执法空间、社会形势、体制环境所形成的嵌入式执法结构的影响。[3]

最近的研究，更多学者则注意到当前执法困境在于国家能力的不足，如代表性的有陈柏峰在《城镇规划区违建执法困境及其解释——国家能力的视角》一文中指出，违建执法的困境反映出执法领域国家能力的不足。[4]于龙刚在《乡村社会警察执法"合作与冲突"二元格局及其解释——"互动—结构"的视角》也指出乡村警察执法领域内国家能力相对匮乏，执法能力与执法需求发生张力。[5]魏程琳《城管执法的能力构成及其实践困境——国家治理能力的视角》一文中也分析到，城管执法陷入一个权责利失衡的结构之中，执法能力严重不足，以致执法面临基础性困境，阻碍国家治理能力的建设和完善。[6]刘杨在《执法能力的损耗与重建——以基层食药监执法为经验

---

〔1〕　张晓："我国行政执法制度变革的新制度主义解读"，载《湘潭大学学报（哲学社会科学版）》2012 年第 1 期。

〔2〕　何艳玲："中国土地执法摇摆现象及其解释"，载《法学研究》2013 年第 6 期。

〔3〕　刘磊："街头政治的形成：城管执法困境之分析"，载《法学家》2015 年第 4 期。

〔4〕　这种能力不足具体表现在以下方面：执法机构的"孤岛现象"普遍，不同机构之间难以有效合作；一线执法人员的素养欠缺；执法人员在进入社区空间、处理执法事务时受阻严重。改善社会治理，需要在执法领域强化国家能力，需要从执法机构、执法人员及其与社会的互动等多方面着手。

〔5〕　于龙刚："乡村社会警察执法'合作与冲突'二元格局及其解释——'互动—结构'的视角"，载《环球法律评论》2015 年第 5 期。

〔6〕　魏程琳："城管执法的能力构成及其实践困境——国家治理能力的视角"，载《云南行政学院学报》2016 年第 1 期。

样本》中指出，执法能力作为国家治理能力的重要组成部分，是连接法治建设和国家治理现代化的关键纽带。执法能力的损耗与重建构成了执法过程的重要机理和内容。把握转型期中国行政执法的实践逻辑，可为当下执法能力建设带来启发。[1]

近几年随着行政审批制度的持续改革，政府监管进入转型期，信用监管、大数据监管等事中事后监管压力增大，在这种背景下，学者们开始关注监管效能的提升。卢超在《事中事后监管改革：理论、实践及反思》中指出，事中事后监管反映了数字信息时代下，行政执法手段与行政活动方式的转型，尽管在执法成本、规制效能等方面体现出诸多潜在优势。但事前许可与事中事后监管之间缺乏常规化衔接机制、基层监管资源匮乏、非标准化市场结构、条块与部门利益分割等诸多限制因素，也制约了事中事后监管的实际效能。需要解读制约事中事后监管机制有效运行的本土拘束因素并探寻其疏解路径。[2]渠滢在《我国政府监管转型中监管效能提升的路径探析》中指出，在政府监管转型时期，事前监管的弱化使事中事后监管面临前所未有的压力，如何充分提升监管效能成为改革的关键性问题。[3]

以上的研究说明，学者们对于当前行政执法面临的困境给予了深切的学术关怀，结合特定领域从各种角度剖析当前各领域行政执法面临的困境，并提出具体的对策，本质上也是对于行政执法如何发挥有效性的积极探索。这些研究，对于本文的主题——行政程序在促进执法效能的作为空间的着力点，提供了多元化的思考视角。

（三）关于行政程序对于执法效能的保障

有关程序的积极功能如程序规划未来、形塑社会、促进理性形成、增进行政民主的理论已经在学界有较充分的论述，此处不再一一赘述学界的理论观点。关键在于，什么样的制度设计能够促进行政效能？我国学者在行政程序立法研究中，认为对于效率的关注，在立法上应确立时效制度、职权主义、

---

〔1〕　刘杨："执法能力的损耗与重建——以基层食药监执法为经验样本"，载《法学研究》2019 年第 1 期。

〔2〕　卢超："事中事后监管改革：理论、实践及反思"，载《中外法学》2020 年第 3 期。

〔3〕　渠滢："我国政府监管转型中监管效能提升的路径探析"，载《行政法学研究》2018 年第 6 期。

格式化制度、简易程序、行政协助等。[1]这代表了一种早期的研究成果，今天也应该将上述内容予以践行，但对于效能之形塑，仍有很大作为空间，需要进一步研究。朱新力、唐明良等著的《行政法基础理论的改革图谱——"合法性"与"最佳性"二维结构的展开路径》中，提出能够实现权利保障功能，又能提升行政效能之新行政程序观，并对于新程序观的具体程序装置类型进行了分析。[2]这些关于行政程序促进行政效能的学术探讨，一般不区分领域，而是从整体和普遍意义上去探讨，较多关注行政决策领域，通过具体的程序制度设计以保障决策的民主与理性，单独研究行政执法程序的比较少。目前针对行政程序促进行政执法效能之提升，代表性的有王万华的《完善行政执法程序立法的几个问题》一文，文章对于行政效能的程序制度的设计提出具体建议。从立法的角度指出，提升行政效能也是执法程序立法要实现的目的，提升行政效能的主要机制包括理顺执法机关纵向横向关系，通过程序启动机制的完善督促机关积极履职；简化申请处理程序，提升行政执法信息化程度等。[3]

在行政审批领域，由于流程再造是当前的中心议题，所以部分学者对于程序机制在行政审批中的作用空间给予很大关注，代表性的学者主要有朱新力、唐明良、骆梅英、宋华琳等。如唐明良、骆梅英在《地方行政审批程序改革的实证考察与行政法理——以建设项目领域为例》中指出，以提升效能为目的之行政程序机制创新，应从"行政过程"而非"司法面向"的角度去思考多阶段的程序构造。并通过法治化的路径和制度设计，促使行政审批程序能够成为产出"正确决定"的公法装置。[4]朱新力、石肖雪在《程序理性视角下的行政审批制度改革》中提出，针对行政审批改革，应以程序理性为基础性保障，程序理性在审批程序改革中有很大的作为空间，可以对冲因

---

〔1〕　马怀德主编：《行政程序立法研究——〈行政程序法〉草案建议稿及理由说明书》，法律出版社 2005 年版，第 78 ~ 79 页。

〔2〕　朱新力、唐明良等：《行政法基础理论的改革图谱——"合法性"与"最佳性"二维结构的展开路径》，法律出版社 2013 年版，第 128 ~ 135 页。

〔3〕　王万华："完善行政执法程序立法的几个问题"，载《行政法学研究》2015 年第 4 期。

〔4〕　唐明良、骆梅英："地方行政审批程序改革的实证考察与行政法理——以建设项目领域为例"，载《法律科学（西北政法大学学报）》2016 年第 5 期。

为实体改革缓慢推进所带来的社会成本和风险成本。[1]骆梅英在《行政审批制度改革——从碎片政府到整体政府》中认为，针对行政审批碎片化，建立协调性行政组织、运用网络治理平台，制定联合审批标准，可实现碎片政府到整体政府的转变。[2]尽管该文没有专门针对行政程序探讨，但以上几方面与程序有密切的联系，属于行政程序大有可为的空间，故在此予以梳理。数字时代行政许可领域程序革新的代表性论文有宋华琳《电子政务背景下行政许可程序的革新》一文，该文指出，电子政务构成了行政程序制度创新的来源，有助于以符合效能原则的方式来实现行政许可任务。该文在梳理我国电子政务背景下行政许可程序改革实践的基础上，从中抽象出更具普遍性的法律理论和法律制度，并对中国行政许可程序的法律改革方向进行具体探讨。[3]

总体来说，关于行政程序对于执法效能的提升，尽管有关学术论文数量不多，但也充分说明了学者们开始注重行政程序之于执法效能的意义，改变了从权利保障的角度研究行政执法程序的单一视角，改变了仅仅提供执法合法性、正当性依据的研究思路，开始注重构建提高执法效能或执法有效性的制度设计。但是目前的研究还存在以下问题：

第一，现有行政执法程序的研究，针对保障权利的正当程序制度的研究比较多，但是从行政效能的角度关注行政执法过程，提供具体的制度设计，以回应积极行政和良好行政的研究则比较薄弱。已经出现的通过程序改革提升效能的研究，往往集中于行政审批领域。基于行政过程的视角，从一般意义上探讨有助于形塑执法效能之方式、机制、程序制度的非常少，而体系化、具体化、深入化的研究更是阙如。执法程序如何设计，设计达到什么程度才能促进行政效能，在当下法治政府的建设中，这是一个迄需解决和回应的问题。

第二，执法程序立法应当如何回应信息化的需求，相关的探讨目前还比

---

〔1〕 朱新力、石肖雪：“程序理性视角下的行政审批制度改革”，载《中国行政管理》2013年第5期。

〔2〕 骆梅英：“行政审批制度改革——从碎片政府到整体政府”，载《中国行政管理》2013年第5期。

〔3〕 宋华琳：“电子政务背景下行政许可程序的革新”，载《当代法学》2020年第1期。

较薄弱。信息化时代的到来，执法信息化能够极大提升执法的效能，行政程序应当如何应对，如何实现从工业时代行政程序到信息时代行政程序的转变，相关研究成果还不够丰富。但面对信息化发展的汹涌浪潮，程序立法对此的思考与关注，非常具有现实意义且不容回避，这也为本书提供了一个能够予以填补薄弱的研究思路。

第三，在研究方法上，现有的研究还缺乏经验实证的研究方法。程序制度的设计最终要接受实践的考验，是否有助于提升行政效能，需要考察行政过程中的程序运行的实际状况，这种状况是研究程序改革的起点。而在目前的研究中，针对程序运行的实际状况之实证分析的运用还比较少，这是目前的研究在方法上存在的一个不足之处。

三、研究意义

以通常的理论与实践两分法来说，从立法完善的视角探讨行政执法效能的程序保障机制，具有理论与实践两方面的意义。

（一）理论意义

第一，传统行政法以控权为主要视角，不足以承载有效完成行政任务之目标，也不足以展示一个良好的行政之形成过程。以效能为导向的各种行政法实践，表明行政效能事实上已经进入行政法的视野，成为行政法的积极功能。那么一个行政管理学的概念为何能够进入行政法的价值体系，并对行政法各个领域如行政组织、行政行为、行政程序产生何种深刻的影响？行政效能可否纳入行政法基本原则体系？这些问题涉及对于行政法基础理论的改革，也是论题进一步展开的研究前提，对此的研究，意味着对于行政法理念变革的重申，也是选题的一个理论意义所在。

第二，通常对于正当行政程序的研究，聚焦于自然法色彩的权利保障功能，导源于"正当程序"观念的传统行政程序也以保障个人权利为价值依归。而随着公共行政的发展，国家职能的变化和行政类型的发展，以控权为视角的权利保障功能不足以承担起促进社会整体利益、积极形塑社会、提高公共福祉之功能，因此，在自然法色彩的权利保障功能之外，又融入了具有工具性价值的提升效能之功能。这无疑在一定程度上丰富了有关正当行政程序的理论，促使对于正当行政程序的重新思考。

行政程序不仅要承担起保障公民权利、控制行政权力的功能，也要重视提高行政效能方面程序的作为空间。有关法律程序促进效能之理论，学界的成果还比较丰富，但是本书重点要回答，什么样的程序制度有助于提升执法效能，并需要进行具体的制度设计，完成一个体系化的框架。有关这些问题的初步研究，将有助于丰富理论界现有的"通过行政程序促进效能"之具体途径的研究成果。

（二）实践意义

行政执法是一种经常性的法治力量，关系到国家法的有效实施和法秩序的有效实现，是能够直接产生行政效能的环节。但是针对执法实践中行政效能严重不足的状况，如何发挥程序机制在行政执法中的积极作用，提升执法的有效性以践行行政效能？党的十八届四中全会通过的《中共中央关于全面推进依法治国若干重大问题的决定》（以下简称《依法治国重大决定》），对完善行政执法程序提出明确要求，但立法工作如何开展，需要深入的探讨和研究。从立法的角度，需要什么样的程序设计才能回应当前行政执法的实际需求？本选题在对行政程序观转型的探讨基础上，针对行政执法实践中效能不足的问题，研究程序机制可能的作为空间，以实现保障和提升效能的功能价值，这种研究力求解决当下行政执法面临的困境，也力求为中国行政执法程序立法提供一份参考，这也是选题的研究所可能产生的一个实践意义之所在。

四、研究思路与研究方法

（一）研究思路

1. 制度构建和理论分析相结合。本书首先要解决的问题是作为公共行政目的的行政效能，缘何能够进入行政法的视野，成为行政法的价值取向？行政效能可否纳入行政法基本原则体系？它将对行政法体系带来什么样的作用和变革？这些问题的解决是本书写作的前提和基础。其次，要解决的一个问题是，为什么要通过程序机制解决行政效能？在回答这些问题的基础上，本书针对当前行政执法中效能低下的现实情况，探讨通过完善执法程序立法，提升执法效能的具体制度构建。

而具体制度的构建，本书试图从行政过程的整体观察和检视，着力于行政效能的提升，考虑行政任务有效完成所需要的外部程序机制、内部程序机制以及信息化程序机制。这都是建立在对基本理论问题分析和探讨的基础上，践行制度建构与理论分析相结合的研究思路。

2. 以问题为中心。行政法理论只有面对鲜活的现实问题，才能产生生命力。本书以问题为中心，从当前行政执法效能面临的问题出发，分析效能不足之原因。这种分析旨在解决这样的问题：也就是这些执法效能不足的问题，哪些可以通过程序机制去解决或者去对冲可能产生的危机？程序解决效能，它作为的空间限度在哪里？比如针对执法碎片化的问题，完善内部程序机制如行政协助制度可以缓解体制不顺带来的效能问题，而信息化程序的设计，对于执法碎片化的解决更具有较强的保障功能。另外，具体的程序制度设计，也以问题为中心，比如程序启动机制的完善需要对于目前的问题进行梳理和分析；同样，简易程序的扩大也植根于对于现实问题的需求。

（二）研究方法

第一，规范分析的方法。法学研究的方法第一种就是规范分析的方法，本书的研究，主要运用了规范分析的方法，主要针对的是境内外相关行政程序法规范。境外已有比较成熟的行政程序立法，而我国地方行政程序立法最近几年发展迅速。针对执法程序的立法完善，应当借鉴已有的立法成果，结合我国现实国情，分析其适用于我国的优与劣，此时，规范分析的方法必不可少。

第二，经验实证的研究方法。执法程序立法，需要建构具体的程序制度，这种建构的前提，需要了解行政过程中的程序运行实际状况，否则，只会陷入闭门造车的状态，而使得相关制度设计成为看起来很美的"无用之物"。因此，对于执法权运行实践的实证分析和来自于执法者的经验素材，可使制度的设计能够切实解决实际问题。

第三，案例分析的方法。丰富多彩的行政执法实践中有很多生动鲜活的案例，本书撷取典型性的代表案例来挖掘问题，并为制度的完善提供来自实践的支撑性材料，以达到有理有据的论证目的和研究效果。

第一章 作为行政法基本原则的行政效能

第一节 行政效能的涵义

一、从"行政效率"到"行政效能"的演变轨迹

行政效能的概念在我国最先出现于政府文件，为了改变行政机关作风，提升服务态度和质量，政府提出"行政效能建设"的概念，强调要"加强行政效能建设，转变机关作风"。以后效能的概念进入法律层面，在《中华人民共和国行政监察法》（以下简称《行政监察法》）中，效能监察是监察的内容之一。目前，许多行政管理部门和地方政府，纷纷进行效能改革，"行政效能"的运用频率较之"行政效率"更多。

但是对于行政效能的概念并未有明确、清晰、固定的理解。有的从狭义角度来理解效能，认为效能即效率，是指行政机关在行政管理活动中，尽量以较少的行政成本实现更多的行政目标。这种定义是将企业管理的效率作为参考来界定行政行为的效能。有的从广义角度理解效能，考虑手段在达成规范目标方面的效用。如黄锦堂教授认为，效能包含了效率概念，又包含了促进行政决定正确性的意义。效率是指以正确的方法做事情（do the thing right），而效能是指做正确的事情（do the right thing）。[1]也有学者认为："行政效能之提升与行政达成法律所赋予之目的有密切关系，并非只是单纯的经济节约或加速程序进行，仍需考量到整体国家目的之实现，以及公益与

---

[1] 黄锦堂："行政程序法理念与重要释义问题之研究"，载翁岳生教授祝寿论文集编辑委员会编：《当代公法新论》，元照出版有限公司2002年版，第377页。

私益间的最大平衡。"〔1〕根据这种观点,效能的概念里包含有效率,效率着眼于投入与产出之比,注重的是成本,而效能着眼于行政目标的实现。

有的学者则倾向于对行政效率做广义的解释,认为行政效率不仅体现在"产出"与"投入"的比率上,"更重要的是体现在社会效益上",〔2〕也有学者认为行政效率是"数量和质量的统一,价值和功效的统一"。〔3〕有学者认为,对于效率的理解,不能只是强调效率可能带来的经济、节约与可能达到的利益,更应该强调效率对于规范目标达成的意义。〔4〕

根据以上各种界定,大致有三种观点:第一种观点是"效能"与"效率"的概念等同,第二种观点是"效能"包含"效率",第三种观点是"效能"与"效率"是并列的概念,但又无法提供"效能"的确切涵义。效率到效能,在本质上隐含着理念的变化,西方国家也经历了由效率转向效能的演变轨迹。所以考证从"效率"到"效能"的演变逻辑,有助于加深对行政效能内涵和外延的理解。

西方倾向于从狭义角度理解"效率",效率仅是绩效的组成部分。管理学家孔茨指出:"效能指的是目标的实现程度,而效率则是用最少的资源达到既定的目标。"〔5〕效率作为公共行政管理的价值取向长期居于主导地位,威尔逊在行政学的开山之作《行政学之研究》一文中就提出,行政研究的目标在于尽可能高的效率。〔6〕直至20世纪70年代"重塑政府"运动兴起,行政现代化和政治民主化深入发展,单纯以"效率"为标准衡量政府绩效的缺陷日益凸显,开始寻求"公共性""公平""质量"等新的价值。总体而言,西方国家有关行政之价值导向经历了三个阶段。

第一阶段:以"效率"为主导。这一阶段自资本主义发展的早期到20世纪40年代。行政效率成为行政管理学理论研究和实践活动永恒的主题,基

〔1〕 洪家殷:"权利保障与效能提升之抉择——兼论行政程序法未来修正之考量",载台湾行政法学会主编:《行政程序法之检讨　传播行政之争讼》,元照出版股份有限公司2003年版,第160~161页。

〔2〕 黄达强、刘怡昌主编:《行政学》,中国人民大学出版社1988年版,第15页。

〔3〕 夏书章主编:《行政效率研究》,中山大学出版社1996年版,第3页。

〔4〕 张宗存:"民众参与理念在环境影响评估制度的实践",台北大学2005年硕士学位论文。

〔5〕 Havold Koontz. Heihrieh. Mhnagement, 9 edifio n. New Rork:MeGva-H;IIinc,1998,35. 转引自周志忍:"行政效率研究的三个发展趋势",载《中国行政管理》2000年第1期。

〔6〕 丁煌:"威尔逊的行政学思想",载《政治学研究》1998年第3期。

本要求就是以最小成本，提供最大的公共服务。马克斯·韦伯的官僚体制理论，威尔逊、古德诺等人效率至上的价值观，就产生于这一时期。威尔逊认为"行政效率"是行政学的根本任务，最初，行政学的基本原则借鉴于工商管理，行政效率体现为投入与产出的比例，公共行政的首要目标和终极目标就是行政效率。以美国为例，20 世纪公共行政创立初期，行政及政府改革运动围绕行政的非政治化展开，其成果与"现实世界的情况有着紧密的联系，它的目标就是为表达现实情况的人提供行动的选择，政府的过程是有记录的，政策、程序、行政任务的可选择形式都要通过效率来予以评价"。[1]以后，西蒙关于效率和理性的理论核心，更在公共行政领域引发了一场现代主义革命。[2]

第二阶段：效能进入行政价值考量的范围。这一阶段从二战结束一直到20 世纪 70 年代。二战后，欧美国家社会公平问题日益凸显，这主要缘于以效率为原则的功利主义分配方式。这种状况使得政府和公众逐步认识到，行政主体追求的目标，不仅仅是追求投入与产出的比例的最大化，更应注重社会效益以及公众的满意程度。于是，行政价值导向开始发生变化，公正、平等以及"顾客"至上，进入价值考量的视野，欧美社会开始有意识地追求效率与公平的结合。

第三阶段：以效能为主导。这一阶段从 20 世纪 80 年代开始。这一时期，欧美国家进行的绩效评估改革，直接促使了行政价值目标的转换。这个时期新公共管理论成为一种时髦的理论，企业型政府大行其道。英、美等发达国家发动了政府绩效管理运动，以"顾客需求"为导向，注重政府的回应能力，注重服务的质量和效果，追求公平与公正的价值，效率唯我独尊的时代结束。

从这三个阶段可以看出，行政效能是建立在"行政效率"基础之上的综合价值，行政过程是实现国家意志的过程，强调的是实现的程度和成本高低，这其中必然包含着"效率"的导向，政府行为才具备基本的政治道德或

---

〔1〕 ［美］O. C. 麦克斯怀特：《公共行政的合法性——一种话语分析》，吴琼译，中国人民大学出版社 2002 年版，第 138 页。

〔2〕 ［美］O. C. 麦克斯怀特：《公共行政的合法性——一种话语分析》，吴琼译，中国人民大学出版社 2002 年版，第 150~159 页。

"善"。行政效能是行政效率基础上的多元价值并重,从效率到效能的价值转换超越了单纯的效率追求,扩容了新的公平、公正、质量等价值。

二、行政效能的基本内容

行政效能建设,这是一场由西方各国相继掀起,几乎席卷全球的行政改革的浪潮,除了以上演变轨迹外,与世界范围内的行政环境的变化有很大的关系。信息化使得社会价值趋于多元化,网络技术的进步使得信息的传输更为直接和多渠道,也使得民众对于服务的要求更为迅速和便利,这些趋势使得传统官僚组织的等级结构在很大程度上不再适应管理的新特点。与此同时,在市场竞争中成长起来的企业,不断改进管理机制、管理技术和管理方法,提高服务质量、改善组织绩效,赢得公众和顾客的好评,给政府等公共部门构成了巨大的改革压力,这是从行政效率到行政效能的外部推动因素。

因而,对于行政效率与行政效能,不能作等同理解,否则无助于概念的清晰界定。行政效率与行政效能存在明显的区别。首先,行政效率强调政府或行政组织的投入与产出之间的比例,对于行政过程关注不够。效率是一种比值,不包括价值判断。只要投入与产出达到预期的比例,就可以作出行政效率高低的判断。行政效能是一个比较复杂的概念,投入与产出之间的比例是行政效能的一部分。而且,行政效率的评估主要集中于政府或公共组织提供传统公共服务的领域,有的领域可能无法用行政效率来评估。其次,行政效率容易忽视政府治理的更高目的,一个良好的政府拥有高效率仅仅是基本的要求,而实现政府的价值目标才是政府的最高追求。高效率的政府尽管与政府的价值诉求保持了一致,但政府提高效率的根本目的在于不断提高公众所享有的福利水平。这也是从西方到我国,行政效能取代行政效率的原因所在。

综上所述,行政效能就是指行政机关为实现其管理目标,履行法定职责,发挥功能的程度及其产生效益、效果的综合体现,包括行政机关在整个行政管理活动中体现出的能力、效率和业绩。强调的是,"数量与质量的统一,功效与价值的统一，目的与手段的统一，过程与结果的统一"。[1]具体来讲，行政效能包含三层含义：

第一，行政机关提供公共管理和公共服务的能力。这些能力包括决策能力、组织能力、监督控制能力、危机应对能力。能力是实现行政效能的基础，缺乏能力的政府和行政机关，无任何效能可言。

第二，行政效率仍然是行政效能的重要内容。行政效率的高低，直接体现行政效能。行政效率要求在同等情况下，行政过程尽可能短，费用尽可能低，行政效率要求行政机关关注成本。

第三，符合人民群众需求和社会发展的业绩。行政目标达成度是行政功能的发挥与既定目标的统一，也就是行政组织的行政职能得到充分发挥，圆满达成行政任务，这就要做出符合人民群众需求和社会发展的业绩。这里的业绩指的是体现社会发展方向、符合人民群众利益和公共利益的业绩，能够经受得住时间、历史和群众的检验。这种业绩应有科学的评价指标和评价体系，不能单靠政府建立业绩指标并进行自我评价。

如上，行政效能既强调了行政效率的内容，还强调了治理能力以及创造的业绩。衡量行政效能的标志包括：①组织的合理程度。组织关系的协调配合以及协同能力；②行政管理流程畅通配合，执行力强，效率高；③综合社会效果的大小，主要判断标准是行政机关是否提供了更好的公共产品和公共服务；④能够及时回应公众的需求，高效解决社会问题，这是对治理能力的要求。

第二节　提升行政效能是行政法的根本价值

行政法首要的根本价值是控权价值，这一基本价值包含有"权力控制"与"权利保障"两个层次。而在控权价值之外，行政法另有一个根本价值，即提升行政效能。效能价值进入行政法，是对于公共行政变迁的有效回应，也是对于传统行政法缺乏现实解释力的反思与矫正。

---

[1] 马春庆："为何用'行政效能'取代'行政效率'——兼论行政效能建设的内容和意义"，载《中国行政管理》2003 年第 4 期。

一、国家职能的变化与公共行政新样态

国家职能是随着社会发展状况而变化的范畴，尽管现代国家的两个最基本职能是维护秩序和进行公共管理，但这两个职能在不同的社会发展阶段、不同的国家观念中呈现出不同的地位。

19 世纪末以前，按照社会契约论的观点，国家是个人为追求自身利益相互间达成的契约，理想的国家类型就是古典自由主义的"最小国家"。国家的主要任务主要在于排除危险，故公民对行政权的期待较为单纯，以排除危险时不侵犯公民自由为限度。国民对于国家的需求主要包括如下方面：一是秩序维护需求。二是最低干预需求。国民期望自由，坚定奉行自由主义，主张国民自由只应受到最低限度的干预。三是最小政府需求。在保障公共权力机关能够维护社会秩序的范围内，国民希望政府的规模最小。因为政府的规模决定了国民的税负。这意味着，国家在一定程度上只具有有限的消极的功能，因而被称为"夜警国家"。

19 世纪末，特别是二战以来，社群主义的整体主义观念影响逐步增强，公共利益在利益结构中日益彰显，人民逐步感受到，社会的进步、个人的生存与发展及福利的提高，不仅取决于个人的能力，更取决于社会整体的经济及环境系统。因之，法律更要注重对于公共利益的保护。国家作为社会的代表，被看作"是一个社团实体，其建立的目的是提供公共服务，因此从理论上说是要承担责任，而不是不负责任"。[1]

20 世纪以来，社会关系日趋复杂，社会问题日益增多，特别是市场失灵导致的一系列严峻的社会经济问题，诸如分配不公、垄断排除竞争、弱者生存危机与环境污染等等，引发了现代国家中行政权功能的嬗变。哈贝马斯对于政府功能的嬗变及任务增长用这样的语言描述到："起初是古典的维持秩序，然后是对社会补偿的公正分配，最后是应付集体性的危险情况。"[2]在此观念支配下，社会对于公共行政提出以下新的需求：

---

〔1〕 〔英〕卡罗尔·哈洛、理查德·罗林斯：《法律与行政（上卷）》，杨伟东等译，商务印书馆 2004 年版，第 40 页。

〔2〕 〔德〕哈贝马斯：《在事实与规范之间——关于法律和民主法治国的商谈理论》，童世骏译，生活·读书·新知三联书店 2011 年版，第 537 页。

第一，风险防范与风险管理的需求。现代社会是一个风险社会，主要特征是不确定性的挑战。市场经济的放任发展，工业社会、社会分化、自然环境的恶化给社会带来可破坏性的危害，这种破坏性的危害将现代社会拖入了具有高度风险的社会。"预防原则"是风险社会最主要的原则，在没有科学证据证明人类的行为确实会发生损害的情况下，国家和社会仍应采取措施，防止可能发生的损害。这无疑扩大了国家的职能。[1]

第二，生存照顾之需求。要缓和自由放任政策所导致的社会矛盾，促进社会的均衡、协调、可持续发展，就对政府提出了生存照顾、服务保障的需求。国家的责任范围在不断拓展，需要承担起积极改善社会的责任，为公民提供社会、医疗、文化等各方面的给付。

第三，保障社会公平的需求。在秩序行政时期，注重公民个体自由，认为"管得最少的政府就是最好的政府"，政府严守"守夜人"角色，强调自由竞争、自求生存。在国家的放任政策下，一方面工商业得到迅速发展，另一方面由于竞争者的天资、生活环境、机遇等因素迥异，过度的放任导致社会贫富差距日益拉大，社会不公平现象日趋严重。过度分化、过度不公平导致社会矛盾层出不穷，威胁到社会的安定有序。这要求政府积极地对社会、经济进行全面的干预和管理，解决财富、社会资源等问题的再分配，纠正市场失灵，保障社会公平，维护社会稳定、有序、和谐。

第四，满足公民社会的合理需求。在自由资本主义时期，公共行政以维护秩序为主要目的和价值。到后来公共行政的目的增加了生存照顾的内容，即不仅要维护秩序，还要提供生存服务。在德国，政府要尽到生存照顾的责任与义务。给付行政与秩序行政就成为两大主要的行政类型。而到目前，从各国实际情况来看，政府的主要目标是满足人民不断增长的需求，这种需求是多方面的，不仅仅要维护秩序，也不仅仅是福利要求，它要求的更多，政府管理的目标也相应地调整为满足社会大众的合理需求。

与此同时，随着国家职能的不断拓展，公共行政呈现出诸多新的样态，主要体现在以下方面：

第一，决策行政。行政的范围急剧扩张，其活动不仅有执行，更重要的是

---

〔1〕　于立深："多元行政任务下的行政机关自我规制"，载《当代法学》2014年第1期。

决策。"早期行政是对立法指令的执行，而当代行政是目标导向的行政。"[1]
积极行政要求行政机关承担起形塑社会和利益调控的功能，行政活动不再严
格体现为执法性活动。"积极行政的重要特征就是，行政活动本身被赋予某
种'目的性'，而不仅仅是执行立法机构的指令。"[2]行政决策在行政领域
的兴起正是现代行政职能的变化之典型体现，是一种目标导向的行政。目标
导向的行政活动中，通过决策提供宽泛的指引，行政机关在达至行政目标的
过程中，对于手段等的选择拥有了广泛的裁量权。例如为实现公共目标，行
政机关可以通过行政计划、行政指导、行政决策等具有复合法律效果的行为。

第二，规制行政。具有积极功能的规制行政也在大力扩张。"规制行政
主要应对的是基于复杂经济体系中个体行为的社会危害性影响，以及高科技
应用中产生的风险损害或环境损害。这些行为通常都是具有'利弊'两重性
的道德中性的经营行为，发生于各种不同的专业领域，且新情况层出不穷。"[3]

第三，给付行政。给付行政属于国家福利行政的范畴。"广义的给付行
政包括共计行政、社会保障行政、财政资助等。"[4]狭义的给付行政指的是
社会保障行政，即对处于年老、疾病、丧失劳动能力等情况的公民，赋予一
定的物质权益。[5]在近代自由资本主义时期，由于强调自由竞争、自求生
存，信奉最小的政府就是最好的政府，公共行政的首要目的是维护秩序，故
给付行政的范围很窄。在现代社会，公共行政的任务并不限于保障公民的消
极自由，公共行政需提供生存照顾和服务保障，使每一个人都过上有尊严的
生活，给付行政从而成为主要的行政样态。

这些公共行政新样态对传统行政法赖以建构的基础对象构成了冲击，更
为重要的是，对这些新样态的理论关注和制度建构，不能仅仅作纯粹法学层
面的"控权"研究，否则无法呈现一个更好的行政，也无法把握行政法的真
实世界。

---

〔1〕　王锡锌："当代行政的'民主赤字'及其克服"，载《法商研究》2009 年第 1 期。
〔2〕　王锡锌：《公众参与和行政过程：一个理念和制度分析的框架》，中国民主法制出版社
2007 年版，第 27 页。
〔3〕　刘水林、吴锐："论'规制行政法'的范式革命"，载《法律科学（西北政法大学学报）》
2016 年第 3 期。
〔4〕　［日］南博方：《日本行政法》，杨建顺等译，中国人民大学出版社 2009 年版，第 29～30 页。
〔5〕　［日］南博方：《日本行政法》，杨建顺等译，中国人民大学出版社 2009 年版，第 29～30 页。

二、行政法的问题意识与价值的重新选择

"最小国家"观念下的行政活动简单且有限，行政的主要问题在于执行，而非决策。行政法的主要目的是防止行政权滥用对私人权利的侵犯，基于此，行政法的价值取向是对个人权利的保护。"尽管传统行政法学的体系和方法，既非无目的的随意性产物，也非单一历史要素所决定，但其最终的形成无疑是以驯化和监控行政以使其合法为核心宗旨和依归的。"〔1〕

现代公共行政的变更、行政类型的拓展对于传统行政法提出挑战，行政法必须自觉地、有意识地适应现代公共行政领域已经发生的变化，能动地进行转型。以"控权"功能思考行政法有三方面不足：

第一，过分强调对于行政权的防范，不符合现代行政任务的多元化需求。比如，在决策领域，行政法的制度构建应当促进决策行政的合理与有效，不合理、不科学的决策会导致更严重的损害。比如，规制行政的主要目的在于有效地遏制特定领域私人活动带来的公共性危害，因此，如何促进规制的合理性，是行政的重点。而给付行政的兴起，使得现代国家不再是单纯的、中立性的"保护性国家"，而是一种提供公共物品、通过规则配置资源的"生产性国家"。〔2〕王名扬先生在《美国行政法》一书中所说："任何人都不否认行政法必须保障私人权利，但是以此作为行政法的唯一目的，不是全面观点。在当代社会，公民希望国家提供更多的服务，以提高生活质量，以保护公民权利作为行政法的唯一目的，很难满足当代社会的需要。"〔3〕这意味着，对新的行政类型，不能完全采用传统行政法的"控权"范式，"控权论以控制行政权、保障公民权利自由作为行政法的核心任务，这既是其所长：它契合了中国行政法制度建设需要补上近代法治主义未完成的课题、大力加强对私人权利自由保护的现实需要；但也是其所短：它忽视了现代行政法通过建

〔1〕　沈岿："监控者与管理者可否合一：行政法学体系转型的基础问题"，载《中国法学》2016 年第 1 期。

〔2〕　文建东：《公共选择学派》，武汉出版社 1996 年版，第 213 页。

〔3〕　王名扬：《美国行政法》，北京大学出版社 2016 年版，第 34 页。

立新的法制框架、保障行政权有效行使、增进社会福祉的功能。"〔1〕

　　第二，强调对于行政权的控制，忽视现代行政法通过制度建构来保障行政权有效行使、提升行政效能和促进公共利益的功能。"行政的作用在于形成社会生活、实现国家目的；特别在福利国家或社会国家中，国家的任务更是庞杂而繁重，行政往往必须积极介入社会、经济、文化、教育、交通等各种关系人民生活的领域，成为一双处处看得见的手，如此方能满足人民与社会的需要。"〔2〕行政不仅仅是要执行法律，而且还要提供服务，因此需要注意到行政的经济性，经济性与效能性是行政法上的正当性指标。〔3〕正如于立深教授所言，行政法最需科学地识别和整理行政权力，也就是分析权力（析权）。〔4〕政府权力具有促进公共生活需要的积极面。因此，发挥权力的效益，提供更好的公共产品和公共服务，也意味着对公民权利的极大保障。相反，越强调控制，越可能迫使行政机关更加形式化地依法行政，而牺牲公民的需求。〔5〕因此，行政法承担的任务，不仅是在法治国意义上约束行政活动，而且必须负责使行政机关完成赋予它的任务，并且找到为此所需要的特定的活动形式、决定类型、程序和组织结构，也就是"什么是行政当局必须完成的功能和任务，是否对此已经有了充分的准备，是否提供给他以合适的活动形式，是否提供了可以得到的决定形式，是否有所需要的行政程序"。〔6〕

　　第三，以私人权利为中心，忽视了行政的利益协调特点。法秩序以个人利益存在为前提，传统行政法中，行政法的法律关系简单，由行政机关与特定的相对人构成。而在现代社会，行政法中团体利益、公共利益渐具重要性，同一团体中有同一目的取向且互补的利益，但彼此又相互对立，公共利益也

---

　　〔1〕　李洪雷："中国行政法（学）的发展趋势——兼评'新行政法'的兴起"，载《行政法学研究》2014年第1期。

　　〔2〕　［德］哈特穆特·毛雷尔：《行政法学总论》，高家伟译，法律出版社2000年版，第17页。

　　〔3〕　［德］施密特·阿斯曼：《秩序理念下的行政法体系建构》，林明锵等译，北京大学出版社2012年版，第27页。

　　〔4〕　于立深："多元行政任务下的行政机关自我规制"，载《当代法学》2014年第1期。

　　〔5〕　See Michael Lipsy，*Street - level Bureaucracy：Dilemmas of the Individual in Public Services*，New York：Russell Sage Foundation，2010，pp. 50 - 53. 转引自刘磊："街头政治的形成：城管执法困境之分析"，载《法学家》2015年第4期。

　　〔6〕　［德］埃贝哈德·施密特-阿斯曼等：《德国行政法读本》，于安等译，高等教育出版社2006年版，第105页。

并非单一的概念，这意味着行政机关所要面对的不再是单纯以自身利益为重的公民，而是无以数计的多面关系和利益冲突，行政法要发挥利益整合的功能。"在现代社会，大量的行政决策是要对复数利害关系人的不同利益加以协调整合，而这些利益往往难以构成法律上的权利，特别是在风险社会背景下，很多行政决策必须在不确定的基础上做出，是一种风险管理活动，将这种风险管理混同于权利保障……可能导致政府规制的僵化并引发严重不利的社会后果。"[1]

行政法应顺应现代行政职能的变化，在功能上作出调适，尽管保障相对人的权利自由是行政法永恒的主题，但是促进行政效能，维护公共利益也是行政法应有的价值选择。在现代社会中，政府不仅是人民权利的守卫者，同时也是人民福利的促进者，而欲扮演这一角色，政府必须拥有一个高效的行政权。其实，"保权"（保障行政权力效能）与"控权"之争在当代行政法学界已经不再是一个问题，即便持有"控权论"的学者也认为，"控权"并不等于"限权"，而是如何驾驭、支配行政权，这是基于正式法律的立场。"控权论"所主张的"控权"并不排斥行政法保障行政权力效能。[2]因此，在当代社会，既有的学说中，对行政权的性质基本持有相似的立场，没有哪位学者还对行政权持有完全信任或完全怀疑的观点。行政法应当将"行政"置于法律框架内，给予其"法"与"不法"的判断标准，但又需要保持一定的机动性，使其能够有效面对行政所面临的现实任务，回应"问题"和关注"过程"，这是行政法发展的基本方向，因此，提升行政效能亦应当成为行政法的根本价值。

三、效能价值的行政法实践基础

传统行政法理论侧重于关注合法性范畴，以确定行政活动边界、规范公权力行使、保障相对人权利为主要任务。尽管合法性考量对于规范公权力的行使已然并将继续发挥着不可或缺的功能，但它对于公共行政的回应是片面

---

[1] 沈岿："监控者与管理者可否合一：行政法学体系转型的基础问题"，载《中国法学》2016年第1期。

[2] 孙笑侠：《法律对行政的控制——现代行政法的法理解释》，山东人民出版社1999年版，第2~3页。

的，无助于回答什么样的行政是良好的这个问题。而在行政法实践中，就如何有效达致行政目标，如何有效完成行政任务，存在一个景象万千的生动图谱，昭示着行政法实践无法回避行政过程中的实质性命题，并积极致力于提升行政效能。

（一）行政行为的成本—效益分析

美国行政法上的"成本—效益分析"正是在效能政府建设的背景下产生并发展起来的。美国政府的效能建设在时间或者空间上都不是孤立的事件，从历史的角度来看，是一个常态的动作，仅是不同时段"变"的多少与强弱不同。[1]美国政府效能建设与普遍的外因推动密不可分：由于全球经济形式的陡转所带来的经费不足；信息革命意味着新的技术方法替代传统的管理手段成为可能；在市场经济蓬勃发展的美国，企业效率与政府效率形成鲜明对比；政府这一必要的"恶"在罗斯福时代开始有所放松，但由此引发的政府职能扩张在不断受到批判……种种外部因素的推动引发了美国政府效能建设的热情。这种背景下行政法的发展与改革也带有了强烈的效能导向。

新政时期出于控权的需要，美国行政法的核心是行政程序和司法审查。20世纪70年代后，由于经济发展的停滞，如何促进更有效率的行政成为重心，"成本—效益分析"的运用正是对此的回应。20世纪80年代以来，美国行政法进入"成本—效益分析"阶段。"成本—效益分析"最初运用于行政立法领域，因为行政规章成为治理的常规手段，实现行政规章的效益性非常重要，对其进行"成本—效益分析"成为一个重要的政策分析的新工具。

不仅仅在行政立法领域，70年代后，为福利国家的发展提供燃料的经济增长出现了停滞，如将正当程序全部适用于给付行政领域，不仅将这一全新的领域置于不适当的司法审查模式之下，全面司法化的程序也会对行政效率构成巨大的阻碍，贫困救济金中的稀缺资源将大量花费在程序上，这种状况发展的最终结果是：通过"戈德伯格诉凯利案"以及"马休斯诉艾尔德里奇案"确立正当程序之"成本—效益分析"的效能模式。

20世纪70年代以前，在美国，判例上多认为只有正式的听证才符合宪法规定的正当法律程序。两个著名判例"戈德伯格诉凯利案"以及"马休斯

---

〔1〕 王学杰、杨丹：《境外政府效能建设评鉴》，湖南人民出版社2012年版，第19页。

诉艾尔德里奇案"使得这种严格的程序观念受到挑战和修正，前者奠定了福利行政程序听证基准的最大特色——非正式听证，[1]而在随后（1976 年）的"马修斯诉艾尔德雷奇案"中，最高法院更是总结出一套判断行政程序正当与否的利益衡量标准[2]，该案是对于戈德伯格案判决似是而非的程序保证的提炼，它道出了经过修正的正当程序标准。最高法院确信，增加正式程序会实实在在促进家庭补助决定的准确，而在残疾保险案件中却不会。以上两个经典判例被后世广泛引用，并引发无数讨论。但他们留下的一个共同的成果是：不能把正当程序理解为机械的标尺……宪法并不要求所有的案件全部司法化。在保护个人的生命、财产、自由不受错误剥夺和通过政府行为实现集体目标之间，必要的妥协将得到明确考虑。法院的正当程序裁判不是在模糊的且彼此竞争的判例、类推与抽象法律定性之间进行斗争，而是关注这种形式或那种形式的行政决策过程的成本与收益。[3]因此，行政程序中所提供当事人程序的保障，固然是正当法律程序的要求。然而，程序保障到什么程度，这是一个利益衡量的问题，权利保障的同时需要考量行政成本和效能，这就是正当程序分析模式中的效能模式，它使正当程序保障变成了对准确的、基于"成本—效益分析"的决定的保障。

此后，"成本—效益分析"作为正当程序是否适用的考量工具，在实践中被广泛应用，逐渐地，"成本—效益分析"也被拓展到管制领域，作为管制政策是否实施的标准。而对正当程序的适用进行成本效益的衡量，结果是使得行政机关拥有了更多的程序自主权，司法审查权则在一定程度上被限缩。

---

〔1〕 在该案中，联邦最高法院肯定了终止福利津贴需进行事先听证，保证穷人不会在缺乏正当程序的前提下从福利名单中列出来。多数意见认为，给福利领受人提供何种程度的正当程序保护，取决于领受人避免那种严重损失的利益是否超过政府简易裁决的利益。经过权衡，多数意见认为，领受人持续获得福利的利益超过政府的财政负担与行政成本，因此，最高法院判决同意地方法院要求政府在终止领受人利益前要给领受人听证的意见，福利行政正当程序就这样诞生了。戈德伯格案判决的意义不可否认，它改变了之前福利领受人得不到足够程序保护的状况，是公认的正当程序革命的起点。同时该案在第二部分首先声明，不必采用审判型听证或者类似审判型的听证，并在一些方面得以体现，如在终止福利前的听证中，有助于司法审查与日后决定的完整记录与综合意见并不必要。See goldberg v. kelly, 267u. s (1970).

〔2〕 即关于程序适当性的宪法裁判要考虑以下因素：①私方当事人利益的重要程度；②在寻觅适当程序中政府的利益；③不同的程序要件对正确解决争议的可能贡献。

〔3〕 [美] 杰瑞·L. 马肖：《行政国的正当程序》，沈岿译，高等教育出版社 2005 年版，第 102 页。

从司法审查到行政程序，再到"成本—效益分析"，行政法始终面对的是权利保障与行政效率之间的矛盾，寻找这一矛盾的平衡点，构成行政法发展的过程。"不存在完美无缺的方案，这个平衡点始终是个不确定的，而这个控制的标准则是动态的过程。"[1]

（二）非正式手段的应用

随着公共行政的变迁，大量非正式活动应运而生，如建议、警告、激励、诱导、协商等。非正式手段具有一种替代性特征，因为其目的在于有效达成具体规范状态，而此种规范状态如果以正式的行政行为来达成，其法律效果虽然较为严格，但是必须耗费更多法律上的成本。非正式手段增加行政机关可资适用的手段，使行政机关可选择的行为方式更为多样，根据行政目标选择一种或几种方式，以达到最佳的治理效果。在某些情况下，正式行政行为严格的法律效果反而带来大家都不想要的结果，从而造成负担。传统行政行为的命令与服从特征，并未过多考虑行政过程的民主性，在行政目的的达成上未必产生最佳的效果。因此，柔性行政手段作为对于行政过程的复杂性与行政任务之多元化的回应，逐渐为各国行政法广泛认可。

在美国，非正式行政行为被称之为 Informal Administrative Action，是行政实务中非常常见的活动方式，美国90%的行政活动是以非正式活动做出的。在日本也有非正式行政活动的概念，行政指导被认为是非正式行政行为的典型。而在德国，非正式行政行为在理论界的研究热情非常之高。尽管由于不同的法律文化传统以及法治进程，导致不同国家对其的内涵理解不同。但是，不管是美国、日本还是德国，都在力图摆脱传统理论的藩篱，寻求低价高效、灵活多元的行政活动方式。正因为如此，在各国，有些行为被公认为非正式行政行为的典型，如协商、推荐、建议等方式展开的行政指导行为，通过税收和补贴等方式激励行政相对人以达到行政目的，订立契约等等。比如，有些行政任务的实现，需要公权力介入到居民生活、工作空间，这种情况下，非正式行政手段的适用会成为一种必要。[2]总之，各国行政任务的多元化客观上要求行政机关在手段上的灵活性与多样化，通过行政方式的组合运用，

---

[1] 赵娟："论行政法治与经济发展——以美国行政法作用领域和方式的演变为例"，载《南京大学法律评论》2004年第2期。

[2] 徐健："行政任务的多元化与行政法的结构性变革"，载《现代法学》2009年第3期。

以取得行为效果的最大化。

（三）通过私法形式实现行政任务

20 世纪以来，社会福利逐渐成为西方发达国家的主要原则。政府承担着提供优质效能的行政任务，承受着来自效率和财政负担、民众期盼等多重的压力。而政府效能低下是各国政府都需要面临的难题，财政的负担、效率低下使得政府力不从心，给付行政领域纯国家的支付和提供服务已不敷现实之需求。这种情况下，解决效能低下的有效办法就是逐渐采用私法上的手段，借助私人或社会力量达成行政任务，以更好地满足民众的公共服务需求，如借助契约之订立、招标投标程序的引入等。以英国为例，"塑能政府"观念在管理主义催化下加速成形，传统上由政府担负的行政任务通过私法之契约形式转由私人部门和公益团体完成。在这种趋势下，行政任务民营化与公私协力等打破公、私法二元对立的新型私法形式也逐步导入行政过程中，成为各国行政任务顺利实现不可或缺的途径。

（四）行政程序的迅速化改革

在德国，效率问题在行政法总论上占有重要的一席之地。大众程序之程序简化规定（《德国联邦行政程序法》第 17、18 条）是法律直接之效率规定的适例。德国统一后在政治、社会、经济关系上所产生之变化，不只在实体行政法，也在行政程序法上产生影响。主要表现在下列方向：德国经济地位之确保、许可程序之加速、行政程序法之一致及简单化与国家任务之私人化。其中对于行政程序法影响最深者应为"加速行政许可法"，该法对于原有行政程序法之结构造成重大变更，并因此而修改了行政程序法数条规定。[1]美国虽然没有将行政许可加速程序规定在行政程序法中，但是在单行法律中很多领域实行了许可加速制度，在新药审批、电信、新能源专利等领域更加明显。英国也在药品、工程项目、新能源技术专利申请等方面实行加速许可，而日本受到欧美国家的影响，在行政审批领域，确立行政审查加速机制，在专利

---

〔1〕 主要体现在以下几条：①修正《德国联邦行政程序法》第 10 条，引入顺畅原则。②减轻行政机关之送达负担，将所为的多数程序由 300 人降至 50 人。并配合修正《德国联邦行政程序法》第 16、67、69、73、74 条。③修正第 45 条、46 条规定，以扩张程序及方式补正之可能性。④为了而执行有关经济企业领域内之加速许可程序之需要，在《德国联邦行政程序法》中新增第 71a~71e 条的规定。⑤修正计划确定程序，引入计划许可之制度。

申请领域，经相对人申请，可以启动加速审查机制。由于加速许可程序能够改善投资环境，促进经济的发展，由此获得各国的青睐。

除了行政程序的加速机制，自 20 世纪后期以来，在各国，各种对应效率的行政程序机制创新更是各种各样，如行政程序运行的项目管理制与经理人制、并列型行政程序等，此部分内容将在后文第三章予以介绍。

总而言之，各国在具体的行政法实践中已经以效能为导向，积极探索了各种富有成效的有助于行政任务实现的形式、手段等，这意味着行政效能成为行政法的根本价值有着广泛的实践基础。

综上，从国家职能的变化，行政类型的拓展，公共行政新样态的出现，对于传统行政法形成了剧烈的冲击，单一的控权功能不足以解决行政所面临的现实问题，客观上要求行政法进行能动的现代转型。而在当代全球化、信息化背景下，对行政法的效能诉求尤为凸显，境外行政法的发展与改革带有强烈的效能导向，所有这一切，均意味着行政效能已经进入行政法的视野，理应成为行政法予以促进的功能，成为与控权价值并驾齐驱的根本价值。

第三节　行政效能应纳入行政法基本原则体系

虽然行政效能的提升是政府也是普通民众的普遍诉求，行政法实践中也进行了诸多以效能为导向的改革，但我国行政法学的主流学说却始终未将其纳入行政法基本原则体系。这其中的缘由是什么？行政效能原则是否应该成为一项行政法的一般原则？

一、关于效能原则的一个学术史回顾

在行政法学界，有关基本原则的研究蔚为大观。这种表述上的多姿多彩既表明了行政法学者对于学科基础理论的关怀，也昭示出行政法基本原则的开放性。梳理我国行政法学研究早期到现在关于行政法基本原则的表述，会发现对于效率、效益的关注其实从未被忽视。

从行政法初创早期，有关行政效率的问题就已经引起了学者们的重视，1988 年罗豪才教授在他主编的《行政法论》一书中指出，行政法的基本原则包括行政法治原则和民主与效率相协调的原则。也有学者直接在文章中提出

行政效能原则，并指出行政效能原则是"行政权运行本身的要求"。[1]以后，我国一些有影响的行政法学教材也相继接受了上述观点，并在行政法治原则的核心基础上增加行政效率原则、行政公开原则。[2]有学者认为行政法基本原则应当表述为自由、权利保障原则，依法行政原则和行政效益原则。[3]有学者提出应当区分行政法的最高形式原则和行政法的基本原则两个不同层次的概念，诚信原则应当为行政法最高形式原则，它派生出法律优先、法律保留、比例、信赖保护、行政公开、行政效率等六项行政法的基本原则。[4]

但是上述观点并未成为主流观点，在很长一段时间里，行政法学界主流学说认为，行政法基本原则包括行政合法性原则和行政合理性原则。"在关于这两项基本原则具体涵义和要求的阐释中，已无效能（效率、效益）的一席之地。"[5]与此同时，效率原则被普遍认为不具有行政法基本原则的属性。主要理由有：其一，行政效率原则是行政管理学原则而非行政法基本原则。能够作为行政法基本原则的，应当是行政法特有的原则，而非行政管理学原则或者政治学原则。其二，违反效率原则引起的后果是行政效率低下，妨碍行政目标实现，而行政法基本原则旨在解决行政行为的法律效力，如果行为违反原则，会导致无效。[6]其三，行政效能/效率反映的是一种工具性价值，而非法的伦理性价值的直接要求，不应该作为法律原则。

随着行政法理论与实践的发展，行政合法性原则与行政合理性原则的原则体系也逐步暴露出一定缺陷。就行政合法性原则而言，未能从权力分立或分工的立宪角度上进行论述，对其下位的法律保留与法律优位未能作出明确的分辨。就行政合理性而言，则缺少类型化的分析，导致理论与实务对其内涵的认识较为模糊，在行政审判实务上的消极后果是导致行政诉讼对于行政

---

〔1〕 杨海坤："论我国行政法的基本原则"，载《上海社会科学院学术季刊》1990 年第 3 期。

〔2〕 姜明安主编：《行政法与行政诉讼法》，北京大学出版社、高等教育出版社 1999 年版，第 44 页。

〔3〕 薛刚凌："行政法基本原则研究"，载《行政法学研究》1999 年第 1 期。

〔4〕 刘莘、邓毅："行政法上之诚信原则刍议"，载《行政法学研究》2002 年第 4 期。

〔5〕 沈岿："论行政法上的效能原则"，载《清华法学》2019 年第 4 期。

〔6〕 胡建淼主编：《行政法教程》，杭州大学出版社 1990 年版，第 43~49 页，转引自沈岿："论行政法上的效能原则"，载《清华法学》2019 年第 4 期。

裁量滥用的控制极其有限，限制了我国行政法对公民权利的保障作用。[1]随着行政法实践与理论的进一步发展，对于行政法基本原则的探讨逐渐呈现出更为丰富和深刻的内容。这一时期，学者们在传统的控权面向之外，认识到了行政效率/效能的问题，又有少部分学者开始重提行政效率/效能原则。有学者认为，重构行政法基本原则应当以有效率的行政权和有限制的行政权为基点。[2]也有学者在行政法基本原则体系中直接提出行政效能原则，[3]另有学者将行政法的根本价值定位成消极和积极两个面向，并在此基础上构造行政法的两项基本原则：依法行政原则与行政效能原则。[4]还有学者提出，应当把成本收益分析原则作为行政法基本原则，认为其最为重要的意义在于"行政法学方法论变革的意义"。[5]

如上所述，从行政法初创早期，有关行政效率/效能的问题就已经引起了学者们的重视，尽管未能成为主流学说，但肯定主张的呼声一直都有。但一直以来，未被主流学说接纳，究其原因，可能有以下因素：其一，在早期，行政法学的目标取向着眼于行政行为的形式合法，而对于过程和实务则不予过问。其二，传统行政法学以司法审查和权利救济为最终落脚点，而法院关注的是行政的合法性问题，行政的有效性问题不在其考量范围内。其三，既有肯定论的主张者们尚未对效能原则提供非常有说服力的和清晰的阐释。[6]

---

〔1〕　李洪雷：《行政法释义学：行政法学理的更新》，中国人民大学出版社 2014 年版，第 71 页。

〔2〕　以有效率的行政权为基点，确立行政行为效力推定原则、行政自由裁量原则和司法审查优先原则；以有限制的行政权为基点，确立行政职权法定原则、行政程序正当原则和多元控权必要原则。参见章剑生："现代行政法基本原则之重构"，载《中国法学》2003 年第 3 期。

〔3〕　有的学者认为行政法基本原则包括依法行政原则、平等原则、信赖保护原则、比例原则；除此之外还应当包括人性尊严原则、诚实信用原则、公益原则、行政效能原则、正当程序原则。参见姜明安、余凌云主编：《行政法》，科学出版社 2010 年版，第 99 页。沈岿教授也主张应把行政效能原则加入一般行政法原则体系。参见沈岿："论行政法上的效能原则"，载《清华法学》2019 年第 4 期。

〔4〕　朱新力、唐明良等：《行政法基础理论改革的基本图谱——"合法性"与"最佳性"二维结构的展开路径》，法律出版社 2013 年版，第 54~61 页。

〔5〕　郑雅方："论我国行政法上的成本收益分析原则：理论证成与适用展开"，载《中国法学》2020 年第 2 期。

〔6〕　沈岿："论行政法上的效能原则"，载《清华法学》2019 年第 4 期。

二、行政效能作为行政法基本原则的证成

将一项原则纳入行政法基本原则体系，需要符合行政法基本原则的确立标准。其一，作为行政法基本原则，应当表现出其内在的普遍性。也就是行政法基本原则必须能够贯穿于行政法始终，在行政法各个领域、环节都有体现。行政效能原则是能够贯穿行政法各个领域的原则，符合基本原则的普遍性要求。此部分内容，在本章第四节予以介绍。其二，作为行政法基本原则，要完整反映出行政法的价值追求和发展趋势。在法理学中，法的基本原则被视为"体现法的根本价值的原则，是整个法律活动的指导思想和出发点，构成法律体系或法律部门的神经中枢"。[1]因此，行政法基本原则的确立首先必须考虑行政法自身的价值目标。本章第二节的论述认为，行政效能应作为行政法的根本价值之一。总而言之，行政效能原则符合行政法基本原则确立的两大标准。除此之外，将行政效能作为立法原则或立法目的，在成文法中多有体现，构成确立其为行政法基本原则的规范基础。在我国，提升行政效能是实践的呼唤与理论的应对，而考察与梳理境内外行政法研究视野与方法的转变，均指向公共行政的有效性。以上均构成行政效能确立为行政法基本原则的正当理由。

（一）规范基础

1. 境外。效能价值的规范基础在行政程序法领域尤其明显。近半个世纪以来，各国行政程序法典多将确保与提升行政效能确立为立法原则之一。例如1958年，《西班牙行政程序法》对行政行为的一般规则明确规定"行政行为应根据经济、速度、效率之规则进行"，1976年《德国联邦行政程序法》第10条明确规定"行政程序的进行以简单而符合目的为宗旨"。20世纪80年代，西方发达国家新公共管理运动的辐射力波及行政程序领域，其中效率导向和顾客思维深刻地影响了各国行政程序法制的构建。《西班牙公共行政机关法律制度及共同的行政程序法（1999）》总则部分规定，公共行政机关根据效率、级别、非集权化、非集中化及协调原则进行。1996年《葡萄牙行政程序法》第10条规定了"非官僚化原则及效率原则"，即"公共行政当局

---

[1] 沈宗灵：《法理学》，高等教育出版社2004年版，第40页。

应以部门亲民为目的，且以非官僚化的方式，建立其组织及运作，借此确保其能快捷、经济及有效作出决定。"《奥地利普通行政程序法》第 39 条第 2 项规定："行政官署为确定事实为调查程序的各种处分，应力求妥当、迅速、简单与节省。"1996 年《德国联邦行政程序法》的修订即是以加速行政程序为目标。《欧盟行政程序模范规则》序言部分规定："公权机关所实施的行政程序受法治、获得良好行政的权利和其他相关欧盟行政法原则的约束。""公权机关应注重效率、实效和服务导向。"[1]这些表述明晰地表达出行政效能是行政程序法的立法目的。一方面促进公共职责的高效实施，另一方面保障个人权利，"追求'赋权'与'限权'之平衡是《欧盟行政程序模范规则》的根本出发点"。[2]

综上，从以上各国行政程序立法相关规定，可以看出，效能价值在行政程序法领域依然获得与控权价值并驾齐驱的地位。

2. 境内。在我国，成文法规范中处处可见效率、效能等字样。这些均为效能原则的确立提供了制定法上的基础。

在宪法上，效能原则的确立有宪法基础。《中华人民共和国宪法》（以下简称《宪法》）第 27 条第 1 款规定："一切国家机关实行精简的原则，实行工作责任制，实行工作人员的培训和考核制度，不断提高工作质量和工作效率，反对官僚主义。"其中，"精简""提高工作质量和工作效率"就是行政效能的宪法表达。

在行政组织法领域，历次机构改革都以提高效能为核心目标之一。2018 年《党和国家机构改革方案》指出："……以国家治理体系和治理能力现代化为导向，以推进党和国家机构职能优化协同高效为着力点，改革机构设置，优化职能配置，深化转职能、转方式、转作风，提高效率效能，积极构建系统完备、科学规范、运行高效的党和国家机构职能体系。"其中，"优化协同高效""提高效率效能""运行高效"的表述，体现出本轮机构改革依然以提高效能为核心目标之一。

---

〔1〕《欧盟行政程序模范规则》，蔡佩如、王子晨译，载姜明安主编：《行政法论丛》（第 19 卷），法律出版社 2016 年版，第 285 页。

〔2〕彭錞："迈向欧盟统一行政程序法典：背景、争议与进程"，载《环球法律评论》2016 年第 3 期。

在行政行为法领域，诸多单行立法都体现出对于效能、效率的追求。如《行政许可法》第6条规定，实施行政许可，应当遵循便民的原则，提高办事效率，提供优质服务。此条规定，确立了行政许可的高效便民原则。又如《优化营商环境条例》第34条规定，政府及其有关部门应当进一步增强服务意识，切实转变工作作风，为市场主体提供规范、便利、高效的政务服务。

在行政程序领域，有的地方行政程序立法中，立法目的不仅强调权利保障的功能，同时也强调了要促进行政机关高效行使行政职权。如《浙江省行政程序办法》第7条规定："行政机关应当提高行政效能，为公民、法人和其他组织提供方便、快捷、优质的公共服务。"其他地方程序立法也做出了类似的规定。除此之外，如《优化营商环境条例》将实践中行之有效的大量行政执法程序改革法定化，统一、简化行政程序以提高行政效率。

在行政监管执法领域，随着行政审批制度的改革，面对不断增大的事中事后监管压力，如何充分提升监管效能成为改革的关键性问题。国务院办公厅《关于加快推进社会信用体系建设构建以信用为基础的新型监管机制的指导意见》（国办发〔2019〕35号）规定，"以加强信用监管为着力点，创新监管理念、监管制度和监管方式，建立健全贯穿市场主体全生命周期，衔接事前、事中、事后全监管环节的新型监管机制，不断提升监管能力和水平，进一步规范市场秩序，优化营商环境，推动高质量发展"。这意味着，在削减行政审批的情况下，如何加强事中事后监管机制，如何实现事前、事后、事中监管机制的有机衔接，是监管效能提升的关键。

在行政监督检查领域，党中央、国务院高度重视我国的政府效能建设。在我国，政府绩效管理和效能监察是行政系统内部促进行政效能的两项重要机制。[1]政府绩效管理方面，2004年国务院《全面推进依法行政实施纲要》明确了"积极探索行政执法绩效评估和奖惩办法"。2013年《中共中央关于全面深化改革若干重大问题的决定》中指出"严格绩效管理，突出责任落实，确保权责一致"。2015年国务院印发的《法治政府建设实施纲要（2015—2020年)》中论及"坚持严格规范公正文明执法"的目标时指出："权责统一，权威高效的行政执法体制建立健全、法律法规规章得到严格实

---

〔1〕 沈岿："论行政法上的效能原则"，载《清华法学》2019年第4期。

施，各类违法行为得到及时查处和制裁，公民、法人和其他组织的合法权益得到切实保障，经济社会秩序得到有效维护，行政违法或不当行为明显减少，对行政执法的社会满意度显著提高。"其中虽未使用"行政执法效能"的概念，但有关"权责统一，权威高效"的表述涵盖了"行政执法效能"的概念。[1] 2018 年修订的《国务院工作规则》，继续强调要"严格绩效管理"。在地方，福建省于 2013 年通过地方性法规《福建省机关效能建设工作条例》，是运用法治手段推进政府效能管理的地方立法实践。至于效能监察，则是破解机关效能低下，公职人员"慵懒散"不勤政的重要制度安排。2010年全国人大常委会修改《行政监察法》，规定"监察机关对监察对象执法、廉政、效能情况进行监察"，从立法上明确效能监察也是行政监察的内容之一。[2]

（二）实践需求

1. 行政权的双重性产生的必然要求。西方的公共行政经历了从"夜警国家"到"行政国家"的变迁，但我国行政变迁的图景与西方迥异，行政权一直都是全能而强大的形象。计划经济下行政的模式是无所不包。市场经济下，政府塑造了适当放权的形象，但一方面从某些领域退出，另一方面又必须向某些领域进军；一方面要解决现代的问题，另一方面又要面临后现代的问题。这就是中国行政法产生的二律背反的现实背景。

因此，当我们"提出控制行政权的时候，也正是我们最需要行政权的时候"。[3] 行政法治的形式主义坚守者将行政法视为"控制政府权力的法律"，对现代化的要求作了回答，但这种行政法认知模式，尽管有利于我国法律秩序建构任务的完成，却回避了后现代提出的问题，不符合我国当前实际。严格控制行政权可能损害行政的积极性，更多的控制也可能会产生更多的不作为，也无法为决策行政、给付行政等新型行政类型提供合法性框架。

因此行政权的双重性产生双重规范要求，一方面要控制和规范行政权力，

---

〔1〕　马怀德主编：《行政法前沿问题研究——中国特色社会主义法治政府论要》，中国政法大学出版社 2018 年版，第 234 页。

〔2〕　2018 年《监察法》颁布，《行政监察法》废止。《监察法》并未赋予监察机关效能监察的职能，效能监察尚未有新的归属。

〔3〕　王学辉："超越程序控权：交往理性下的行政裁量程序"，载《法商研究》2009 年第 6 期。

另一方面要积极提升行政效能，两者不可偏废。

2. 服务型政府的必然要求。在传统的公共行政理论中，政府的社会角色主要限定于"管理"。在古典资本主义理论家的观念中，比如亚当·斯密、洛克等，虽然提出了有限政府的观念，强调政府权力的有限性，政府只应当对国家安全和社会治安等少数事务进行管理，但是对于政府的社会定位还是管理，而不是服务。随着新公共服务理念的兴起，政府的治理理念发生了根本性的变化。新公共服务理念的发展源自于私营组织的管理，竞争机制和顾客中心主义是私营组织管理中的两大核心支柱，私营组织中的所有管理措施或手段都以此为基础进行建构。新公共服务理念以私人企业管理中一切以顾客需求为导向的管理为模板，政府所有的治理活动，不再是对相对人进行管理，而是提供公共服务和公共产品，不断提高社会公众的福利水平，也就是说政府所从事的活动以服务为导向，公共权力存在的目的在于提供更多更好的公共服务。[1]针对这一新的发展，我国理论界提出服务型政府的概念。尽管服务型政府并没有设为一个有固定范畴的概念，但是服务型政府所包含的核心精神是不变的，即以社会公众的需求为政府行为的基本导向，政府提供公共服务以社会公众的实际需求为导向，资源是否得到有效利用，社会公众是否满意。党的十九届四中全会《中共中央关于坚持和完善中国特色社会主义制度、推进国家治理体系和治理能力现代化若干重大问题的决定》在坚持和完善中国特色社会主义行政体制要求中，强调创新行政方式，提高行政效能，建设人民满意的服务型政府。服务型政府强调政府公共权力的根本性质，而不是强调必须对政府权力进行控制，其中蕴含了发挥行政权力积极效益的观念，从此种角度，行政效能与服务型政府的理念是相关的，行政效能是服务型政府建设的必然要求。与此同时，依据政府行为是否提供了更好的公共服务来判断其行为的合理性，同样也可以实现有效控制政府公共权力的功能。

3. 国家治理现代化的必然要求。治理是基于规则治理的技艺，对于创新公共服务的体制与机制、提高公公服务的质量以及公共利益的实现具有现实意义。国家治理所依赖的基本规则就是法律元素，这保证了国家治理的法治基石。国家治理现代化包含着国家治理的民主化、科学化、效率化、文明化、

---

〔1〕　贺林波、李燕凌：《公共服务视野下的行政法》，人民出版社 2013 年版，第 274 页。

法治化。[1]民主化解决谁来治理和为谁治理的问题。科学化是现代国家治理能力的基本特征，要求技术与工具理性的建构。失去科学性，也就失去了现代化，科学化需要运用云计算、物联网和大数据等现代科学技术创新治理机制，提升治理能力。[2]效率化要求国家政令畅通，以最少的投入取得最大的治理效果。法治化是国家治理现代化的基础。

国家治理现代化所要求的民主、效率、科学、文明，与行政效能的内涵所契合。我国正处于现代化进程的关键时期，如何应对各种复杂的社会问题，提升行政效能水平，关系到现代化的建设。因此，将行政效能作为行政法的价值诉求，也是国家治理现代化的要求。尤其我国当前，矛盾和问题集中爆发，全球化和信息化的发展，对于政府治理提出了更高的要求。以上国家治理现代化的基本要求本质上要求行政要完成现代性转型，转型所要完成的任务是"如何实现个人面对国家由受支配的客体向具有独立地位主体转型，要符合行政民主和行政理性，而这一目标的实现机制是制定《行政程序法》"。[3]

（三）行政法学研究视野和方法的转变

行政效能在成文法规范中屡有表达，而在行政过程中，基于不可回避的效能考量已有诸多行政法实践，但是行政法学过去忽视对于行政效能的研究，这究竟为何呢？

在我国，行政效能原则被主流学说排斥的一个根本原因在于《行政诉讼法》制定前后行政法学强烈的学科独立意识，[4]行政效能被视为行政学的价值，而不是行政法的价值。这种做法出现于更早时期的大陆法系传统行政法，德国行政法学的独立便建立在行政学和行政法学的分野基础上，这种学科划分造成的思维观念和方法论根深蒂固，并深刻影响了法国、日本等其他国家。

---

〔1〕　杨海坤、郝炜："国家治理及其公法话语"，载《政法论坛》2015 年第 1 期。

〔2〕　解决治理难题需要现代科技的广泛运用。如在对广场舞噪音问题开展治理时，可以通过研发控制噪音定向传播和分层弱化等设备从科技层面予以缓解。城市群租整治也是政府治理领域中的难题。在对城市群租问题展开治理时普遍面对的一个难题是如何认定"群租"，单一依靠房屋建筑面积等标准划分无法回应复杂的群租整治实践。在大数据时代，政府可在有效提供各类保障性住房的基础上，运用大数据汇总入驻房屋人员的身份信息、用水用电用气等日常生活数字信息，通过数据综合管理平台实现对居住人员个体的数据分析，可在法律上为"群租"定性提供识别标准。

〔3〕　王万华："行政权力运行机制的现代化转型与《行政程序法》的制定"，载《中国行政法学研究会 2014 年年会论文集》。

〔4〕　沈岿："论行政法上的效能原则"，载《清华法学》2019 年第 4 期。

但随着公共行政的发展，传统行政法学的合法性关怀也出现了难以解决的问题，这个时候，行政法的研究视野以及研究方法逐步发生了变化，不管是境外还是境内，开始协调和整合各种研究方法，行政法的研究视野和方法逐步指向公共行政的有效性。

1. 境外。面对现代行政类型的拓展，行政法的研究视野与范式也发生了变化，从境外考察，代表性的研究范式有三种。

第一种范式是"保护人民权利的行政法总论"与"有效实现行政任务的行政法各论"之结合。该范式的倡导者是德国著名行政法学者施密特·阿斯曼教授。在历史上，德国行政法学的独立建立在行政学和行政法学的分野基础上。前者的目的是追求行政的正确性和效率性，讲求行政效率及行政方法以求行政目的的实现，故对行政的要求是"合目的性"；后者是以法学的方式，研究行政权的运作，以使其面朝"合法性"方向。由此，"行政法及行政学不仅是分道扬镳，且在法学界分量是前重后轻"。[1]而奥托·迈耶的目标就在于克服警察国家的弊端和建立法治国家。[2]为此，奥托·迈耶将"依法律行政"注入行政法，强调行政的合法律性以及司法对行政合法性的审查及控制；奥托·迈耶选定行政行为作为基础概念，关注行政行为的形式化，希望借由法的形式理性限制国家权力，同时也形成了以行政行为为核心的"行政法法释义学"，使行政法发展为"行为方式—权利救济"的固定模式。[3]奥托·迈耶构造行政法概念及其体系的时候对于形式要素的强调，符合公民社会的法治国观念，但也使得行政法成为不带实践内容的法律陈述，而余下的任务则是进行抽象化和教义化。[4]

然而，这也造成"行政法被双重截肢。一方面，它和行政实践以及它的前生警察学（旧的）和行政学说（新的）之间的联系被切断；另一方面，为

---

〔1〕陈新民："德国行政法学的先驱者——谈德国19世纪行政法学的发展"，载《行政法学研究》1998年第1期。

〔2〕［德］何意志："德国现代行政法学奠基人奥托·迈耶和行政法学的发展（代中文版序）"，载［德］奥托·迈耶：《德国行政法》，刘飞译，何意志校，商务印书馆2000年版，第1页。

〔3〕赵宏："行政法学的体系化建构与均衡"，载《法学家》2013年第5期。

〔4〕［德］米歇尔·施托莱斯：《德国公法史（1800—1914）：国家法学说和行政学》，雷勇译，法律出版社2007年版，第532、537、538页。

了新专业的'独立性'，与行政法的政治原生领域之间的关系被割断".[1]
进入20世纪中后期，面对公共行政变迁的新现象，德国学者沃尔夫、巴霍夫
和施托贝尔在其编写的行政法教材中明确，行政法学应当积极回应行政实践
的反馈，"将行政法转化为行政实践是法学研究的目的和任务，所以要从实
践需要和行政效果的角度对行政法进行超正义的实用主义的研究"。提倡进
行跨学科的研究，"行政法的制度和理论不可能停留在象牙塔中，应当广泛
吸收其他学科的形式、方法和知识来解决行政法的问题"。"毫无疑问，只有
应用行政学的方法和知识才能为行政法的问题提供面向未来的解决办法，实
现公共行政的现代化。行政学应当成为行政法的基础科学。"[2]

　　阿斯曼认为，所有法律均以其有效性为目标，法学不能满足于对个别法
律规定及法律制度作诠释性整理，还必须使法律能够践行其秩序任务。在方
法论上，要有意识地处理行政法的有效性问题，行政的法律工作并非仅限于
个案之决定，还包括形成之任务、缔结契约、行政计划等，有许多不同的面
向，因此，行政法学方法论必须同时兼具"适用（法令）导向的解释"及
"制定法令导向的决定"之学术，与传统的方法论相互衔接。再有，行政法
若要有效执行其在社会、国家与经济上之调控任务，则行政法学必须有其他
学科之认知。[3]阿斯曼教授提出了行政法学应当具有的两个研究路径："一
是保护人民权利，这是法治国与民主宪政的要求；二是有效执行行政任务，
这主要体现在行政法各论如警察法、环境法、社会法与经济法中。传统行政
法之所以受到批评，是由于它未能关注到行政任务，或将行政任务限缩在自
由法治国危险预防的范围内。行政法各论的法律素材，呈现出行政由执行法
律转变成一个强大的形成社会性质的行政。"[4]

　　第二种范式是以政府管制的理论探索行政法过程中的真实问题。美国奉

〔1〕［德］米歇尔·施托莱斯：《德国公法史（1800—1914）：国家法学说和行政学》，雷勇译，法律出版社2007年版，第532、537、538页。
〔2〕［德］汉斯·J.沃尔夫、奥托·巴霍夫、罗尔夫·施托贝尔：《行政法》（第1卷），高家伟译，商务印书馆2002年版，第13、14、109页。
〔3〕［德］施密特·阿斯曼：《秩序理念下的行政法体系建构》，林明锵等译，北京大学出版社2012年版，第20、29、31页。
〔4〕［德］施密特·阿斯曼：《秩序理念下的行政法体系建构》，林明锵等译，北京大学出版社2012年版，第145页。

行法律实用主义，与德日等国恪守严格的法律形式主义有很大不同，行政法学中实证取向研究大行其道。行政法学者认为仅仅依靠行政程序和司法审查来控制权力滥用是远远不够的，这两种手段只是在行政外部徘徊，只有深入政府管制的过程，对它运行的效果进行经济学和社会学的分析，才能回答什么样的政策和行政是良好的。因此，政府管制理论致力于揭示传统行政法学偏废的一隅，广泛地借鉴政治学、经济学、社会学等多学科知识，探索政治与政策的形成过程，以此达成行政法学的任务：不仅仅实现权利保障的功能，更为重要的是，促使政府有效地进行公共管制以实现公共福祉。

政府管制理论，深入到政府管制行为的整个过程中，对政府管制的许多领域进行了分析，包括环境标准、产品安全风险、核能、社会安全与福利等等。政府管制分析遵循这样的逻辑，首先要回答政府管制的正当性，其次要回答，运用何种管制方法将产生更好的结果。这涉及对管制方法的实际选择。最后的问题是，政府是否选择了最为有效的行政活动形式，这涉及最后的评价。对这些问题的探索与思考暗含了程序问题与实体问题的结合。

美国法学界，专长于风险与能源规制的布雷耶大法官、精通电力和天然气市场规制的皮尔斯教授、以职业安全和卫生规制见长的夏皮罗教授等人，以政府管制的基本理论和分析框架，探索各行业领域治理的有效性和最佳性，是精研政府管制理论的一批代表性学者。

第三种范式以日本的大桥洋一教授为代表，主张采用以法政策学为核心的多学科理论和方法推动行政法学的结构性变革。大桥洋一教授在《行政法学的结构性变革》一书中，认为"行政法学'闭关锁国'，舍去了政治学视角、社会学分析、文化洞察等，偏重于纯粹法学上的考察，关注不到真实的行政法问题，忽视合目的性等标准，成为其自身发展的桎梏。基于此，提出整合行政学和立法学以重构行政法学，引进法政策学等跨学科的分析工具全面分析行政实务问题"。[1]

总之，以上研究范式，表现出对行政任务、合目的性和效率、制度设计、行政与行政法学的融合以及法学以外其他学科知识的关注，这说明，行政法

---

〔1〕〔日〕大桥洋一：《行政法学的结构性变革》，吕艳滨译，中国人民大学出版社2008年版，第2页。

学的研究视野转向公共行政的有效性，注重行政任务和目标的实现，折射出
关注行政效能的视点。

2. 境内。公共行政与行政法整合的背景下，新行政法与治理兴起，我国
许多学者开始注意到传统行政法"忽视行政任务和政策目标的结构性缺失，
并希望通过法解释学、社会学、政策学（行政政策学和立法政策学）等方法
的结合，建构一个应该兼容法解释功能与承担政策目的的制度设计功能的中
国行政法学理论体系"。[1]正是对管制、顾客导向、员工授权、服务外包为
特征的政府再造的青睐，带有政策和效益考量的各种新行政法比如政府规制
理论、面向社会科学的行政法学、行政政策学、功能视角中的行政法、行政
过程论、转型行政法学等开始涌现。[2]

"新行政法"的概念化，主要就是缘于公共行政的变迁及相应法规范的
发展，但是，"新行政法"究竟"新"在何处？学者们各有见解。[3]沈岿教
授认为，综观既有新行政法的研究，学者的观点各异，但大体上可分为两种
进路，可以概括为"内生增长论"和"结构转换论"。前者虽然认为传统行
政法正在面临巨大挑战，但新行政法基本可以在传统框架和结构内寻求变革，
新行政法不是革命是改良；后者则强调传统行政法结构很难适应新公共行政
的需求和变化，新行政法的发展需要实现结构层面上的转换。但不管是哪种

---

〔1〕　朱芒："中国行政法学的体系化困境及其突破方向"，载《清华法学》2015 年第 1 期。近
年来相关学术动态的综述参见李洪雷："中国行政法（学）的发展趋势——兼评'新行政法'的兴
起"，载《行政法学研究》2014 年第 1 期。

〔2〕　具体内容的介绍，参见李洪雷："中国行政法（学）的发展趋势——兼评'新行政法'的
兴起"，载《行政法学研究》2014 年第 1 期。

〔3〕　姜明安教授认为，新行政法之新体现在三个方面：新的调整范围——从仅调整公域到既调
整公域也调整私域，从仅规范国家公权力到既规范国家公权力也规范社会公权力；新的调整方式—从
管制到自治，从命令—服从到协商—参与，从刚性管理到柔性指导；新的法源形式—从静态到动态，
从硬法到软法，从单一法源到多元法源。参见姜明安："全球化时代的'新行政法'"，载《法学杂
志》2009 年第 10 期。这显然是法制度和法现象意义上的新行政法。还有一种是法学研究进路和方法
论意义上的新行政法，这基于对于传统行政法认知模式的反思而产生，如王锡锌教授认为行政法在行
政状况发生本质性变化的情况下，重点是建立"面向行政过程的行政法框架"，参见王锡锌："行政
正当性需求的回归——中国新行政法概念的提出、逻辑与制度框架"，载《清华法学》2009 年第 2
期。于立深教授则提出需要用概念法学的方法论指导、规范政府管制背景下的新行政法的研究。参见
于立深："概念法学和政府管制背景下的新行政法"，载《法学家》2009 年第 3 期。

进路，都潜藏着两个隐约可见的角色：监控者和管理者。[1]前者以监控公共行政、使公共行政合于法律统治为主旨，以法官适法对行政进行形式合法性判断为导向，以法教义学为基本方法。而后者则关切公共行政所面对的管理任务，以行政目标的实现为导向，重点以政策形成、规则制定、制度设计为导向，以法政策学/社科法学为基本方法，这种导向的行政法是对传统合法性考量的检视，它的核心宗旨就是行政目标和任务的高效实现。[2]这种观点其实是在对法律与公共行政整合的背景下，对于行政法单一限度的控权功能的深刻反思。

新行政法的研究者们，更加关注贴近真实世界的行政过程，他们的担忧在于，行政法研究者若仅以控权为视角，以司法为中心，进行行政的病理性事后矫治，无视行政所面对的问题，无视行政法律的局限性，无视行政的问题解决方案和制度设计，无视行政任务的有效达成，那么，行政法研究者必定会在"更好行政"的议题上失语。[3]"管理者"导向的行政法以行政任务和目标的高效实现为目标，探索良好行政的制度设计、将行政效能的提升作为主要诉求与根本价值。在这样一种视阈下，行政法的关注点从下游向中游和上游延伸：向中游延伸意味着关注行政决定的作出过程，加强行政程序法制；向上游延伸意味着关注行政立法和行政决策的正当性，并以追求行政民主与行政理性为要务。

总之，新行政法的兴起，不管是何种研究进路，行政法如何促进行政任务的高效实现都是隐藏在其中的主题。在新行政法研究的视野中，监控者与管理者的角色并存，前者以确定行政活动边界、保障相对人权利为指向，而后者以探索良好行政、提高行政效能为基本指向，这两种考量基点将构成行政法总论改革的完整架构。

---

〔1〕 沈岿教授将新行政法的两种进路归纳为"内生增长论"和"结构转换论"。前者虽然认为一般行政法正在面临巨大挑战，需要进行较大程度的改变，但新行政法基本可以在传统框架和结构内寻求增长和变革；后者则强调传统行政法结构已很难适应新公共行政以及相应法规范的需求和变化，新行政法的适应能力和前景寄托于实现结构层面上的转换。参见沈岿："监控者与管理者可否合一：行政法学体系转型的基础问题"，载《中国法学》2016 年第 1 期。

〔2〕 沈岿："监控者与管理者可否合一：行政法学体系转型的基础问题"，载《中国法学》2016 年第 1 期。

〔3〕 沈岿："监控者与管理者可否合一：行政法学体系转型的基础问题"，载《中国法学》2016 年第 1 期。

从以上梳理可以看出，行政效能原则尚未得到行政法学者普遍关注的现象，与传统行政法学方法论根深蒂固的影响有很大关系，不过，"行政法学方法论的重新定位，为行政效能原则的正名提供了又一理由"。[1]

此外，还需要回应的是，反对将行政效能作为行政法基本原则的学者们认为，行政效能（效率）反映的主要是一种工具性价值，而非直接体现法的伦理性价值的要求。其实，在我国行政法学30余年发展历程中，存在过多的价值理性的倾斜，而忽视技术与工具理性的制度建构，作为一门实践性的社会科学，其实离不开以工具理性为特征的工具性原则的建构。[2]在现代国家，国际经济社会文化领域中的竞争异常激烈，行政效能是决定国家国际竞争成败的一个重要因素，同时行政效能对于私人经济社会权利的保护同样意义深远。[3]因此，应承认行政效能的法律原则地位。至此，又产生更深的疑惑：行政效能毕竟属于一种工具性价值与工具性原则，"在中国目前的行政法释义学刚有起色之时，强调作为工具的弹性行政法治，是否会诋毁前辈学者呵护的规则至上理念"？[4]毕竟，现代行政法的核心使命，仍然主要是为行政提供一种合法性的评价，行政法学如何在包容不同学科视角的同时能够维持其作为规范学科的立场品性等问题都还需要行政法学界进一步思考。不管如何，即便不破坏传统行政法的基本结构，我们也仍然可以延伸行政法的研究视野，面向行政过程现实、面向行政任务的高效实现，探索有助于行政任务有效达成的组织架构、活动方式及程序机制。

三、行政效能原则的基本要求

作为一项行政法基本原则，行政效能有如下基本要求：

第一，行政效能要求行政活动遵循"成本—效益分析"。行政法上有多种行政手段供行政主体选择，但若要实现有效管理，则必须考量如何实现行

---

〔1〕　沈岿："论行政法上的效能原则"，载《清华法学》2019年第4期。

〔2〕　郑雅方："论我国行政法上的成本收益分析原则：理论证成与适用展开"，载《中国法学》2020年第2期。

〔3〕　李洪雷：《行政法释义学：行政法学理的更新》，中国人民大学出版社2014年版，第109页。

〔4〕　郑春燕："行政任务取向的行政法学变革"，载《法学研究》2012年第4期。

政手段的最优选择，且运用手段时不可能完全不计较行政成本，行政程序的设计，应贯彻经济便利的原则，尽可能节约人力、物力、财力，以较小的成本获取较大收益。行政行为要有成本效益观念，若采取某种行政手段的成本大于将取得的社会收益那就是得不偿失的，但此处成本还应适当考虑道德成本和政治成本。因此，行政机关需要考虑目标效益和各种方案的可能性，选择其中成本投入较少的方案以达到同样的行政目标。比如在环境保护领域，环境保护行政部门以往通过对超过排污指标的行为进行处罚，实现环境保护的规制目标。自 2002 年起，原国家环保总局在全国部分省市开展排污权交易制度的工作。这项政策包含了对于行政活动方式的成本效益分析。行政处罚的事后效果，使部分企业心存侥幸，空置设备超标排污，因为可能发生的罚款数额远远低于维持正常排污需投入的费用，而对于行政机关来说污染一旦形成，就需要投入大量资金来恢复良好的生态环境，且周边居民受环境污染之苦的潜在损失难以估算。实行排污权交易制度，企业受出售排污许可的利益驱动，主动达标排污，行政机关也无须配备大量工作人员查处违法行为。两者比较，后者的行政成本更低，基于这种考量，当时的国家环保总局鼓励引进排污权交易制度，这就是"成本—效益分析"在实践中运用的典范。当然，"成本—效益分析"会涉及对于数据、信息和评估的运用，面临着不确定的计算和主观性的价值设定，所以运用起来比较复杂，但由于这种方法蕴含着对实现公共利益目标的理性追求，因而受到各国政府的重视，我国也不例外。特别是在风险社会的背景下，很多行政决策必须在不确定的基础上做出，是一种风险管理活动，将这种风险管理混同于权利保障，忽视对成本收益的分析，可能导致政府规制的僵化并引发严重不利的社会后果。[1]当前，无论是中央层面还是地方层面，均体现出对于"成本—效益分析"的重视和运用。从中央层面而言，以对法治政府科学决策、风险评估、绩效管理为主；从地方层面而言，立法评估领域的运用居多，例如 2019 年 5 月发布的《苏州市人民政府立法前评估办法》，强制性要求立法评估报告必须包括立法成本效益分析。

---

〔1〕 李洪雷："面向新时代的行政法基本原理"，载《安徽大学学报（哲学社会科学版）》2020年第 3 期。

　　第二，行政效能意味着应当形塑有助于行政任务和目的的实现的行政组织、行政方式、行政程序。行政效能是一种目的与手段之间的关系，也就是选择何种行政组织、行政手段和通过怎样的程序设计与安排达到最佳行政效果。行政效能要求我们更加关注行政组织的形态与行政任务的匹配性，选择怎样的组织形态要以有效履行职责为标准。行政效能也要求行政机关在一系列可供选择的手段中择其优者实行，政府完成一项行政任务应该在工具箱里有充分的政策和执法工具，并善于通过组合拳完成行政任务。〔1〕行政效能要求行政程序在促进行政行为理性、提高行政效能方面发挥作用空间，而不仅仅聚焦于控权。合理的行政程序会保障行政机关作出正确有效的决定，也能够担当起调整多重利益关系的形成性机能。

　　第三，行政效能强调行政的民主性与科学性。行政效能原则本身体现了对于理性的高度追求，如何实现理性，要解决行政的民主性和科学性问题。行政的民主性体现价值理性，行政的科学性体现技术理性。〔2〕行政的民主性是以公众为主导的政治过程，行政的科学性则指向事实问题的法律认定。《政府投资条例》第4条要求"政府投资应当遵循科学决策、规范管理、注重绩效、公开透明的原则"，《重大行政决策程序暂行条例》第5条要求政府"作出重大行政决策应当遵循科学决策原则……运用科学技术和方法"，其中，诸如"科学决策""运用科学技术和方法"等表述和规定，意味着我国政府对于行政科学性的高度重视，标志着政府治理步入理性治理的变革期。〔3〕行政的民主性与科学性能够增强行政行为的公正性与有效性，自然也能增强行政行为的可接受性。行政行为的可接受性将直接影响到行政目的之实现程度。行政效能要求以程序理性和民主为行政提供正当性，而不是仅仅在法律规范中寻求正当性。在现代法治语境下，行政行为过程中应当关注相对人和公众的意见表达，开放包容地创造各方利益均衡参与的机会和有效参与的制度环境，强调行政民主，即行政过程的开放性、参与性和回应性。行政的科

　　〔1〕　马怀德主编：《行政法前沿问题研究——中国特色社会主义法治政府论要》，中国政法大学出版社2018年版，第72页。
　　〔2〕　王万华："法治政府建设的程序主义进路"，载《法学研究》2013年第4期。
　　〔3〕　郑雅方："论我国行政法上的成本收益分析原则：理论证成与适用展开"，载《中国法学》2020年第2期。

学性作为事实判断的过程，则要以专家为主导，比如对于公共利益最大化的论证。唯有技术理性与价值理性相结合，才能进一步实质性地提升行政行为的可接受性，这种可接受性是行政效能的有机组成部分。正如阿斯曼所说："可接受性同时源自于对基本权保护的考虑以及效率的观点。"〔1〕可接受性强调的是行政相对人对行政决定的内心认同，也意味着公益和私益的最大平衡。尽管可接受性更多是对于行政活动正当性的回应，但是行政程序的正当性无疑会促进行政效能的提升。

第四，行政效能意味着行政达成法律所赋予之目的，不是单纯的经济节约，也不是单纯的加速程序过程，应当是整体行政目标的实现。并且，这种行政追求的目的具有正当性，"不能破坏人类的基本价值，否则即便实现了效益最大化也只会再添恶行"。〔2〕

四、行政效能原则与其他行政法基本原则

（一）行政效能原则与依法行政原则

依法行政是行政法最为重要的原则，整个行政法体系均建立在依法行政原则的基础之上。依法行政原则贯彻了行政应受到法律拘束的法治理念，是依法治国原则的核心内容。法律优先与法律保留作为依法行政的两大要件，均着眼于对行政权的限制。法律保留更直接体现的是对行政立法侵犯公民基本权利的高度警惕，体现了深刻的控权理念。而与此同时，提升行政效能，促使行政权积极增进公共福祉，促进人民利益，也是现代行政法发展的基本方向，故又有行政效能原则。将行政效能纳入行政法基本原则体系，仍将引起学界的担忧。这种担忧在于，行政效能作为一种实效性的考量，存在削弱依法行政原则的可能性。

风险社会的来临，要求政府加大干预社会的广度和深度，但法律保留所依赖的民主立法机器有可能怠行立法职责。即便已有法律，问题在于法律的某些优势有时却为一个劣势，其稳定性往往意味着保守与滞后，其普遍性往

---

〔1〕 ［德］施密特·阿斯曼：《秩序理念下的行政法体系建构》，林明锵等译，北京大学出版社2012年版，第98页。

〔2〕 沈岿："论行政法上的效能原则"，载《清华法学》2019年第4期。

往往意味着抽象与僵硬。"立法者因而充其量只能掌握有一般化之可能的事务，对于更多无法加以一般化之涉及公益的个别现象与现实即刻需求，则无法置喙。"[1]而对于政府来讲面临的经常是个别化的事务，要因地因时地进行行政创新，解决问题，但同时法律的一般性使得他们无法找到形式上对应的法律，所以法律保留的法治逻辑与政府治理能力之间就存在相当的紧张关系。政府治理以行政目标为取向，面对具体的问题，选择各方面最具效能的手段，以期实现最佳的行政，但法律保留的缺陷又可能束缚行政手脚。例如，在《行政强制法》中将行政强制执行权的设定一律交给了法律，固然是为了规制行政权力的行使，但同时也束缚了承担巨大执法压力的行政机关的手脚。面对庞杂的执法事项以及实现政府治理任务的难题，行政机关不得已而在执法实践中创造出了法律规定之外的新型执法手段。因而，依法行政原则与行政效能原则两者之间不可避免地会存在紧张关系，对于行政效能可能会削弱依法行政原则的担忧并非没有道理。

但是，这种冲突并非不可缓和。依法行政原则和行政效能原则并非互相对峙、非此即彼的关系，二者在达致行政目标的共同追求之下，存在一定程度的互动和共生。

第一，依法行政并非行政的目的，法律仅是构成了行政的框架，行政机关在此框架内积极地、创造性地塑造社会秩序、促进社会正义、增加公共利益。行政并非法律的执行机器，执行一般指的是在个案中完成法律所确定的事项，而行政的活动领域中很多并不是法律的执行，很多时候行政机关只是被授予了特定的任务，而对于这些任务所采用的手段和形式，在法律允许的范围内进行裁量，如规划、决策等。法律的作用在于设定政府活动的范围，赋予必要的界限，行政必须具有一定的灵活性、机动性。现代行政的语境下，依法行政原则也在一定程度上是拘束性和灵活性的统一，在法律的框架范围内，具有提升行政效能的空间。

第二，现代行政背景下，依法行政原则的内涵和概念也在重塑，法律保留也在作出适度的调适，体现出一定的效能考量。现代风险社会的到来，要求行政权主动出击，变守势为攻势，尤其在公共服务已经成为现代社会政府

---

[1]　黄学贤："行政法中的法律保留原则研究"，载《中国法学》2004年第5期。

主要内容的背景下，行政法更加重视公共服务的有效提供，从"无法律即无行政"转向"无法律也可行政"，因而实际运作中往往会突破法律保留的藩篱。尽管法律保留的原则仍需要坚持，但需要适度的调适，以适应现代行政的发展。法律保留原则的视野不单是关切公民权利是否被侵害、防止政府不合理限制和剥夺公民权利，更要关切公民权利的实现，促使政府积极地创造条件促进公民权利的实现。符合法律目的和行政目标的授益性行政行为，如不涉及限制公民权益，政府可以积极作为，以求增进人民福利。损益性的行政行为，如对公民权利造成重大限制和干预，应当遵守法律保留原则，等待法律的出台，立法机关应积极立法与修法。但若涉及国民生命、健康和财产安全等危险的事，为了防止、制止或者消除该危险，可以运用法律解释方法，以使行政积极行动，承担起责任政府的使命。法律的目的、原则乃至不确定的法律概念、行政裁量规范都会给执法者留下很大的解释空间，可运用能动的法律解释方法，赋予规则或原则丰富的意义和生命力。尤其行政机关的创新在规则阙如或模糊的时候，更要注重法律原则的运用，以取得行为的正当化根据，维护法律体系的实质正当性。

第三，依法行政原则与行政效能原则的冲突本质上反映的是形式法治和实质法治的分野。依法行政首先要求行政活动和法律要求之间要存在形式上的一致性，这是形式法治的要求。行政效能则体现出实质法治的倾向。就行政法治而言，形式法治是基础，实质法治是对形式法治的延伸、纠偏和补充，两者很难截然分开。在符合形式法治的前提下，促进良好行政的形成尤其要关注其在行政过程中的具体运作，以期形成最好的行政，以实现形式法治和实质法治的统一。

（二）行政效能原则与比例原则

比例原则是当下讨论最为热烈的法学教义，除了在行政法领域以外，比例原则在宪法、刑法、民法其他部门法中的讨论也已经展开。[1]以致有学者

---

〔1〕　参见于改之、吕小红："比例原则的刑法适用及其展开"，载《现代法学》2018 年第 4 期。李海平："比例原则在民法中适用的条件和路径——以民事审判实践为中心"，载《法制与社会发展》2018 年第 5 期。

说，"我们生活在一个比例原则的时代"。[1]在行政法中，比例原则主要用来分析政策、行政行为的实质合理性问题，属于工具性原则的范畴。按照大陆法系比例原则通说，比例原则由适当性原则、必要性原则和均衡性原则等三个子原则构成。适当性原则指行政活动的作出应当有助于行政目的的实现。行政机关在采取行政措施时，既不能追求不正当的行政目的，也不能导致与所追求的行政目的相反的结果。必要性原则可称之为最小侵害原则，行政机关在面对多种有助于达成行政目的的手段进行选择时，应当选择对行政相对人权益损害最小的手段。必要性原则实际上是手段与手段之间的比较与取舍。均衡性原则是指行政限制手段的严厉程度与其所欲实现的公益目的之间，应当存在均衡的关系。德国学者希尔希贝克曾以弗莱纳"以炮击雀"的名言，比喻必要性原则和均衡性原则之间的差异：用大炮击麻雀，是违反必要性原则，因为只需要鸟枪即可；而用大炮击麻雀，不论是否击中，炮声会惊吓邻居，则是违反均衡性原则。[2]均衡性原则不受预定行政目的的限制，如果被干预的基本人权价值超过行政目的所要追求的价值，则认为该种行政目的不值得追求，应该放弃。以上三个原则并非随意堆砌，具有位阶的递进性，体现出有序的思维程序和论证过程。

行政效能原则确立为行政法基本原则，无法回避的一个问题是其与比例原则的关系。从以上比例原则的基本内涵，可以看出，比例原则所包含的目的正当性、手段的有效性、侵益最小性与行政效能原则的基本内涵有相合之处，但两者仍存在诸多差异，下文为两者的不同进行初步区分。

第一，适用领域不同。比例原则中的必要性考量，聚焦于公民私权限制或减损后果，其讨论范围主要集中于秩序行政。从司法实践来看，比例原则

---

[1] Aharon Barak, *Proportionality：Constitutional Rights and their Limitations*, Cambridge：Cambridge University Press, 2012, p. 457.

[2] 陈新民：《德国公法学基础理论（下）》，山东人民出版社2001年版，第397页。

的适用主要集中于秩序行政领域，在给付行政领域的适用则非常少见。[1]而行政效能原则贯穿于行政法整个领域，行政组织、行政立法、行政行为、行政程序、行政纠纷解决均可适用效能原则。就适用的行政行为类型来讲，行政效能原则更侧重于给付行政和积极行政领域，当然在秩序行政领域，也存在对于效能的追求，如行政处罚既要保障公民权利，也要通过简易程序提高行政效率。在行政强制执行领域，也必须考虑效率的问题，因而要赋予部分行政机关有自行强制执行权。

第二，功能侧重不同。比例原则的基本功能在于为行政举措的实质合理性提供可操作性的分析工具，也提供了在价值层面更能体现权利保护的司法审查规范。[2]而对于行政效能原则来讲，则是行政法基本原则重要的逻辑切换，旨在激励政府积极作为，勇于担当，增进公共福祉，促进人民福利。相对于更多适用于秩序行政、消极行政领域的比例原则，具有更为深远的意义。[3]

第三，运用思路不同。比例原则的必要性要求是相同有效性的前提下选择手段最小侵害的，此处的考量聚焦于公民私权限制，体现了权利保护的价值取向。实践中，相同有效性的假设有可能是不存在的，"这种追求最小损害的思路，完全不考虑不同手段达成默认政策目标的程度是高还是低，而只强调手段转换不能导致有人受损"。[4]这与成本效益分析的旨趣不同，后者考量的是在各种手段中，何者的收益更大。考虑收益更大，还是侵害最小，究竟如何进行选择，这更多地取决于价值选择，而非工具理性。[5]当然，在

---

[1] 适用比例原则最多的领域为行政处罚、行政强制、行政征收等秩序行政领域。《行政许可法》没有确立比例原则，但也有法院运用比例原则审查行政机关许可行为的合理性。例如，在骆伟明诉佛山市国土资源和城乡规划局城乡建设案中，原告不服被告颁发加装电梯的建设工程规划许可证，法院认为，旧楼加装电梯是对原建筑物设施的增加和对原规划许可的改变，势必影响部分业主的权益，故应遵循合法性原则、比例原则和适当补偿原则。对于行政许可的撤销，法院认为应当遵循比例原则。参见骆伟明诉佛山市国土资源和城乡规划局城乡建设案，佛山市禅城区人民法院（2016）粤0604 行初 26 号。

[2] 杨登峰："从合理原则走向统一的比例原则"，载《中国法学》2016 年第 3 期。

[3] 郑雅方："论行政法上的成本—效益分析原则：理论证成与适用展开"，载《中国法学》2020 年第 2 期。

[4] 戴昕、张永健："比例原则还是成本收益分析——法学方法的批判性重构"，载《中外法学》2018 年第 6 期。

[5] 沈岿："论行政法上的效能原则"，载《清华法学》2019 年第 4 期。

目标相同，成本相同的前提下，侵害最小的自然收益最大。如果是相对人承担巨大负担和代价，但公共利益收效甚微的现象，自然也为行政效能原则所反对，理性是行政效能原则的追求。只是，比例原则无法全面关照决策者应考虑的各种成本、收益因素。行政效能原则要求遵循成本效益分析，也就意味着如果将关注点放在以通盘权衡为基础所获得的收益上，在理性化的语境下，才可能获得更合理的决策。而不是只简单选择侵害最小的手段，而忽略选择收益最大的手段的可能性。

第四，制度内涵不同。行政效能原则的制度构建需置于政府职能转变的宏大背景下去探讨。"如何在一个超大型的国家实现'合法行政'与'良好行政'的双重目标，既确保政府始终在法治轨道上行使，完成公共事务，又提升治理绩效，不断提升公共管理和服务水平，是新时代中国特色社会主义法治建设的重点。"[1]在国家治理能力与治理体系现代化的语境中，行政效能的提升必须建立在"政府—市场—社会"科学分工的基础上。这其中，涉及政府职能转变的核心问题，它本质上是一个结构优化的问题，归根结底要确定政府、市场与社会在某项行政任务完成上的贡献关系，"放管之间"需要行政法学理的论证和支撑。如果通过市场和社会的力量完全可以解决的问题，市场或社会机制优先；如果政府、市场、社会三者只有各自分担、协同共进方能有效完成的行政任务，也可考虑通过合作规制完成行政任务；如果市场和社会对于某项行政任务的完成基本束手无策，而该项任务又非常重要，对于提升政府治理水平有重要意义，则应强化相应政府职能，配置强度更大的权力，以实现职能与权力的匹配，如食品安全、环境保护等领域。[2]行政效能原则的基本内涵之一就是要解决行政任务的实现与组织、手段、程序、责任机制等的匹配问题，所以，这种职能与权力的匹配恰好体现了行政效能原则的要求。从以上论述，行政效能原则的适用，蕴含着市场和社会机制优先的逻辑前提，这并非比例原则所可包容，比例原则主要在特定制度语境下对于行政举措的合理性做价值分析。

---

〔1〕　马怀德主编：《行政法前沿问题研究——中国特色社会主义法治政府论要》，中国政法大学出版社 2018 年版，第 57～58 页。

〔2〕　马怀德主编：《行政法前沿问题研究——中国特色社会主义法治政府论要》，中国政法大学出版社 2018 年版，第 70 页。

综上所述，尽管行政效能原则与比例原则存在相合之处，但两者仍存在诸多差异，作为工具性原则两者可以并存，为决策者提供可选择工具并得以恰当运用的机会。

第四节　行政效能原则对于行政法各领域的影响

一、对于行政组织的影响

传统行政法中行政主体的法教义学体系，使行使行政权的主体能够接受合法性的控制，也由此解决了行政法上的责任归属问题。尽管传统行政组织法对于效率的追求也可谓源远流长，但什么样的组织体系能够更好地完成行政任务，行政主体理论无法解决这样的问题。在我国，行政主体的功能定位主要限于解决行政诉讼的被告。因此，新行政法对于行政组织的研究，从行政主体理论的法教义学转向功能主义的视角，主要聚焦于行政组织的形态与行政任务的匹配。

效能是国家行政组织有效的程度，或完成国家行政管理与服务的能力，精简、统一、效能是判断行政组织结构优化的内部规律，是我国以往历次机构改革遵循的基本原则。但是，精简也好、统一也好，都不是目的，都是达成效能的手段，最终的落脚点都在于效能。因此，如何让行政组织发挥效能，这是历次行政机构改革的目标。2018 年《中共中央关于深化党和国家机构改革的决定》明确指出，深化党和国家机构改革，要遵循坚持优化协同高效的原则。"优化协同高效"的原则与时俱进，切中时弊，是对于"精简、统一、效能"原则在新时代新形势下的进一步发展，但着力点仍在于提高组织的效能。

行政效能对于行政组织法带来新的要求：①优化行政组织。如行政组织在横向上的过度分散，在纵向上的层级过多，行政组织的规模结构庞大，这都不符合优化的标准。②行政组织与行政任务的匹配。[1]传统行政法对于行

---

〔1〕 朱新力、唐明良等：《行政法基础理论改革的基本图谱——"合法性"与"最佳性"二维结构的展开路径》，法律出版社 2013 年版，第 9 页。

政组织行使职权的合法性予以关注，而行政效能则要求我们更加关注行政组织的形态与行政任务的匹配性，选择怎样的组织形态要以有效履行职责为标准。面对行政任务的繁杂，尽管现行行政主体理论中有行政授权和行政委托，但其仍然只是控权视角下的话题，旨在解决责任承担的问题，而无法对于社会行政的自治本质形成有说服力的解释，更无法承担起推进行政与社会分权的符号与工具的功能。而目前，随着行政向社会的分权，社会公共行政在逐步发展，非政府公共组织也在承担着公共职能的履行，这使得国家垄断公共职能的格局开始瓦解，而客观上带来的是潜在行政效能的提升。对于这些现象，需要导入新的视角，健全国家行政组织和社会公行政组织。与此同时，应当重视对于各种多元化的公共行政组织的类型化，并寻求各类行政组织与行政任务的对应与匹配，这有助于行政任务之达成，从而极大发挥行政组织的效能。③行政组织中市场化运作机制的引入。为了实现效能的目标，政府往往采用民营化的路径，公共治理中广泛运用公私合作，由此产生了国家与社会合作的混合组织形式，公私合作公司等行政组织私有化可以借由民营弹性经营方式，为政府组织带来转机与竞争力。这意味着行政组织法不仅应关注公法形态的组织体，还要关注这种公私合作的复合主体构成，并为其提供相应的调控机制，从而实现行政的最大效能。

二、对于行政行为的影响

"行政行为形式论是传统行政法的重镇，也是最体现'合法性'考量和法教义学精致性的理论视点，行政法控权目标的实现和种种制度设计，更是以各种模式化的行政行为形式为节点而展开。"[1]大陆法系国家的行政行为形式以"行政处分"概念为核心，对于行政活动予以模式化与类型化，并借助这些行为模式实现权力规制与权利救济。但是各种类型化的行政行为带有浓烈的"司法中心主义"痕迹，这种研究的基本取向在于衔接司法审查和行政法律程序。但问题在于其无法完全回答行政过程中如何动态地使用各种行政手段、方法、行为以实现良好行政的目标。传统行政行为理论高度压缩的

---

〔1〕　朱新力、唐明良等：《行政法基础理论改革的基本图谱——"合法性"与"最佳性"二维结构的展开路径》，法律出版社 2013 年版，第 84 页。

抽象化思考模式仅成为行为的最后瞬间定格，缺乏对于行政过程的回应。因此，传统行政行为理论在事实上存在忽视行政实践的危险。"传统行为形式理论对行政实体政策面向关注不足，不能告诉我们什么是一个好的政策。"[1]行政法学体系的转型，应该对行政活动过程给予全方位的关切，不仅仅关注各种类型化的行为形式，也应该关注各种未类型化之行为，各种类型化与未类型化之行政行为以互补姿态共同完成行政任务，为行政主体提供了各种丰富的可资利用的手段。现代行政国家，由于政府深刻地卷入市场活动与社会生活，特别是由于风险社会的到来，人民不仅要求行政手段合法，更要求行政机关在一系列可供选择的手段中择其优者实行，面对各种可供选择的手段，行政机关应当如何选择呢？从重视结果到重视过程，行政过程和政府规制将成为关注的重心。行政效能作为行政手段选择的原则，将引导行政机关在规制中追求"成本—效益"的最佳化，以实现良好行政。

三、对于行政程序的影响

行政法的首要价值是控权，这一根本价值以排除干涉、保障人权为诉求，总体上是一种防御性的消极面向的价值。对于控权的功能，早期行政程序的制度设计，以司法程序为蓝本，当事人之间的利益对抗是程序建构的出发点。以自然正义和正当程序为理念，重视程序对当事人的赋权功能，使之能够与行政机关的实体权利相抗衡，强调两造对抗、平等武装和居中裁判，这其实是从诉讼的角度去认识程序。现有的行政行为概念体系之外，另一个景象万千的行政行为的实践图景，与司法活动性质单一的特征形成鲜明对照，因此，以诉讼程序为基础发展起来的程序原理与规则在行政领域的适用就有很大的局限性。[2]在很多行政活动中，行政的发展已经超越了行政处罚等传统的司法性职能范畴，承担着进行利益调整和风险分配的职能，发端于司法活动的两造对抗程序并不适合所有行政领域，程序建构必须回应积极行政的要求。

---

〔1〕 朱新力、唐明良等：《行政法基础理论改革的基本图谱——"合法性"与"最佳性"二维结构的展开路径》，法律出版社 2013 年版，第 91 ~ 102 页。

〔2〕 王万华："法治政府建设的程序主义进路"，载《法学研究》2013 年第 4 期。

现代社会，行政程序的保护主体，扩及不特定多数人，特别在环境领域、给付行政领域，尤其如此。行政应发挥的功能，"已不仅是保障特定的个人权益，更应该进行利害关系冲突之协调，发挥程序的整合功能，汲取专业意见及凝聚社会共识"。[1]这种情形下的行政，成为国家做出决定过程的结构安排。国家做出的决定要有一定的质量，不仅要考虑各个相互分离的学科提供的知识，而且要达到一个平衡的结果，过去体现在清晰的关系和事实中的个人利益和地位，今天在前期决定时就有可能受到威胁，于是，政府在作出决定阶段就要给予考虑，因为政府决定的重点不是关注个人利益，是利益的平衡，程序就是保障各种利益得到适当平衡的手段。因此，行政程序的目的不是控制，而是去调整公共和私人的互动，建立更有效的参与形式，扩大协商形式，相互收集信息，允许更多的弹性。正如斯图尔特所说："行政法的功能不再是保障私人自主权，而是提供一个政治过程，从而确保在行政程序中广大受影响的利益得到更公平的代表。"[2]这样的一个政治过程，在于保障行政机关作出实质上正确的有效的决定。[3]因此，现代行政程序不像传统行政程序，试图从法律中提取行政的方法或决定，而是试图通过程序去发现最佳方法。[4]通过程序本身的结构自治性与理性选择发现并实现公共利益。行政程序不再是以防御性为特征的对抗性程序，对于行政民主和行政理性提出更高的要求，而增强行政民主与行政理性也是行政效能的应有之义。

因而，行政效能要求，我们在研究行政程序时，不能仅仅将目光聚焦于程序在保障相对人合法权益、控制和规范行政权方面的功能，也应该重视行政程序在促进行政行为理性、提高行政效能方面的作用空间和制度设计，让行政程序能够在行政过程的制度设计话题中发挥应有的作用。

---

〔1〕 蔡秀卿："多元价值与行政程序"，载蔡秀卿：《现代国家与行政法》，学林文化事业有限公司 2003 年版，第 129 页。

〔2〕 ［美］理查德·B. 斯图尔特：《美国行政法的重构》，沈岿译，商务印书馆 2002 年版，第 2 页。

〔3〕 ［德］埃贝哈德·施密特－阿斯曼等：《德国行政法读本》，于安等译，高等教育出版社 2006 年版，第 173 页。

〔4〕 戚建刚："'第三代行政程序'的学理解读"，载《环球法律评论》2013 年第 5 期。

第二章 行政执法效能不足之现状及原因

第一节 行政效能在行政执法中的体现

一、行政执法的内涵分析

(一) 从"管理"到"执法"的演变轨迹

从历史发展来看，行政与法律并无必然关联，行政先于法律而存在。而随着近现代法治的产生与发展，行政与法律被连接到一起，行政就是"执行法律"。英国法学家詹宁斯认为，政府机构通常分为立法、行政、司法三部分，立法机关创制法律，行政的职能是执行法律。[1]而在我国，行政执法的概念属于本土原创，这个概念的产生在行政法学界引起了高度关注，很多学者认为行政执法概念在我国的出现是我国行政权行使中的一个变革。因为，在行政执法的概念出现以前，我国行政权的行使叫作行政管理。而行政执法概念的出现意味着，行政从依靠个人意志进行管理走向按公众的意志进行管理（执法），这是一种质的飞跃。

20世纪80年代初，法制建设刚刚起步，我国行政管理各领域基本处于无法可依的状态，此时的行政还只是"管理"而不是"执法"。我国行政从"管理"到"执法"的转变是从20世纪80年代中期开始的，是20世纪80年代中期中国行政法治建设取得初步成就后出现的新提法和新概念。这意味着，行政从依靠个人意志进行管理走向按公共的意志进行管理（执法）。正如姜明安教授所言："行政由管理到执法的转变是一项具有重大历史意义的

---

[1] [英] 詹宁斯：《法与宪法》，龚祥瑞、侯健译，生活·读书·新知三联书店1997年版，第7页。

转变。"〔1〕在民主制度下，行政的实质是执行人民的意志，故这一转变反映了民主政治对行政的要求。〔2〕行政执法所强调的是行政机关对于法律的敬畏和服从，而不是依长官意志是从，是依法定权限和程序对国家事务和社会事务进行管理，而不是随意发号施令。

（二）行政执法的概念界定

尽管行政执法的概念在理论界和实务界的运用频率非常之高，但是对其内涵及外延的理解却存在多种见解。

1. 学术界的观点。我国学术界对于行政执法的概念持有不同的理解。概括起来有以下几种观点：

第一种观点认为，行政执法是指行政机关的一切行政行为。这种观点认为行政执法由行政决策、行政立法和行政执行等三种不同的行为构成。〔3〕

第二种观点认为，行政执法是依据法律、法规和规章，针对特定相对人、特定行政事务作出的影响其权利和义务的行为。行政执法与行政立法相区别、也与行政司法相区别。〔4〕这种观点是将行政一分为三，强调行政执法的依据是法律、法规、规章。这种类似观点比较多，但针对行政执法的依据有不同观点，有的学者认为，行政执法的依据还包括具有普遍约束力的决定、命令。〔5〕

第三种观点认为"行政执法的含义因使用场合的不同而不同"。〔6〕其一，为说明现代行政的功能和性质而使用行政执法。在此场合，行政执法就是行

---

〔1〕　姜明安："论行政执法"，载《行政法学研究》2003 年第 4 期。

〔2〕　石佑启、杨治坤、黄新波：《论行政体制改革与行政法治》，北京大学出版社 2009 年版，第 321 页。

〔3〕　它包括了全部的执行宪法和法律的行为，既包括中央的所有活动，也包括地方政府的所有活动，其中有行政决策行为、行政立法行为以及执行法律和实施国家行政管理的行政执行行为。参见许崇德、皮纯协主编：《新中国行政法学研究综述 1949—1990》，法律出版社 1991 年版，第 293 页。

〔4〕　行政执法是行政机关及其执法人员为了实现国家行政管理目的，依照法定职权和法定程序，执行法律、法规和规章，直接对特定的行政相对人和特定的行政事务采取措施并影响权利、义务的行为。参见杨惠基：《行政执法概论》，上海大学出版社 1998 年版，第 2 ~ 3 页。

〔5〕　行政执法行为，即行政机关为了执行法律、法规、规章和其他具有普遍约束力的决定、命令，直接对特定的行政相对人和行政事务采取措施，影响相对人权利义务，实现行政管理职能的活动。参见应松年主编：《行政行为法　中国行政法制建设的理论与实践》，人民出版社 1993 年版，第 319 页。

〔6〕　姜明安："论行政执法"，载《行政法学研究》2003 年第 4 期。

政。但是这种观点泛化行政执法的内涵，如是这样，则行政执法的概念可有可无。其二，为区别行政的类别而适用行政执法。行政的内容一分为二是行政立法与行政执法，行政的内容一分为三是行政立法、行政执法、行政司法。也就是把前面一分为二的行政执法继续分类为行政执法和行政司法。一分为三的情形下，行政执法的内涵与前面介绍第二种观点是一致的。其三，作为行政行为的一种特定方式而使用行政执法。这主要针对实务界而言。行政行为有很多种表现形式，在实务界习惯于将维持某一领域秩序的行为称之为行政执法，例如行政处罚、行政检查、行政强制等秩序行政行为。这种观点根据语境的不同，区分行政执法的不同含义，在无实在法律体系对行政执法定义的情况下，这种区分还是有很大合理性的。[1]

2. 地方行政程序中对于行政执法的定义。目前我国地方行政程序立法的势头可人，地方行政程序立法中大都设有行政执法程序一章，因而，从地方程序立法的内容梳理行政执法的定义也是一条可行的路径（见表1）。

表1　地方行政程序立法中关于行政执法的定义

地方行政程序文件	行政执法的定义
《湖南省行政程序规定》	《湖南省行政程序规定》第54条规定，本规定所称行政执法，是指行政机关依照法律、法规和规章，作出的行政许可、行政处罚、行政强制、行政给付、行政确认、行政征收等影响公民法人或其他组织权利、义务的具体行政行为。这种概念把行政执法等同为具体行政行为，且执法的是法律、法规和规章。
《山东省行政程序规定》	《山东省行政程序规定》第56条规定：本规定所称行政执法，是指行政机关依照法律、法规、规章和规范性文件，作出的行政许可、行政处罚、行政强制、行政确认、行政征收等影响公民、法人和其他组织权利、义务的具体行政行为。这种定义同样把行政执法行为等同为具体行政行为。
《汕头市行政程序规定》	《汕头市行政程序规定》第50条规定：本规定所称行政执法，是指行政机关依法行使行政职权、履行行政职责，作出影响公民、法人或者其他组织权利和义务的具体行政行为，包括行政许可、行政处罚、行政强制、行政给付、行政征收、行政征用等。

---

〔1〕　贺林波、李燕凌：《公共服务视野下的行政法》，人民出版社2013年版，第119页。

续表

地方行政程序文件	行政执法的定义
《江苏省行政程序规定》	《江苏省行政程序规定》第39条规定：本规定所称行政执法，是指行政机关依据法律、法规和规章，作出的行政许可、行政处罚、行政强制、行政给付、行政征收、行政确认等影响公民、法人或者其他组织权利、义务的行政行为。
《浙江省行政程序办法》	《浙江省行政程序办法》第97条规定，本办法所称行政执法，是指行政机关实施法律、法规和规章，针对特定公民、法人和其他组织作出的影响其权益的行政行为，包括行政许可、行政处罚、行政强制、行政确认、行政给付、行政裁决、行政征收、行政检查等行政行为。

从表1可看出，地方行政程序立法中对于行政执法的定义，大同小异，均将行政执法视为针对具体事件，特定相对人的影响其权利和义务的行为。但不同的是，行政规范性文件是否可作为行政执法的依据，从地方程序立法的内容来看，呈现出不同的两种观点。如《湖南省行政程序规定》中，执法的依据是法律、法规、规章。浙江、江苏、汕头等地的地方程序立法都采取了此种观点。而《山东省行政程序规定》中规定，执法的依据是法律、法规、规章和规范性文件。

3. 本文的观点。行政执法作为独立的学术概念存在很有必要，因为这个概念的存在能够特指行政法规范在具体事件中的动态实施这一行政法现象。[1]它不包括规则的创制，也不包括争议的裁决，特指行政法规范的动态实施。行政执法的范围，不仅包括高权行政行为，如行政处罚、行政强制、行政许可，也包括给付行政下的行政给付行为；不仅包括依靠正式手段实施行政法规范的行为，也包括依靠协商、沟通等非正式方式实施行政法规范的行为。

关于行政执法的依据，除了法律、法规、规章，是否还包括行政规范性文件。在此，笔者认为，现代社会由于行政决策的大量存在，行政过程一般是以行政决策为先导，以行政执行为核心的。由行政决策形成的公共政策往往以规范性文件的形式表现出来，对于公共政策的执行，使用行政执法的概念来涵盖，显然也是不合适的。因此，笔者认为，行政执法的依据只能是法

---

〔1〕　杨解君、蔺耀昌："综合视野下的行政执法——传统认知的反思与校正"，载《江苏社会科学》2006年第6期。

律、法规、规章，而不能包括规范性文件。

据此，本书对于行政执法的定义如下：行政执法是行政机关为达成行政管理之目标，依据法律、法规、规章，在具体事件中实施法律规范的行为。

二、行政执法效能的构成要素

政府和市场不同，本身具有的公共性以及在产权上的模糊性，它天生便不具备高行政效能的本能，因而效能问题不仅是我国也是各国政府面临的难题。如前文所述，行政效能简单来说就是政府对于社会公共事务管理运用的效率，以及在运行过程中体现的各方面的能力以及创造的业绩。在信息化、智能化、全球化的今天，行政效能作为一个更加深厚、更具实在价值的概念成为学术界与政治关怀的中心。

行政执法是实现法治的经常性力量，行政执法的效能标志着法律实施的有效程度。行政效能在行政执法中表现为什么？行政执法效能，指的是行政机关在对执法资源优化配置的基础上，在行政执法中所表现出来的执法能力、效率以及执法目标的实现程度，它是执法资源、执法能力、执法效率、执法效果四大要素的有机整合。其中执法资源包含执法的人员配备、信息资源、权力资源、技术装备等等，是整个执法活动的支撑；执法能力是实现执法效能的基础，也是执法效能的首要构成要素，缺乏基本执法能力的行政机关，是无法产生任何效能的。只有具备一定的执法能力，方可将国家意志的法律文本表达通过执法的动态实施得到具体落实；执法效率是对执法任务耗费时间和成本的衡量；执法效果是执法目标实现与否的界定，即是否提供了更多更好的公共服务，是否维护了更好的社会秩序。以下部分对于这四个要素分别加以阐述。

（一）执法资源

执法就是资源的对抗，执法资源是整个执法活动的支撑。确保法律得到有效实施，需要庞大的执法资源，影响执法效能的因素是多方面的，执法资源的配备是主要因素之一。因为，任何法律或公共政策的执行，都需要有足够的资源作为支持或保证，缺乏相应资源的支持，行政执法就如同纸上谈兵，正所谓巧妇难为无米之炊，根本无法实施和最终实现。一般情况下，执法资源包括：

1. 人员配备。人员是执法的主要资源。执法人员的素质、知识、行政技巧，是执法中必不可少的资源。当前执法的环境趋于复杂，社会分工更加专业化，相应地，对于执法人员的素质要求也就更高。行政执法力量不足，也使得执法机关在执法过程中显得力不从心，无法全面有效实施行政法规范。

2. 信息资源。行政执法到位的一个重要前提是，必须充分了解需要解决问题的信息，唯有如此，才能决定适用何种法律，采取何种措施来落实法律，以达到法律所预期的目标。行政与司法不同，司法的启动不需要为获取信息支付庞大的信息成本。而行政是一种积极的国家作用，信息的收集在一定程度上是启动程序的钥匙，因为信息成本的制约会产生行政执法的被动不能。比如，选择性执法的产生可能是由于行政机关的信息缺乏。因此，必须让行政主体在行政资源有限的客观现实下，利用行政主体之外的衍生力量获取执法信息，如交通领域的电子警察就是典型的例证。尤其是在信息社会与数字时代中，信息在行政法上的地位与功能愈发重要，政府对于数据信息行政能力的提升，也为行政执法手段的时代转型提供了可能。比如，在人力执法的情形下，相当数量的违法行为难以发现也难以"一对一"去处理，而大数据时代"人脸识别"等技术的运用，使得交通执法实现了智能执法、自动执法，而人作为劳动力则得到了一定程度的解放。

3. 物质资源。这是非常重要的资源要求，充足的物质资源无疑可以极大地提高行政执法的效果。物质资源是行政效能的重要保障，比如，在农业税取消后，基层政府财政资源匮乏，由此造成行政能力的不足。[1]2004年国务院发布的《全面推进依法行政实施纲要》中规定对于依法行政财政支持的内容，提出完善依法行政的财政保障机制。2015年《法治政府建设实施纲要（2015—2020年）》中提出："改善执法条件，合理安排执法装备配备、科技建设方面的投入""强化科技、装备在行政执法中的应用"。执法没有经费、技术装备落后，执法人员既无动力，也无能力，会直接影响行政执法的威力和效果。随着经济和科技的发展，违法行为的查处成本和难度也随之加大，对于经费要求、技术装备的现代化也提出更高的要求，如执法得不到物质资源的保障，执法也就成了无米之炊。比如，在环境执法中，技术保障非常重

---

〔1〕　董磊明：《宋村的调解：巨变时代的权威与秩序》，法律出版社2008年版，第95~97页。

要，执法设备欠缺是制约执法效能的首要因素，如环境监督检查的设备、仪器的拥有量，包括交通工具、取证设备以及通信工具等。执法设备保障跟不上在全国是一个突出的问题。随着形势的发展，对于违法行为的查处要求越来越高，取证工作越来越需要借助于现代科技手段，这些需要加大财政投入，而一些执法部门的执法车辆、电脑、照相机、摄像机等装备难以保障，执法经费不足，制约了执法工作的正常开展和执法水平的提高。

在执法物质资源缺乏的情况下，如果经费保障与执法成本不一致，会造成违法养执法，执法护违法，从而形成恶性循环的黑色执法产业，这在当前执法实践中也是较为常见的现象。

4. 权力资源。物质是有形资源，权力则属于无形资源。很难想象，如果没有权力资源的介入，一项执法会变成何等模样。资源的充足性对于执法任务的完成非常关键。在平等协商和自愿服从的模式下，人们可能会基于过多的自身利益的考量来决定行动的方向，这会导致执法的效率不佳，而在权力介入的情况下，法律可以得到更好更快的执行。[1]目前，行政执法在权力资源的配置上存在很大问题，一是内耗扯皮，二是有责无权。权力配置的不合理，必然内耗行政系统的能量，造成软弱无力的行政部门，也就无从论及执法效能的提升。

（二）执法能力

执法能力作为国家治理能力的重要组成部分，是连接法治建设和国家治理现代化的关键纽带。[2]现代秩序维持机制以国家法为依据，其运作依赖于科层组织，秩序维持机制的有效运作要以强大的国家能力为前提。行政机关如何利用资源准确、快速地回应公众对于公共物品与公共服务的需求，维护理想法秩序，促进公共利益，这需要执法能力，它是执法效能提升的首要因

---

〔1〕　贺林波、李燕凌：《公共服务视野下的行政法》，人民出版社2013年版，第136页。
〔2〕　刘杨："执法能力的损耗与重建：以基层食药监执法为经验样本"，载《法学研究》2019年第1期。

素。执法能力，就是指顺利完成执法活动所必需的主观条件。[1]行政执法是将法规范适用于具体事件的复杂过程，是一个从"应然"到"实然"的转化过程，行政法规范所表达的国家意志是否能够得到有效实施，取决于执法能力。当前，执法的复杂性对于执法能力提出了更高的要求。"执法主体如果没有执法能力，则必然导致执法中乱象丛生，包括滥用权力、执法不力、执法不作为等，依法行政也就成为空话。"[2]执法过程中的公权力越轨可能并不一定意味着制度之恶或者执法者之恶，恰恰可能是执法能力缺失的一种外部反映。[3]

1. 充分科学的执法权配置。权力是行政过程的核心要素，离开了权力，行政过程将不复存在。执法权的配置，首先要保持权力配置的充分性，充分性的原则意味着行政执法应当具备充分的权力。行政权力配置不合理必然导致内耗，也必然造成软弱无力的行政部门，最终损害效能。

权力本身是一种资源，在管理上，资源的充足性对于是否能完成执法任务是很关键的，行政权力的存在状况、权力的大小、权力配置结构以及行使方式更是直接影响行政效能。当然在什么情况下，权力配置做到了充分是很难做出定量界定的，只能大致判断权力的大小能够完成所赋的责任，也就是权责一致。比如，城管部门拥有的权力和其所管理的事务的繁杂相比较，责权配置严重失衡，因此城管部门相对来说其实是个弱势部门，这种权责配置严重影响了城管执法的效果。[4]权责越明确、越合理，则行政效率就越高，

---

〔1〕　对于执法能力具体应当包括什么能力，学界鲜有论及。于龙刚认为，执法领域内国家能力包括三个方面：首先是执法认证能力，即执法部门收集、确认、辨别人、财、物、事的名称、位置、数量、流动方向和真假优劣等基本事实的能力。其次是法治濡化能力，即不单纯依靠暴力、强制力来维持社会秩序，在全社会形成对法治广泛接受的认同感与价值观，实现国家治理。在执法场域，法治濡化能力表现为执法人员认同法律及其背后理念和意图，执法对象信仰法治，服从法律权威，配合执法、活动。最后是科层组织的整合能力。现代秩序维持机制依赖于科层组织，大多数执法活动需要不同机构和部门之间的有效合作，有效的合作是提升执法能力的重要因素。参见于龙刚："乡村社会警察执法'合作与冲突'二元格局及其解释——'互动—结构'的视角，载《环球法律评论》2015年第5期。

〔2〕　王青斌："论执法保障与行政执法能力的提高"，载《行政法学研究》2012年第1期。

〔3〕　于龙刚："乡村社会警察执法'合作与冲突'二元格局及其解释——'互动—结构'的视角"，载《环球法律评论》2015年第5期。

〔4〕　魏程琳："城管执法的能力构成及其实践困境——国家治理能力的视角"，载《云南行政学院学报》2016年第1期。

权责越模糊、越失衡，则对于行政效能的损害越严重。

2. 执法机构间的协同。执法机构层面，在权力划分与配置时，一方面要考虑权力不易整合的风险，同时要注意开发整合的技术，避免行政权力链条的断裂，这是高度分工与专业化的社会对于权力运行提出的要求。由于社会高度专业化，使得行政的主要任务便是谋求专业化基础上的协调与统一。具体到执法领域，大多数执法活动需要不同部门之间的合作，合作效度是行政效能提升的关键因素。如果科层体系内部不同机构缺乏有效合作，在复杂的执法过程中，法律难以被忠实贯彻，就会出现执法损耗。[1]一项行政事务的行政权力由众多分散的行政组织掌握，行政权力的权威和执法的能力在客观上会受到损害，因而，必须在众多的权力之间形成一种统一的合力去应对行政管理的事务。由于执法权的分割以及分割后的权力在不同执法部门之间的授予和委托代理，客观上也使得公共利益被分化，形成了多中心的权益局面，并衍生成部门利益，促成利益群体的形成。如此一来，在不知不觉中，统一的行政组织被分离成事实上组织分立、各有不同具体目标的不同单位，远看是一个整体，近看却是一个一个的"栅栏"。在理性考量的驱使下，执法部门间因为相对稀缺的地位、权利和资源而相互展开斗争，部门间的冲突由此产生，损害了执法效能。在新体制之下，如何处理复杂的部门间关系，如何提升执法机构间的协同能力，成为一个重要课题。

3. 执法人员的素养。执法能力是以公务员个体能力为元素、以机构能力为单元构成的执法能力总体骨架体系，因此，行政人员素质是行政效能十分重要的一个因素。执法人员处于科层组织的末端，是国家进入社会的前线，如果缺乏足够的执法能力和执法理念，就难以有效完成执法任务。法律文本要得到有效实施，需要执法人员具备良好的执法理念、丰富的执法经验与较强的执法能力。如果不具备良好的执法理念，不认同法律背后的理念，执法人员就没有动力推进执法。而具体到执法能力，则是执法经验和智慧的产物。执法是一个互动的过程，执法人员进入特定社会空间，试图将法律表达的国家意志变为现实，而执法对象也试图改变执法人员，在这种互动中，执法可

---

〔1〕　陈柏峰："城镇规划区违建执法困境及其解释——国家能力的视角"，载《法学研究》2015 年第 1 期。

能充满阻力和风险，这种执法的复杂性要求执法人员具备较强的执法能力。执法能力也体现为执法人员的技能，尤其在当前，"互联网＋政务"的运行对行政执法人员形成挑战，对于执法人员现代信息应用和管理能力，提出较高的要求。随着社会的进步和技术、信息的发展，执法人员的素质对行政效能的影响更加明显，对行政人员进行执法能力培训，是提高行政效能的重要途径。[1]

4. 执法方式的多元化与现代化。执法能力的提升最终依托于执法手段，行政机关完成执法任务，应该在工具箱里配备充分的执法工具，并善于使用"组合拳"。要将激励与约束、刚性与柔性、事前与事中事后结合起来，防止"单打一"的绝对性思维。[2]

执法能力的提升也取决于执法手段的现代化。执法任务的繁重与执法资源的稀缺，这是行政执法中永存的一个基本矛盾。要解决这个矛盾，需要借助于现代化手段，实现从粗放执法到精准执法的转变。[3]例如，在市场监管中，随着行政审批制度的改革与行政许可的放松，市场主体大量涌入，给有限的执法资源带来巨大压力，事中事后监管机制的构建成为重要议题。为此，中央着重部署了"信用风险分类监管""大数据监管""双随机、一公开"等新型监管工具，这些监管制度契合了西方政府规制中的"回应性规制"理论，通过数字信息技术对于市场主体的合规性进行记录，圈定重点关注的被监管者，采取有针对性的差异化监管执法策略，有效调配执法资源。这相当于借助现代信息技术，将执法资源分配至风险更高的领域，实现精准执法，中央各类文件也体现了这种"回应性规制""精准规制"的基本理念。[4]而无论

---

〔1〕　杨代贵："论行政组织对行政效能的影响"，载《江西社会科学》2003年第1期。

〔2〕　例如，在2015年新修订的《食品安全法》中，立法者将处罚与激励结合在一起，既规定了严密的民事、刑事、行政责任。也规定了惩罚性赔偿、行政奖励等激励性手段。即便在处罚中，也突破了以往财产罚为单一手段的窠臼，将财产罚、声誉罚、行为罚、资格罚四种手段妥善结合。

〔3〕　袁雪石："整体主义、放管结合、高效便民：《行政处罚法》修改的'新原则'"，载《华东政法大学学报》2020年第4期。

〔4〕　比如《国务院关于加强和规范事中事后监管的指导意见》（国发〔2019〕18号）提出："推进信用分级分类监管，依照企业信用情况，在监管方式、抽查比例和频次等方面采取差异化措施"。《国务院关于在市场监管领域全面推行部门联合"双随机、一公开"监管的意见》（国发〔2019〕5号）也提出："实施信用风险分类监管，针对突出问题和风险开展双随机抽查，提高监管精准性。"

是哪种新型监管工具，都离不开利用大数据的功能和作用，通过大数据实现监管的精准化与现代化。

5. 科学合理的执法流程。有效的执法能力对于执法流程有着根本的诉求，因为衡量执法效能的一个标准，就是看行政机关在多大程度上能建立起更有效地履行法定职责的机制并达到最佳状态，也就是建立起结构合理、配置科学、程序严密、制约有效的权力运行机制。

（三）执法效率

行政效率是行政执法的生命，行政效能的整个核心是提升行政效率。没有基本的行政效率，就难以实现行政执法维护社会秩序、提供公共服务的功能。行政执法是法律实施的中心环节，是行政权力运行过程中最讲究实效性与目标性的环节。

第一，行政效率是建立在公正的基础之上的，执法效率并非单纯强调人力、物力、实践等消耗的降低，而是把公正执法作为衡量行政执法的指标，在此基础上追求便民和高效的目标。行政权的运行效率与相对人的服从程度是有关的，相对人的可接受程度反映了政府的能力，执法遭到的抗拒越少，行政权运行的效率越高，执法效能就高，否则就是低效能或者无效能。

第二，行政效率要求考虑执法成本（成本—收益分析），降低成本就要求精简机构、节约时间、减少浪费，以最小的人力资源及资金、物品、时间等的消耗，实现既定的执法目标。效率着眼于所使用成本及所成就之目的间的关系。依最小化原则要求以最小的手段来达成确认的目的，依最大化原则则要求确认的手段成就最大可能的效益，两者用来评价决定选择，且有助于找出最可能经济而可运用的手段。实效性以目的为中心，效率则在唤醒其关注成本，成本分析是对于行政与行政法所提出之某些实效性要求的必要相对力量。[1]对于行政效率的实现，行政程序有着特殊意义，程序法必须积极形塑促进效率的手段。

第三，行政效率建立在一定的时效观基础上。"迟来的正义非正义"，对于相对人来说，其权利的实现和维护有赖于一个高效的行政权。而对于行政

---

〔1〕〔德〕埃贝哈德·施密特－阿斯曼：《行政法总论作为秩序理念——行政法体系建构的基础与任务》，林明锵等译，元照出版有限公司2009年版，第344页。

机关来讲，只有提高执法效率，才能更好地履行其职能。为了保证行政效率，有关单行法律都明确规定了完成行政任务所需要的时限，行政机关应当严格遵守法律规定的各项时限要求。

第四，行政效率的提升依托于执法信息化的建设。应用信息技术，行政机关可以同时进行很多工作，同步工作自然比按次序进行轮流工作的整体速度更快，执法效率也得到了大幅度的提高。行政程序法既要为行政权的运行提供高效运作的程序规范，也要为相对人提供便利的行政程序，而信息化为此提供了技术上的支持，通过网络可以提高行政权的运行速度，降低行政相对人参与程序的成本。当前社会信息化程序不断加深，行政权力运行的模式也在进行着高效率、信息化的相关变革，执法信息化的建设为行政效率的提高提供了无限的可能。

（四）执法效果

效果是行政过程的逻辑终点，执法效果在于执法目标的实现。行政执法的主要功能就是执行法律，全面实施法律，将抽象的、纸面上的权利转化为具体的现实的主体权益。作为一种典型的部门公法，行政法区别于私法的一个显著标志就是其运用行政权力直接提供公共物品。行政机关运用执法将行政法付诸实施，这的确是其必须履行的职责，也是非常重要的目标，但更为核心的公共行政目标是维护公共秩序，提供公共服务和公共物品，保障公民合法权益。

正因为如此，在衡量绩效时，要看行政执法是否提供了足够的公共物品，是否提供了两种典型意义上的公共物品：一是提供应当由其提供的公共服务，为公民的生存、发展提供基础；二是维护行政秩序，预防和惩治行政违法侵权行为，保障行政相对人安全地进行经济交易和社会交往。公共服务质量的低下，会失去相对人的认可和支持，执法效能的提高也就失去了基础和保障。

同时，行政执法的效果不能简单地看作是经济、效率、效益，更重要的是看是否给社会带来了公平正义，这是比经济、效益、效率更高的价值。

第二节　行政执法效能不足之现状

一、执法不作为现象突出

行政效能是一项综合指标，造成行政效能低下的原因是多方面的，其中一个重要原因是执行力不强。在行政执法中，行政效能主要表现为行政机关在执行法律法规时所表现出来的执行力。在执行力中，执行环境是外部因素、执法主体是主导因素、执法资源是现实基础、执法效能是最终结果，行政执法中不作为、慢作为的现象普遍存在，是行政效能低下的突出表现。

执法不作为是当前执法中较为突出的一个问题。十八大以来，相对隐性的行政不作为现象有抬头之势，影响了政令畅通，造成了社会危害。2015年，中国政法大学法治政府研究院《法治政府评估报告》针对 100 个城市，选取该市政务中心或者行政服务中心、商贩聚集地、律师事务所以及该市的其他地方 4 类与社会公众生活和工作紧密联系，能够较好反映该城市法治政府建设情况的地点进行随机抽查，现场发放问卷并采集数据。对所在市依法履行职责的评价中，调查数据显示，本次指标的平均得分为 11.58 分，为社会公众满意度项目中得分较低的指标，平均得分率为 57.89%。评价政府不作为（应依法履行职责但没有履行职责）的指标得分在社会公众满意度调查 10 个问题中排位倒数第三，其中，得分低于平均分的城市有 53 个，有 64 个城市平均得分为不及格。在监督问责机制日趋完善并发挥实效的情况下，暴力执法现象在多数城市中并不普遍，但群众反映行政执法中的行政不作为日益突出、怠政懒政等现象频发。项目组分析认为，长期备受社会关注的暴力执法情况的社会满意度评价出现较其他指标得分高的现象，一方面与政府对暴力执法高度重视，社会监督、舆论监督、行政监督等有所加强有密切联系，而另一方面，行政执法中不作为现象较为普遍，需予以高度关注。[1]

而目前，围绕着不同地域司法机关公布的行政诉讼案件，也可以看出，

---

〔1〕　中国政法大学法治政府研究院编：《中国法治政府评估报告（2015）》，法律出版社 2015 年版，第 96 页。

行政不作为问题比较突出。在某些地方，行政不作为已经取代权力滥用，成为行政案件中败诉的首要原因。各级政府因未履行法定职责而被司法机关责令限期履行的案件频繁发生，不得不引起社会的关注与思考。

依法行政要求行政机关对于行政法的适用主动为之，对于行政法的实施具有积极的行为取向，而目前行政不作为的蔓延严重影响了行政效能，应当引起高度重视。

二、违法行为得不到有效的遏制

尽管当前各种行政执法制度日趋完备，然而行政执法的效果并没有得到同步的提升。

第一，违法行为得不到及时的发现。从引起人们普遍关注的案件的情况看，这些案件几乎都是由媒体发现在先，在被媒体广泛关注报道后，才由有关部门跟进查实、处理。行政执法不及时，呈现出很强的被动性。[1]诚然，舆论监督是国家发现违法案件的重要途径，但是如果执法机关主要依赖媒体曝光来发现违法行为，而耗费大量纳税人财富建立起来的庞大国家机器在发现违法行为方面却无所作为，则令人失望、令人忧虑。法律的权威并不在于严刑峻法，更多表现在对违法行为的发现机制上。然而，从实际情况来看，行政机关对违法行为的发现能力有很多可质疑之处。

第二，违法现象得不到充分有效的处置。当前存在的问题是，行政机关对于违法行为进行处置，并没有完全实现法律执行的最终目的。制止违法行为、消除违法行为所带来的消极后果、修复被破坏的法律秩序，当然应当对违法者依法惩处。但是在执法领域存在出于利益考量、社会评价或者出于某些长官意志等目的实施法律的执法不公现象，损害了法律的权威性和公平性，这样的法律执行状态是难以令人信服的。在国民非常关注的食品安全领域，我们有最严厉的《食品安全法》，然而食品安全违法行为屡禁不止。在环境执法领域，企业违法排放污水现象屡禁不止，分析这项违法行为的处罚标准，会发现相关法律之规定非常严密。然而由于执法部门对于违法者的违法行为

---

〔1〕　胡宝岭："中国行政执法的被动性与功利性——行政执法信任危机根源及化解"，载《行政法学研究》2014 年第 2 期。

不能依法充分处置，反而更加刺激了违法的动力。很多违法行为，法律规定的责任力度是严密合理的，违法行为得不到有效遏制，主要缘于执法环节的执法打折现象。[1]诸如企业违法排污这样的违法行为不同于金融领域、证券内幕交易的违法行为，后者极难发现。相反，前者极易被发现，但为何屡禁不止呢？关键的原因在于违法行为得不到充分的有效的处置。[2]

第三，运动式执法成为常态。执法不作为、执法不力的现象，使得问题不断累积，当累积到一定程度，又采取运动式执法。运动式执法的产生原因与行政资源的缺乏、科层组织的协同不能等有一定的关系。在运动式执法中，"科层化的部门分工、制度常规都被打破，行政资源被重组，集中高效地完成领导层特定的、重要的目标"。[3]因而，容易受到执法者的青睐。但运动式执法与行政机关的执法懈怠也有很大关系。只要执法部门平日正确履行法定职责，严格执行法律规范，违法必究，大多数问题都可以得到有效解决，不需要运动式执法的方式。由于存在执法懈怠，导致违法现象多如牛毛时，只能采取大规模的运动式执法，释放出严厉执法的信号，但这种执法犹如"一阵风"，治标不治本，严重破坏法治权威。例如，每年我国都要在治理公路"三乱"、安全生产等方面进行大量的集中执法，短时间会取得一定成效，但当疾风骤雨的执法运动过后，高压状态被解除，违法行为又如雨后春笋重新出现，从而陷入违法行为—执法不力—专项治理的怪圈。这同时带来矛盾性的结果：一方面释放出严厉执法的信号，重典治国；另外一方面又释放出违法也可能不受惩罚的信号，增加了违法者的投机心理。强力执法与违法不究处于共生状态，这种状况表明了执法效能不足的现状。

三、公共服务的高效便民程度有待提升

提供优质的公共服务是衡量执法效果的标准之一，近几年，行政机关在提供公共服务方面取得了很大的成就。政府大力推进服务型政府建设、方便

---

〔1〕 王军："论'执法打折'难题的破解——从'改进治理方式'的角度展开"，载《四川行政学院学报》2015年第4期。

〔2〕 叶慰："对违法行为的分类治理研究——从提高违法成本角度分析"，载《行政法学研究》2013年第1期。

〔3〕 陈家建："督查机制：科层运动化的实践渠道"，载《公共行政评论》2015年第2期。

群众和企业办事，部署实施"一窗受理、一站服务"、承诺办理时限等制度，全面规范改进行政审批服务。截至 2018 年，有关部门已设立政务大厅 42 个，全国县级以上政府设立政务大厅 3000 余个，覆盖率超过 94%；推进证明事项清理工作，截至 2018 年底，各地区、各部门共取消证明事项 6000 余项；推进信息系统跨部门、跨地区、跨层级整合，建设全国统一政务服务平台，推动信用、人口信息等领域实现数据共享。[1]

　　但目前行政执法的公共服务仍存在如下问题，不能满足民众的需求，主要体现在以下几方面：①执法的窗口化程度较低。还有很多涉民涉企的事项甚至尚未进入服务中心的窗口，很多并未实现机关间的共同处理，远非实质意义上的服务集中，形聚神散的物理集中与行政整体性的要求相差甚远。②执法的信息化程度较低。尽管很多部门都已经配置执法信息服务系统，但是仅注重硬件设备，不注重应用，整体应用程度比较低。各部门都建立了自己的执法信息系统，但存在数据互联互通和外部数据共享程度水平较低、硬件技术功能与事中事后监管体系总体目标差距较大等问题。信息化时代，执法部门也适应时代发展，迅速采用信息技术，但观念不变、体制不变，也仅是给传统执法流程披上了一件现代化的外衣而已。③执法的办事指南缺乏指引性、公开性、整合性。中国政法大学法治政府研究院在 2014 年，针对 100 个城市行政执法程序的制定与公开进行了评估。调研结果显示，只有部分城市制定了较为详细的程序规则并及时对外公布，另一些城市则未作规定，或者只有简单的内部操作规则，缺乏指引性和可操作性。具体来讲，首先是办事流程过于粗糙，指引作用有限。100 个城市中，仅有少数城市能够做到执法程序事项完整、内容全面，能够在政府门户网站上提供清晰、有效的办事流程图，多数城市仅满足于申请条件、期限、需提交的材料目录及步骤的罗列，个别城市网站仅有法律条文和新闻报道，与公众办事需求相差甚远。"以用户为中心"的服务意识不强，网站人性化程度偏低、缺少场景式导航设置，无法很好地为用户提供及时、有效的帮助。[2]④执法内部流程繁琐，效率低下。执法是一个过程，就像生产车间的流水线一样，如果流程不合理

---

〔1〕　李洪雷："营商环境优化的行政法治保障"，载《重庆社会科学》2019 年第 2 期。

〔2〕　中国政法大学法治政府研究院编：《中国法治政府评估报告（2014）》，法律出版社 2014 年版，第 100 页。

或不畅通，就会直接影响实际的执行。目前我国执法内部流程存在的问题：一是职责分配不合理，职责不明晰；二是流程设计不合理，表现为环节过多，程序繁琐，可操作性差，能动性小；三是执法链条脱节。执法效能不仅来自单个执法环节的有效性，也来自流程中各环节的紧密衔接。如果各个执法环节出现不衔接的状态，即便各执法环节都具有较高的有效性，也会导致整体执法效能的低下。⑤公共服务的理念与思路还比较滞后。电子政务的发展带来的"一张网"，为行政运行一体化提供了技术条件，但公共服务的体系、理念和思路的滞后也日益凸显。对于社会公众来说，通过电子政务平台办理事务，无需了解部门间的划分和层次，政府的统一服务平台对公众而言就是集约化的政府。〔1〕而政府通过电子政务提供公共服务，距离"以用户为中心"的理念还相差甚远，治理方法上缺乏系统性和全局性，也不能以解决公民个人生活事件为中心，提供相互衔接、步调一致的整体性服务流程。〔2〕

第三节　行政执法效能不足之原因分析

行政机关组织形态、人员组成、预算经费、行政文化、执法对象情况、立法质量、执法监督等，均足以影响执法效能，由于本文主要基于执法过程探讨执法效能的提升，因而重点从以下几方面对于执法效能不足的原因予以分析。

一、执法体制的碎片化

执法"碎片化"是行政执法效能低下的重要因素之一。行政体制碎片化指的是行政体制的分散、分割的状况，导致行政执法部门在目标实现方面缺乏共识，形成势力范围的争夺和利益的冲突。这种碎片化的执法体制表现在：

---

〔1〕　王敬波："面向整体政府的改革与行政主体理论的重塑"，载《中国社会科学》2020 年第 7 期。

〔2〕　例如，作为一项公共服务技术，英国将所有政府部门的服务功能统一集中在一个网站上，网站设计打破政府按照职能机构的排列和政府组织架构的设置，从使用者角度出发，按照公众对健康、医疗、教育、出行、运输、法律等方面的需求安排设计服务内容，体现了以"公众需求为中心"的理念。参见 ［美］拉塞尔·M. 林登：《无缝隙政府：公共部门再造指南》，汪大海等译，中国人民大学出版社 2002 年版，第 3 页。

①横向上事权过度分散。由于行政体制在事权配置上过度分散，权力既相互分割又相互交叉，在部门利益的驱使下，"争权推责"成为执法部门之间博弈的主要行为模式。时常出现政府部门"无人问津""踢皮球"的现象。[1]部门间缺乏有效协调与配合，相互扯皮、相互推诿，形成内耗而影响执法的整体效能。②纵向上执法事项趋于雷同。由于一般法律对于执法的级别管辖很少去作具体的细化或者基本不作规定，上下级执法部门之间缺乏明确分工，造成职权上下一般粗，容易发生执法管辖冲突。这种职权分工不清的状况加上各种利益的博弈，直接导致行政权低效运作。

（一）碎片化的执法体制容易造成整体目标的丧失

以专业化为基础的部门分工表面上可以科学地度量和管理，它假设拥有某些分立职能的政府部门能够独立行事，不受其他部门的干涉，但是往往会因沉迷于追求专业化目标的完整性而损害综合协调的效度。执法部门划分过细，更容易丧失执法的根本目标，极易演化为部门之间的无谓争斗，从而消耗大量的公共资源。[2]比如，尽管我国很重视食品安全监管，但是机构间的分割削弱了整体监管效能。过细的划分造成部门职能不清，加之部门利益纷争，更助长了部门主义，在具体的执法过程中，形成以部门利益驱动为主导的制度偏差，难以提供更好的公共服务。专业化分工使得部门各管一段，会导致"视野盲区""执法缝隙"以及"监管盲区"，使行政效能受到严重的损害。

（二）碎片化的执法体制容易导致部门间的协作困境

行政执法离不开部门的配合与协助，不同部门之间的合作是执法效能提升的关键。但"碎片化"强化了部门之间客观存在的壁垒。各部门各自为

---

〔1〕　笔者身边曾经发生过这样的事例，一个普通群众因邻居搭建非法建筑侵犯其合法权利，直接找政府规划部门，规划部门说这是城管部门的事，应由城管部门去执法，当事人找到城管部门，城管部门却说应先向规划部门反映，需规划部门来函确定其邻居的建筑是违法建筑后才能去执法。结果一来二去，等规划部门去函给城管部门，城管部门再去查处时，邻居的违法建筑已经建设完工了。

〔2〕　比如各地长期存在的"多龙治水"局面，水利部门只管水源和饮水，公用事业管理部门只管城市用水以及城市规划区地下水开发和利用管理，市政工程部门只管市政排水和污水处理，环境部门只管地表水的质量检测。

政、分割管理，造成部门间的协作困境。[1]比如，药监部门是药品监管的"核心部门"，但是很多药品执法权并不在它手中，需要取得其他部门的协作。但在复杂的执法过程中，这种合作却可能受到种种限制。比如药品监管执法中，其他部门基于部门利益的考量，它拥有的专业知识就可能用来阻挠执法而不是配合执法。

有效协作的欠缺严重影响了政府供给公共服务的能力。随着市场经济的发展，社会与市场要求政府提供更多的公共服务，诸如食品安全、公共卫生、环境保护等。这些新时期出现的新的诉求很难由一个部门单独解决，客观上要求加强部门间的有效协作。过去，"在公共服务需求规模较小且种类单一的情况下，部门单一的职能设置能够较为有效地满足公共服务的需求。但是，当公共服务需求日趋复杂，分布于各部门间的公共服务具有明显的分散性和不连贯性，特别是各种公共服务问题呈现出地域性趋势的时候，官僚制组织就越来越不适应"。[2]但在执法实践中，互相推诿、争权夺利往往是执法部门间惯用的行为模式，这种有效协作的困境已经严重影响到公共服务的提供能力，对于执法效能造成损害。

二、执法结构的复杂性

从形式法治的角度来看，法律规定了明确的利益边界和行为边界，行政执法过程只要发挥对立法及政策的"传送带"作用，即可保证执法行为的正当性。[3]行政执法显然一开始遇到的是行政典则，但执法发生在法律与社会的交接地带，是在与社会交换能量以及互动的过程中实现的，所面临的不是单一的执法问题，更多时候要面对社会治理的综合性问题。执法过程经常是

---

〔1〕 例如，随着我国社会经济的快速发展，税务部门面临的征税对象和涉税事项日趋多元和复杂，税收的征管难度和成本也随之增加。很多情况下，税务部门在既定职权范围内依靠自身力量已无法履职或者独力履职会带来严重不经济后果，但如果得到其他政府职能部门的协助，税务部门就能更有效地执行公务。比如，自然资源部门如提供相关信息有利于税务部门加强税收征管，但由于缺乏制度保障，使得实践中部门之间的协助面临困境。

〔2〕 唐任伍、赵国钦："公共服务跨界合作：碎片化服务的整合"，载《中国行政管理》2012年第8期。

〔3〕 关于"传送带模式"的反思性讨论，参见［美］理查德·B.斯图尔特：《美国行政法的重构》，沈岿译，商务印书馆2011年版，第1~30页。

重新界定规则和重新确定利益格局的过程，在立法没有兼顾好不同社会群体利益的情况下，执法过程就不得不面对这样的利益调整。

"持续不断的政治过程贯穿于执行的始终，执法实践经常会受制于科层组织的内部结构。执法活动嵌入于特定的执法空间和体制环境之中，深受执法空间、社会形势、体制环境的影响，形成了嵌入式执法结构。"〔1〕众多研究表明，地方常采用"变通""共谋"等策略来规避和弱化上级布置的任务，这背后就与科层组织的内部结构有关系。地方政府承担着多重行政目标，具有特定的本地诉求，而执法则嵌入体制的各种行政目标中。一旦法律的实施与行政目标的实现难以达成一致，难以实现特定的本地诉求，那可能就会导致规避，此时行政意志会超越法律。处于科层组织末端的具体执法部门，嵌入这样的执法空间中，其执法效果被影响的因素更多。以土地执法为例，纠正土地违法行为是执法部门的执法目标，这一目标的实现将受制于地方政府和上级政府整个集中体制的目标。如果目标一致，自然资源部门不会受到体制的干扰，执法目标的实现就比较顺利。但如果目标并不一致，这种执法目标的实现会变得不可预期。我们面对的问题是，法律规则日渐完备，但执法的有效性却成为一种奢谈。完备的规则没有产生良好的治理效果，却遭到了地方实践规则的拒斥。这些制度外新规则破坏着法律的权威，是当前执法面临的严峻现实，也是对国家治理能力现代化的一记叩问！探寻执法的有效性成为当前必须予以高度重视的严峻课题。

三、行政系统的自利性

西方公共选择理论在分析行政人员行为动机时，引入"经济人"概念，认为，"经济人"的自利性决定了行政人员行为选择首先考虑的是自身的利益，此乃人性中趋利避害的天性自然形成的。执法人员的"经济人"本性是一种客观存在的社会现实，尽管其同时也是理性人，行动会受到法律的制约，但是执法者不是在真空中执法，难免趋利避害，由于法律的不完备、体制的

---

〔1〕　提出"嵌入式执法"的意义在于，"使国家宏观层面的结构约束与地方微观层面的实践运作有机结合，在动态演进的过程中，将执法过程中不同逻辑的紧张冲突、行为取舍予以真实呈现，从而使系列矛盾的现象得以在同一个框架中进行解释"。参见何艳玲："中国土地执法摇摆现象及其解释"，载《法学研究》2013 年第 6 期。

不健全，利益作为市场经济发展进程中的必然产物，对行政执法机关也带来了极大的冲击和诱惑。执法机构和执法人员都有自身的利益，其存在的第一本能就是生存，执法活动很难完全不受利益影响。特别是当前我国公共财政保障不力的情况下，行政机关首先会维护自身利益和解决部门生存，使部门与利益紧密挂钩。如在基层派出所，会优先考虑办理那些和经济收益相关的案件，如赌博案件。而对于邻里纠纷、打架斗殴的案件则缺乏积极性，会选择不作为或者慢作为。如果某种行政行为有利可图，行政主体就会积极主动地去做，无利可图，则会互相推诿，视而不见。

四、执法资源的有限性

作为国家权力运行的重要方面，执法活动必须以一定的物质的或非物质的资源消耗为基础，而资源总是有限的，因此，随着社会中违法现象的增加，执法体制的资源负荷便会加重。"执法资源的相对稀缺，是执法效能的最大掣肘。"[1]就我国目前的情况，行政机关存在经费得不到充分保障、一线执法力量短缺，而且面临着严格的财政制度、不允许随意挪用财政拨款的制约，这是一个基本的事实。由于执法资源的有限性，面对繁杂的执法任务，行政机关执法时，必然要对有限的资源进行合理分配，才能达到执法的最优效果。例如，在警察执法领域，通过执法成本与收益的考量安排执法资源是执法的新常态。例如，如果有人被偷了100元钱或者一辆自行车去公安机关报案，公安机关不会花太多精力帮失主破案，这样做无可厚非。虽然对于失主来说也许这件事很重要，但对公安机关来说只是众多案件中微不足道的一件。从合理配置公共资源角度，公安机关当然不应该先放下手头的大案、要案不管，去处理几百元的小案子，这种情况属于执法裁量权的正当运用，行政不作为有些情况下源于执法资源的有限性。

而另一方面，由于执法资源有限，客观上需要对资源进行合理的优化的配置，不合理的资源配置也会加剧不作为的发生。在当前，执法机构林立与执法力量严重不足并存，执法人员与经费机械按照级别配备，基层承担着繁

---

[1] 刘杨："执法能力的损耗与重建：以基层食药监执法为经验样本"，载《法学研究》2019年第1期。

杂的执法任务，但在执法资源始终相对稀缺的情况下，基层执法必须长期维持高负荷运转，执法效能始终受到资源条件的制约而无法充分施展。

五、执法管理的非科学性

目前，在我国行政执法现状中，执法管理的科学性程度不高，执法资源得不到合理配置，也在一定程度上制约了执法效能。即便在执法资源有限的条件下，执法部门仍可通过合理的执法方式有效配置资源，但是，在我国行政执法领域，依然存在诸多高成本、低产出的执法实践，执法的管理水平亟待提高。

在我国，行政执法一般遵循例行性执法模式，即常规性的日常巡查，有些领域将之称为"网格化执法"，即将需要执法的空间划分为若干单元，平均分配执法力量，这种执法方式存在的主要缺陷是执法精力分散，缺乏针对性，没有突出重点，执法投入与产出不成比例，且容易对生产经营活动形成干扰，执法的科学性不够。而运动式执法作为常态执法的例外，尽管在短时间内行政资源得以迅速整合，往往发挥立竿见影的执法效果，但是"一人得病，大家吃药"，整个社会接受检查的间接成本比较高，无法实现精准执法。[1]

近几年来，关于执法方面出现了很多新的理论，如执法金字塔理论、回应型规制理论等。执法金字塔理论认为，执法手段随着金字塔的表面逐级提升，金字塔底端是劝说、说服教育等较为柔和的执法方式，居于金字塔中间的是较为缓和的行政制裁措施，居于金字塔顶端的是最具威慑力的惩罚性措施，以制裁最过分的违法者，逐级提升便于执法者作出针锋相对的回应。回应型规制理论是一种重要的监管执法策略，通过对市场主体的合规性监控，根据监管者的具体情况，执法资源和执法注意力进行差异化的配置。所体现的基本理念在于避免一刀切，抓住行政执法的主要矛盾精准执法，体现了执法的科学性，缓解了执法资源与执法任务之间的矛盾，有效提升执法效能。在如何提升执法管理的科学性方面，执法金字塔理论、回应型规制理论提供了非常具有启发意义的执法理念。

---

〔1〕　袁雪石："整体主义、放管结合、高效便民：《行政处罚法》修改的'新原则'"，载《华东政法大学学报》2020 年第 4 期。

六、执法程序的制约性

毫无疑问，执法效能也会受制于不合理、不科学的行政程序。程序设计上，足以降低执法效能的条件可能有以下因素：①程序过于繁复，存在不合理不必要的程序，造成行政执法受程序要件的牵制。如广泛地采取高度司法化的程序设计，会因为程序负担而有影响行政效能的可能。尤其是当这种程序上的负担，不能促成相对人利益的实现时，则更影响行政效能之提升。②作为引导行政过程的行政程序承担的使命之一，在于使行政活动保持一定的灵活度。在程序设计上过于僵硬、不灵活，使性质特殊的行政执法事项必须削足适履地适用共通的行政程序，无法因为行政事项的性质和类别适用适当的程序。③在程序设计上无法提供利害关系人参与的通道，缺乏表达意见的足够空间，或无法于程序中达到与行政机关沟通的功能，造成提起行政诉讼的比例偏高，或执行时利害关系人不愿配合，这都会造成执法事项的拖延而影响效能。

总体而言，科学的制度设计，应同时照顾到权益的保障与行政的机动特性，提升执法效能。以上几方面对于执法效能的制约因素在我国不同程度地存在，因此尽管执法效能更多是体制的问题，但与程序也有很大的关系，通过程序理性提升执法效能仍有很大的作为空间。

第三章　完善行政执法程序立法，提升执法效能的必要性

第一节　行政程序对于行政效能的促进作用

在控权功能之外，行政法的另一价值是提升行政效能。效能价值体现了行政权的积极面向。行政效能成为行政程序的功能，具有理论与实践的基础。

一、科学合理的行政程序有助于提高行政效率

第一，行政程序可以通过体现一定价值追求的程序规则设计，确保决定者公正、理性地作出决定。有关程序正义的理论汗牛充栋，但学者们都表达出法律程序所具有的通过程序公正与理性来确保最终决定的正当性和正确性的功能。季卫东教授在《法律程序的意义》中提出，现代程序具有以下功能：①对于肆意的限制；②理性选择的保证；③作茧自缚的效应；④反思性整合。[1]阿斯曼教授认为，程序的目的在于经由程序达成正确性担保。[2]通过行政程序，能够增强行为的正当性，更能通过程序产生最佳方法，担保行政的正确性，从而提高行政效率。

第二，程序的技术性保证程序的协调、精确、高效，使得程序运行模式化和统一化。统一的办事规则，方便相对人对自己的行为进行合理预期，减少行政活动的不确定性，降低程序的直接成本，从而提高行政效率。特别在全球化、信息化的今天，统一的规则更有利于社会和经济的发展，也有利于信息化程序的进一步构建。

---

[1]　季卫东：《法律程序的意义》，中国法制出版社2012年版，第23～43页。

[2]　[德]施密特·阿斯曼：《秩序理念下的行政法体系建构》，林明锵等译，北京大学出版社2012年版，第285页。

第三，通过行政程序中的参与机制，有助于行政机关降低错误成本。当事人通过行政程序得到与行政主体交流思想的机会，主体的合理期待在程序中均有所保障。通过沟通更有利于促成结果达成，避免重复交流对效率的影响，降低了行政活动的交易成本。通知、听证等活动表面上增加了程序环节，但是增强了行为的正当性和可接受性，避免行政争议的产生，有利于行政目标的顺利实现。正如我国台湾地区学者叶俊荣所说："一个程序阶段的制度量能提升，会影响到其他程序阶段的程序负载量，前阶段的制度或程序量能不足，往往造成下一阶段的量能溢流。因而，贫乏的行政程序往往导致后续执行的纷扰与争讼程序的增加。同样的，在整体的程序脉络下，如果某一个程序阶段的制度量能，并非不足，而是量能过度，在单一的程序或制度设计上，让其负载过多制度功能，侵蚀了其他程序的制度功能，不是让其他制度程序没有发挥的空间，就是让自己原先超量承载的制度功能无法发挥，两者都是制度的前置，从效率的观点来看，并非上策。"[1]

第四，行政程序的时效制度保障了实体法的高效实施。如《澳门行政程序法》（1994）规定，行政机关应当采取措施，使程序能够迅速及时进行，因而，应当拒绝作出及避免出现一切无关或拖延程序进行的事情，以及应命令与促成一切对程序之进行及作出公正与适时之属必须之情节。法律直接规定了行政行为应在法定期间完成，避免因为拖延造成的资源过度占用和浪费。

二、行政程序具有实现行政之给付的能力

给付行政是现代行政的主要类型，给付行政程序不仅仅是单纯的技术性、流程式的规定，本质上是国家的资源配置手段。[2]国家是否能够承担起此种对于国民的生存、照顾之义务的职责，取决于国家理念和财力，但是程序在资源配置过程中的保障功能不容小觑。给付行政程序要为政府的资源调控提供载体，要为"引领、规范和保障政府资源配置行为提供了一套整体性的推

---

〔1〕 叶俊荣：《面对行政程序法——转型台湾的程序建制》，元照出版有限公司2002年版，第237页。

〔2〕 江必新、邵长茂："共享权、给付行政程序与行政法的变革"，载《行政法学研究》2009年第4期。

进机制"。[1]有学者将给付的正当程序概括为四点：尊严之给付，公平之给付，效能之给付，控制之给付。[2]如何实现尊严之给付，程序的设计要使得公民感受到尊严；如何实现公平之给付，实现应保者尽保，程序的设计要确保给付的平等性；如何实现效能之给付，避免给付的拖延使受救助者陷入更不利的境地；如何实现控制之给付，则需促进社会成员自力更生的价值观念。从此角度，就行政程序与效能的关系而言，行政程序具有实现行政给付的能力，"是否达到公平和效率，在很大程度上取决于行政机关所使用的行政程序"。[3]并且只有"当程序法能承担行起行政效能的职责时，给付国家才能充分地实现他的任务。行政效能不能单纯被了解为行政行为在经济层面中之技术节约关系，效能必须在国家目的确定之整体系统中了解，是在'政治——行政整体系统中之给付能力'，而行政程序法即为实现并促进此种给付能力之重要手段"。[4]

三、行政程序的类型化有助于合理分配执法资源

从保障人民权益的角度，行政程序应当力求向诉讼程序靠拢，在这一考量下，行政程序的立法设计应当力求司法化。在行政权强调专业、积极、主动的特色之下，若要顾及行政效能的提升，便不得作与诉讼程序相同的制度设计，如果积极主动地行政，被套进不告不理的程序架构中，反而牵制了行政应有的效能。因此，行政程序应当有"行政化"的设计，完全与诉讼程序一致，必将影响行政的效能。这种"行政化"的设计客观上要求行政程序应当进行类型化的处理，也就是说，可以有不同的模式，但是不能绝对化。行政程序的效能目标，必然意味着程序的灵活性。法律程序如果不区分对象和领域，僵化地适用同一种程序制度，会导致运行无效率。行政权的表现形态行政行为呈现出种类繁多、纷繁复杂的状态，不同种类的行政行为在性质上

---

[1]　江必新、邵长茂："共享权、给付行政程序与行政法的变革"，载《行政法学研究》2009年第4期。

[2]　黄鼎鑫："'给付'或'不给付'——从宪法受益权/社会保障功能论社会救助给付行为之目的及正当程序"，东吴大学2008年硕士学位论文。

[3]　王名扬：《美国行政法》，北京大学出版社2016年版，第33页。

[4]　洪家殷："权利保障与效能提升之抉择——兼论行政程序法未来修正之考量"，载台湾行政法学会主编：《行政程序法之检讨　传播行政之争讼》，元照出版有限公司2003年版，第159页。

的差异，导致程序规则的差异性，从而使得行政程序制度呈现出极强的类型化状态。这种类型化有助于合理分配执法资源，如对于程序进行繁简分流，有利于将有限的执法资源予以合理分配，将资源分配在重大事务的处理上。

四、行政程序机制有助于解决执法碎片化问题

事权过度分散配置会严重损害国家行政对外管理的整体性，由于行政体制的扁平化改革和大部制改革的推进困难重重，行政执法中多层执法与多头执法等执法碎片化现象较为普遍存在。行政内部的部门分割、各自为政、难以协调、相互推诿、相互争权等问题直接影响行政对外管理效能，需要通过内部程序机制的完善解决执法体制不畅造成的问题。传统行政程序将注意力集中在外部行政程序上，着力调整政府与公民间的关系，认为内部程序应由行政机关发挥自主性进行调整。但考察行政权的实际运行情况，虽然内部权力形式上在行政系统内部运行，但实质上会产生外部效果，对相对人产生影响。因此，行政程序立法需要在行政的自主性与程序法定之间寻求平衡。对于内部程序的规定，有利于划清机关之间的职责，理清行政机关内部上下级、同级以及府际之间的关系。通过内部程序机制的完善缓解行政体制碎片化所带来的行政体制运行不畅的问题，提高行政效率。[1]

其中特别要强调的一点是，有效的执法能力对于程序有着根本的诉求，因为衡量效能的一个标志，就是看行政机关能在多大程度上建立起更有效地履行法定职责的机制，并达到最佳状态的权力运行机制。尽管提升执法效能的根本出路在于体制改革，但是程序理性仍大有用武之地，体制的改革是一个渐进的过程，无法一蹴而就，在这种情况下，通过程序的完善来对冲实体改革缓慢推进造成的社会风险和社会成本，也是一条可能的路径。

除了以上功能之外，值得重视的是，行政程序法制的存在，往往能够造就一些执法目标以外的附加效能。例如：①行政执法的正当性以及公民对于行政机关的信任；②形成行政机关与相对人的良好合作关系；③降低执法活动中的交易成本。

---

〔1〕 中国政法大学法治政府研究院编：《中国法治政府发展报告（2015）》，社会科学文献出版社 2015 年版，第 165 页。

第二节　行政执法程序的效能价值：
规范与实践层面的考察

一、规范基础：效能价值在行政程序法中的体现

（一）境外行政程序立法对于效能价值的体现

德国是采取效率模式的典型国家，1976 年《德国联邦行政程序法》从头到尾贯彻了效率的原则。其一，赋予行政机关程序裁量权和主导权。《德国联邦行政程序法》第 10 条规定："如果没有关于程序形式的特别法律规定，行政程序不受确定形式的拘束。行政程序应当简单、合乎目的和迅速地进行。"这一条相当于赋予行政机关程序裁量权，"在法律和一般程序原则没有严格限制的领域，贯彻落实程序原则的关键是行政机关的程序裁量权……程序裁量权的行使还必须考虑有关程序规范的目的、有关实体法的特点和个案的特殊性。"[1] 程序裁量权赋予行政机关积极形塑社会的功能，有利于行政效能的提升。其二，注重行政程序的类型化。把行政程序分为正式程序、非正式程序、计划确定程序。其三，贯彻职权主义原则，如行政机关依职权决定行政程序的开始，[2] 行政机关调查的职权主义和裁量主义。[3] 此外，《德国联邦行政程序法》第 45~47 条规定了有瑕疵的行政行为的转换、补正以及撤销的限制。行政行为虽然存在程序瑕疵，但对于某些程序瑕疵容许以转换、补正的方式不予撤销和宣告无效，此种规定属于立法者对于行政效能与权利保障的协调与平衡。《德国联邦行政程序法》第 71 条则针对特别加快程序作出规定。

美国是权利模式的代表，但是对于行政效率也给予非常大的关注，不仅规定了正式程序裁决，而且规定了不经听证的非正式裁决。在行政程序法中将行政程序分为正式程序与非正式程序，也是最早出现于美国联邦行政程序

---

〔1〕　［德］汉斯·J. 沃尔夫、奥托·巴霍夫、罗尔夫·施托贝尔：《行政法》，高家伟译，商务印书馆 2002 年版，第 203 页。

〔2〕　1976 年《德国联邦行政程序法》第 22 条。

〔3〕　1976 年《德国联邦行政程序法》第 24 条和 26 条。

法。在实践中，美国行政裁决的90%都经非正式程序作出。因为正式行政程序之普遍采用，将使行政机关难以负荷繁重之行政程序，只能在基于行政效能的考量之下，以非正式行政程序为原则，这也是各国行政程序法的通行做法。

《意大利行政程序与公文查阅法》（1990）在第四章规定了"行政行为的简化"。《西班牙行政程序法》（1958）在第30条及31条规定了行政文书的标准化和机关事务的合理化，以增进机关效率。第38条规定：行政机关处理属于同一种类之多数事件时，应依适于迅速解决事件之公文程式、印刷品等方法，确立简易之程序。第75条规定可以将数个程序集合为一个程序行为，以推进程序的迅速进行。《西班牙公共行政机关法律制度及共同的行政程序法》（1999）第74条规定，根据快速原则，在任何手续中，程序均应职权得到推动。第75条规定，所有可同时推动且无需连续履行的手续，应列入同一行为中。

（二）我国地方行政程序立法对于效能的体现

第一，立法目的开始注重对于行政效能的提升。目前已有的地方行政程序立法中，立法目的不仅强调权利保障的功能，同时也强调了要促进行政机关高效行使行政职权。如《浙江省行政程序办法》第7条规定："行政机关应当提高行政效能，为公民、法人和其他组织提供方便、快捷、优质的公共服务。"《江苏省行政程序规定》第8条规定："行政机关行使行政职权，应当遵守法定期限或者承诺期限，积极履行法定职责，为公民、法人和其他组织提供高效、优质服务。"《湖南省行政程序规定》第7条规定："行政机关行使行政职权，应当遵守法定时限，积极履行法定职责，提高办事效率，为公民、法人或者其他组织提供优质服务。"《山东省行政程序规定》等地方程序立法中也有类似的规定。

第二，通过简化外部执法程序提升效能。特别在行政审批领域这一趋势明显。如《鹰潭市人民政府关于提高医保待遇简化审批程序的实施意见》[1]、《广东省发展改革委员会关于进一步简化政府投资公路和水运项目审批程序的通知》等地方规范性文件中均对简化相应的审批程序有明确的规定。此外，信息时代的到来也为行政效能的提高提供了技术支持。《国家铁路局行

---

〔1〕　鹰府发〔2015〕14号，2015年4月29日发布，2015年6月1日实施。

政许可实施程序规定》第 7 条规定："国家铁路局积极推进网上办理行政许可，申请人可以通过国家铁路局政府网站的网上预约系统办理预约申请……受理部门提供网上预审查服务，告知申请人需要补正的材料内容，方便申请人完善申请材料。"为有效提高行政效能，江苏、浙江、西安、海口、邢台、湖南等多地的行政程序规定均建立了限期办结制度、承诺办结制度。

　　第三，通过优化内部程序提升行政效能。如《兰州市行政程序规定》《江苏省行政程序规定》在行政整体性的原则下，均对于管辖制度、行政协助制度等内部程序机制进行了规定，《江苏省行政程序规定》则对区域合作作出规定，这些制度旨在通过内部程序机制的完善，解决体制不顺带来的行政效能问题。湖南、西安、海口、邢台、浙江、江苏等地行政程序立法详细规定了行政执法的程序，对于行政执法中的相对集中行政处罚权、综合执法、联合执法等执法方式进行了明确的规定，防止各机关之间多头执法或互相推诿。此外，通过优化内部工作机制，提升行政效能。如湖南、江苏、山东等地程序立法中，对于实践中行之有效的"一个窗口对外""统一受理、转告相关、并联审批"等做法以立法的形式固定下来。

　　第四，开始注重行政执法程序信息化。在地方程序立法中，处处体现执法信息化的典型是《浙江省行政程序办法》（2016）。申请〔1〕、送达〔2〕、处理〔3〕等环节都体现了信息化时代的要求，值得统一的行政执法程序立法予以借鉴。

---

　　〔1〕《浙江省行政程序办法》第 47 条规定：公民、法人和其他组织依法向行政机关提出行政许可、行政确认、行政给付、行政裁决等申请的，应当采用书面形式（含信函、电子数据交换形式）；书面申请确有困难的，可以采用口头形式，由行政机关当场记入笔录，交申请人核对或者向申请人宣读，并由申请人确认。公民、法人和其他组织对其所提交的申请材料的真实性负责。
　　行政机关应当依法将与申请有关的事项、依据、条件、数量、程序、期限，以及需要提交的全部材料的目录和申请书样式等在办公场所、本机关或者本级人民政府门户网站上公示。
　　〔2〕《浙江省行政程序办法》第 70 条规定：除行政执法决定文书外，行政机关经受送达人同意，可以通过传真、电子邮件等方式送达行政执法文书。向受送达人确认的电子邮箱送达行政执法文书的，自电子邮件进入受送达人特定系统的日期为送达日期。
　　〔3〕《浙江省行政程序办法》第 38 条规定：行政机关应当加强电子政务的建设和应用，推进行政执法事项在线运行，优化办理流程，方便公民、法人和其他组织通过浙江政务服务网（电子政务平台）办理行政许可、公共服务等事项。
　　行政机关应当充分利用浙江政务服务网（电子政务平台），促进行政执法信息共享和协作配合，提高行政执法监管水平。

二、实践基础：行政执法程序改革实践中的效能导向

好的程序会有好的结果，通过程序创新以实现高效行政是各国通行的做法。在法定程序类型不足的情况下，各国在实务中积极探索能够促进高效行政、良好行政的新型程序，通过程序的微观再造提升行政效能。

（一）通过制度创新实现高效行政

在具体的程序改革实践中，比较典型的如行政程序运行的项目管理制与经理人制、并列型行政程序、行政程序的特别加快机制等。

1. 行政程序运行的项目管理制与经理人制：项目管理制是一种新型的行政程序，由于法定的程序类型不充分，未解决程序迟延的问题，而在实务中出现新的程序尝试。项目管理制的高效化有三个组成部分：项目团队、项目管理者和项目负责人。项目团队的目的是，超越部门和机关来规划和处理问题，使得相对分散的部门得以整合与集中。项目团队的参与者包括受到影响的部门机关的代表、地方代表以及项目负责人。州行政机关的代表可以进行有拘束力的发言，参与人获得授权可以就部门问题做出决定，这样一来，通过项目团队可以使分散的部门获得实质性的整合。项目管理者负责项目团队，负责召集活动。项目负责人负责项目实施的各阶段，根据项目计划制定计划，并负责予以监督。项目负责人不具有对外的代表性，属于项目团队的一个机构，重点是协商。负责人、管理者、团队各负其责，各司其职，高效解决跨部门的项目审查问题。同时，项目团队以标准时间为核心，进行时间管理，保证行政的高效。[1]

2. 并列型行政程序：涉及多个部门的行政程序中，由多个机关先后审查会导致程序的低效、迟延。而将顺序型行政程序改造为并列型许可程序，允许各种程序相互并列、同时进行，如各机关负责人坐在一起负责审查，这样比次序进行具有更高的效率。在德国，如当事人有要求，涉及的多个部门在确定的时间内需要同时表达意见，如果有部门未在法定期限内表达意见，则

---

〔1〕〔日〕大桥洋一：《行政法学的结构性变革》，吕艳滨译，中国人民大学出版社 2008 年版，第 281 页。

原则上不再考虑该部门的意见。[1]而且，"为了解决并列性程序之下的信息沟通和合意障碍，增设项目团队这一横向调整组织，构筑合意平台"。[2]在顺序排列的程序下，许可作出之后，当事人方可着手开展相关业务，在并列型程序中，允许当事人在许可作出之前开展相关业务，这样极大保障了当事人的经济利益。

3. 行政程序的特别加快机制：由于审批耗费了大量的时间，所以会导致外资对投资的减少，因此，"人们的设想是对于每一个投资者在时间上的必要性予以适应，也就是说，在德国，行政机关要提供多种程序，除了通常的程序之外，还需要设计特别的快速处理的程序。"[3]依据《德国联邦行政程序法》第71a条，有关行政许可程序加速的规定适用于申请人以执行企业计划为目的而要求发放许可的行政程序。这种许可程序，如果当事人不提出申请，行政机关只有一般的程序加速义务。如果当事人申请加速，行政机关则承担更多的配合义务，也就是特别加速程序，当然申请必须说明特别加速程序的理由。特别加速程序中，行政机关的特殊义务之一是履行更多的咨询和答复义务。[4]实行特别加快程序，申请人也要承担更多的责任，如费用增加、法定义务范围的扩大以及行政机关审查责任的限缩。在日本、美国均有行政许可的特别加速机制。

（二）通过参与性程序的设计提升执法效能

参与性程序的设计可能会存在于某项具体的行政活动中，也会存在于行政决策的过程中，前者多体现为行政权运行过程中的早期合作和协商。行政协议、行政磋商强调了相对人对于行政行为实质意义上的影响，行政相对人也成为行政法律关系的缔造者，此种参与突出了相对人的自主性以及自我实现，获得了与行政机关的平等对话的平台与实质影响能力，重塑了国家与公民的关系。后者则通常体现为公共政策制定中的公众参与，对公众参与的结

〔1〕 赵宏："欧洲整合背景下的德国行政程序变革"，载《行政法学研究》2012 年第 3 期。

〔2〕 〔日〕大桥洋一：《行政法学的结构性变革》，吕艳滨译，中国人民大学出版社 2008 年版，第 281 ~284 页。

〔3〕 〔日〕大桥洋一：《行政法学的结构性变革》，吕艳滨译，中国人民大学出版社 2008 年版，第 283 页。

〔4〕 〔德〕汉斯·J. 沃尔夫、奥托·巴霍夫、罗尔夫·施托贝尔：《行政法》，高家伟译，商务印书馆 2002 年版，第 238 ~239 页。

构进行合理科学的设计，可实现最佳的参与效果。最初的年代，行政官员的职能是执行，而不是选择。在晚近的年代，行政官员的职责在于选择，因此需要一种能够提供论辩的参与程序。哈贝马斯提出的"商谈"的优势就在于，它"并不专断地指出正当性的既定根源是什么，而是设计一种程序，让参与者在这种程序中以平等合作的方式对正当性进行催生"。[1]而到现在，对行政决定程序的思考，更加注重过程的理性，因此，参与行政的适当方式问题则非常重要，如对参与时机、参与密度、参与人范围等，均应进行精心的设计，以真正提升行政效能。

第三节 完善行政执法程序的立法路径

一、统一行政执法程序立法的必要性

（一）治理能力现代化客观上要求行政执法程序完成现代转型

国家治理现代化所要求的民主、效率、科学、文明、法治，与行政效能的内涵所契合。我国正处于现代化进程的关键时期，如何应对各种复杂的社会问题，提升行政效能水平，关系到现代化的建设。

国家治理现代化对行政程序的发展趋势也产生了深刻的影响。价值多元是现代社会的鲜明特征，面对各种利益分化和价值冲突的常态化，如何使各种价值兼容并包、如何使各种利益协调平衡，这是国家治理现代化需要面对的问题。对此，中外法学家们都极度重视程序的作用。阿斯曼认为："今天，在统治活动中，占首位的不是单项式的接触和以短暂的命令使人接受，而是较长时期的接触、对话和使公民得知真相的解释，为此，不需要放弃作出决定和国家统治的权威。不过，今天对作出决定的方式以及宣传和贯彻决定提出了新的要求，这和法律是理智的体现以及政府法令和警察命令即是公法的主要研究对象的时代不同……这种改变就是把程序作为交流的机会。在这种交流中，可以把问题从国家的决定机构带回社会领域，以加强自我调控机制，

---

〔1〕 陈征楠："论哈贝马斯的程序主义法正当性学说"，载《厦门大学学报（哲学社会科学版）》2012 年第 3 期。

并使国家的作出决定的机构免于过多的负担。这里就能清楚地看到积极的程序效应的相互性。"〔1〕而在程序作为国家做出决定过程的结构安排中，"程序思想是法治国家制度的一个新的媒介"。〔2〕季卫东教授在一次论坛中，提出了"怎样在价值冲突中实现共识的命题"并一如既往地主张"程序性共识"，认为程序可以博弈出一个较为正确的决定。〔3〕王万华教授则提出法治政府的程序主义进路，〔4〕由此可见，程序治国俨然成为各界共识，而行政程序的理念提升和法制健全无疑是其中的重要一环。

国家治理现代化的基本要求，本质上，要求行政要完成现代性转型。"行政的现代性转型需要解决的问题是，如何实现个人面对国家由受支配的客体向具有独立地位的主体转型，要符合行政民主和行政理性，而这一目标的实现机制是制定《行政程序法》。"〔5〕

（二）法治政府建设的任务对加强行政执法程序立法提出新要求

国务院 2004 年发布《全面推进依法行政实施纲要》，将政府行政行为遵循正当法律程序确定为依法行政、建设法治政府的基本要求。2015 年中共中央和国务院联合发布《法治政府建设实施纲要（2015—2020 年）》，要求坚持严格规范公正文明执法，具体措施之一就是要完善行政执法程序。为实现十八届三中全会确立的"推进国家治理体系和治理能力现代化"目标，十八届四中全会《依法治国重大决定》提出全面推进依法治国，其中关于法治政府建设部分提出"深入推进依法行政、加快建设法治政府"的任务，并对于法治政府的建设提出新的要求，其中要求之一就是要完善行政执法程序。〔6〕《依法治国重大决定》对法治政府提出六项标准：职能科学、权责法定、执法严明、公开公正、廉洁高效、守法诚信，这六项标准需要通过相应体制机

---

〔1〕　［德］埃贝哈德·施密特-阿斯曼等：《德国行政法读本》，于安等译，高等教育出版社 2006 年版，第 105 页。

〔2〕　［德］埃贝哈德·施密特-阿斯曼等：《德国行政法读本》，于安等译，高等教育出版社 2006 年版，第 105 页。

〔3〕　蒋安杰："推进法制的新程序主义进路"，载《法制日报》2010 年 11 月 24 日，第 9 版。

〔4〕　王万华："法治政府建设的程序主义进路"，载《法学研究》2013 年第 4 期。

〔5〕　王万华："行政权力运行机制的现代化转型与《行政程序法》的制定"，载《中国行政法学研究会 2014 年年会论文集》，第 429 页。

〔6〕　要求"各级政府必须坚持在党的领导下，在法治轨道上开展工作，创新执法体制，完善执法程序，推进综合执法，严格执法责任，建立权责统一、权威高效的依法行政体制，加快建设职能科学、权责法定、执法严明、公开公正、廉洁高效、守法诚信的法治政府"。

制予以实现和保障。对此，《依法治国重大决定》中逐项进行列举，提出了很多非常具体的制度要求，其中很多要求与行政执法活动相关，需要尽快完善行政执法程序立法予以贯彻。[1]

（三）行政执法程序是境外行政程序法立法中的核心内容

当前世界范围内，很多国家和地区都实现了行政程序法典化。总体说来，世界范围内曾出现过三次行政程序法典化的浪潮。

行政程序法典化的第一次浪潮发生在欧洲大陆。奥地利于 1925 年制定的《奥地利普通行政程序法》影响最大，主要收录了行政法院在司法实践中形成对关于行政程序的判例。受到奥地利的影响，一些邻国也先后在同一时期制定了行政程序法，如捷克、波兰、南斯拉夫等国，德国当时虽然没有制定行政程序法，但各邦掀起了制定行政程序法的热潮。

行政程序法典化的第二次浪潮以美国与德国为代表。美国于 1946 年制定的《美国联邦行政程序法》通常被视为世界范围行政程序立法热潮的起点，为各国纷纷仿效。德国以行政程序法的制定为契机部分试图实现包括实体法和程序法的行政法法典化，因此直到 1976 年方通过《德国联邦行政程序法》，实体与程序并重的立法模式呈现出与美国不同的立法风格。法国虽然没有制定统一的行政程序法典，但一方面通过行政法院的判例发展了大量关于行政程序的规则，同时制定了一系列单行的行政程序法律文件。[2]法国目前也正在探讨制定统一的《行政程序法》。

行政程序法典化的第三次浪潮发生在 20 世纪 90 年代以后。世界范围内

---

〔1〕 主要包括以下内容：①依法全面履行政府职能。其中明确提出要完善行政组织和行政程序法律制度，推进机构、职能、权限、程序、责任法定化。行政机关要坚持法定职责必须为、法无授权不可为，坚决纠正不作为、乱作为，坚决克服懒政、惰政。②深化行政执法体制改革。要求根据不同层级政府的事权和职能，按照减少层次、整合队伍、提高效率的原则，合理配置执法力量。推进综合执法，理顺行政强制执行体制。严格实行行政执法人员持证上岗和资格管理制度，未经执法资格考试合格，不得授予执法资格，不得从事执法活动。③坚持严格规范公正文明执法。其中明确提出要完善执法程序，建立执法全过程记录制度。明确具体操作流程，严格执行重大执法决定法制审核制度。建立健全行政裁量权基准制度，加强行政执法信息化建设和信息共享，提高执法效率和规范化水平。④全面推进政务公开。要求坚持以公开为原则、不公开为例外，推进决策公开、执行公开、管理公开、服务公开、结果公开。

〔2〕 法国制定的单行行政程序法律文件包括：1978 年 7 月 17 日制定的《改善行政机关与公众关系的多项措施及行政、社会和税务方面的各项规定》、1979 年 7 月 11 日制定的《说明行政行为理由及改善行政机关与公众关系法》、1983 年制定的《行政机关与其使用人关系法令》。

先期修改和制定行政程序法的第三次高潮。这一时期，西班牙、奥地利、德国对其行政程序法进行了修订。意大利（1990 年）、葡萄牙（1991 年）、荷兰（1994 年）、希腊（1999 年）等国制定了行政程序法。这一时期亚洲各国家和地区开始了制定行政程序法的热潮。如日本（1996 年）[1]、韩国（1993 年）。

而当前值得关注的是，2014 年 9 月 1 日，欧盟行政法研究网发布了各国公法学者历经 5 年完成的《欧盟行政程序模范规则》，该专家建议稿适用于欧盟的机构，包括规章制定程序、决定程序、公法合同、政府信息公开等内容。《欧盟行政程序模范规则》的目的和宗旨是将欧盟宪法确立的良好行政的基本原则制度化，保障欧盟法律得到更好实施。

而考察境外行政程序法的具体立法内容会发现，境外的行政程序法，也大都以行政执法作为主要的规范对象。

（四）地方程序立法为统一执法程序立法提供了经验

由于统一的《行政程序法》一直未能出台，随着法治政府建设的推进，一些地方开始尝试在地方层面制定统一的行政程序立法，其中行政执法是地方程序立法的主要内容之一（见表2）。

表2　地方行政程序立法列表

省/市	规范性文件名称	年份
湖南	湖南省行政程序规定	2008
山东	山东省行政程序规定	2011
西安	西安市行政程序规定	2013
海口	海口市行政程序规定	2013
汕头	汕头市行政程序规定	2013
酒泉	酒泉市行政程序规定	2013
邢台	邢台市行政程序规定	2013
凉山	凉山州行政程序规定	2009
海北	海北藏族自治州行政程序规定	2014

---

[1]　日本早在 1964 年即起草了第一部行政程序法草案，但直到 1993 年《行政程序法》才正式获得通过，该法最初仅主要规范行政决定（行政处分）和行政指导，后来在 2005 年又增加了作为行政立法事前程序的意见公募程序。

省/市	规范性文件名称	年份
辽宁	辽宁省行政执法程序规定	2014
浙江	浙江省行政程序办法	2016
江苏	江苏省行政程序规定	2015

在这 12 个地方行政程序规定中，行政执法程序是程序规定中最核心最丰富的内容。此外，还有很多地方如广西、黑龙江、吉林、河北、河南、山西、湖北、四川、福建等地制定了《行政执法条例》，其中大多数条款属于程序性规定。2014～2015 年北京市、重庆市也已经启动了地方行政程序法的立法程序。考察地方行政程序立法的内容，关于行政执法程序的规定呈现出很强的趋同性，这种趋同性说明，执法实践面临的问题具有共同性以及程序法治要求的统一性。有必要在总结地方立法经验基础上，统一推进行政执法程序立法，提升行政执法效能。

（五）三大法不足以解决类型多样的执法活动的问题

尽管目前我国已有《行政处罚法》《行政许可法》《行政强制法》，能够解决执法领域的很多问题。但是这些立法都是针对某一类型行政执法活动适用的单行法律，不能适用于其他执法活动。而实践中的执法活动远远超过这三种类型。[1]因此，产生了很多由于综合性立法缺失所带来的问题。集中体现在以下方面：其一，三大法不能回应行政执法方式多样性的规范需求，滞后于执法实践的发展，综合性立法缺失不可避免地造成立法空白问题。行政处罚、行政许可、行政强制是秩序行政的对应执法方式，不能完全适用于经济活动领域执法和监管的需求。如目前在市场监管领域，信用监管、大数据监管成为新型监管工具，这些都是不同于传统执法方式的新机制。[2]其二，

---

〔1〕 以上海市崇明区政府公布的行政执法清单为例，崇明区政府执法事项共计 113 项，其中，行政处罚 21 项、行政强制 17 项、行政许可 20 项、非行政许可审批事项 27 项、行政确认 6 项、行政给付 3 项、行政裁决 1 项、行政征收 5 项、其他 13 项。行政处罚、行政许可、行政强制三类行为共计 58 项，占总数的 51%；其他行政执法事项 55 项，占总数的 49%，其他行政执法事项多于三类执法。

〔2〕 王万华：“推进‘一带一路’建设中的行政法问题初探”，载《经贸法律评论》2020 年第 1 期。

综合性立法缺失带来法律易被规避适用的困境[1]。如实践中，为了规避争讼风险，有的执法机关以约谈代替处罚，以致全年"零处罚"。《行政许可法》实施以来，由于缺乏一般性执法规范的约束，为行政机关以其他方式规避《行政许可法》的适用提供了操作空间。其三，单行立法只能解决特别规范的立法需求。如果仍然延续"零售立法"的思路，执法程序立法只能是单行立法数量的简单叠加，无法实现立法质的突破。[2]

在依法行政推进的初期阶段，由于经验的不足，采用单行立法模式逐一规范行政执法行为，有利于尽快解决执法领域的突出问题，也有利于稳步推进行政执法程序改革，积累制度经验。但在依法行政经过20多年的推进发展后，需要及时总结经验，将适用于部分执法活动的程序规则上升为普遍适用的程序规则，不应再延续单行立法模式，而是需要转向综合性立法，使依法行政原则及其制度覆盖所有执法活动，防止执法中的法治空白。

二、统一行政执法程序立法的方案选择

制定关于行政执法程序的综合性立法有两种方案可以选择："第一种方案是由全国人大制定《行政程序法》，全面规定行政活动的程序，将行政执法程序作为其中一章予以规范。第二种方案是由国务院先行制定《行政执法程序条例》，积累制度实施经验后，再由全国人大制定《行政程序法》。"[3]尽管，制定统一的《行政程序法》是最为理想的方案，但是由于涉及的内容较多，难点问题也不少，立法的周期会比较长。在这种情况下，由国务院先制定《行政执法程序条例》，能够加快立法进程，条件成熟后，再由全国人大制定《行政程序法》，也是一条较为可行的路径。

20多年来，行政执法一直都是依法行政工作的重心，行政执法程序立法是我国完善行政程序立法努力的重要领域，制定统一的《行政执法程序条例》有着坚实的法律制度基础；20余年的行政程序法治实践为《行政执法程序条例》的制定奠定了坚实的实践基础；境外行政程序立法中关于行政决定

---

[1]　王万华："完善行政执法程序立法的几个问题"，载《行政法学研究》2015年第4期。
[2]　王万华："完善行政执法程序立法的几个问题"，载《行政法学研究》2015年第4期。
[3]　王万华："完善行政执法程序立法的几个问题"，载《行政法学研究》2015年第4期。

程序的规定有丰富的实践经验可资借鉴；地方统一行政程序立法中，有关执法程序的制度最为完善，其实施状况和实施效果可为国家层面制定《行政执法程序条例》提供实证经验。总体来讲，制定统一的《行政执法程序条例》的时机和条件是比较成熟的。

三、提升行政执法效能的立法内容选择

行政执法程序立法需要建构符合现代行政基本要求的程序制度，并能够有效解决行政执法实践中存在的问题，这是完善行政执法程序立法应当坚持的前提。

（一）提升行政执法效能应作为立法目的

行政权具有促进公共生活需要的积极面，如何发挥权力的效益，让行政机关去做更多的好事，这显然也是对于公民权益的一种保障。因此，保护公民权力作为行政程序唯一的目的，是一种片面的观点。现代行政目的和任务是多元的，在积极国家观念下，无疑需要能动性行政，使行政机关能够积极行政，去做好事，并做更多的好事。行政程序既要保障行政权发挥效能，又要防止行政越权或滥用，"行政程序的目的并非在于掣肘行政机关，而是通过程序机制的导引，实现政府与人民双赢的目的，减低未来溢于体制外程序的广大管制成本，减少社会整体资源的浪费"。

针对我国当前，行政不作为表现出来的惰政现象，更需要推动行政机关积极作为。更多的控制，会造成更多的懈怠或者形式化的作为，使更多的行政任务无法实现。因此，行政程序的设计不仅是单纯的"控权"，而意在激活行政权力的主动性、积极性，发挥权力本身固有的效益，这在一定程度上，也许是比控制权力滥用更重要的功能。

因此，当前行政执法实践面临的问题带有双重性：一方面是执法不公、执法不规范；另一方面是行政执法中较为普遍存在的执法不作为与慢作为、违法行为得不到有效遏制，执法资源配置不合理、行政事务处理信息化程度不高等问题。作为最下游的实施环节，行政执法关系到理想法秩序的实现，关系到法律的有效实施，本应是最能够直接产生行政效能的环节。但是，如前文所述，执法实践中反映出行政效能严重不足的状况，对此，如何提升执法的有效性，如何发挥程序机制在行政执法中的积极作用，提升执法效能，

在当前，应当引起立法的高度重视。在行政执法程序立法中，应当把提升执法效能作为立法目的，并从具体制度设计上予以保障。

（二）行政效能与权利保障的平衡

当然，程序正义的要素结构会存在内部的冲突。例如，程序在某一具体制度设计时，立法者面对权利保障和效能保障之间存在的价值冲突时，必须作出取舍和选择，这本质上是公平与效率的问题。公平与效率本身并不是互不兼容，此消彼长的掠夺型关系。现代行政法并不提倡对峙对立，它强调的是互惠合作。公平与效率其实是相辅相成、互相促进的。就现代行政而言，权利的保护离不开行政效能的提升。行政效能本身蕴含着行政民主、行政理性的要求，强调从程序中产生最佳的行政方法，而不是简单的"提速"，是建立在科学基础上，合乎理性的、可接受的效率，因此强调行政效能，一定程度上意味着对权利的更好保护。但同时也要防止因为偏向行政效能而丧失法治国对于保障公民权利之最低要求。因此，应将权利保障与提升效能作为双重价值追求，在行政执法程序立法中做到两者的兼顾与平衡。尽管权利保障与行政效率之间并非绝对对立关系，但不排除在特定的时空，二者会存在紧张关系，此时需要立法进行平衡，优先保障公民的基本程序权利。"在实现公民程序权利最低限度保护的基础上促进行政效能。"[1]

（三）提升执法效能的立法内容选择

借鉴各国和各地区的立法经验，结合我国已有的法律规定，以及实际需要，统一行政执法程序立法应重点在以下方面进行制度构建，以体现效能的需求。

1. 适当规定执法内部程序。外部执法程序制度是行政执法程序立法的核心内容，如《德国联邦行政程序法》第 8 条规定，行政程序，系官署为行政要件之审查，准备行政处分或作成行政处分，以及缔结公法契约所为而对外发生效力之行为。但目前不少国家和地区对内部程序作了较多规定，如西班牙、葡萄牙和我国澳门地区的行政程序法。这种变化在于，"在一定条件下，内部程序也可能产生外部效力，两者之间的分野并非绝对"。[2]内部程序机

---

〔1〕　王万华："法治政府建设的程序主义进路"，载《法学研究》2013 年第 4 期。
〔2〕　李建良：《行政法基本十讲》，元照出版有限公司 2011 年版，第 85 页。

制一直以来在我国缺乏关注和研究，很多制度未得到确立，由此导致内部执法程序不顺畅，对外部执法效果有着较大影响，是导致执法效能低下的重要原因。在制定《行政执法程序条例》时，应从行政执法能力提升的角度，对于内部程序机制予以适当的规范。

2. 执法程序应当应该积极形塑有助于行政任务实现的行政过程。传统控权功能的目光较少关注行政执法的全过程，缺少对于执法过程的规范，也缺乏对于事实行为的规范，对于影响行政决定的前置活动环节以及决定作出后的后续监管环节缺乏关注。常态执法检查机制、事中与事后监管机制等未能建构起相应制度，造成执法不规范，忽视日常监管、运动式执法盛行等问题，这些问题需要立法予以回应。具体来说，包括执法程序如何启动，执法检查机制的确立、行政许可等决定的事后监管机制等。

3. 能够有效实现执法任务的活动形式。实现行政目标和任务的活动形式各种各样，有定型化行政行为，也有未定型化行政行为；有高权行政行为，也有柔性行政行为，样态繁多，各种行为以互补的姿态共同实现行政任务，这是现代行政法发展的一个趋势。多样化的执法方式增加了行政机关可资使用的手段，使得行政机关可选择的方式更为多样，达到更好的执法效果。比如，在行政程序前置程序中，当采取执法劝导能够达成所追求的实际效果的时候，行政机关就可以不必启动执法程序。这些程序进行中的有效执法形式需要行政执法程序条例予以必要的规制。

4. 合理配置执法资源，执法程序应当予以类型化构建。行政程序具有合理配置执法资源的功能，这种功能主要体现在程序的类型化建构。正如我国台湾地区学者所言："'大件大办、小件小办以及类型建构'是权利保障与行政效能之最适调和之方法。"[1]《行政处罚法》中虽然对于处罚程序的类型化也有体现，但是关注程度与立法建构有所不足。随着社会的发展，行政执法行为逐渐呈现出种类繁多、纷繁复杂的样态，不同种类的行政行为会导致程序规则的差异化，因此，执法程序制度也就呈现出极强的类型化状态。执法程序类型化是合理配置执法资源的途径，也是行政效能与权利保障之间的

---

[1] 黄锦堂："行政程序法理念与重要释义问题之研究"，载翁岳生教授祝寿论文编辑委员会编辑：《当代公法新论》，元照出版有限公司 2002 年版，第 379 页。

一种平衡。美国、德国等行政程序立法均体现了类型化的程序制度设计。

　　5. 执法的信息化建设是提升行政效能的重要途径。信息化时代的到来，为简政放权、提高行政效能提供了强大的技术支持。新的信息技术不仅改变了行政程序的构成要件，也创设了新的执法模式，改变了人民与行政机关以及行政机关之间的沟通关系。十八届四中全会《依法治国重大决定》也明确提出要加强执法信息化的建设，因此，行政执法程序立法应当考虑信息化环境下行政所需要的特别活动形式和环节，如电子申请、电子送达、执法信息共享等。《欧盟行政程序模范规则》中处处体现了信息化的要求，为我国行政执法程序立法提供了很好的借鉴。

第四章　行政执法效能的外部程序保障机制

第一节　程序启动：行动的义务

行政执法程序的第一个环节就是启动程序，启动程序属于行政机关的程序义务，行政在行政程序中承担着"行动的义务"，这种义务就是程序启动的义务。

一、程序启动机制对于执法效能之意义

（一）有助于督促行政机关积极履行法定职责

执法效能的表现之一在于行政机关积极履行法定职责。行政机关承担着法律所赋予的社会管理和公共服务职责，负有维护公共秩序，提供良好公共服务的积极义务。为了提高执法效能，行政机关首先要做到积极作为，属于法定职责范围的事情，应当主动承担起属于自己的职责，如果消极作为或不作为，最终会导致问题累积，这个时候行政成本很高，处理难度加大，甚至很多问题积重难返，进入这样的恶性循环，是毫无效能可言的。

当前我国福利社会、公民社会、风险社会同时并存，行政任务日益增长，行政机关承担着诸多社会管制和社会服务的任务，行政权变得尤为重要，对行政不作为导致惰政的控制需求日显突出。"试图剥夺行政保留及行政自由权的控制方式，将造成更多的行政不作为。"[1]针对行政权的双重性质，既需要消极的控权，防止行政机关滥用权力，更需要积极的控制，激励行政机关积极作为，促进公共福祉。而明确行政执法的启动方式，就是在法律上明确当具备法定条件时，行政机关便具有"行动的义务"，必须采取行动，积极履职。

（二）有助于执法不作为的认定和治理

执法不作为的滋生有诸多原因，学界已有诸多的探讨，遏制执法不作为

---

[1]　于立深："多元行政任务下的行政机关自我规制"，载《当代法学》2014 年第 1 期。

的滋生，须从多处着手。[1]但这些探讨中似乎对于程序的作用有所忽视。事实上，行政程序法可对执法不作为起到事中监控的作用。从社会实际发生的纠纷看，对政府不履行法定职责的质疑愈来愈多，"各类大大小小的案件对于政府履职的积极性提出质疑，但众多行政不作为的案件实际进入行政诉讼程序的相对要少很多，为什么大量涉及行政不作为的纠纷无法通过司法程序解决呢？其中一个原因是认定行政不作为的标准不明确，阻碍当事人通过司法途径获得救济"。[2]行政不作为的认定在细节上并不容易，有些判断需要程序法提供规范依据。例如，人身权、财产权面临危险，警察应当何时启动程序？在加强社会共治的背景下，行政机关有无裁量权可以决定对哪些举报投诉案件进行调查或不进行调查，从而更合理地配置使用有限的行政资源？当行政主体具有裁量权时，是否存在不作为？"在依法应当主动履职的情况下，行政机关因为信息不足、客观不知情而没有履职的是否构成行政不作为？"[3]这些具体问题指向行政执法程序的启动机制，因而明确执法程序的启动程序，有助于对行政不作为的认定与治理提供规范基础。

二、行政执法程序启动机制之立法例

在德国、日本等一些国家和地区的行政程序法中，行政程序的启动机制分为依职权与依申请两种形式。《德国联邦行政程序法》（1976 年）第 22 条规定，行政机关依合目的性裁量，决定是否以及何时开展行政程序。下列情况例外，即行政机关根据法律：①依职权或根据申请，必须开展行政程序的；②仅依申请方得开展行政程序，而未提出申请。《日本行政程序法》将行政处分分为"对申请人所为之处分"和"不利益处分"两种分章规定。《意大利行政程序法》（1955）第 20 条规定"程序开始之方法"：行政程序依职权或利害关系人申请开始之。

---

〔1〕　既有立法不完善、职权界限不清晰、行政管辖发生冲突、执法缺乏责任机制、监督机制的原因，也有司法审查缺位及法治环境不理想等原因。

〔2〕　毕雁英："行政不作为的司法治理研究"，载姜明安主编：《行政法论丛》（第 19 卷），法律出版社 2016 年版，第 8 页。

〔3〕　毕雁英："行政不作为的司法治理研究"，载姜明安主编：《行政法论丛》（第 19 卷），法律出版社 2016 年版，第 10 页。

　　《西班牙公共行政机关法律制度及共同的行政程序法》（1992）第六编"关于行政程序的总规定"第一章"程序的开始"第68条规定：程序可依职权或利害关系人请求而开始。《葡萄牙行政程序法》（1991）第54条规定，行政程序由行政当局依职权开展，或应利害关系人的申请开展，《澳门行政程序法》（1994）第54条也作出同样的规定。

　　从以上各国和各地区立法规定来看，行政行为从其启动方式可分为依职权行政行为和依申请行政行为两种类型，相应各国和各地区行政程序的开始有两种方式，一种是由行政主体依职权主动开始，另一种是根据相对人申请开始。

三、行政执法程序应以依职权启动为原则

（一）行政是积极的国家作用

　　行政与司法不同，它是一种积极的国家作用。[1]行政相对于立法和司法，具有更大的能动性，要对社会问题进行积极的回应，在其授权范围内进行积极的管理。

　　行政活动与司法活动的差别之一在于前者以职权启动为原则，后者以不告不理为原则。这是因为行政权的内容表现为对行政事务的管理，需要行政机关积极作为，尤其是对不利于公共秩序的行为要积极主动地查处，以恢复和维持公众秩序。而司法权的内容表现为解决争议，法院审理活动针对原告的诉求而展开，无人告则法院不能主动启动司法程序。具体表现在执法程序的启动上，应以行政机关依职权启动为原则，依申请启动为例外。

（二）有助于对于依职权行政不作为的治理

　　当前我国存在的问题是依职权性行政不作为严重，但理论界较少注重对依职权性不作为的研究，因为相比较依申请性行政不作为，依职权性不作为

---

　　〔1〕翁岳生教授所著的《行政法》中，提出了以下六个显著的综合特征：①行政是广泛、多样、复杂且不断形成社会生活的国家作用，具有形成性和整体性；②行政是追求公共利益的国家活动；③行政是积极主动的国家作用；④行政应受法的支配——合法性与合目的性兼顾；⑤行政的运用应注意配合及沟通；⑥行政系作具体决定的国家作用。参见翁岳生：《行政法》，中国法制出版社2002年版，第6页。

隐蔽性比较强。[1]在依职权行政不作为中作为义务是由于某种法定事实的出现，例如，在市场上发现了劣质奶粉，此时行政机关需要积极、主动的行使行政职权。相比较依申请不作为，依职权行政不作为造成的危害更大，因为这种行为百姓不容易明确感知，只有在造成现实的、严重的损害之后，问题才会暴露和凸显。[2]政府治理中的很多突出问题，如公共安全、环境保护等等，缘于行政机关没有履行自己的法定职责，使得矛盾激化、范围扩大，损害公共利益与社会利益。

当然，从 2015 年开展公益诉讼试点工作起，情形有所好转，依职权不作为在实践中得到了有效的治理。与此同时，依职权不作为的认定受到了学界和司法实务的进一步关注与讨论。在行政公益诉讼中，法院审查的核心在于行政机关的履职行为是否构成"不履行法定职责"。[3]梳理行政公益诉讼判决书会发现，"未启动履职程序"构成"不履行法定职责"的一种案件类型。行政机关在发现违法行为后，未在法定期限内立案查处，或者不作任何处理。此时，行政机关未履行采取行动的义务，即构成依职权不作为。因此，在立法上明确行政执法程序的启动，以依职权为原则。这有助于拓展和统一对行政不作为的理解，也有助于为法院判断"不履行法定职责"提供规范依据，更有助于对于依职权性不作为的有效治理。

---

〔1〕　这种分类有助于理论研究中自觉克服这种顾此失彼的缺陷。在对行政执法不作为的救济实践中，从制度供给的层面来看，也往往只注重规制申请行政之执法不作为，而大量的职权行政之执法不作为却游离于制度之外。在行政公益诉讼制度确立以后，这种情形有了很大的改变。

〔2〕　陈俊成："依职权性行政不作为的危害与治理"，载《学术交流》2012 年第 5 期。

〔3〕　"不履行法定职责"和"不作为"两个制度术语在行政公益诉讼中同时存在。不作为主要存在于诉前程序规定中，"不履行法定职责"主要存在于诉讼程序中。行政不作为的应为之据，既可以是法定职责，也可以是行政义务，行政义务的义务来源可能包括行政行为、行政契约、先行行为等。但根据《最高人民法院、最高人民检察院关于检察公益诉讼案件适用法律若干问题的解释》第 21 条的规定，行政公益诉讼中的不作为被限定在行政机关负有监督管理职责的情形，此种意义上的"不作为"与"不履行法定职责"便具有了同一意义。有学者认为，行政公益诉讼中的"不作为"与"不履行法定职责"应做同一解释。参见罗文燕："行政公益诉讼的范围、要件与程序"，载《法治现代化研究》2019 年第 3 期。李明超："论行政公益诉讼中'不履行法定职责'的认定规则"，载《社会科学战线》2020 年第 3 期。

四、明确依职权启动程序的条件

(一)依职权启动程序之规范梳理

在日常的行政管理中,行政机关通过检查、新闻媒体报道、公众投诉和其他国家机关的转送等方式,可以取得大量的行政信息材料。通过这些材料的对比、分析,行政机关发现应当由本机关依法处理的事务时,就应当依职权启动行政程序,在程序法上,行政程序的启动标志为立案,一般而言,立案主要限于负担性行政行为。《行政处罚法》第54条第2款规定:符合立案标准的,行政机关应当及时立案。各部委针对特定的行政处罚颁布的法律文件中一般均对立案有所规定(见表3)。

表3 相关法律对于立案的规定

法律文件	具体规定
市场监督管理行政处罚程序暂行规定	第17条 市场监督管理部门对依据监督检查职权或者通过投诉、举报、其他部门移送、上级交办等途径发现的违法行为线索,应当自发现线索或者收到材料之日起15个工作日内予以核查,由市场监督管理部门负责人决定是否立案;特殊情况下,经市场监督管理部门负责人批准,可以延长15个工作日。法律、法规、规章另有规定的除外。 检测、检验、检疫、鉴定等所需时间,不计入前款规定期限。 立案应当填写立案审批表,由办案机构负责人指定两名以上办案人员负责调查处理。
公安机关办理行政案件程序规定	第60条 县级公安机关及其公安派出所、依法具有独立执法主体资格的公安机关业务部门以及出入境边防检查站对报案、控告、举报、群众扭送或者违法嫌疑人投案,以及其他国家机关移送的案件,应当及时受理并按照规定进行网上接报案登记。对重复报案、案件正在办理或者已经办结的,应当向报案人、控告人、举报人、扭送人、投案人作出解释,不再登记。
价格行政处罚程序规定	第21条 除按照本规定可以当场作出的行政处罚外,价格主管部门对经初步调查或者检查发现的涉嫌价格违法行为,属于本机关管辖的,应当立案。

续表

法律文件	具体规定
卫生行政处罚程序规定	第14条　卫生行政机关对下列案件应当及时受理并做好记录： ①在卫生监督管理中发现的； ②卫生机构监测报告的； ③社会举报的； ④上级卫生行政机关交办、下级卫生行政机关报请的或者有关部门移送的。 第15条　卫生行政机关受理的案件符合下列条件的，应当在七日内立案： ①有明确的违法行为人或者危害后果； ②有来源可靠的事实依据； ③属于卫生行政处罚的范围； ④属于本机关管辖。 卫生行政机关对决定立案的应当制作报告，由直接领导批准，并确定立案日期和两名以上卫生执法人员为承办人。

从以上规定，可以看出：

（1）对于依职权启动程序的案件来源，各个执法领域类似，主要包括行政机关监督检查、投诉与举报、上级交办、部门移送等。

（2）投诉、举报是重要的案件来源，但从以上规定来看，总体上缺乏对于投诉举报的答复和处理机制。[1]实践中举报人和行政机关在是否启动执法程序上存在认识差异，往往会产生不必要的纷争。

（3）行政检查是重要的启动执法程序的案件来源。目前，行政检查是行政机关主动获得监管信息的最主要方式，因此，行政机关更倾向于使用行政检查获取执法信息。但由于缺乏对于行政检查的法律规制，实践中，一方面是行政机关日常监督检查的懈怠，另一方面是过度的行政检查，出于利益驱动，针对企业的行政检查尤其频繁。因此，如何规范行政检查的启动程序，促使行政机关积极履职，也是统一行政执法程序立法应予以关注的一个问题。

（4）从以上规定可以看出，立案是行政程序启动的标志，并且部分规章还对立案的条件作出明确规定。

（二）依职权启动程序的两种情形

在依职权执法案件中，程序启动的标志是立案。立案的意义在于表明行

---

〔1〕　市场监督管理行政处罚领域，针对投诉举报制定有《市场监督管理投诉举报处理暂行办法》（2019）。

政程序已经开始，行政机关必须采取行动的义务，对本案拥有依法处理的权力，保障了执法行为的合法性与规范性。对于行政执法立案程序的规范，有助于行政资源的有效配置，也有助于规范立案阶段执法机关裁量权的滥用。

在什么情形下，行政机关可以立案而启动程序机制，有两种情形：

1. 依法律规定之义务开始行政程序。这种情形属于裁量启动的例外。也就是法律明确规定行政机关应为一定行政行为者，行政机关应当依职权主动作出行为。此时，行政机关即有开始行政程序的义务，没有裁量的余地，因为法律规定得非常明确，必须采取行动的义务。例如征收税务或取缔违建。因此，在具备法律规定的明确条件时，行政机关必须启动行政执法程序。

2. 依裁量开始行政程序。关于行政程序的启动，依裁量开始行政程序是一般原则。大多数案件中，是否开始程序属于行政机关的裁量，行政机关应当遵循适当原则，服从于与其义务相符的裁量，当初步的证据材料可以证实需要依法处理的事务确实存在时，行政机关应当从以下几方面进行审查：①有无相关法律、法规和规章规定的构成要件事实；立案条件的事实只是启动行政程序的一个客观因素，只要主要的事实清楚，就能够满足立案条件。②是否仍在法定处理期限之内。③本机关是否具有管辖权。[1] 符合条件，行政机关应当启动程序。

原则上，是否立案属于行政机关裁量范围，行政机关得依合义务性之裁量，自行决定。为使行政机关在进行行政程序以实现其所欲追求之行政目的时能有较大的活动空间，以保障行政的机动性与效能性，立法者往往会在行政程序法中赋予其以裁量之方式，决定各种程序行为。1976年《德国联邦行政程序法》第22条规定，除了应申请行政行为外，行政机关依合目的性裁量，是否以及何时开展行政程序。1992年《西班牙公共行政机关法律制度及共同的行政程序法》第69条第2款规定："开始的协议作出之前，职能部门可以设立先期信息表，以便了解具体案件的背景以及开始程序是否合适。"

---

〔1〕《烟草专卖行政处罚程序规定》第16条规定：有下列情形之一的，烟草专卖行政主管部门应当立案查处：①经初步审查，掌握了一定的违法事实，应当给予行政处罚的；②根据举报人提供的当事人违法事实和证据，需要立案查处的；③掌握了当事人违法活动线索，且有违法嫌疑需要继续进行调查的；④上级烟草专卖行政主管部门指定管辖的案件；⑤依法应当立案查处的其他情形。《卫生行政处罚程序规定》第15条第1款规定立案应符合以下条件：①有明确的违法行为人或者危害后果；②有来源可靠的事实依据；③属于卫生行政处罚的范围；④属于本机关管辖。

这里的"协议"，是指行政部门的内部协调纪要。这种规定表明，开始程序是否合适是行政机关的裁量范围。为什么是否立案，属于裁量范围？

因为，"每一项很小的越轨行为，每一项违反不论哪种秩序规定的行为——此种规定多不胜数而且必须如此——都要求行政机关做出反应，这样一来，法治国家将会变成极权式的监控国家，若遵从这种基本观念，得出的结论只能是，给予行政自己决定以及何时行动的裁量权，但行政机关的裁量是受义务约束的，决不允许理解为可以任意行事的授权。应遵循适当原则，特别在警察法和秩序法中应予遵守：防止对公共安全的危害，处罚违反秩序行为服从于行政机关的与其义务相符的裁量。但同样应当注意，在情况严重时，决定的自由只能如此收缩，即在法律上只能有一个解决办法——那就是采取行动——看起来是无可指责的"。[1]

因此，行政程序应否开始，原则上属于行政机关的裁量权，遵循的是职权主义原则。但是，这种裁量是有例外规定的，如依照行政程序法或者其他法律的规定，行政机关有开始程序的义务，而无裁量余地，则行政机关必须依照法律的明确规定，启动程序。也就是此部分所列的第一种情形，依法律规定之义务开始行政程序。

当然，有立必有撤。已经立案，又发现不符合立案条件的，应当予以撤销。如《烟草专卖行政处罚程序规定》第18条就对于立案的撤销作出具体规定，[2]行政执法程序立法应当作出原则性规定，已经立案的，发现不符合立案条件，应当予以撤销。单行法律应当对于立案之后，发现不符合法律、法规、规章规定的立案条件的，需要予以撤销的具体情形作出规定。

五、规定对于投诉、举报的处理机制

（一）投诉、举报是执法的案件来源

信息是启动行政执法程序的钥匙。如果执法机构能够充分利用社会资源，

---

〔1〕　［德］埃贝哈德·施密特－阿斯曼等：《德国行政法读本》，于安等译，高等教育出版社2006年版，第396～397页。

〔2〕　《烟草专卖行政处罚程序规定》第18条规定：有下列情形之一的，烟草专卖行政主管部门应当不予立案；已经立案的，应当予以撤销：①违法行为超过法律规定的行政处罚时限的；②不属于本机关管辖的；③违法事实不成立，或者违法行为显著轻微且已改正的；④法律、行政法规规定不予立案的其他情形。

依靠群众的力量发现违法行为线索，可以充分弥补行政机关信息来源不足的缺陷。在行政指导、行政契约等行政行为中，行政主体与相对方的博弈指向往往具有一致性，即双方通过沟通、协商、合意来推动行政关系的形成，但是行政处罚中行政主体与相对方的博弈指向正好相反，行政主体获取了必要的违法信息才能启动行政处罚。行政处罚过程能否展开，取决于行政主体的信息占有量。在开启特定行政过程的问题上，如果将相对方视作精心收起"钥匙"的人，那行政主体就是在焦虑地寻找"钥匙"的人。

执法能力的提升，体现在执法部门对于社会资源的动员能力上。如果单纯依靠行政机关去发现违法行为，既不现实也不可能。因此，投诉举报对于违法事实的发现起着非常巨大的作用。随着商事登记改革、"双随机，一公开"监管方式的全面推行，投诉举报已经成为监管部门发现违法线索的重要手段。"2018年全国市场监督管理部门共受理投诉举报咨询1124.96万件，为消费者挽回经济损失31.17亿元，化解了大量社会矛盾，查处了大量违法行为。"[1]由此可以看出，举报、投诉成为打击食品药品违法犯罪的主渠道。

所以对于依职权启动行政程序，需要设立倒逼机制，在行政执法程序立法中确立公民、企业举报、投诉的外部机制，可以利用权利人能够及时、准确掌握信息这一特点，提高执法效率，倒逼行政机关依职权主动启动程序，从而积极作为，积极履职。这样，有利于私人督促公共部门履行社会管理职责，提高执法效率，弥补行政机关信息搜寻能力的不足，充分实现多元力量的协同共治。

（二）投诉、举报处理机制的问题分析

行政执法程序启动中，引入公民或企业的举报、投诉，重点是应当对举报、投诉的处理机制作出规定。总体来说，目前在行政执法领域举报、投诉存在以下问题：

1. 投诉、举报缺乏有效的运行机制，作用受到制约。我国各地建立行政投诉中心，查处行政不作为、乱作为等，是监督行政机关及其公务员的重要载体。但由于缺乏有效的组织形式和运行机制，多处于自发、分散的状态，难以发挥其功能。实践中，有的执法机关将公民、企业的投诉、举报按照信

---

〔1〕 "市场监管总局网监司负责人就《市场监督管理投诉举报处理暂行办法》答记者问"，载国家市场监督管理总局官网 http://gkml.samr.gov.cn/nsjg/xwxcs/201912/t20191210_309130.html，最后访问时间：2021年2月1日。

访事项处理。信访部门的投诉、举报又有很多属于要求政府履职的事项，这些事项应当与信访分离，导入行政程序办理。

2. 分散的投诉、举报渠道造成行政推诿，增加行政成本。广大群众并不具备专业的行政执法知识，无法判断案件管辖地、部门内部分工，分散的举报投诉渠道使得群众无法辨别应当将手中的违法线索投进哪个入口，因而会出现重复投诉、跨部门投诉、跨区域投诉等情况，这些现象增加了行政部门内部衔接、转递的成本，也会导致推诿、信息传递不完全、不及时移送、截留违法证据的情况，进而影响案件的查办效率。由于缺乏有效的、整合的运行机制，投诉举报人误认为监管部门互相推诿，这同时也影响了监管部门的公信力。[1]

3. 缺乏完整的回应公众需求的反应机制和处理机制。目前投诉举报数量之大，对传统主动"以我为主"的监管模式造成冲击，但执法人员还未形成社会共治的执法理念，又不得不围绕投诉、举报进行履职，加之相应处理机制的缺乏，对于举报、投诉存在抵触情绪，能拖就拖，造成程序适用错误、履职不全面，缺乏对于举报人的反馈机制，以至于举报投诉人不满意，向上级或投诉、或申请复议，造成恶性循环。

（三）投诉、举报处理机制之完善

针对以上情况，如何正确处理群众的投诉举报，是行政机关面临的现实问题。立法应当对此进行必要的规范。

第一，明确投诉、举报的概念。投诉、举报是各种行政法律文件及规范性文件的惯用语，但一直以来，法律层面并未有具体概念的直接界定和区分。2018 年《最高人民法院关于适用〈中华人民共和国行政诉讼法〉的解释》（以下简称《行诉解释》）第 12 条第 5 项规定，为维护自身合法权益向行政

---

〔1〕 2018 年 3 月国务院新一轮机构改革组建了国家市场监督管理总局，整合原属国家工商总局、质量监督、食品药品监管、价格监督检查、反垄断执法等职责，实行统一市场监管。原相关部门分别开设了 12315、12365、12331、12358、12330 等投诉举报热线，并制定了不同的处理制度。这些投诉举报制度的调整范围、受理渠道、流转程序、处理方式、数据标准都不同，给基层适用带来困难，也妨碍监管执法的统一，权威、高效。2018 年 11 月，中央下发《关于深化市场监管综合执法体制改革的指导意见》，要求将原工商、质监、食药监、物价、知识产权等投诉举报平台整合到全国 12315 平台。2019 年 11 月，市场监督管理总局颁布《市场监督管理投诉举报处理暂行办法》，统一了市场监管部门处理公众投诉举报的程序。

机关投诉，具有处理投诉职责的行政机关作出或者未作出处理的，属于《行政诉讼法》第 25 条第 1 款规定的"与行政行为有利害关系。"《行诉解释》增加了"为维护自身合法权益"的修饰语，目的在于区分投诉和举报两种不同的行为。2020 年 1 月 1 日正式实施的《市场监督管理投诉举报处理暂行办法》第 3 条对于投诉、举报做出了具体界定，明确对这两类诉求适用不同程序，投诉对应行政调解程序，举报对应行政执法程序。[1]

第二，明确投诉、举报案件的受理机制和调查机制。关于受理机制，应当在准确界定投诉、举报概念的基础上，分别规定受理范围及受理条件。受理制度自然会涉及举报投诉案件的管辖权问题，明确具体的管辖机制可使举报、投诉人产生明晰的目标，也可减少部门的相互推诿和重复执法，更好地提高执法效率。具体的管辖规则可交由法律、法规、规章进行具体规定。《市场监督管理投诉举报处理暂行办法》对投诉举报管辖权作出了统一规定，明确了举报投诉案件的级别管辖和地域管辖规则。对于市场监管部门来说，有助于明确自身职责，减少部门推诿，提升服务公众的效能。对于举报投诉人来讲，有助于其方便快捷寻求救济。根据投诉和举报，行政机关决定立案的，进入调查程序，此时转为适用执法程序规定，在行政调查中，举报投诉人有配合调查的法律义务。

第三，立法应当明确行政机关对于投诉、举报的处理机制。行政机关收到投诉、举报，应当予以登记。行政机关对于投诉、举报的内容予以核实，并根据不同情形分别处理：①投诉、举报内容属于依申请事项的，告知投诉、举报人依法提出申请；②投诉、举报内容经查实，不符合立案条件的，行政机关应当决定不予立案，并告知投诉、举报人；③投诉、举报内容经查实有初步事实依据的，应当予以立案，并于立案之后及时告知有利害关系的投诉、举报人；④行政机关决定立案的，可以要求投诉、举报人提交相关证据，配合调查，投诉、举报人有配合的义务；⑤保障投诉、举报人对于执法决定的知情权。对于特定人的投诉、举报等，行政机关应当及时告知其立案的情况，

---

[1]《市场监督管理投诉举报处理暂行办法》第 3 条规定，本办法所称的投诉，是指消费者为生活消费需要购买、使用商品或者接受服务，与经营者发生消费者权益争议，请求市场监督管理部门解决该争议的行为。本办法所称的举报，是指自然人、法人或者其他组织向市场监督管理部门反映经营者涉嫌违反市场监督管理法律、法规、规章线索的行为。

如不予立案的，应当说明理由，立案告知是对相对人投诉、举报等请求的回应。[1]对于决定立案的执法事务，投诉、举报人有权查询行政机关对于案件的处理结果，行政机关应当如实告知，不得拒绝。

实践中举报人和行政机关在是否启动执法程序上存在认识差异，如赵某军诉市药监局中原分局不履行法定职责案[2]、王某不服南通市海门工商行政管理局工商行政受理一案[3]。需要明确的是行政相对人的"投诉""举报"等都是初步证据材料的来源，是否予以立案有待行政机关初步证明依法处理的事务确实存在。在"王某不服南通市海门工商行政管理局工商行政受理一案的行政判决书"中，针对原告对于举报不予立案，要求行政机关履行立案职责的请求，法院的判决书对于行政机关是否应当立案作出了有说服力的判决，在此对于法院的判决书作一全文展示。

"关于被告海门工商局对原告王某的举报不予立案是否合法适当，是否应当继续履行立案职责的问题。行政处罚的立案程序是行政机关对某一违法行为进行调查并作出决定的启动程序。虽然《行政处罚法》（2017）未对立案条件作专门规定，但该法第36条规定，除可以当场作出的行政处罚外，行政机关发现公民、法人或者其他组织有依法应当给予行政处罚的行为的，必须全面、客观、公正地调查，收集有关证据；必要时，依照法律、法规的规定，可以进行检查。从该法律条文可以看出，行政机关启动调查程序的前提条件应当是发现公民、法人或者其他组织有依法应当给予行政处罚的行为。国家工商行政管理总局制定《工商行政管理机关行政处罚程序规定》对行政处罚的一般程序从立案、调查取证、核审、决定等方面进行了细化规定，其中第17条规定，工商行政管理机关应当自收到投诉、申诉、举报、其他机关移送、上级机关交办的材料之日起7个工作日内予以核查，并决定是否立案；特殊情况下，可以延长至15个工作日内决定是否立案。《中华人民共和国产品质量法》（以下简称《产品质量法》）第10条赋予任何单位和个人对违反该法规定的行为，向产品质量监督部门或者其他有关部门检举的权利。《工

---

〔1〕　本部分参考中国政法大学王万华教授所主持的国务院法制办协调司委托课题"规范行政执法程序立法研究"课题报告。

〔2〕　河南省郑州市中原区人民法院行政判决书（2013）中行初字第187号。

〔3〕　江苏省南通市港闸区人民法院行政判决书（2013）港初字第0031号。

商行政管理机关行政处罚程序规定》第17条针对工商行政管理机关收到举报信后的立案核查期限所作的规定，一方面对于规范工商行政管理机关行政执法行为，及时履行监督管理职责，提高行政执法的办案效率，保障举报人合法权益具有积极意义，另一方面，该规定赋予工商行政管理机关核查的职权，也意味着工商行政管理机关对于立案调查程序应当审慎而为，不得滥用立案程序，浪费行政资源，损害行政相对人的合法权益。结合《行政处罚法》（2017）第36条规定的启动调查的前提，核查所针对的也应当是公民、法人或者其他组织是否存在依法应当给予行政处罚的违法行为的嫌疑。只有经初步调查确认存在违法嫌疑的，才应当予以立案调查。

"本案中被告海门工商局在收到原告王某的举报后，及时填写了《案件来源登记表》，随即开始了询问相关人员、进行现场检查等核查工作，充分反映了被告海门工商局具有重视举报人提供的违法行为的线索、积极履行监督管理职责的执法态度和执法行为，但被告海门工商局经过核查，最终作出不予立案查处的决定。该具体行政行为是否合法适当，本院作如下评判：原告王某享有法律赋予的举报权利，客观上积极举报销售不合格产品的行为对净化市场秩序、提高产品质量、保护消费者合法权益也具有积极的意义。但举报并不意味着违法事实必然存在，也不必然导致行政机关接到举报后必须立案。对于不符合立案条件的举报予以立案，是对行政执法资源的极大浪费，甚至会影响到工商行政机关对产品质量进行监督检查的正常工作秩序，削弱真正有效打击市场违法行为的力量和执法效果。需要指出的是，本院支持被告海门工商局在本案中不予立案的决定绝非鼓励行政机关怠于履行职责。若原告王某有进一步证据举报违法行为存在或者被告海门工商局依职权发现第三人俏恋家纺或其他市场主体有违法行为，符合立案查处条件的，被告海门工商局责无旁贷负有履行其法定职责的义务。

"综上所述，本院认为，被告海门工商局对原告王某的举报作出不予立案决定认定事实清楚、证据确实充分、执法程序合法、适用法律正确，本院予以支持。"[1]

第四，在具体运行机制上应整合分散的举报、投诉渠道。在信息时代，

---

〔1〕　江苏省南通市港闸区人民法院政判决书（2013）港行初字第0031号。

应适应信息时代的需求，借助信息技术和信息平台，建立以公民需求为中心的一体化处理机制，整合部门的投诉举报热线，设立统一的投诉举报中心，统一履行投诉举报受理、交办、督办、评价考核、反馈等职能，快速完成信息的传递、处理和反馈。目前可行的是在各执法领域实现投诉、举报的信息化，借助信息平台，实现横向联通，纵向联动，改革执法流程，建立一体化的处理程序，便于数据的采集和整合，并在此基础上进行大数据分析，有利于行政执法的精准化。[1]

六、依申请启动行政执法程序是例外

（一）申请的程序法意义

申请是相对人请求行政机关作为或不作为的一种请求权，一般涉及的是相对人的私权。在程序上，申请能启动一项行政程序。《西班牙公共行政机关法律制度及共同的行政程序法》（1992）第 68 条规定："程序可依职权或应利害关系人请求而开始。"《葡萄牙行政程序法》（1996）第 54 条、《荷兰国基本行政法典》（1994）第一章第 3 条第 3 项、《奥地利普通行政程序法》第 13 条第 1 项规定，都作了同样或类似的规定。《欧盟行政程序模范规则》"决定启动"一章明确，一项程序可由申请启动。申请具有程序法上的意义，相对人是否提交申请，往往具有特殊的功能意义，申请一到达行政机关，行政机关则负有开始程序的义务。程序开始意味着相关程序规范机制的启动，对于行政机关以及行政程序当事人皆有重要影响。一方面行政机关自此须受到相关程序规范的约束，另一方面当事人则必须有效参与并善用相关程序机制，否则，将有损于其自身权益。[2]

---

〔1〕　河北省食品药品投诉举报中心于 2015 年，作为全国 5 个试点省市之一首批实现了与国家食品药品监督管理总局中心数据的互联互通，形成了全省横向联通、纵向联动、集散一体、高效运行的食品药品投诉举报工作体系。截至目前，全省各级食品药品监管部门已建立 190 个投诉举报中心，电话、信访、网络等渠道全覆盖，高度集中的投举体系畅通有序。完成了省、市、县投诉举报系统和国家食品药品监督管理总局的专网对接。参见石巍："河北食品药品投诉举报工作显成效"，载《中国食品安全报》2016 年 8 月 13 日，第 1 版。

〔2〕　叶俊荣：《面对行政程序法——转型台湾的程序建制》，元照出版有限公司 2002 年版，第 136 页。

（二）信息提供义务：依申请启动执法程序的保障机制

依申请行为的类别很多，共性的问题是，如何在这种依申请而启动的行政行为中，健全相关的程序保障机制。特别重要的问题在于行政机关应当承担什么样的信息提供义务，这是确保公民有能力启动程序的重要推动因素。

申请信息的公布并为申请人所知晓的程度，有赖于行政机关的努力义务。为了避免相对人由于缺乏足够的信息而放弃申请，对于享有信息优势的行政机关应当事先将申请的实体和程序要件公开，以此提升申请事项的审查效率。"行政机关应当提供精确完备的信息，而不能是错误的信息、过时的信息。"[1]"以相对人易于理解的方式公开信息。"[2]

《德国联邦行政程序法》第 25 条专门规定行政机关有"在必要限度内"对当事人提供所涉及行政信息的义务。[3]《挪威公共行政法》（1967）第 11 条规定，行政机关有提供指导的义务，行政机关在其职权范围内，有义务提供指导。指导的目的在于使当事人及其他利害关系人能够以最佳方式保护其利益，但指导的程度必须与具体情形及行政机关作出指导的能力相适应。《欧盟行政程序模范规则》第 8 条（1）规定，相对人有以快速、清楚且可理解的方式获得与程序相关的所有问题的信息之程序权利。以上各国对于行政机关信息提供义务的规定，值得我国行政执法程序立法予以借鉴。

〔1〕 这一点在美国纽约 "Davis V. Perales" 一案中予以重申。See Davis V. Perales，542 N. Y. S. 2d 772，776（N. Y. App. Div. 1989）。参见江必新、邵长茂："共享权、给付行政程序与行政法的变革"，载《行政法学研究》2009 年第 4 期。

〔2〕 美国 "Roberson v. Giuliani" 一案中，Gladys Dobelle 女士两次向纽约市福利机构申请发放扶助金，但以"没有提供真实和完备的信息"为由被拒绝。因缺乏细节描述，法院认为是"令申请人不可理解的方式"。只有对不利行为进行详尽解释，并足够细节化，才能保证申请人有机会知道行政机构将采取何种行动以及相关理由，以便使申请人可以据此作出适当的回应。参见江必新、邵长茂："共享权、给付行政程序与行政法的变革"，载《行政法学研究》2009 年第 4 期。

〔3〕 该条规定，（市民）因为误解或者不了解情况而放弃发表意见或者提出申请，或者不正确地发表意见或者提出申请的，行政机关应当促使其发表意见、提出申请或者对其意见、申请予以补正。对于在行政程序中赋予当事人的权利或者要求其履行的义务，行政机关应当在必要的限度内向当事人提供相关信息。

第二节　常态行政检查机制：过程中的有效监管

一、行政检查的概念与作用

（一）行政检查的概念

行政检查是行政执法活动中运用频率最广泛的、最日常的方式，几乎存在于所有的行政程序活动中，理应属于行政法学的中心议题。事实上，我国行政法学对此的研究相当薄弱，这一点在行政检查的概念上便有所体现。在我国行政法学界一度与行政监督检查、行政监督、行政调查等概念混同适用，较为混乱。有学者将行政监督、行政监督检查、行政检查三者视为同一概念。[1]随着行政法学基础理论的发展，理论界对于行政法学基本范畴的扎实研究，目前对于行政监督已有较为固定的用法，至于行政监督检查和行政检查二者指称的具体内容其实并无二辙。目前有争议的是行政调查和行政检查两个概念，在实体法上两者之间经常会被混同使用，[2]在行政实践活动中，也并未被严格区分，在学理上行政检查与行政调查在我国行政法学界还未得到完全的区分和厘清，存在观点上的差异。有的学者认为，两者之间存在包含关系。[3]

---

〔1〕　认为行政监督，又称之为行政监督检查、行政检查，是指行政主体基于行政职权，依法对相对人是否遵循行政法规范和执行行政决定等情况所作出的事实行为。参见周佑勇：《行政法原论》，中国方正出版社 2000 年版，第 187 页。应松年教授也总结到："通行的行政法学教科书一般将行政调查视为行政检查、行政监督或行政监督检查行为的一种具体方式，而非将其作为一类独立的行政活动看待。"参见应松年：《当代中国行政法》，中国方正出版社 2005 年版，第 288 页。

〔2〕　如《行政处罚法》第 55 条规定："执法人员在调查或者进行检查时……并协助调查或者检查，不得拒绝或者阻挠。询问或者检查应当制作笔录。"此处调查与检查并列使用，暗含一个前提，即调查是针对已经发现的问题展开，检查则主要是为了发现问题。当然，调查问题时可以使用检查的方式，检查后发现问题也可以展开调查。另外还有一层含义，调查与检查之间具有包含关系，调查包含检查，如《行政处罚法》第 54 条第 1 款规定："除本法第 51 条规定的可以当场作出的行政处罚外，行政机关发现公民、法人或者其他组织有依法应当给予行政处罚的行为的，必须全面、客观、公正地调查，收集有关证据；必要时，依照法律、法规的规定，可以进行检查。"这里，检查是特殊情况下的一种调查手段。

〔3〕　比如有学者认为，行政调查包含行政检查，是行政检查的上位概念，行政检查是调查的一种方法或手段。参见杨建顺主编：《行政法总论》，中国人民大学出版社 2012 年版，第 212 页。也有学者认为对于法规遵守情况的检查属于行政调查的一种类型。参见章志远：《行政法学总论》，北京大学出版社 2014 年版，第 275 页。

美国、德国、日本非常注重对于行政调查行为的规范和研究，但它们一般把行政检查作为行政调查的属概念。[1]但也有学者认为两者属于功能不同的行为，是并列关系，应该予以区分。行政调查指的是行政机关判明某一情况，掌握某些材料，以利于正确做出决定，因此，行政调查是着重于收集证据。[2]而行政检查的目的主要在于发现问题，针对相对人的法规遵守情况进行评价，而行政调查显然不具备此种功能。[3]

笔者认为，不管是包含关系还是并列关系，由以上界定都可以看出，行政检查具有独特的功能，承担着对遵守行政规范性文件和履行行政法义务的情况进行了解和评价的功能。如把行政检查和行政调查区分，可以更好地发挥行政检查的独立功能。从行政行为过程性的角度看，行政检查独立于其他行政行为，如果将行政检查依托在行政调查之上，会导致难以发挥行政检查的功能。比如将行政检查依附于行政调查，往往导致行政主体在启动行政检查程序时就以处罚为导向，事实上不利于公正执法，也不利于更好地发挥行政检查对法遵守情况进行了解、评价的独立功能。

据此，笔者认为，行政检查是依法享有行政职权的行政主体，为实现行政管理职能，达成行政目的，对行政利害关系人履行法律文本规定的义务或履行行政活动方式确定的义务情况，所进行的强制检查、了解、评价的行政活动。

（二）行政检查的作用

1. 积极作用。行政执法的目的在于理想法秩序的实现，有赖于各种不同行政行为的配合，具体到行政检查，贯穿于整个行政执法过程中，通过各种检查方式了解行政相对人是否遵守行政法规范并进行判断，最终达到督促相对人遵守法律以及履行行政法上义务的作用，这种独特的功能是其他行政行为无可替代的，它能够保障行政法的有效实施。

---

〔1〕 如美国把政府信息的收集活动一般称为信息取得、行政调查、行政检查。我国台湾地区的学者则认为：行政检查和行政调查常是互为表里，不宜强行分割；行政调查可作为上位概念，而行政检查可作为行政调查的方法或手段，行政检查与询问当事人、要求当事人提供相关资料、鉴定等共称为行政调查。参见李震山：《行政法导论》，三民书局2005年版，第396页。

〔2〕 王连昌主编：《行政法学》，中国政法大学出版社1999年版，第312页。

〔3〕 有的学者认为，行政检查是指行政主体为了掌握行政相对方的动态、充分发挥行政管理职能，依据职权对于相对方是否遵守法律、法规以及规章等的情况进行了解的行政性行为。参见关保英主编：《行政法与行政诉讼法》，中国政法大学出版社2011年版，第327页。

行政检查的积极作用体现在以下两方面：

第一，有效监测行政法实施效果。法律如果得不到良好的实施，那就成为没有生命力的法律条文。行政检查广泛存在于各种执法领域，在秩序行政和服务行政中发挥着重要作用。通过行政检查方可及时发现法律实施中存在的问题，为行政主体下一步的行政活动的相关决策提供重要的信息和资料，同时也可以了解立法的不足。如缺少这一环节，会使行政法规范处于无人过问的放任状态，行政法规范也就不可能得到有效实施。行政检查既是检验法的实践活动，也是制定法律、修改法律的信息来源。通过行政检查，可以了解法律实施的效果，了解立法的不足，从而填补法律空白，改进法律的不足。[1]

第二，积极预防和及时处理违法行为。行政检查具有收集信息的功能，是发现违法行为的重要手段，是一种主动监管的手段。作为一种事中的行为，具有及时采取措施，预防危险，节约行政成本，提高行政效率的积极作用。通常来讲，行政检查是行政机关主动获得监管信息的重要途径。常态化行政检查机制会对"相对人产生持续的警戒作用，尽可能把自己的行为纳入合法的轨道"。[2]对于在行政检查中发现的问题，及时予以依法处理，可有效防止损害后果的进一步扩大。相对人在行政主体的督促下更好地遵守法律规范，约束自己的行为，才能形成良好的社会秩序，这种推动作用，是其他执法活动难以发挥和实现的。

从行政检查的功能来讲，理应属于行政法学的中心课题。相比起实践中的重要性，行政检查在学理上并未获得应有的重视。究其原因，一方面，如有的学者认为是"受到'静态行为类型论'的负面影响，而缺乏对于行政过程的关注和研究所致"；[3]另一方面，也是长期以来重实体、轻程序的观念所致。

2. 消极作用。行政检查也是一把双刃剑，在行政法实施过程中极易被滥

---

〔1〕　如国务院于 2008 年三鹿奶粉事件后，制定的《乳制品质量安全监督管理条例》，就是行政机关通过行政检查，全面了解和充分掌握乳制品安全现状的信息和资料后，结合我国实际情况作出的行政立法。

〔2〕　杨惠基：《行政执法概论》，上海大学出版社 1998 年版，第 164 页。

〔3〕　周佑勇："作为过程的行政调查——在一种新研究范式下的考察"，载《法商研究》2006年第 1 期。

用。作为对社会经济秩序维护之重要手段，会进入公民、企业的生活或经营空间，一旦超出必要的限度，就会形成不当干预或侵犯公民、企业的合法权益之严重后果。现实生活中，特别针对企业的检查，容易干扰企业正常的生产、经营活动。比如在消防检查中，检查权的行使直接面向各类场所，如果行使不当会直接侵犯到检查对象的营业自由，过度使用行政检查会严重影响社会经济的发展。目前，权力规制精神的缺乏是行政检查程序法制内在的一个缺陷。

二、常态行政检查机制的缺失与运动式执法的盛行

行政检查应该是一种常规性的执法机制，但在实践中运动式执法盛行，取代了这种常规性执法机制。作为一种特殊的执法方式，运动式执法本是常态执法的例外，"但在我国当下却被异化为一种常规执法形态，成为一种制度化的执法实践"。[1]运动式执法具有一定的规模效应，"迅速打破科层壁垒、集中分散的行政资源，在短期内取得显著的治理成果，能够向公众重塑执法公信力并加强自身的政治合法性"。[2]比如在土地执法领域，运动型执法几乎成为常态型机制，通过运动型机制来完成土地执法任务几乎从未中断。

但是，运动式执法并不是一种依靠法治的常态治理，监管部门愿意通过"运动式"的执法形成一种声势，但它使得法律系统变得形同虚设，损害法治应有的预期稳定、形式理性之外，直接冲击正常的法治秩序。运动式执法备受诟病的主要原因在于其治理绩效不佳，尽管可能在短期内会取得显著成果，但往往逃不脱"专项治理—问题复发—专项治理"这样的怪圈。[3]并且这种运动式执法难免会违背事物发展的科学规律而影响执法决策的正当性和

---

〔1〕　周雪光："运动型治理机制：中国国家治理的制度逻辑再思考"，载《开放时代》2012年第9期。

〔2〕　倪星、原超："地方政府的运动式治理是如何走向'常规化'的？——基于S市市监局'清无'专项行动的分析"，载《公共行政评论》2014年第2期。

〔3〕　高志宏："试论我国食品安全执法机制的变革"，载《南京大学学报（哲学·人文科学·社会科学版）》2013年第6期。

科学性，实践中这样的实例也时有发生。[1]

　　运动式执法不是一夜之间遽成气候，它是在行政科层僵化的情况下，由常规化的执法懈怠逐步催生、形塑出来的必然产物。经验上看，执法资源的充足性才能有效形成执法的常态化，这种解释很容易把运动式执法作为应对执法资源不足的无奈选择。但是需要反思的问题是，在同样的给定的执法资源约束下，运动式执法能够展现出"美妙"的治理效果，而日常监管却依然疲软无力。由此可见，执法资源短缺并不是运动式执法的必然原因，相反，执法懈怠却是促成运动式执法的重要因素，执法懈怠与运动式执法是相伴相生的共存状态，是公共安全风险监管的一体两面的真实写照。执法懈怠的常态化势必引发"运动补救"作为应急之道，成为不是制度的"制度"。比如在行政许可领域，违法问题累积到非解决不可的时候，集中力量打击，被许可人往往是"年检那天合格，其他 364 天都不合格"。据报道，浙江省温岭市短短几年间 3 次重大火灾，每次事故后政府都要采取大整治行动，但"运动"之后依然阻挡不了火灾再次发生，这显然是执法懈怠的结果。[2]

　　有效的执法需要动态的治理，以公共安全监管为例，当前在此领域出现的执法懈怠、执法不作为已经异化为常见的制度实践，呈现出弥漫化的趋势，如果不能实现安全监管的常态化，就无法遏制各类安全事故的频频爆发。由于日常监管缺乏制度规范，也使违法者产生了侥幸心理，影响了执法效果。行政检查作为一种常规性的监管行为，它是行政法有效实施的有力保障，它的功能无可替代，需要予以重点关注。

　　因此，常态化的行政检查机制是行政法实施的重要保障，这种机制也是

　　〔1〕　比如，在环境执法领域，"运动式执法"以实现特定的环境保护目标为目的，并不考虑实现该目标的经济和技术可行性，可能会引发经济危机和社会动荡。例如，2015 年初，山东省临沂市市长被环保部约谈后，临沂市在短时间内限期治理 412 家企业，停产治理 57 家企业，停业关闭整治 5 万企业，全面清理环境污染严重的中小企业。由于这种急转弯式铁腕治污的执法方式并没有充分考虑企业改正环境行为的时间跨度和经济技术可行性，因此引发了严重的债务危机，进而给当地带来更严峻的环境危机。参见何香柏："我国威慑型环境执法困境的破解——基于观念和机制的分析"，载《法商研究》2016 年第 4 期。

　　〔2〕　"浙江温岭一鞋厂火灾致 16 死"，载凤凰网 http：//news. ifeng. com/photo/hdsociety/detail_2014_01/14/33010412_0. shtml#p＝1，最后访问时间：2016 年 12 月 7 日。"浙江温岭大火有 17 人获救 8 人死遇难者名单公布"，载北方网新闻中心 http：//news. enorth. com. cn/system/2013/02/23/010665559. shtml，最后访问时间：2016 年 12 月 7 日。

针对现实中"运动式执法"等非理性、非常态的行政检查而提出。行政执法应当树立常态监管理念，避免为谋求政绩搞运动式执法而忽略日常执法的行为。

三、以效能为导向的常态行政检查方式创新

（一）定期行政检查机制

针对实践中的行政机关执法懈怠，疏于日常监管的现象，行政机关常态式的执法制度保障就很有必要。行政机关在一般情况下应履行例行检查、常规检查的职责，这种检查的重点在于预防违法。行政机关按照法律的规定对于相对方遵纪守法、履行义务、完成工作等情况进行检查，这是一种规律性的、有周期的行政检查，相对方对于这种检查能够预计，从而自觉养成遵纪守法的行为定势，使之步入良性循环。因此，对于行政机关来讲，应当建立定期行政检查机制，促使行政检查常态化。在这方面地方立法已经有可供借鉴的经验，[1]如《南昌市行政检查办法》《沈阳市行政检查规定》《浙江省行政程序办法》等文件对于常态执法机制进行有益的探索，通过行政检查年度计划的制定，促使执法检查工作的常态化。因为，行政检查具有日常工作的特点，提前计划能够避免检查工作的随意性，保障私权利，有效防止执法检查不作为，并对相对人形成持续的警戒作用从而自觉守法。

（二）"双随机、一公开"检查方式

当然，定期行政检查机制一旦形成惯例，则相对方往往有时间和机会掩盖其违法的事实真相，或者给检查工作设置障碍，影响行政检查的顺利进行。

---

〔1〕《南昌市行政检查办法》第5条规定：行政执法部门实施行政检查应当于法有据，程序正当，合理确定行政检查范围和行政检查周期，公平、公正对待被检查人。第8条规定：行政执法部门应当根据法律、法规、规章的规定和管理工作的需要，于每年十一月份拟定下一年度的行政检查工作计划报同级政府法制机构审批。行政检查工作计划应当包括行政检查范围、对象、事项、依据、时间等内容。《沈阳市行政检查规定》第6条规定：行政机关实施行政检查应当制定行政检查计划，检查计划应报同级人民政府监察机关和法制部门备案。行政机关实施行政检查确需有关机关批准的，应当及时报批，未经批准不得擅自组织实施行政检查。《浙江省行政程序办法》第77条规定：行政机关应当制定和公布年度行政检查工作计划，合理确定行政检查的事项、方式、对象、时间等。行政机关根据行政检查工作计划实施随机抽查的，应当制定和公布随机抽查事项清单，采取随机抽取检查对象、随机选派行政执法人员的工作机制。

企业与执法人员利益链条的存在容易导致"监管俘虏"，容易造成人情检查、选择性执法，损害企业公平竞争的市场环境。同时执法部门相对于企业，经常处于"信息劣势"的状态，受困于信息缺失而无法实现高效能的执法检查。监管信息系统建设的滞后也使得社会公众无法知悉企业信息，无法实现社会共治，依靠执法机关"单打独斗"的局面很难得到有效改观，执法资源的有限性与执法的普遍性之间的矛盾难以得到协调与解决。针对这种状况，2015年8月5日，国务院办公厅发布《国务院办公厅关于推广随机抽查规范事中事后监管的通知》，要求在政府管理方式和规范市场执法中，全面推行"双随机、一公开"的监管模式。[1]《优化营商环境条例》第54条规定行政检查属于重要的监管执法方式，并对"双随机、一公开"提出明确要求。[2]这种随机检查的监管模式，是监管方式的一种创新，能够有效阻隔执法人员与执法对象的"合谋"，以防止形成利益链条，降低"监管俘虏"的发生几率，有效纠正"监管失灵"，极大地提升执法效能。

基于此，行政执法程序立法中确立定期检查机制，也应当把"双随机、一公开"检查方式作为定期检查的一种方式予以规定。如《浙江省行政程序办法》第77条第2款规定：行政机关根据行政检查工作计划实施随机抽查的，应当制定和公布随机抽查事项清单，采取随机抽取检查对象、随机选派行政执法人员的工作机制。针对"双随机、一公开"这种极大提升执法效能的监管模式，行政执法程序立法可借鉴《浙江省行政程序办法》的规定，为随机检查留出适用余地。但是如何处理好行政任务实现与私人权利保障，这

---

〔1〕　2015年8月5日，国务院办公厅发布《国务院办公厅关于推广随机抽查规范事中事后监管的通知》，要求在政府管理方式和规范市场执法中，全面推行"双随机、一公开"的监管模式。"双随机、一公开"，就是指在监管过程中随机抽取检查对象，随机选派执法检查人员，抽查情况及查处结果及时向社会公开。"一公开"机制不仅强调将抽查情况及时向社会公布，推动社会监督，将抽查结果纳入市场主体的社会信用记录，加大惩处力度，还强调在相关部门联合执法过程中打破部门间的信息数据壁垒，形成统一的市场监管信息平台，这将大大加快我国监管信息系统建设，有助于克服市场监管的"信息瓶颈"。

〔2〕　《优化营商环境条例》第54条第2款规定：国家推行"双随机、一公开"监管，除直接涉及公共安全和人民群众生命健康等特殊行业、重点领域外，市场监管领域的行政检查应当通过随机抽取检查对象、随机选派执法检查人员、抽查事项及查处结果及时向社会公开的方式进行。针对同一检查对象的多个检查事项，应当尽可能合并或者纳入跨部门联合抽查范围。

将成为行政检查法制的重要课题。[1]在以往的执法实践中，为了发现、揭露、打击违法行为，行政机关会动用不打招呼的"突击检查""错时检查"，对于违法行为能够起到立竿见影的震慑效果，但在行政检查任务实现的过程中，"私权保障是横亘于两者之间不可逾越的考量因素"。[2]因此，如何对这种行政检查进行有效的规范，既能发挥行政检查的效能，又能保障私人权利，这是完善行政检查法治需要面对和解决的现实课题。

（三）信用监管

目前，信用监管成为一种新型的监管方式，构成事中事后监管机制的核心。

在市场监管中，根据企业主体的信用评价和合规动机差异化地分配执法资源。以被监管对象的日常监管、不良信息、信用评价等基础性信息为前提，有效辨识风险并采取差异化措施，对于违法违规、失信企业和高风险企业增强检查频次并倾斜执法资源，从而达到合理配置资源、有效提升监管效能的目标。"放管服"背景下，市场主体大量涌入，使得行政资源的有限性与行政任务的繁杂之间的矛盾加剧。以上海自贸区为例，其新增企业数以万计，现行监管力量远不能满足实际需要。信用监管机制作为调配执法资源的有效手段，能够有效缓解这种矛盾，而成为政府重要的监管工具。《优化营商环境条例》第53条规定，政府及其有关部门应当按照国家关于加快构建以信用为基础的新型监管机制的要求，创新和完善信用监管，强化信用监管的支撑保障，加强信用监管的组织实施，不断提升信用监管效能。尽管信用监管在实践中的运用比较多，但如何获取真实准确充分的信用信息并能够合理评价，这构成信用监管本土有效运转的核心问题。

（四）大数据监管

大数据监管是信息技术时代国家治理模式的变迁，通过大数据监管，可

---

[1]　"双随机、一公开"的监管模式改革改革以"列清单""适度查"等具体措施，防范监管部门对市场活动的过度干预，以实现行政任务的有效达成与私人权利保障的协调与平衡。具体而言杜绝权力滥用，监管部门需依法制定随机抽查事项清单，凡法律法规没有规定的，一律不得开展随机抽查。为避免执法扰民，监管部门需根据当地经济社会、行业企业实际情况，合理确定随机抽查比例和频次。为减少"多头执法"，基层政府需协调组织相关部门开展联合抽查，对同一市场主体的多个检查事项，原则上一次性完成。这些合理措施应当以法律的形式确立下来，以有效规范行政检查。

[2]　章志远：《行政法学总论》，北京大学出版社2014年版，第279～280页。

以实现监管从粗放到精细的转变，从传统到现代的转型。监管部门在检查中产生海量数据和信息，借助数据信息进行关联分析，可以掌握市场主体的经营规律与特征，从而实现立体全景的监管。正如学者所言，"现代信息技术工具的发展将行政监管执法活动从特定检查日的'一次性快照'，迅疾提升为工业流程化的电影全景。"〔1〕通过数据的分析也可以帮助政府作出科学决策，达到更优的执法效果。《优化营商条例》第56条规定：政府及其有关部门应当充分运用互联网、大数据等技术手段，依托国家统一建立的在线监管系统，加强监管信息归集共享和关联整合，推行以远程监管、移动监管、预警防控为特征的非现场监管，提升监管的精准化、智能化水平。这是立法对监管手段现代化提出的要求，常态行政检查机制面向大量的经常性的违法行为，需要向科技要生产力，才能实现行政检查的监管效能。

四、通过程序启动要件确立常态行政检查机制

行政检查和其他执法行为一样，也需要经过启动、实施检查、检查结论的作出等步骤。行政检查程序的第一个环节即程序的启动。从程序启动的角度来说，行政检查实践中存在的问题是，要么乱启动，过度介入私权利，干扰企业正常的生产经营活动；要么不启动，造成执法懈怠。尽管实体法上经常授予行政机关行政检查权，但何时启动，缺乏程序的规制，制度规范的供给严重不足。行政检查的启动程序不规范是造成执法懈怠的重要原因，由于缺乏明确的启动机制，无法形成对行政机关有效的约束，行政机关对于常规性的日常监管自然会产生懈怠心理，而当问题累积到一定程度，只好采取运动式执法的办法。行政检查程序启动程序不规范同时又是造成重复检查、随意检查、突击检查盛行的重要原因。行政检查程序的启动是基于一定的行政目的，这种目的必须是正当的，符合行政检查的法律精神，否则"会给公民宪法性权利蒙上阴影"。〔2〕因此，完善行政检查的程序启动机制，明确程序启动的形式要件与实体要件，既能解决执法监管懈怠的问题，也能较好地解

〔1〕　卢超："事中事后监管改革：理论、实践与反思"，载《中外法学》2020年第3期。

〔2〕　张咏："论行政检查启动的规范化路径——以警察行政检查为例证"，载《行政法学研究》2020年第2期。

决重复检查等问题，从源头上规范行政机关的行为，压缩行政机关的裁量空间，从而在一定程度上达到提升执法效能的效果。

（一）根据年度检查计划启动检查程序

针对安全生产、消防安全、食品药品安全等领域的行政检查，因为执法懈怠的问题比较普遍，因此，应当重点关注行政检查的常态化，以解决这些监管领域的执法懈怠问题。如前文所述，行政机关通过制定年度行政检查工作计划确立定期检查机制是一种可行的制度路径。定期检查属于一种日常监管，重点在于预防违法，执法人员裁量空间比较小，对于企业权利干预相对也较小。因此启动行政检查的实体要件可较为宽松。无需个别怀疑，可做整体判断，只要具备执法的合理需要即可。[1]

统一行政执法程序立法应当确立定期行政检查机制，具体可以借鉴地方的做法，规定行政机关应当制定年度执法检查计划，报政府法制工作部门备案。执法检查计划受到必要的审查，是为了规范行政检查程序的启动，并起到保护被检查者合法权益之目的的，这种做法是值得借鉴的。并不是任何情形都需要制定检查计划，涉及以下情形，无需制定检查计划：①对于流动的人、车辆进行的现场检查；②紧急情况下的检查；③法律、法规、规章规定的其他情形。

因此，经法制部门审核的年度执法检查计划，行政机关可以据此直接启动行政检查程序，但应向当事人送达行政检查通知书。同时，行政机关应当告知当事人行政检查的内容、方式、范围和处理，以确保检查工作的透明性和公正性。这种做法便于当事人对自己的生产或工作作出合理安排，降低行政检查带来的不必要损害，同时也有利于取得被检查人的合作与协助。行政机关应当按照执法检查计划安排检查，如因为特殊情况，需要变更检查计划，应当在政府法制工作部门备案后予以实施。

如依据执法检查工作计划，实施"双随机、一公开"执法检查，行政机关应当制定和公布随机抽查事项清单，采取随机抽取检查对象、随机选派行

---

[1] 张咏："论行政检查启动的规范化路径——以警察行政检查为例证"，载《行政法学研究》2020 年第 2 期。

政执法人员的工作机制。[1]"双随机、一公开"也属于日常监管的一种，和定期检查一起构成常态行政检查机制的重要内容。

（二）经"合理怀疑"启动检查程序

为了保证行政的机动性和灵活性，提升执法监管效能，行政机关可以根据合理怀疑进行检查，但应有必要的依据和理由。根据合理怀疑，行政机关可以在年度检查计划外增加检查的频率和次数，合理怀疑是针对个别的怀疑，应有必要的依据。对投诉举报较多、列入经营异常名录或者有严重违法记录等情况的，可以视情况增加行政检查次数，并制定详细的检查计划，说明检查的合理目的和理由，并经本部门负责人批准，方可启动检查程序。[2]数字时代，大数据为实现政府监管能力现代化提供了助力，大数据监管、信用监管成为事中事后监管的核心，也成了市场监管中重要的检查方式。进行大数据的采集、管理及分析应用，能够及时发现企业的违法违规线索，可对企业信用信息进行评价和风险分类，为是否启动行政检查程序提供决策依据，从而合理配置执法资源，实现有效监管。

（三）经投诉、举报启动检查程序

社会共治背景下，个人、组织应当成为行政机关获取执法信息的有效途径。与主动检查不同，投诉举报有助于构建社会激励机制，有效实现政府与社会的协同共治，实现从运动式执法到回应型执法的转变，从而提升执法效能。基于投诉、举报的行政检查属于非例行检查，一般与违法行为有关，是否启动程序，需要对投诉举报提供的线索予以初步核实。投诉举报事项只是提供争议存在或涉嫌违法的线索，经查实有初步事实依据，则可启动检查程序，此为启动程序的实质要件。为免遭不合理的检查，基于投诉、举报而启动行政检查程序，应当有部门负责人的批准，此为形式标准。情况紧急，需要立即进行检查的，应当在检查后及时补办手续。例如《浙江省行政程序办

---

〔1〕　参见《浙江省行政程序办法》第五章"特别行政执法程序"第77条第2款规定，行政机关根据行政检查工作计划实施随机抽查的，应当制定和公布随机抽查事项清单，采取随机抽取检查对象、随机选派行政执法人员的工作机制。

〔2〕　参见《浙江省行政程序办法》第五章"特别行政执法程序"第76条规定：行政机关应当依照法定职权，对公民、法人和其他组织遵守法律、法规和规章情况实施行政检查。对投诉举报较多、列入经营异常名录或者有严重违法记录等情况的，可以视情增加行政检查次数。

法》第78条规定，行政机关根据投诉举报实施行政检查的，应当经本行政机关负责人批准。情况紧急，需要立即进行检查的，行政执法人员应当在检查后的2日内向本行政机关负责人报告并补办手续。

总而言之，行政检查作为重要的事中监管的方式，对于实现风险治理、塑造公法秩序、维护公共利益等具有非常重要的、无法替代的作用。[1]在法治视角下，以实现监管目标为导向，对行政检查实现全方位的规制，已经成为当前迄待解决的理论与实践难题。

第三节　行政执法程序类型化：行政效能
与权利保障的协调机制

一、行政执法程序类型化的现实背景

（一）执法资源的有限性与行政事务的繁杂

行政执法要追求效率，也即以最小的成本使法律文本表达的国家意志得到最大程度的实现。影响执法效能的因素是多方面的，执法资源的配备是主要因素之一。因为，任何法律或公共政策的执行，都需要有足够的资源作为支持或保证，缺乏相应资源的支持，行政执法就如同纸上谈兵，无法实施和最终实现。

社会资源供给的总量在一定时期内总是有限的，资源稀缺是人类社会难以回避的话题。[2]面对有限的执法资源，如何有效配置，属于一种行政技术，经济思考也会严重影响到行政执法者的行动逻辑。行政机关必须考虑如何分配稀缺的执法资源，提供更多更好的公共产品。公民的权利依赖于政府，但无疑，权利的实现也都有公共成本。因此，如何合理配置执法资源，这是优化行政执法应当研究的重要课题。

与资源的有限性相对应的是越来越繁杂的执法任务，两者之间形成一种

---

〔1〕　曹鎏："'放管服'改革背景下行政检查监管目标实现研究"，载《中共中央党校学报》2020年第3期。

〔2〕　［美］加里·S.贝克尔：《人类行为的经济分析》，王业宇、陈琪译，上海人民出版社2008年版，第6页。

矛盾。互联网时代的执法任务有增无减，如在食品安全执法领域，网络订餐第三方平台的违法行为日益增多，"2015 年，上海食药监局重点开展网络订餐第三方平台专项检查，共清理网上无证无照餐饮 1.5 万余户。2015 年，上海食品安全共执法检查 50.3 万户次，同比上升 63.3%"。[1]这样的数据在一定程度上能够体现出执法任务的繁重，但公共执法资源的稀缺严重掣肘了监管绩效。从人员配备、技术装备到财政经费，各地食品安全监管普遍反映出执法资源严重不足的问题。执法资源的有限性，决定了它投入的各种执法事务之间彼此具有竞争性特点。[2]例如治安领域，面对有限的执法资源，警察对于成本的合理分配方式，那可能就是"抓大放小"，如此方可达到执法的最优效果。在城管综合执法领域，2015 年《中共中央　国务院关于深入推进城市执法体制改革、改进城市管理工作的指导意见》（以下简称《指导意见》）提出推进综合执法，并界定了城市管理的主要职责和综合执法的具体范围。与当时很多城市的城市管理执法范围相比，《指导意见》界定的范围更大，外延更广，涉及住房城乡建设、环保管理、工商管理、交通管理、水务管理和食药监等领域。面对庞杂的城市管理难题，基层面临执法人员严重不足、经费难以保障的现实问题。执法任务量大、复杂、精细与执法人员少的矛盾比较突出，这样客观上造成执法工作顾此失彼，执法任务难以实现全覆盖。

而在基层派出所，民警普遍面临的问题是警力资源有限而违法犯罪数量不断增长的矛盾。除了要做好本职工作，还要完成上级交代的任务，甚至要承担由于其他机关履职缺失而转嫁的任务，执法任务量在迅猛增长，而经费与人员永远是困扰与掣肘。社会资源总量是有限的，而执法资源在一定时期内是固定不变的，面对繁杂的执法任务，警察执法时，必然要对有限的资源进行合理分配，通过执法成本与收益的考量统筹安排执法资源成为警察执法的新常态，这种情况下，选择性执法成为不可避免的现象。

---

〔1〕　"食品安全执法量翻倍上涨"，载 http://money.163.com/16/0126/10/BE8I6FNL00253B0H.html，最后访问时间：2017 年 1 月 15 日。

〔2〕　吴元元："信息基础、声誉机制与执法优化：食品安全治理的新视野"，载《中国社会科学》2012 年第 6 期。

（二）执法方式的多元化与现行执法程序的单一

传统行政法强调政府是一种必要的"恶"，这种"恶"是内在的，具有侵蚀性和扩张性，行政法主要就是控制政府权力，防止政府作"恶"。但现代国家，在公共服务已经成为现代社会政府职责主要内容的背景下，行政执法的范围已经超越了处罚、强制、命令等管制行为，而呈现出给付、服务等形成性行为。行政执法方式转向刚柔并济，体现参与、互动、协商、可选择性，如行政协议、行政指导、行政奖励等。而控权模式下的行政程序主要对应行政处罚、行政强制等秩序行政行为，要求行政程序司法化，这种一元化的程序设计显然无法适应多元化的执法方式，也不能适应现代行政多元化的功能需求。行政执法中，正式行政行为的严格性有时会带来大家不想要的效果，行政活动也从来不是只在正式行政行为的轨道上运行，执法实践中存在很多非正式行政行为的运用，如劝导、建议、和解等，需要对应的非正式程序加以规制。

程序的一元化和程序规则的不完善，不仅会制约程序功能的发挥，也不符合执法事务庞杂而行政资源有限这一矛盾的客观现实需要。在行政行为的决定程序中，《行政处罚法》（1996）第一次以正式法律文本形式对简易程序作出规定，简易程序由此成为一个正式的法律概念。但是目前简易程序仅仅在个别行为领域使用。行政许可法虽然规定了详细的实施程序，但是并未对简易程序作出规定。这说明我国学者对于简易程序的适用采取了非常谨慎的态度，《行政处罚法》对简易程序的严格限制就是例证。固然，通过严格的程序来制约行政权力的行使，能够防止政府行为之"恶"。但除此之外，防止程序拖沓加重公民时间与经济成本，也是程序改革之重心。行政执法程序改革应当对程序进行类型化设计，实行繁简分流。"过于僵化的程序，倘若不适应当前的任务，就有可能在实践当中被忽视，被非正式的安排与协议取而代之。"[1]

二、行政执法程序类型化之于行政效能的意义

效能是法律必须考虑的价值之一，执法程序类型化有助于提高行政效能。

---

〔1〕 毕洪海："普通法国家的行政程序正义进路"，载《政治与法律》2015 年第 6 期。

（一）程序类型化能够合理分配有限的执法资源

无论是传统的自然资源还是人文资源都涉及优化配置以实现效率的问题，这源于资源的稀缺性。有限的资源得到充分的利用，充分发挥其最大功能，就能提升行政效率。立法者的理想总是假设资源无限，道德无限，"看起来很美"的程序在具体运行中，总会遭遇现实的考验。一方面，执法的任务和数量繁重又庞杂，执法的资源又是有限的，恪守完整的严格的程序，执法者总是会面临力不从心的窘境。经济思考会影响执法者的行动逻辑，执法机关也会如同"经济人"那样精心计算成本与收益，在这种情况下，如果在制度上不能给执法者提供一种富有效率的执法方式，那么执法者选择不作为也许就是制度倒逼的结果。因此行政执法程序的效能目标，必然意味着程序的类型与方式应力求多样化。

传统行政程序也关注效率，但总是从期限、时效等角度单一的考虑问题，其实，行政效率还表现为程序形式的多样和灵活，"过于僵化的法律程序会导致运行无效率"。[1]目前我国行政程序法制的构建已跟不上实体法以及实践的发展，面对新问题，分散的程序法既落后又凌乱。由于各类执法事务在性质、类型上存在诸多差别，应清楚地认识到不仅在行政执法程序理论上，应当根据执法事务的类型和性质分别设置程序，在行政执法程序立法上也应根据执法事务的不同，单独设置具有针对性的类型化行政执法程序。程序类型化就是要为不同种类的执法事务设置不同的程序，按照一定的标准对执法事务进行程序分流，"大件大办、小件小办"就体现了一种类型化的理念，较为重大的案件，以一般程序处理，简单案件适用简易程序处理，程序上的分流可使执法资源得到大体合理的配置，实现执法成本的优化配置。

（二）程序类型化有助于提升程序的正当性

行政执法是一项耗费资源和成本的活动，从法律经济学的角度，只有当行政活动的成本小于通过行政获得的利益，该行政活动才是有效益的，才可以得到正当化，程序效益是程序正当性的重要价值追求。

在英美国家存在"可变通的正当程序"。[2]"可变通的正当程序"意味

---

〔1〕　焦海涛："经济法程序的非正式性及其效率价值"，载《云南大学学报（法学版）》2010年第6期。

〔2〕　［美］伯纳德·施瓦茨：《行政法》，徐炳译，群众出版社1986年版，第238页。

着，程序并非千篇一律，正当程序的适用也并非不分时间、地点和条件，而是在不同的行为中，要有不同的程序要求。不合理及不科学的行政程序不具有程序的正当性，繁杂冗长无效益的行政程序丧失了正当程序的基础，正当程序的考量不能放弃成本与收益的计算。如果一种程序在保障公平的制度上设计非常完美，但是如果使用该程序的成本过高，会导致"制度不利用"的现象。对于当事人来说，他们可能不得不放弃法律程序的制度化途径，而选择其他可能带来收益的非制度化方式，例如通过贿赂、私了等方式来达到目的。对于行政机关来讲，程序的过度复杂化也会导致"制度不利用"而规避程序的可能性，更有可能衍生出"制度外的制度"。可以说，"程序成本虽然是一个关于程序效率的因素，但对程序公正的实现也具有十分重要的现实意义"。[1]波斯纳在《法律的经济分析》一书中所言："正义的第二种含义——也许是最普通的含义——效率。"因此，公正与效益有时也是相互依存，相互支持的。因此，通过行政执法程序的类型化对程序予以合理分流，是实现程序效益的途径，有助于提升程序的正当性。

（三）程序类型化是行政效能和权利保障的协调途径

当事人之权利保障和行政效率，两者容易发生冲突，解决的途径在于建构不同类型的执法程序。执法程序类型化能够解决和协调行政效能和权利保障之间的冲突。《德国联邦行政程序法》将行政程序类型化为非正式程序、正式程序、计划确定裁决程序。美国联邦最高法院，发展出如下三种适用正当程序的衡量标准：①受到该机关决定影响的私人利益情形，也即当事人基本权利被侵害的高低；②机关用以剥夺该系争利益之程序所造成错误决定之可能性，即增加程序保障所可能发挥的价值；③机关的利益，包括牵涉的职能及因采用额外程序所需的财务及行政负担等。如上公式即为"大件大办、小件小办"，体现的是一种类型化的思维，此为行政程序法的最高理念，包含了人民基本权利保障与行政效能之间调和。[2]

---

〔1〕 王锡锌："正当法律程序与'最低限度的公正'——基于行政程序角度之考察"，载《法学评论》2002年第2期。

〔2〕 黄锦堂："行政程序法理念与重要释义问题之研究"，载翁岳生教授祝寿论文编辑委员会编辑：《当代公法新论》，元照出版有限公司2002年版，第380页。

三、境外行政程序类型化考察

（一）德国

德国行政程序法中体现了程序类型化的制度构建，行政程序分为正式程序、非正式程序、计划确定裁决程序。

第一类行政程序为正式行政程序，规定于《德国联邦行政程序法》第63条，正式行政程序最重要的特色在于，证人与签订人有参与之义务，主管机关有听取当事人陈述的义务，及原则上应进行言辞辩论，行政处分必须以书面形式进行，而且需要详细说明理由。

第二类行政程序为非正式行政程序。正式行政程序在德国的使用频率并不高，计划确定裁决程序系针对重大开发或计划的案型，范围有所限制。非正式行政程序为德国最广泛适用的程序类型。为满足广泛适用的要求，非正式行政程序在要件上具有抽象性，而且必须授权主管机关裁量，以符合个案正义。最明显的表现在于当事人之意见陈述与卷宗阅览，这是非正式程序的两项核心规定，意见陈述没有固定方式，当事人若被提供机会以书面表示即可，无需当面沟通，当事人并不享有与主管机关言辞讨论的请求权，除非专业法律有明确规定或为正式行政程序与计划确定裁决程序之适用的案件类型，或主管机关依裁量而决定实行，言辞意见陈述，并不是一般原则。意见陈述制度的目的，并不在于提供当事人以广泛方式了解主管机关的诸多衡量因素，而在于为官署提供机会以了解案件的具体情况、在地方上的情形以及其他的事实或意见。

第三类行政程序为计划确定裁决程序，该程序适用于重大开发计划之决定，性质上为行政处分，但具有高度的政策意蕴，主管机关必须针对该计划所带来的各种正负效益加以衡量，就负效益的部分经由行政处分之附款加以处理，并对权利受侵害的居民提供补偿。本类型程序主要是用于大范围面积的开发案，这类开发案因为规模庞大，因而涉及不同层级的法益。该行政程序的特色，在于相关法益受影响之专业法律主管机关之裁决权，以及将分散的诸多行政程序，改为集中到一个程序。相关专业主管机关独立的自主裁决权，改为在程序中表示意见的权利。计划确定裁决程序适用于重大开发案，程序上强调公告周知，并采取讨论相关意见的模式，最后由目的事业主管机关作出开发案之准驳。值得注意的是，德国计划确定裁决程序之规定，于1996年予以修正，目标为精确规定期限以促使行政流程快速化。听证机关需于收到开发者所提供的完整资料之后，在1个月内要求与业务受到该开发案影响的主管机关提出意见，同时也应责成该计划于相关乡镇进行公展。该计划所涉及的乡镇必须于收到听证机关所送来的资料后，于1个月内公告展览。

（二）美国

美国行政程序法进行了两种区分，一是区分规则制定与裁决，二是区分正式程序与非正式程序。正式与非正式的界分，很大程度上沿袭了司法行为与非司法行为的划分。前者指的是应举行两造争讼式之听证，听证决议并拘束行政机关之决定。后者则仅指赋予当事人以书面表示意见之机会，且其意见仅供行政机关参考。行政机关的决定不受程序当事人意见的限制。自《美国联邦行政程序法》颁布以来，这两种独立的两分法结合起来形成一个典型的四角网格。这四个类型分别是正式的规则制定、非正式的规则制定、正式的裁决和非正式的裁决。在四种类型中，非正式的裁决涵盖了大多数的行政活动，所有依法未被纳入规则制定或正式裁决的行政活动，都属于非正式的裁决。

正式程序的优点在于保障当事人参与的权利。相对于正式行政程序，省略了当事人言词辩论或者听证步骤，而代之以书面审查的方式，从而简化了程序环节。其优点在于程序简单，可以节省时间和费用，提高行政效率。"行政机关规划未来活动或评估以往活动、分配资源、提供建议、作出承诺、发出警告、协商、实施调查以及绝大多数的拒绝申请，都可以被纳入非正式裁决。由此，在《行政程序法》的四角网格中，与正式的规则制定相反，非正式的裁决遍地开花。"[1]

四、行政执法程序类型化制度建构：区分正式听证与非正式听证

划分标准是类型理论中的重要问题，科学的、合乎实际的划分标准是行

---

〔1〕〔美〕爱德华·L. 鲁宾："行政程序法行政化的时代"，载罗豪才、毕洪海编：《行政法的新视野》，商务印书馆2011年版，第307～309页。

政执法程序类型化的基础。行为类型、行为的要式程度、案件繁简程度等都是行政执法程序类型的基本分类标准和分析方法。如依据执法程序的启动机制不同可分为依申请行政执法程序和依职权行政执法程序，依据行为类型可以分为给付行政执法程序和秩序行政执法程序；依据案件繁简程度可以分为普通程序和简易程序。根据履行程序的繁简或"要式"程度，可区分为正式听证程序和非正式听证程序。

以上各类划分标准都有一定的合理性和应用价值。但其中从行政效率提升的角度来讲，最重要的两类标准为普通程序和简易程序、正式程序和非正式程序的区分。本部分重点针对这两种分类加以论述。

（一）比较法上的考察

行政听证可分为正式听证与非正式听证。正式听证是借助于审判型程序而发展起来的一种听证方式。而非正式听证是不采用司法性程序听取意见，且不以笔录作为决定唯一依据的听证模式。在比较法上，有关正式听证的立法最具有代表性的是美国，根据听证事项的重要性程度不同，美国行政听证分为正式听证和非正式听证。[1]

《日本行政程序法》上也有正式听证和非正式听证之分，《日本行政程序法》规定，对于撤销许可认可等不利益处分、其他直接剥夺相对人资格或地位的不利益处分和解除相关人员任命命令的不利益处分，行政机关必须在作出决定之前举行正式听证。在日本，辩明程序是与正式程序相对应的非正式听证。"为了保障不利益处分相对人防御权的行使，对不需要听证的不利益处分，行政厅必须赋予事前辩明机会。"[2]辩明程序相对要简洁地多，没有参加人、辅佐人的参与，行政相对人也没有文书阅览权，以加快行政程序的进展。《德国联邦行政程序法》规定的正式听证适用于法律规定的案件，属于审判型的听证，原则上需进行言词审理，参与的程序比一般程序规则严格。[3]

---

[1]　"正式程序裁决"中最主要的环节是举行正式听证，双方当事人互相质问以澄清正面和反面的证据，以及根据听证记录作出决定。"美国非正式程序裁决是指"行政机关作出具体决定时，在程序上有较大的自由，不适用审判型的正式听证程序，这种裁决没有一致的程序，随行政的任务和事件的性质而采取不同的程序。"参见王名扬：《美国行政法》，中国法制出版社1995年版，第418页。

[2]　[日] 室井力、芟池义一、浜川清：《日本行政程序法逐条注释》，朱芒译，上海三联书店2009年版，第204页。

[3]　[德] 哈特穆特·毛雷尔：《行政法学总论》，高家伟译，法律出版社2000年版，第452页。

且在具体事件的处理中，以适用非正式程序为原则。

从以上各国对于正式听证与非正式听证的区分来看，基本上是根据司法化标准界定正式听证与非正式听证，也是制定这两种类型听证程序规则的基础。从各国行政程序立法与实践来看，非正式听证是原则，正式听证是例外，这是各国通行的规则。这样，"有利于行政效能和权利保障之间的协调和平衡"。[1]对于非正式听证而言，将其作为行政机关听取意见的一般原则，最基本的要求是给予相对人陈述意见的机会，这样有利于行政机关的一般义务在更大的范围里发挥作用。

（二）正式听证制度在我国之现状及完善

听证一词，在我国专门指以听证会的方式听取对方意见的制度，我国的听证制度本身便是从狭义的概念去理解，就是学理上所指称的正式听证。听证由《行政处罚法》首创，汲取了普通法中的正当程序元素，是对"重实体、轻程序"观念的实质性改造。作为一项全新的制度，听证的引入在一段时间内引起了人们强烈的兴趣，自《行政处罚法》之后，听证在行政立法及实务中异常活跃。《行政许可法》确立了听证制度之后，2004 年国务院《全面推进依法行政实施纲要》也对听证提出明确要求。[2]在这之后，很多法律文件及规范性文件等相继热火朝天地出台了有关各领域听证的详细规定，"听证制度成为我国发展最迅速、立法最为完善的行政程序制度领域。"[3]其中不乏涉及听证制度的精细之作，最典型的代表有《公安机关办理行政案件程序规定》（2018）。在本规定里，专门以一章的内容规定，第 123 ~ 153 条长达 30 条的条文对于听证制度作了精细化的设计。

但是，目前我国行政执法领域的听证制度还存在以下问题：

第一，关于听证笔录的效力。由于目前现行立法对于听证制度采用的是单行立法的方式，因此，不同领域适用的听证规则并不相同。如《行政许可法》规定行政机关应当根据听证笔录，作出行政许可决定，《行政处罚法》（1996）中则未规定。均为听证制度，然而听证笔录的效力却有不同的态度，

---

[1] 程雁雷："对划分正式听证和非正式听证标准的思考"，载《行政法学研究》2002 年第 4 期。

[2] 国务院在 2004 年《全面推进依法行政实施纲要》中明确要求，"对重大事项，行政管理相对人、利害关系人依法要求听证的，行政机关应当组织听证"。

[3] 王万华：《中国行政程序法立法研究》，中国法制出版社 2010 年版，第 222 页。

这有违法治的基本要求〔1〕。而在统一行政执法程序立法中所规定的听证规则，是行政机关作出行政决定时必须共同遵循的规则，应当解决和统一听证笔录的效力问题。

第二，正式听证是一种司法化程度很高的听证，但也要注意凸显行政程序的特点和规律，避免过度形式化。正式听证具有司法化的特质已是不争之事实，需要讨论的是司法化程度的高低问题，并非司法化程度越高越好。行政决定由于涉及公共利益，对于效率的要求比司法更高。并且行政程序属于非终局程序，相对人若对通过听证作出的行政决定不服，还可以通过法定救济途径维护自己合法权益。因而，听证制度的设计应当符合行政的规律和特点，而不是一味模仿庭审程序，采取高度司法化的听证程序。

统一行政执法程序立法除了吸收现有较为成熟的立法成果之外，应当重点针对以下问题作出特别规定。

1. 明确正式听证的适用范围。美国、韩国并不对行政决定的听证适用范围规定实质性标准，而是交由其他立法和行政机关确定。如《美国联邦行政程序法》第 554 条第 1 款规定："本条根据其规定适用于法律要求必须在机关听证会之后依据记录裁决的一切案件……"《韩国行政程序法》第 22 条第 1 款规定，行政机关为处分时，符合下列各款情形之一的，实施听证：①其他法令等有规定实施听证之情形；②行政机关认为必要之情形。我国台湾地区的规定与韩国大致相同。对于正式听证程序的适用范围规定最为严格的是德国，仅限于法规有明确规定的情形，《德国联邦行政程序法》第 63 条第 1 款规定：根据该法规定的要式行政程序的进行，以法规对此规定者为要件。《日本行政程序法》没有提供正式听证的实质性标准，但是规定了行政机关作不利益处分时听证的具体情形。

由于我国单行法对于行政决定听证的立法规定本身并不完善，如《行政处罚法》的听证范围中并未包括行政拘留，如完全将其交给其它立法予以规定，会存在一些问题。为了弥补现行立法的不足，对于正式听证的适用范围应当规定实质性标准，规定对当事人的权益产生重大不利影响的，就应当适

---

〔1〕 2021 年修订的《行政处罚法》明确了听证笔录的效力。《行政处罚法》第 65 条规定：听证结束后，行政机关应当根据听证笔录，依照本法第 57 条的规定，作出决定。

用听证。概括性的实质性标准以外，列举两种应当举行听证的情形：①其他立法规定应当举行听证的；②行政机关认为有必要举行听证的。

2. 听证笔录的约束力问题。听证笔录的约束力是指行政机关的决定是否必须根据听证笔录作出。《美国联邦行政程序法》第556条第5款明确规定案卷排他原则，[1] 也就是听证笔录是裁决的唯一依据，由此确立了美国正式听证中的案卷排他原则，目的在于维护听证的公正性。基于此，是否将听证笔录作为裁决的唯一依据，成为美国正式听证与非正式听证的区分标准。但是韩国、日本、德国的规定与美国不同，行政机关不是必须以听证记录为作出决定的依据。行政机关应当斟酌听证记录作出行政决定。[2]

正式听证是一项成本很高的行政程序制度，目的在于牺牲效率确保决定的正确，而这种目的是借助对抗式司法程序构造有利于正确认定事实的优势，保证行政决定的正确性，保障当事人的权利。如果允许听证之外的证据成为行政决定的依据，则听证的意义会被大大降低，听证可能会成为"走过场"，会影响当事人的积极性。因此，建议行政执法程序立法对正式听证的范围严格限制，适用正式听证的事项，应当实行严格的案卷排他原则，防止听证过多、过滥。此外，需要明确质证是听证会的必经程序，如果不对提交听证会的证据展开质证，不进行言词辩论，听证会的意义则丧失殆尽。[3]

3. 听证模式采取职权主义。现代审判程序的两大模式是职权主义与当事人主义。但行政程序与司法程序有所区别，行政决定并非最终程序，因此，各国都规定了职权主义听证模式，这也是基于效率的考量，由听证主持人依

---

〔1〕《美国联邦行政程序法》第556条第5款规定："证言的记录、证物联通裁决程序中提出的全部文书和申请书，构成按照本编第557条规定作出裁决的唯一案卷。"

〔2〕 如《德国联邦行政程序法》第69条第1项规定："官署应斟酌全部程序的结果，决定之。"《韩国行政程序法》第35条第5项规定："行政机关充分讨论听证记录及其他相关资料后，若认为有相当理由，应在为处分时，积极反映听证结果。"《日本行政程序法》第26条规定："行政机关为不利益处分决定时，应充分斟酌笔录内容及报告书中主持人意见。"

〔3〕 我国首部地方程序立法《湖南省行政程序规定》确立了行政执法听证中的案卷排他原则，该规定第143条规定："行政机关应当根据听证笔录作出执法决定，未经听证会质证的证据，不能作为行政执法决定的依据。"

职权主导程序的进行。听证主持人有权调查证据，有权指挥听证的进行。[1]
因此对于听证的步骤，统一行政执法程序立法应当采用职权主义模式，由听证主持人主导听证的进行，但需要明确的是，听证主持人在听证中没有实体决定权，而仅享有广泛的程序性权利。

4. 增设预备听证制度。我国台湾地区实行预备听证，预备听证属于一种过滤程序，在于促使听证顺利进行，没有当事人参加，是行政机关的内部程序。实践证明，这项做法的实施效果较为理想。在正式听证之前，召开预备听证，厘清各方主体的争执点，听证会上才能避免纠缠于一些无关紧要的细枝末节，集中于真正存在争议的事项，有助于提高行政效率，保障听证顺利进行。大陆地区可以借鉴台湾地区的做法，规定行政机关在听证会之前进行预备听证，由主持人根据各方参与人提交的证据及文书，整理双方的争执点，推进听证程序的进行。

（三）非正式听证在我国之现状及完善

1. 非正式听证在我国的现状。在很长时间里，听证作为全新的制度激发了行政理论界及实务界的强烈兴趣及关注，而非正式听证则被有意无意地忽略，其价值理念及其制度建设未能引起足够的重视。在美国、德国等国家的行政法中都有关于非正式程序的明确表述与规定，非正式程序在我国《行政处罚法》《行政许可法》《行政强制法》中并无明确规定，但从法条的规定来看，其实这些法律中对于非正式听证程序也是有所体现的，只是没有将其制

---

〔1〕　如《韩国行政程序法》第33条规定，听证主持人可以根据申请或者依据职权进行必要的调查，包括对于当事人没有主张的事实进行调查。《德国联邦行政程序法》第68条第2款规定主持人应促使当事人对于不详的申请加以说明，补充证据，对于有关事实的确定作出重要声明。《奥地利行政程序法》第43条规定，审理主席"决定听取利害关系人的陈述、调查证据陈述或讨论以前调查证据的结果以及以前提出的证据的顺序"，审理主席可在听证外自行收集调查证据。美国的正式听证也适用职权主义听证模式，行政法法官在听证中享有广泛的权力。

度化。[1]具体来说，存在的问题是：

第一，非正式听证散见于各种单行法律文件中，尚未成为行政机关的普遍性义务，缺乏独立的地位。

第二，规定非常简单，不具备可操作性。各种单行的法律文件往往是简单一句话带过，要求行政机关听取意见，或者保障当事人的陈述权与申辩权。至于何时、何地、以何种方式、如何进行，缺乏进一步的规定，没有形成制度化，不具备可操作性，导致适用上的随意性，无法形成有效的约束力。

第三，缺乏对于听取意见后的意见回应机制。

基于以上问题，在统一行政执法程序立法中应当对于非正式听证有正确合理的定位：①需明确非正式听证的主要形式。毕竟非正式听证是一种学理上的分类，具体在立法时采取什么样的名称，何种表现形式，需要结合我国本土状况进一步斟酌。在我国台湾地区，有正式听证和非正式听证之分，但是在程序立法中，正式程序特指审判式的听证，非正式听证被称为"陈述意见"。②非正式听证虽然形式简单，但也应当遵循一定的规则，有利于使之成为行政机关的普遍性义务。③非正式听证的基本要求在于听取当事人的意见。那么，相应地如何完善意见回应机制，也是制度构建的应有之义。

2. 非正式听证的制度完善。

第一，明确非正式听证的具体表现形式及称谓。做决定前听取当事人的意见是现代行政程序法的基本制度之一，但不同的国家称谓不同。正式听证与非正式听证，本质上都是听取意见的具体形式。广义上的听证泛指听取意见，然后学理上依据听证的司法化程度界分正式听证与非正式听证。《美国联邦行政程序法》的听证就是广义上的一种理解，泛指听取意见，根据是否

---

〔1〕《行政处罚法》第45条第1款规定，当事人有权进行陈述和申辩。行政机关必须充分听取当事人的意见，对当事人提出的事实、理由和证据，应当进行复核；当事人提出的事实、理由或者证据成立的，行政机关应当采纳。第62条规定：行政机关及其执法人员在作出行政处罚决定之前，未依照本法第44条、第45条的规定向当事人告知拟作出的行政处罚的内容及事实、理由和依据，或者拒绝听取当事人的陈述、申辩，不得作出行政处罚决定；当事人明确放弃陈述或者申辩权利的除外。《行政许可法》第7条规定：公民、法人或者其他组织对行政机关实施行政许可，享有陈述权、申辩权；有权依法申请行政复议或者提起行政诉讼；其合法权益因行政机关违法实施行政许可受到损害的，有权依法要求赔偿。第36条规定：行政机关对行政许可申请进行审查时，发现行政许可事项直接关系他人重大利益的，应当告知该利害关系人。申请人、利害关系人有权进行陈述和申辩。行政机关应当听取申请人、利害关系人的意见。

适用案件排他分为正式听证和非正式听证。

听证在我国理论界和实务界，包括普通民众，都是从狭义的概念去理解，特指高度司法化的审判型听证，其实多数国家都是在狭义上使用听证一词，区别在于听证以外的形式如何称谓。韩国的称谓是"提出意见"，我国台湾地区的称谓是"陈述意见"，这两种形式便属于学理上的"非正式听证程序"。

那么，在我国非正式听证具体表现为什么，如何称谓？可以借鉴"陈述意见"的称谓，这种称谓有以下优点：一是陈述意见是从当事人角度而言，表明陈述意见属于当事人的程序性权利，有利于对于当事人的权利保障。二是使用"陈述意见"可与"听取意见"有效区别，从行政机关的角度，"陈述意见"具有听取当事人意见的程序性义务。听取意见则包括听证和陈述意见两种。

第二，完善告知制度。行政机关应当告知当事人享有陈述意见的权利，并以书面形式将具体事项通知当事人。具体内容包括：其一，当事人的基本情况。其二，拟作出决定的事实、理由和依据。这是告知事项的核心部分，旨在通过充分的信息披露，实现当事人的有效参与。其三，当事人陈述意见的要点。告知当事人围绕法律问题和事实问题陈述意见，并告知当事人应当在限定期限内提出，逾期视为放弃。

第三，明确陈述意见的方式。陈述意见中不设置辩论环节，仅是将意见提交给行政机关，这正是听证与陈述意见之区别，这主要是基于效率的考量。至于提交的方式，我国台湾地区对于当事人提交意见的方式给予充分的选择权，包括以言辞方式，由行政机关制作记录。《韩国行政程序法》第27条第1款笼统地提到当事人等可在处分之前向行政机关以书面、计算机通信或言词之方式向行政机关提交意见。其实，口头方式未必比书面方式更加便利，统一行政执法程序立法应当规定，当事人陈述意见以书面为主，具体方式包括亲自递交、邮寄、或者电子邮件等。如果当事人存在书写困难，可以口头向行政机关陈述意见，由行政机关予以记录。

第四，建立意见回应机制。如果当事人陈述的意见行政机关置之不理，那么制度的设置就没有任何意义。因此，如何保证行政机关能够认真对待当事人的意见非常重要。对当事人陈述的意见是否采纳由行政机关判断，但需要将理由告知当事人。因此，行政机关对当事人陈述的意见给予回应，如没有采纳，需向当事人说明理由。

五、行政执法程序类型化制度构建：扩大简易程序

按照案件的复杂程度、行政资源的配置、争议性强弱、影响公民权益大小，可将执法程序进一步分解为"一般—简易"基本程序分类。简易程序与一般程序相对应，是根据事务繁简对程序作出的相应制度安排。一般程序的程序结构较为系统和完整；而简易程序是结构相对完整，适用标准明确的独立的行政执法程序。

各国行政程序法对于简易程序的规定比较少，只有《西班牙行政程序法》规定了简易程序，但仅适用于行政赔偿。很多国家对简易程序不做规定，具体考究其原因，"并非各国不存在简易程序，而是在法律没有规定法定程序的情况下，行政机关有权自行决定采取何种程序，享有程序上的自由裁量权，这时，行政机关通常都会简化程序，形成实质上的简易程序"。[1]在我国，执法资源的有限与执法任务的繁杂客观上要求执法程序繁简分流，应对简易程序作出专门性的规定。

（一）简易程序的理论基础

1. 简易程序能够促进执法资源的合理配置。一般程序与简易程序的划分体现了国家对行政资源的结构性安排，一般程序相对周期长，效率低，但对当事人的权益保障较为充分。简易程序执法成本低，效率高。但执法成本与执法收益相适应的原理要求我们，应根据执法类型的特性需求设置不同的程序，允许在一定范围内利用简易程序等较为便捷的方式，而不是对案件类型不加区分，一律适用一般程序等严格的程序。从目前执法实践来看，行政事务不断增多，执法任务越来越重，所有案件一律按照严格的一般程序进行，既不经济也不合理。面对执法成本的高昂和执法任务的急剧增长，应当通过繁简分流来解决执法任务增长与执法资源有限的矛盾。

2. 简易程序能够保证行政效率。程序经济是简易程序设置贯彻的原则。

---

〔1〕 马怀德主编：《行政程序立法研究——〈行政程序法〉草案建议稿及理由说明书》，法律出版社 2005 年版，第 216 页。

在一般意义上，经济分析方法认为"程序法的目的是实现费用最小化"。[1]波斯纳认为，最小化的目标的简洁表述是，最小化错误成本（EC）与直接成本（DC）之和（不是单独最小化其中一种，而是最小化两者之和）。但是，经济进路的分析遗漏或者忽略了诸多重要价值，例如程序公平。一个过程和另外一个过程同样准确，虽然更便宜，但它可能因为忽略公平性而变得不可接受。于是，德沃金主张的道德成本进路成为"多价值工具主义"的一个典范，也就是以程序结果的多个价值的最大化来评价程序。道德成本进路将道德损害作为经济进路下的错误成本分析中的经济损害的一个补充。贝勒斯将道德成本（MC）作为一个新的变量引入程序法的经济分析中，程序的目标就表现为：实现（EC + DC + MC）的总额最小化。当然，程序与实体是紧密联系的，实体规范及其实施程序应当结合起来评价，权利被侵害程度越严重，所造成的道德成本和错误成本也就越高。

据此，对于实体事项不太重要的案件适用简易程序，法律程序的经济或道德成本分析可以提供一定程度的合理性支持。"因为，当从实体的角度看发生错误的可能性较小或在错误成本较低的情况下，一种简便、快捷、所需直接成本较低的程序就可以正当化。"[2]成本的最小化也就意味着行政效率的实现。

3. 简易程序能够保证行政公正。功利主义法学家强调程序的目的在于形成"好结果"，因此，简易程序的实体目标是要实现结果的公正。经济成本和道德成本的进路对于解决问题的关注，止于相关决定给出了正确答案，但缺乏对于内在价值实现的关注。程序内在价值的实现可以产生一种"过程利益"，这种利益不取决于实体结果，而是源自于一种过程本身的满足，就是在心理层面和实际层面满意地解决问题。程序的内在价值则意味着程序公正的实现，现代程序制度的发展正是追求程序公正的结果，它比以往任何一种程序都更符合人们的理性和对公正的感受。从这个角度，简易程序似乎有损行政公正。

尽管，程序的内在价值非常重要，但不能做绝对的理解，人们参与法律

---

〔1〕　［美］迈克尔·D. 贝勒斯：《程序正义——向个人的分配》，邓海平译，高等教育出版社2005年版，第143页。

〔2〕　赵元成："简易行政程序的理论基础与制度建构"，载《甘肃社会科学》2006年第5期。

程序，最终是为了解决一定的问题，实现一定的目的。"意义在于过程之中"的程序本位主义忽视了人们参与程序活动的最基本的心理状态。[1]程序正义的实现，尽管存在一些外在的客观标准，但需要强调的是，程序正义的实现还依赖于参与者在主观上的感受与认同。即便是简化了的程序，也能满足当事人对程序公正的要求。实践中发生过这样的案例，当事人认为行政机关本应该使用简易程序，却使用了一般程序，导致行政效率低下，影响了当事人的生活，而向法院提起诉讼，如"潘某虔诉厦门市公安局交通警察支队同安大队不服道路行政处罚案"。[2]尽管，行政相对人的程序权利会因为程序的简化而缩减，但符合相对人希望及时稳定行政法律关系的需要。简易程序的设置，一方面可以满足不同相对人利益的多元化需求，另一方面，也给相对人提供了更多的选择机会，使其能够参与到程序的协商、选择之中，从某种意义上是尊重了相对人的主体地位。

简易程序的简化也不是任意的，它仅是简化了不必要的程序，仍要遵循最低限度的程序公正，程序公正依然可以得到维护。

（二）现行简易程序制度之反思

我国目前行政程序中的简易程序并没有成为普遍性的制度，仅在个别行为领域适用，在整个行政程序中所占的比重非常小。首创简易程序制度的《行政处罚法》（1996）出于审慎之考虑，对于简易程序的适用范围进行了非常严格的限制。[3]但是制订于1996年的《行政处罚法》已经有二十多年的实践，而社会已经发生翻天覆地的变化，简易程序的适用范围已经严重不适应社会经济的发展。

1. 罚款数额过低不适应社会经济的发展。1996年《行政处罚法》制定时，当时的立法技术还不太成熟，缺乏灵活性，条款中没有但书规定，也没有例外情形，忽视了社会发展对法律适用的影响。以后出台的《道路交通安全法》和《治安管理处罚法》均将简易程序的罚款幅度提高到了200元，

---

〔1〕 王锡锌：《行政程序法理念与制度研究》，中国民主法制出版社2007年版，第199页。

〔2〕 北大法宝：http://www.pkulaw.com/ptnl/a25051f3312b07f37fed85tt18a07c7788c340bc5fdc1-a78bdfb, html?，最后访问时间：2017年2月1日。

〔3〕《行政处罚法》（1996）第33条规定："违法事实确凿并有法定依据，对公民处以50元以下、对法人或者其他组织处以1000元以下罚款或者警告的行政处罚的，可以当场作出行政处罚的决定。"即仅对警告及较低数额罚款的处罚行为拟定了可适用的简易程序。

《深圳经济特区严厉打击生产、销售假冒、伪劣商品违法行为条例》则提高到了 3000 元。[1]执法实践中，简易程序的范围明显过窄，不适应很多领域行政执法的现实要求。有学者进行大数据分析，发现一个耐人寻味的现象，某局行政案件的数量在大幅增加，但是简易程序的行政案件不增反减。[2]这在一定程度上说明，简易程序适用范围过于狭窄，已经不符合处理执法案件的客观需要，需要予以完善。

2. 容易造成规避，导致严重违法行为给予轻微处罚。对大量的违法案件的查处都要通过十分繁杂的普通程序，在实践中往往难以执行，在执法实践中，很容易出现规避的情形。例如，实践中有这样的情形，在基层药品监管中会经常遇到经营或使用过期药品现象，按照《药品管理法》的规定进行处罚需要没收过期药品，则不能适用简易程序进行当场处罚。但监管部门对于简易程序又有一定的需求，此时采取的办法是，灵活适用《行政处罚法》（1996）第 27 条的规定，不没收过期药品，且处罚金额在 1000 元以下，就可以适用简易程序。但要很巧妙地处理涉案药品，如责令当场销毁。[3]这种做法，其实很容易出现对严重违法行为给予轻微处罚的现象，但是从另一方面也说明了实践中对于简易程序的实际需求。因此扩大简易程序的适用范围，适当提高简易程序的适用标准，这种迂回曲折的规避就可以名正言顺地使用简易程序作出处理。

3. 缺乏当事人适用简易程序的选择权。程序的类型化体现出了当事人对于程序的选择权，从某种意义来讲又尊重了当事人。行政程序中的程序选择权，是指当事人在法律规定的范围内，在行政执法过程中选择有关程序及与

---

〔1〕 《道路交通安全法》第 107 条规定："对道路交通违法行为人予以警告、二百元以下罚款，交通警察可以当场做出行政处罚决定，并出具行政处罚决定书。"2013 年 1 月 1 日施行的《治安管理处罚法》第 100 条规定："违反治安管理行为事实清楚，证据确凿，处警告或者 200 元以下罚款的，可以当场做出治安管理处罚决定。"《深圳经济特区严厉打击生产、销售假冒、伪劣商品违法行为条例》第 25 条规定："主管部门对查处的假冒、伪劣商品案件，事实清楚，证据确凿，处罚金额在 3000 元以下，当事人没有异议的，可以当场处罚。"

〔2〕 石珍：《行政执法事务繁简分流的程序构建——以 s 市 s 局的执法数据为研究对象》，载《行政法学研究》2015 年第 5 期。

〔3〕 "能否对不合格药品的处理适用简易程序"，载《中国医药报》2013 年 4 月 11 日，第 4 版。

程序有关事项的权利。[1]比如，在《行政许可法》中，符合听证适用范围的事项，当事人可以申请听证，这其实就是一种程序选择权。目前，特别在行政程序中，当事人的程序选择权并未受到关注，我国行政处罚程序中简易程序的启动权和决定权被赋予了执法人员，当事人几乎无权参与选择案件程序。在实践中，当事人对于某些事实清楚的案件，往往欲想通过简单的处罚程序及早解决违法情况，但都无能为力。这就反映了当事人的程序选择权利仍未在程序法中获得足够重视。其实，从程序的公正价值来讲，如果让当事人参与程序的选择，即使受到不利的决定他也会心悦诚服，因为这是自己的选择，这就是程序的"作茧自缚"效应。

尽管目前的行政立法实践中也有相对人选择程序的现象，比如，《行政许可法》中当事人对于是否启动行政许可的听证程序享有选择的自由。此外，在其他法律文件中对于当事人的程序选择权也有零星的体现。[2]但这种规定很可能是立法者不自觉地运用，缺乏整体理论的支撑和指导。程序选择权是当事人主体地位的一种体现，最先发端于民事诉讼法学界，目前在民事诉讼和刑事诉讼领域探讨比较多，在行政程序领域的相关探讨非常之少。行政程序和司法程序不同，行政程序的目的并不是发现真相解决纠纷，而是在防止行政机关肆意的同时，促进行政机关实现其行政目标。因此，司法程序中的程序选择权，不能简单移植于行政程序中，而应当综合考虑相对人的程序性权利及行政活动的目标来决定。行政程序的运行过程涉及国家和社会公共利益，目的是为了行政目标的实现，所以在行政程序中，这种选择不是任意的，如果不加限制，行政目标的实现会受到影响。因此，行政相对人进行程序选择的空间是有限的，仅是一种有限度的选择权，如果行政行为涉及公共利益和他人合法权益，这种选择权是不能行使的。实际上，即便在民事诉讼领域，这一权利同时受到"社会资源公平分配"理念的制约，因而也是一

---

〔1〕 程序选择制度是指行政机关作出影响相对人权利和义务的行为过程中，要尽量提供两种以上可供选择、功能相当、形式正义的程序机制，相对人可以按照自己的意志，自主选择其中一种程序机制参与行政过程的权利。程序选择制度所对应的程序选择权的概念最先发端于民事诉讼法学界，1992年，邱联恭先生在我国台湾地区民事诉讼法研究会第46次会议的主题报告——《程序选择权之法理》一文中提出了程序选择权这一新概念，之后又出版《程序选择权论》一书。

〔2〕 例如，根据2018年修订的《食品安全法》第136条的规定，若有证据证明经营者符合免于处罚的条件的，经经营者同意，可当场作出没收违法食品但免于处罚的决定。

种带有法律强制的义务性制度设置，只是要为当事人提供程序选择的机制。总之，更多地从当事人的立场思考程序功能，有助于设计出满足多元价值需求的程序规则，当事人的主体性可以得到更多的尊重。

（三）简易程序的适用范围

如何确定简易程序的适用情形是简易程序规定中的一个难点。简易程序中程序的简化会有利于迅速做出行政决定，提高行政的效率，但对于实体真实的发现和当事人充分表达意见会带来不良影响。因此，如何恰当设置简易程序的适用情形，选择一个合理的度，这是构建简易程序制度的前提和核心。

1. 地方行政程序中简易程序的适用范围的立法模式。地方行政程序规定对于简易程序的适用范围有三种模式。第一种：对于适用简易程序的实质性标准进行规定。对事实简单、当场可以查实、有法定依据且对当事人合法权益影响较小的，行政机关可以适用简易程序作出执法决定，如湖南、汕头、邢台、浙江、江苏等。第二种：不做专门的统一性规定，根据法律、法规和规章的规定适用简易程序，如酒泉、西安。第三种：区分依职权和依申请行政行为，分别作出规定，如山东、无锡。第三种模式本质上与第一种模式并无区别，只是做了进一步的细化，执法实践运用起来更为明确。

2. 诉讼领域中简易程序适用的参照。《中华人民共和国民事诉讼法》（以下简称《民事诉讼法》）中规定的简易程序适用情形是"事实清楚、权利义务关系明确、争议不大的简单的民事案件。"此规定主要考量了两大因素：一是"争议不大"，说明对于当事人的实体权利、义务影响不大；二是"事实清楚、权利义务关系明确"，表明事实问题和法律问题清楚。《中华人民共和国刑事诉讼法》（以下简称《刑事诉讼法》）中简易程序适用于以下三种情形：①依法可能判处三年以下有期徒刑、拘役、管制、单处罚金的公诉案件，事实清楚、证据充分、人民检察院建议或者统一适用简易程序的；②告诉才处理的案件；③被害人起诉的有证据证明的轻微的刑事案件。这三种情形考虑的因素，一是轻微的刑事案件，对于被害人权利影响小；二是事实清楚、证据充分，或者有证据证明。《行政诉讼法》中简易程序适用的情形是，"认为事实清楚、权利义务关系明确、争议不大的"，可以适用简易程序。[1]

---

〔1〕《行政诉讼法》中简易程序适用的情形是，"人民法院审理下列第一审行政案件，认为事实清楚、权利义务关系明确、争议不大的，可以适用简易程序：①被诉行政行为是依法当场作出的；②案件涉及款额2000元以下的；③属于政府信息公开案件的。除前款规定以外的第一审行政案件，当事人各方同意适用简易程序的，可以适用简易程序。"

3. 行政执法程序立法中简易程序的适用范围。简易程序的适用范围应当扩大，但扩大到什么程度，这是简易程序立法中的重点问题。

程序所涉及的实体问题在性质上是有轻重之分的。在实体问题的重要性程度较低的情况下，可以相应采取较为简易的程序。判断实体问题重要性程度的标志，主要是考量相关主体的权利以及权利的性质。在行政决定中财产与自由对于相对人而言无疑是最重要的利益。如果实体问题涉及人身权、财产权等基本权利，则程序所产生的错误成本和道德成本就会非常大，适用简易程序难以具备正当性。

程序所涉及的实体问题不仅在性质上有轻重之分，在数量上也有轻重之分。[1]如果实体问题存在可量化的标准，则数量应作为考虑因素。例如，罚款和没收财产都涉及数量问题，当程序所对应的实体问题在"量"的方面较小时，程序即使发生错误，所产生的错误成本和道德成本在"量"上也相应地较小，因此，通过降低直接成本一般来说可以得到正当化。[2]因此，对于数额较小的实体问题不宜设置严格冗长的程序。

"程序所涉及实体问题的复杂性程度也是不同的。越是复杂的实体问题，就越需要完善程序。"[3]行政主体处理的行政案件有复杂案件事实与明晰案件事实之分。对于复杂案件事实必须依一般程序为之。而明晰案件事实由于案件的基本事实清楚，无需进行调查取证，所以，对于那些事实和情节简单的实体问题而言，发生错误的可能性也非常低。这种情况下，适用简易程序对于当事人和行政机关都是有利的，通过简化程序而降低直接成本的做法就具备了合理性与正当性。

基于此，判断简易程序适用的标准，一是事实是否有争议，二是对于当事人的权益影响大小。根据这种标准，在具体设计简易程序制度时，可以将其适用范围规定为：

第一，事实简单、当场可以查实、对当事人权益影响不大的，可以适用简易程序。法律、法规和规章对简易程序的适用范围和条件另有规定的，从其规定。

---

〔1〕 王锡锌：《行政程序法理念与制度研究》，中国民主法制出版社 2007 年版，第 265 页。

〔2〕 王锡锌：《行政程序法理念与制度研究》，中国民主法制出版社 2007 年版，第 265 页。

〔3〕 王锡锌：《行政程序法理念与制度研究》，中国民主法制出版社 2007 年版，第 265 页。

北京大学姜明安教授主持起草的《行政程序法（专家建议稿）》（2015）中并无权益影响不大的限制，仅是"事实简单、当场可以查实"，采用的是"案件事实明晰标准"，但是，如果实体权利涉及人身、财产等重要权益，则产生的错误成本和道德成本会非常大。因此，"权益影响程度"标准应该成为适用的条件。

第二，简易程序的启动，可以由行政机关依职权或者当事人申请适用。

关于简易程序的启动，在符合适用条件的情形下，可以由行政机关依职权或由当事人申请适用简易程序。这样的规定，是对于程序选择权的保障。在行政程序中，保障相对人的程序选择权是将当事人的意志体现到行政程序的过程中，允许当事人发表自己的意见，而不是由行政相对人来决定选择适用何种程序，是否允许还需行政机关决定。"如果以当事人程序选择权为前提，以执法人员的程序控制权为保障，充分地利用简易程序，或许在执法公正和执法效率方面可以找到比'依法控制行政行为'更加有效的方法。"[1]

（四）简易程序的基本制度

1. 最低限度的程序公正。程序并不是越简单越好，简易程序必须遵循法律程序中一些最基本的价值，例如公开、公平等，有正当程序和无正当程序是不一样的。韦德谈到公平审讯没有意义时，他反对"一开始，结果就显而易见"的观点，他引用了梅加里法官的一段话：

"每个与法律有任何关系的人都熟知法律的道路上撒满了这样的例子：简单明了但又莫名其妙的不是这么一回事；无法辩答的指控最终彻底回答了；无可解释的行为完全得到了充分的解释；毫无疑义的决定经过讨论却遭到改动。"[2]

对于一个程序的公正性而言，有些因素是不可缺少的，是决定性的，是程序公正的必要条件。缺少了这些因素，不论该程序对于结果如何有效，也不论该程序如何富有效益，程序都难以得到正当化。因此，简易程序必须遵循"最低限度的程序"，过分简单是非常危险的，程序的松弛对于决定的影响一定是弊大于利。而"最低限度的程序"本身蕴含着对公平和效率的平

〔1〕 石珍："行政执法事务繁简分流的程序构建——以 s 市 s 局的执法数据为研究对象"，载《行政法学研究》2015 年第 5 期。

〔2〕 ［英］威廉·韦德：《行政法》，徐炳等译，中国大百科全书出版社 1997 年版，第 176 页。

衡，强调公正的基础性意义，在此基础上，根据条件的变化考量效率的要求，以下最低限度的程序要求必须予以遵循：

第一，说明理由。在简易程序中，阐明事实和理由的要求往往显得很重要，因为在简易程序中更需要对自由裁量权和专断进行制约。因此，在简易程序中说明理由是不能被简化的。执法人员应当在作出决定前，对事实、法律依据向相对人做出说明，相对人只有在充分了解针对他的行政决定的内容、事实和依据的基础上，才有可能为自己利益辩护。在简易程序中，说明理由可以采取口头方式。

第二，听取意见。对于不同的程序，表达意见和为自己利益辩护的机会可以通过不同的形式进行。在简易程序中，行政机关仍需履行此项最基本的义务，但是听取意见的方式可以相应简化，可当场听取当事人的意见，将当事人意见记录在案。如当事人要求向行政机关提交书面意见的，行政机关不得拒绝，使当事人可以经过准备再提出意见。

第三，告知。告知的内容包括行政行为的事实和法律依据，以及当事人在行政过程中拥有的各种程序性权利。在行政决定作出之后，行政机关应当履行告知义务，告知当事人寻求救济的途径和期限。行政机关的告知义务旨在保障当事人的知情权，并对当事人参与程序履行引导和指示的义务。

第四，回避。回避是保证行政公正性的具体制度，在简易程序中，也必须予以遵循。

2. 独任制。合议制的功能并不主要在于权力制约，利用集体智慧保障决定的正确性，应该是更重要的功能。对于一些简单的案件，正确率与组成人数并不一定成正比，或许会导致"三个和尚没水喝"的窘境。行政资源的有效性和执法事务的繁重形成矛盾，简易程序适用独任制有利于缓解这一矛盾。目前，行政执法中视频监控系统、执法记录仪、执法公示制度等的推行，强化了执法的内外部监督，即便实行独任制，权力也会受到监督与制约。因此，行政执法程序立法在简易程序制度设计中，应当规定，可由行政执法人员1人适用简易程序。

3. 当场处理程序。虽然《行政处罚法》中使用简易程序的标题，但是其规定的简易程序的情形都是当场处罚的情形，很容易造成适用简易程序就是当场作出处罚。适用简易程序，有的能够当场作出决定，有的则不具备当场作出处理决定的条件，需要在一定期间内做出决定。当场作出处理决定，应当填写有预定格式、统一编号的决定书，并报所属机关备案。如不能当场作出行政执法决定，行政机关应当自程序启动之日起较短时间内作出行政执法决定。行政执法决定可以填写有预定格式、统一编号的行政决定书，做决定的期间较一般程序短是简易程序的制度要素之一。

第四节　行政资源的合理配置与执法方式多元化

行政机关的执法资源总是有限的，如何配置有限的行政执法资源以实现行政目的，这需要行政程序法积极形塑有助于执法目标达成的多元化执法方式，增加行政机关可资使用的手段，使得行政机关可以选择的手段更为多样化。"行政法总则所承担的任务，不仅仅是在法治国意义上约束行政活动，而且还必须使行政当局能够完成赋予它的任务，并且找到为此所需要的特定的活动形式、决定类型和组织结构是否提供给他适合的活动形式。"[1]

一、合理配置资源的非正式执法方式

在某些情况下，"正式行政行为严格的法律效果反而带来大家不想要的结果，而造成负担，行政机关下达命令、人民提起诉愿、法律效果向后推迟，都仅是法律设想的最佳状况，并未考虑到'沟通成本'"，[2]而事实上，行政行为从来都不是只在正式的法行为形式轨道中完成，除了类型化了的法形式行为，还有行政事实行为等，这类行为并不是法律不规范的行为，而是由于"未纳入整个法律形式论的结构准则中，往往会受到忽视，但却经常是行政行为不可或缺的弹性储藏库"。[3]因此，面对一些非正式的执法方式，不应只持一种防御性、限制性的态度。

〔1〕　［德］埃贝哈德·施密特－阿斯曼等：《德国行政法读本》，于安等译，高等教育出版社2006 年版，第 163～177 页。

〔2〕　［德］施密特·阿斯曼：《秩序理念下的行政法体系建构》，林明锵等译，北京大学出版社2012 年版，第 328 页。

〔3〕　［德］施密特·阿斯曼：《秩序理念下的行政法体系建构》，林明锵等译，北京大学出版社2012 年版，第 325 页。

在实践中，行政程序前置程序或已经开始的程序中，从提供非正式咨询，到告知应当提出哪些文件，都属于非正式的行政行为。一项耗费庞大的计划并不是从提出申请、开启形式上程序才突然开始，而是预先已经就计划目标交换意见，这种情况就属于共识形成目的之非正式行政行为，这种情况在规划层面运用较多。"在程序的进行中，除了正式程序之外，还有三种程序类型：预先程序、过滤程序、退出程序。"[1]

第一种类型是预先程序。预先程序指的是早于行政程序之前解决问题，并避免导致正式程序阶段，如非正式谈判、协商等。行政机关通过非正式的谈判与协商，如能达到与正式行政行为一样的效果，则不必启动执法程序，既节省行政资源，更可以与当事人形成良好关系。

第二种类型是过滤程序。比如依据行政程序法，在正式的听证会之前，举行预备听证会，可以限缩未来正式程序的争议范围，在正式听证会上双方可以就真正存在争点的问题举行听证，避免纠缠于一些细枝末节的问题，这个预备听证就是一个过滤程序。

第三种类型是退出程序，正式的行政程序已经开始，但是存在客观的困难，程序难以继续进行时的一种选择。德国等国家与我国台湾地区行政程序法中的和解协议就属于一种典型的退出机制。[2]这些程序能够对于正式程序产生一种正向的作用，因此行政法学上的体系建构应整合这种正向的架构要素，进行一些程序上的努力，让他们成为一种"减轻负担作用之法律上可得使用的工具"。[3]

采取这些非正式的执法方式，最主要的考量在于：其一是效率问题，根据一般行政机关以正式程序处理问题的实践，可能延续数个月甚至长达数年才能完成，而事先的沟通、共识的形成，则可能快速完成行政任务。其二是有利于节约和优化行政资源。非正式行政活动，虽然也需要成本，但比起正

---

〔1〕 Phillip J. Cooper, Public Law and Public Administrative, at 216~217 (1988), 转引自台湾行政法学会主编：《行政契约之法理——各国行政法学发展方向》，元照出版有限公司2009年版，第38页。

〔2〕 台湾行政法学会主编：《行政契约之法理——各国行政法学发展方向》，元照出版有限公司2009年版，第38~41页。

〔3〕 ［德］施密特·阿斯曼：《秩序理念下的行政法体系建构》，林明锵等译，北京大学出版社2012年版，第329页。

式的严格的行为，当然会节省很多，这有利于节约和优化行政资源。其三，比起高权行政行为，以及正式程序的严厉性，适用非正式的行为，柔性色彩较为强烈，有益于行政机关和相对人之间的合作以及良好关系的形成。其四，这些多元化的执法方式，丰富了行政机关可资利用的执法手段。各种类型化的以及未类型化的执法方式，以互补的姿态有效完成行政任务。

事实上，目前在我国，行政执法方式也逐渐呈现出多样化的态势，比如，各地兴起的"三步式执法程序"，在正式的执法程序启动之前，先教育劝导，促使其主动纠正违法行为，这其实就是一种预先程序。而在程序进行过程中，也有执法和解的广泛实践，执法和解实质上就是程序运行中的退出机制。行政执法程序立法除了注重正式的行政程序之外，应当从行政过程的视角去关注程序，回应执法实践中已经出现的现象和执法的实际需求。

二、程序开始前的预先程序：执法劝导

执法前先行予以劝导，这在各地其实早已有许多实践，例如最先于天津开始实践的"三步式执法程序"，对于轻微违法的行为，采取先教育劝导、再责令整改、最后作出行政处罚决定的过程，是对处罚与教育相结合原则的具体贯彻。

（一）执法劝导的实践应用

执法劝导是一种柔性的执法方式，此处的含义指的是当事人轻微违法，能够通过教育、劝诫、疏导促使当事人自动履行法定义务、停止违法行为的，行政机关应当先行进行教育、劝诫、疏导。当事人停止违法行为，自觉履行法定义务，且未造成危害后果的，可以不实施行政执法。2015 年，中共中央、国务院发布的《法治政府建设实施纲要（2015—2020 年）》明确了要创新行政执法方式，提出要"推广运用说服教育、劝导示范、行政指导、行政奖励等非强制性执法手段"。

执法劝导在地方早已有实践。比如最早实行"三步式"执法的天津市工商局，从 2009 年开始，使用"三步式"执法程序，也即先教育、再整改、最后处罚的"三步式"执法步骤，针对的主要是轻微违法行为。第一步，如果通过劝导能够促使当事人停止违法行为，且没有造成危害后果的，不启动执法程序；第二步，如果未及时纠正，责令限期整改；第三步，拒不整改的，

依法处罚。目前，天津市 50 多个行政执法部门，基本完成"三步式"执法适用范围界定。[1]这种规定本质上是对行政机关行为选择的一种规范，赋予一般违法者自行纠错机会，以此杜绝以罚代管的执法现象，集中更多的执法资源，处理更严重的违法。《天津市城市管理规定》中处处体现了三步式的执法程序的理念与制度。《永平县行政程序暂行办法》第四章第五节规定"三步式"行政处罚程序，第 71 条规定："对不危害公共安全、公共利益的行政违法行为，应实行'三步式'行政处罚程序，即行政执法部门对于初次违法的行政相对人实施处罚时应按'先教育规范、再限期整改、最后依法处罚'的程序进行。"[2]

从地方实践来看，分步实施行政处罚，其实也是对于比例原则的贯彻，如果能够通过教育、劝诫等柔性执法方式实现行政管理的目的，则不启动严厉的行政执法程序。执法手段有直接手段和间接手段，直接手段通常在没有其他手段可替代的情况下采用，而在应对非必然需要正面处理的行政难题时，则宜更多尝试技术化处理，采用间接手段达到目的，劝导就是一种执法中的间接手段，也是程序开始前的一种预先程序。

各地开展"三步式"执法程序，将先行劝导作为行政处罚的前置程序，基于以下考虑：其一，减少行政执法过程中的冲突，降低执法成本。从长期的执法经验来看，因为一些轻微违法，被处罚对象与执法人员撕扯争夺，最后演变为暴力执法。直接的后果便是导致行政成本增加，造成两败俱伤、得不偿失的结果。其二，增加行政执法中的人文关怀。粗暴直接的行政执法方式，会造成公民与执法部门的对立，无助于执法环境的改善与执法权威的树立。执法中先予劝导意味着执法理念的转变。

"三步式"执法程序实际上是对违法行政行为的分类、分步实施，避免

---

〔1〕 界定的原则基本是：凡法律、法规、规章明确规定对违法行为责令限期改正的，必须适用"三步式"程序；法律、法规、规章规定责令改正并实施处罚的，原则上优先适用"三步式"程序；对危害国家安全、公共安全、生产安全、人身健康、生命财产安全、环境保护的违法行为，则不适用"三步式"执法，应当直接依法作出行政处罚。

〔2〕 具体步骤为：①教育规范。发现违法行为后，执法部门通过书面告知当事人应遵守有关法律规定，履行法定义务或者指出违法行为，督促其在 3 日内自行整改。在此期间当事人停止违法行为的，不再处罚。②限期整改。经教育规范，当事人仍不停止违法行为或者再次明知故犯的，执法部门书面责令其 15 日整改，经限期整改改正的，不予处罚。③依法处罚。当事人拒不整改，或者曾被限期整改，受过处罚又再次明知故犯的，由执法部门依法作出处罚。

一刀切的行政执法方式，也改变罚字当头的执法思维，一定程度上彰显了行政执法的人文关怀。"三步式"执法程序适用的前提是"分类"，实际上就是适用范围的确定问题。尽管各地规定表述各有不同，但概括来说，"三步式"执法程序指向的是，"轻微违法，且未造成危害后果的行为"。具体的执法方式是先采取劝导的方式，给予当事人一个自我纠正的机会，给予违法者必要的尊重和关怀，消弭两者之间的对抗，取得执法的配合与理解。

法律效用的实现依赖的不仅仅是强制性手段，现实中大多数人能够自觉守法，原因在于，利益导向机制在发生作用。行政目的可以通过信仰的引导力量来实现，也可以通过国家的强制力来实现，显然，前者更容易为群众接受。执法劝导可以有效发挥法律的教育功能，通过引导促使违法者自觉守法，实现法律的效用。

（二）执法劝导的合法性与合理性

《行政处罚法》是支持"三步式"执法程序中，"教育规范、先行劝导"之合法性最强有力的法律依据。《行政处罚法》第6条确立处罚与教育相结合的原则。对于轻微的违法行为，先予以劝导、教育，是对于《行政处罚法》第6条要旨的实现。从合理性来讲，除了符合比例原则的要求之外，客观上还具有以下实践意义。

1. 实现行政资源的合理配置。轻微违法的行为，经过劝导、教育、疏导，当事人自觉停止违法行为，行政机关不必启动执法程序，无需由行政机关花费执法成本去进行"二次"纠错，本身是对于执法资源的节约，比如强拆的行政成本很大，但如通过说服、教育、疏导，自行拆除能够大量节约行政成本。而从执法效果来讲，当事人予以自觉配合与服从，避免以后类似行为的发生，既达到执法之目的，又发挥了教育之功能。

以天津市为例，天津市采取"三步式"执法程序，在客观上带来的效果，就是实现了执法资源的合理配置和优化配置。执法资源得到进一步的整合，执法领域查处大案要案数量明显增加，这充分体现了优化执法资源、抓大放小所取得的效果。

2. 较好地纠正"以罚代管"的常态现象。"三步式"执法程序也旨在纠正以罚代管的执法现象。"以罚代管"中的"管"是要求违法者纠正违法行为，恢复原来的法秩序状态。"以罚代管"中的"罚"是对违法者进行的额外制裁，形成行政相对人自觉守法的意识，促使其以后不再犯，同时附加的功能是对潜在违法者施加心理威慑和警示，进而预防类似违法行为的再出现，从而维护理想法秩序的存续。[1]

所以，在执法中存在复合式的法律行为结构，一层是"管"，具体表现为"责令改正"，核心目的在于法秩序的恢复；这是停止违法行为、修复违法行为状态所必需的，因此不具有惩罚性。另一层是行政处罚行为，具体表现为"行政罚款"或其他处罚种类，核心目的在于制裁和威慑，预防违法行为的发生。责令改正，只是对违法者所应尽的法律义务的重新声明，是对于违法行为的纠正，要求违法者内化其违法行为所产生的负外部性，从而恢复理想法秩序。"以罚代管"实质上是以"罚"为目的，法秩序是否恢复，不是执法者考虑的重点，因此这种现象是被成文法所明确禁止的。长期以来，我国行政执法中"以罚代管"的问题较为普遍，罚款甚至成为创收的手段，指导、教育等手段更被置之脑后，行政执法的意义被严重扭曲。[2]因此，在合理的适用范围内，确立程序开始前的劝导方式，树立和弘扬正确的执法理念，也是对于实践中"以罚代管"的积极矫正。

对于轻微违法未造成危害后果的行为，实行"三步式"执法，会存在三层复合式的行为结构，第一层是先行劝导，第二层是责令改正，第三层是行政处罚。如采取教育规范，当事人能够自行纠正，理想法秩序得到恢复，而当事人再犯可能性不大的行为，则无需给予行政制裁，教育和引导公民、法人或者其他组织自觉守法。因此，"三步式"执法程序从教育规范、限期整改、依法处罚，是对"以罚代管"的纠正，符合执法的目的及执法的一般规律，执法的教育功能也得到较好的弘扬和彰显，体现了法律刚柔并济的力量。

（三）执法劝导的适用范围

有观点认为，执法劝导降低了执法机关的权威性，不利于法律信仰的培

---

〔1〕　黄锴："'以罚代管'行政执法方式生成的制度机理研究——以公路货运'治超'执法领域为基点的社科法学分析"，载《政治与法律》2016年第5期。

〔2〕　为了遏制"以罚代管"等不良现象，我国推行了"收支两条线"制度。执收执罚单位将依法收取或征收的行政事业性收费和罚没收入按财政部门规定全额上缴国库或预算外资金财政专户，支出按财政部门批准的计划统筹安排，从国库或预算外资金财政专户中核拨给执收执罚单位使用。通过实施"单位开票、银行代收、统一开户、财政统管"，较好地遏制了行政执法中的"以罚代管"行为，有利于依法行政和公正执法。

养，执法者对违法行为不予处理，是对违法行为的纵容。但是，执法劝导仅是行政处罚的前置程序，如违法当事人限期内没有整改，则会导致最终的处罚。"三步式"执法程序制度考虑的是情节轻微、未造成危害后果的违法行为，是在对违法行为合理分类的前提下，分步实施，并没有不分轻重，不予处罚。

执法中先予劝导的前提是"分类"。对于已经或可能造成严重危害后果的违法行为，为提高其违法成本，维护公共利益，必须给违法者以严厉的制裁，不能适用"三步式"执法程序。相反，针对"轻微违法行为"，尚未造成危害后果，潜在的危险性经过教育、劝导后能够得以消除的，违法当事人自行纠正违法行为，履行其法定义务的，行政机关可以不再实施行政执法。

综上，在行政执法程序立法中，可以具体规定：当事人轻微违法，能够通过教育、劝诫、疏导促使当事人自动履行法定义务、停止违法行为的，行政机关应当先行进行教育、劝诫、疏导。当事人停止违法行为，自觉履行法定义务，且未造成危害后果的，可以不实施行政执法。

三、程序运行中的退出机制：执法和解

行政执法和解，"是指在行政执法过程中，行政机关对拟作出的行政决定所依据的事实或者法律关系经调查仍不能确定，或者由于调查所需费用过于巨大，为有效达成行政目的，而与相对人相互让步并达成书面协议的活动"。[1]行政执法和解率先在英美法系国家发展起来，之后德国、日本在行政程序法中均对于执法和解予以规定。我国在立法上并无关于行政执法和解的统一规定，但执法和解已有一定的实践基础和规范基础。随着理论发展和实践所需，实务部门已经对行政执法和解表露出接纳的态度。对于统一行政执法程序立法来讲，对已经出现的执法现象，不能采取视而不见的态度。

（一）行政执法和解在我国的制度基础和实践基础

目前，行政执法和解理念在专业性较强的领域中已经有具体的体现。例如，《中华人民共和国反倾销条例》（以下简称《反倾销条例》）规定的价格

---

〔1〕　应松年主编：《当代中国行政法》，中国方正出版社 2005 年版，第 1003 页。

承诺制度，[1]《中华人民共和国反垄断法》（以下简称《反垄断法》）规定的经营者承诺制度，[2]《海关关于〈中华人民共和国知识产权海关保护条例〉的实施办法》规定的海关知识产权执法和解制度，[3]以及证监会发布的《行政和解试点实施办法》（2015 年 3 月 29 日实施）规定的证券监管行政执法和解制度。这些单行法律法规及规范性文件为行政执法和解行为在特定领域的适用提供了制度基础。除了专业领域，《行政强制法》第 42 条确立了行政强制中的执行和解制度。[4]《行政复议法实施条例》首次明确了行政复议可以和解，具体条件是：①和解对象为行政机关基于自由裁量权作出的具体行政行为；②和解内容不得有损于公共利益和他人合法权益；③和解原则遵循自愿性。[5]

在行政执法实践中，行政主体在面对有关土地征收、房屋拆迁、环境问题等行政争议时，出于公共利益、社会稳定等的考量，会有寻求执法和解的强烈动力；对于法律、法规规定不明，涉及行政自由裁量权行使的案件，和解成为解决问题的选择；对于因行政协议引起的纠纷，由于其本身就兼具行政性与合意性，以和解方式结案更符合合同本身的合意属性。在地方层面，

---

〔1〕《反倾销条例》第 31 条规定，倾销进口产品的出口经营者在反倾销调查期间，可以向商务部作出改变价格或者停止以倾销价格出口的价格承诺。第 33 条规定，商务部认为出口经营者作出的价格承诺能够接受并符合公共利益的，可以决定中止或者终止反倾销调查，不采取临时反倾销措施或者征收反倾销税。中止或终止反倾销调查的决定由商务部予以公告。

〔2〕《反垄断法》第 45 条第 1 款规定，对反垄断执法机构调查的涉嫌垄断行为，被调查的经营者承诺在反垄断执法机构认可的期限内采取具体措施消除该行为后果的，反垄断执法机构可以决定中止调查。中止调查的决定应当载明被调查的经营者承诺的具体内容。

〔3〕《实施办法》第 27 条第 3 款规定，知识产权权利人与收发货人就海关扣留的侵权嫌疑货物达成协议，向海关提出书面申请并随附相关协议，要求海关解除扣留侵权嫌疑货物的，海关除认为涉嫌构成犯罪外，可以终止调查。

〔4〕《行政强制法》第 42 条规定，实施行政强制执行，行政机关可以在不损害公共利益和他人合法权益的情况下，与当事人达成执行协议。执行协议可以约定分阶段履行；当事人采取补救措施的，可以减免加处的罚款或者滞纳金。执行协议应当履行。当事人不履行执行协议的，行政机关应当恢复强制执行。

〔5〕《行政复议法实施条例》第 40 条规定，公民、法人或者其他组织对行政机关行使法律、法规规定的自由裁量权作出的具体行政行为不服申请行政复议，申请人与被申请人在行政复议决定作出前自愿达成和解的，应当向行政复议机构提交书面和解协议；和解内容不损害社会公共利益和他人合法权益的，行政复议机构应当准许。第 50 条第 1 款规定，有下列情形之一的，行政复议机关可以按照自愿、合法的原则进行调解：①公民、法人或者其他组织对行政机关行使法律、法规规定的自由裁量权作出的具体行政行为不服申请行政复议的；②当事人之间的行政赔偿或者行政补偿纠纷。

珠海市地税部门试行了税务诚信报告免责制度，[1]上海市司法局会同市场监督管理局、应急管理局发布并施行了《市场轻微违法违规经营行为免罚清单》。从现行法律、政策规定和实践探索来看，执法和解已经呈现出较为多样的实践。

从司法层面，总体呈上升趋势的全国行政诉讼一审案件撤诉率，[2]也能够在一定程度上佐证和解在行政诉讼实务中的大量运用。虽然《行政诉讼法》一般情形下禁止法院以调解方式结案，但是关于撤诉的规定实际上意味着和解的可能性。诚然，行政相对人选择撤诉的理由各种各样，比如认为胜诉无望、对于"民告官"仍有所顾虑等，但实践中往往是因为行政机关认识到自己的行政行为违法，对原行为作出纠正或者与原告达成和解，那么，原告基于诉讼目的已经达到而选择撤诉。2016 年，北京市高级人民法院在 2014年《行政诉讼法》实施一周年之际，召开的新闻通报会上公布的数据显示，北京市法院一审行政案件中因协调和解而撤诉的案件达 1459 件，占全部一审结案数的 16.7%，同比上升 6 个百分点。北京市四中院 2019 年度行政案件司法审查报告中指出，2019 年度北京市四中院审结的 1649 件一审行政案件中，原告主动申请撤诉案件达到 155 件，相较于 2018 年同比上升 56.6%。其实，《行政诉讼法》规定撤诉的本义在于限制撤诉，而非鼓励撤诉。但是实践中撤诉率居高不下，说明和解在实践中的运用具有广泛空间。我国税务行政案件撤诉率畸高就是一个有力的证明。

综上，尽管行政执法和解缺乏统一的制度基础之认可，但是在实践中却有广泛的需求和运用。如不对此进行正面的回应，会存在危及公共利益的潜在危险。

（二）境外行政执法和解适用的两种进路

在境外，行政执法和解在实践中应用范围极广，特别适用于情况复杂的专业性案件，行政执法和解主要适用于以下领域：①反垄断法领域。如行政

〔1〕 该项制度鼓励企业主动向税务部门报告重大涉税事项，在应报税时点，当涉税事实和政策规定尚不明确时，若行政相对人能主动向行政机关诚信报告相关涉税资料，纵然依日后税收政策确定需要缴税，也不加收滞纳金或给予处罚，只需补缴税款即可。

〔2〕 据《中国法律年鉴》统计数据，2004～2014 年全国行政诉讼一审撤诉率分别为 30.6%、30.1%、33.8%、37%、35.9%、38.4%、44.5%、48%、49.8%、41.9%、30.2%。

执法和解在我国台湾地区"反垄断法"实施中的运用，则始于"微软公司案"。[1]②证券法领域。例如，美国在证券监管中积极鼓励执法和解的适用，形成了完善的操作规程。[2]③环境法领域。环境法领域中常常运用执法和解，基于环境损害事件中因果关系难以确定。[3]④税法领域。基于税收法定原则，一般情况下，不允许税收执法适用和解。[4]但在德国，尽管适用执法和解有非常严格的条件限制，但税收领域却有执法和解的运用。⑤专利法领域。专利侵权行为的隐蔽性，以及取证难等问题，决定了侵权事实难以认定，损害赔偿难以确定，因此在专利侵权领域，专利权人和侵权者之间有更多的合作与妥协的空间，这给执法和解的适用提供了空间，也符合专利权私权的本性。

综上，这些行业具有的共同特点是，均属于专业性特别强的领域，违法行为的调查取证及行为定性难度大，此外，均具有通过协商弥补损失之可能。

制度的构建离不开对已有经验的借鉴，学界对德国和美国的相关立法状况给予了较高的关注度，这两个国家在执法和解的适用上分别代表了两种不同的进路。

《德国联邦行政程序法》对订立和解契约的条件进行了较为严格的规定。根据《德国联邦行政程序法》第54条、第55条、第59条第2款第3项之规

---

〔1〕　郑鹏程："论现代反垄断法实施中的协商和解趋势——兼论行政垄断的规制方式"，载《法学家》2004年第4期。

〔2〕　有关资料显示，美国证券交易委员会平均每年办理600多个案件，其中50%以上的案件在采取正式法律程序前就达成了和解；有40%左右的案件在诉讼中和解；仅有10%的案件能走完诉讼程序。参见简俊东："制度创新：证券执法'加速器'"，载《21世纪经济报道》2007年12月31日，第44版。

〔3〕　环境案件因果关系的不确定性表现在：①环境污染具有流动性、潜在性、交叉性和复杂性等特点。这使得认定污染行为与损害结果之间的因果关系变得非常困难。②环境污染纠纷既有一对一的纠纷，又有一对多的纠纷，而且往往是不确定的多数。这种复杂性增加了认定损害的难度。③查处环境污染案件的执法成本较高，而一些地方环境保护部门尤其是贫困地区的环境保护部门，在执法经费、交通工具、通信工具、仪器设备等方面远不能适应环境行政执法的需要，特别是对瞬间发生的环境违法活动根本无法获得确凿证据。④由于企业排污行为具有一定的合法性，因此环境保护部门若一味使用刚性执法手段则难以达到预期的效果，而不得不进行利益衡量，最终采取变通做法。参见涂怀艳："行政执法和解初探"，载《法商研究》2008年第2期。

〔4〕　翁岳生：《行政法》，中国法制出版社2002年版，第772页。

定，[1]可以看出德国对行政执法和解行为持较为谨慎的态度，和解合同的订立条件可以归纳为三点："第一，存在着有关事实状况或者法律关系的不确定状态；第二，这种不确定状态不能查明或者非经重大支出不能查明；第三，通过双方当事人的让步，可以取得一致的认识。"[2]可见，德国的立法实践对和解行为并不是报以鼓励或提倡的态度，对和解合同的规定很是严格。能够进行行政执法和解的原则是不违反法律强制性规定且符合行政目的，适用的前提是存在事实或者法律不明确情况，由于受人的认知能力所限，或出于经济代价的考虑，而放弃查明。在德国的行政实务中，社会法和租税法领域都能看到和解契约的运用，但是，行政机关不能随意使用和解合同来解决问题。基于形式法治的规范主义立场和依法行政的原则，立法对和解契约的适用范围进行了严格限定。在《德国联邦行政程序法》之外也没有过多的专门立法规制执法和解，仅仅通过行政程序法概括授权。德国法上这种受到严格限定的执法和解，现已被我国证券执法所移植。[3]中国证监会基于《行政和解试点实施办法》与高盛（亚洲）有限责任公司等 9 名行政和解申请人达成的和解，即是运用此种模式的实例。

　　美国受到实用主义哲学的影响，在法律上也形成了一种法律实用主义。替代性执法方式的发展，也是受到这一实用主义的影响。《美国联邦行政程序法》第 554 节中规定，行政机关应对一切有利害关系的当事人提供机会，在法律性质、公共利益允许的情况下，提出和解的建议，并不要求存在事实或法

　　　　　　　　　　　　　　　　　　　

　　〔1〕《德国联邦行政程序法》第 54 条规定，"公法范畴的法律关系可以通过合同设立、变更或撤销，但以法规无相反规定者为限。行政机关尤其可以与拟作出行政行为的行对人，以签订公法合同代替行政行为的作出"。第 55 条规定，"第 54 条第 2 句意义上的公法合同，经明智考虑事实内容或法律状况，可借之通过相互让步消除存在的不确定性（和解）时，可以签订，但以行政机关按义务裁量认为达成和解符合目的的为限"。第 59 条第 2 款第 3 项规定，"不具备订立和解合同的条件，且行政行为如具有相应内容的，即会因第 46 条所指的程序或形式瑕疵而违法"。

　　〔2〕［德］哈特穆特·毛雷尔：《行政法学总论》，高家伟译，法律出版社 2000 年版，第 356 页。

　　〔3〕2015 年 2 月 17 日，我国证监会发布了《行政和解试点实施办法》，其第 2 条规定，证监会可根据行政相对人的申请，与其就改正涉嫌违法行为、消除涉嫌违法行为不良后果、交纳行政和解金、补偿投资者损失等进行协商以达成行政和解协议，并据此终止调查执法程序。随后的第 6 条第 1 款第 1 项明确将证券执法和解的适用前提限定为"案件事实或者法律关系尚难完全明确"。这与《德国联邦行政程序法》对于和解契约的规定基本相同。

律状态难查的情形。美国行政部门在执法实践中采用最多的就是和解方式。[1]特别在证券监管领域，和解是 SEC（美国证券交易委员会）执法中最常用到的手段，大部分案件在经过正式的诉讼程序之前基本上都可以被和解。[2]

从具体实务及立法所表达出来的态度来看，美国对执法和解的态度显然比德国更加积极。德国深受严格的形式法治主义的影响，难以接受模棱两可的法律状态，因此态度就更为保守。美国是奉行法律实用主义的国家，在适用和解的态度上呈现出高昂热情的姿态。体现在两国使用执法和解的先决条件也是不同的，从而，形成两种不同的进路。

一般而言，各国和各地区在启动和解程序的时点上比较一致，需要经过必要的调查才能启动和解。[3]因为如果没有必要的调查，是否具有严重危害性的案件、证据是否充分等问题难以进行判断，此时贸然进行和解会严重破坏执法的权威性，也会损害公共利益。另外从当事人的角度，执法和解本身便是执法机关和当事人的博弈，如果执法者没有必要的证据，当事人也没有理由自愿接受和解协议，既要接受承认自己违法的事实，还需要承受数量巨大的罚金。因此，在进行必要的调查活动之后方可启动和解，这是没有疑义的。关键的问题在于，必要的调查应该达到何种程度方可启动和解。对于此问题的回答，德国和美国体现出不同的进路。美国适用的是适度调查原则，执法机关的调查活动应掌握当事人违法的初步证据。德国以穷尽职权调查不能掌握充足证据或非经重大支出不能查明为标准。

（三）我国确立执法和解制度的必要性

"对于当下的中国来讲，是否建立行政执法和解制度，首先面临着理论上的钳制。'公权不可处分'的观念，使行政和解制度的构建阻力重重。"[4]

---

〔1〕　1990 年，美国国会通过了《协商立法法》和《行政争议解决法》。这两部法律旨在授权和鼓励行政机构适用协商、调解、谈判的方式迅速解决行政纠纷和制定行政规章，标志着和解已经成为行政程序上一个极其重要的组成部分。

〔2〕　郭东："证券监管体制的缺陷与社会证券监管力量的崛起"，载《证券市场导报》2007 年第 12 期。

〔3〕　美国联邦贸易委员会规定执法和解只能在正式控诉前进行，已经启动正式控诉程序的案件不能适用和解程序。而且，具有严重危害性的案件不能进行执法和解。参见王炳："反垄断执法和解的制度机理"，载《安徽大学学报（哲学社会科学版）》2010 年第 2 期。

〔4〕　张红："破解行政执法和解的难题——基于证券行政执法和解的观察"，载《行政法学研究》2015 年第 2 期。

那么，使用执法和解，首先要解决的是理论上的正当性问题。

1. 执法和解的适用具有理论上的正当性。

第一，正当的执法和解目的是公共利益的最大化。传统理论认为，行政权是公权，不可像私权一样自由处分。但是，法治框架下的执法和解并不是对于权力的自由处分，执法和解的目的也是为了有效达成行政目的，只有在有利于国家利益、公众利益的情况下才允许使用。

按照传统行政执法的思维，当事人的行为从法律的评价来讲就是泾渭分明的两种：合法与违法。但是，这仅是一种假想的理想状态，事实上会存在难以定性的行为性质，这主要有以下原因。其一，法律调整范围的局限性与法律的滞后性，会存在一些介于合法与违法之间的模棱两可的状态。例如，2005 年"创维税案"中，税务机关穷尽所能，但由于对课税依据即当时"地产地销"政策存在理解上的分歧，双方认知很难调和，最后以补缴 7600 万元税款达成和解。[1]其二，行为定性的不确定性是可能存在的。如"垄断"的认定，在特定的案件中，可能就是仁者见仁、智者见智的问题。其三，使用正式的程序，按照程序启动、调查、作出确定的执法结论，步步推进，这只是法律设想的完美状态。执法过程的复杂性使得程序在运行过程中，可能会面临无法推进的现实难题，所以必要的退出机制应该予以设置，机械地恪守规则，并不一定意味着对于法治的坚守。其四，面临有限的执法资源，抓大放小，将资源配置给严重违法的领域，才能从整体上实现执法效能。[2]

正当的执法和解是执法部门为有效达成行政任务，为了公共利益的最大实现作出的合理选择，并不意味着对于公共利益的牺牲。从此角度，执法和解是对于行政权的正确行使，它体现的是裁量理性，是在法律的框架内的相对自由意志的体现。

其实，人们对于执法和解的批判更多源于对于和解风险的忧虑，也就是，监管者与被监管者通过违法手段达成和解损害公共利益，但这涉及和解制度的操作层面，毕竟，任何权力都是双刃剑，都存在被滥用的可能性，权力滥用不是执法和解特有的风险，不能因噎废食抹煞执法和解存在的合理性。

---

〔1〕　"创维税案和解"，载 http：//magazine. caixin. com. cn/2005 - 10 - 03/100084572. html，最后访问时间：2016 年 9 月 20 日。

〔2〕　宋功德："证券执法和解机制"，载《甘肃行政学院学报》2010 年第 3 期。

因此，从这些角度出发，可以说，我国构建执法和解制度理论的钳制并不是问题，关键在于具体操作层面。[1]

第二，行政裁量权的存在，使得行政执法和解具有合法基础。执法和解存在的前提基础是行政裁量权的存在。行政裁量权也会遭遇一定的困境，[2]这种困境导致无法按照正式行政程序推进案件的处理，执法和解制度能为裁量困境带来转机，节约执法资源，提高行政效率，实现公共利益的最大化，有效避免执行难题。在裁量的权限范围内，执法和解具有了合法性基础。由于裁量的过程中吸纳了双方的合意与协商，使得基于和解作出的裁量是理性的。

2. 行政执法和解的确立在我国具有现实需求。从前文所述我国执法和解的实践，立法上对于和解的排斥，并没有消减和解在实践中的运用，反而造成了指导原则和程序规则的缺位，这样的缺位会带来更多的弊端。如果缺乏规制，可能会造成以下弊端：

第一，和解沦为攫取私利的附庸。执法机关进行强迫式"和解"，损害公共利益，攫取个人利益。虽然在个别专业性领域中建立了行政执法和解制度，但我国针对行政执法和解的制度构建缺乏总体性的一般性的制度框架，如果不正视立法上的大量空白与实践中的大量运用之间的矛盾，任由行政执法和解脱离行政法治的束缚，行政执法和解会成为攫取私利的工具。

第二，和解由于强调裁量因素，可能会演变成随意执法，造成对于法律秩序的破坏。阿斯曼认为："在许多领域表现为非正式的行政活动，不是作为法律现象存在的，如果我们对此忽视的话，将是危险的，将有一个非法行政的坏名声，这将把法治国引入歧途。"[3]"执法和解如得不到制度化规范，不能按照法律规范的正式轨道进行，不仅会异化失去自身的正当性，而且会造成对整个法律秩序的破坏。"[4]

---

〔1〕 岳卫峰："我国构建证券执法和解制度的逻辑缺陷和可能路径"，载《河北法学》2015 年第 3 期。

〔2〕 这种困境可能会体现在以下三方面：第一种情况是个案事实明确，但是由于法律滞后或者对于法律适用的理解存在差异导致了法律的不确定状态；第二种情况是个案事实依据难以查证，或者可以查证但需要耗费大量的行政资源；第三种情况是行政机关单方面做出的判断虽然合法，但是却产生负面效应或无法收到对等的积极效果等。

〔3〕 〔德〕埃贝哈德·施密特 - 阿斯曼等：《德国行政法读本》，于安等译，高等教育出版社 2006 年版，第 172 页。

〔4〕 颜运秋："税务和解的正当性分析"，载《法学杂志》2012 年第 8 期。

行政执法中的和解属于非正式的行政活动，"这些活动要完成阐明'间接行政'和'软沟通事务'的法治国意义方面的使命，这就要求推动完成新模式的新任务的执行，将形式扩大到有关任务的结构当中"。[1]因此，在立法上对于执法和解进行规定，将这种活动形式纳入行政任务的结构中，对其进行制度勾勒，能够避免执法和解在实践中误入歧途，消弭其异化可能，警惕其对于公共利益、执法权威、法律秩序造成进一步的破坏。比如在税收领域，每年税收行政案件撤诉率非常大，本义上，行政诉讼规定撤诉的初衷是为了限制撤诉，而不是鼓励撤诉。因此，这种撤诉率居高不下的情形，一定程度上说明行政机关与纳税人私下和解，最终损害的是国家利益，这样发展下去非常之危险。如有执法和解的法律制度勾勒，那么就能够有效避免执法和解在实践中误入歧途，能否和解，如何和解，也就有了制度上和程序上的指引与规范。

3. 执法和解的立法路径。对于执法和解的立法路径问题，可以参照美国、德国的做法，在综合性的法律文件中明确授权执法和解。[2]如美国在《美国联邦行政程序法》《美国行政争议法》中规定执法和解的内容。德国在《德国联邦行政程序法》中明确授权执法和解。目前由于我国《行政程序法》立法进展缓慢，因此，在统一的行政执法程序立法中对于执法和解进行授权规定，夯实执法和解的法律基础，是一条可行的路径。

（四）执法和解的适用范围及条件

理论意义上，在不违背法律强制性规定，不损害公共利益和他人合法权益的前提下，对于行政主体被赋予自由裁量权的领域，都可以采用执法和解作为执法之替代。但如果在制度上确定如此宽泛的范围标准，将会存在较大的风险，对行政执法秩序造成一定的破坏。其实，执法和解的建立有一个基本前提，那就是行政机关能够充分利用资源，严格执法，前期行政执法活动有效运转，这是执法和解构建的稳固基础。但是，针对我国目前和解实践欠缺经验、行政执法不够规范、不够严格的现状，行政执法和解不宜也无法适

---

〔1〕　［德］埃贝哈德·施密特－阿斯曼等：《德国行政法读本》，于安等译，高等教育出版社2006年版，第173页。

〔2〕　丁丁、侯风坤："我国引入证券执法和解制度的法律争点与解决途径"，载《证券法苑》2013年第2期。

用于所有行政裁量存在的情况，只能在特定领域中、特定情况下允许适用和解以达到行政目的。

1. 构成要件。对适用范围作出划分首先应当明确构成要件。我国对以和解替代处分宜持限制而非鼓励、提倡的态度，因而在探讨和解的构成要件时，可以效仿德国的"穷尽职权模式"折射出的谨慎精神，作出严格的规定。行政执法和解的构成要件应当包括：

第一，明确事实关系或法律关系存在客观上的困难。所谓客观上的困难，是指在执法过程中，无法查明模糊的事实、法律状态，或查明所需付出的代价与行政主体执法预期严重不成比例，在这种情况下执法和解便可成为配置资源的一种手段，毕竟任何资源都是有限的，只有合理的配置才有可能全面的兼顾。况且相比行政机关在无法查明违法事实、证据不足的情况下作出有争议的处分，执法和解更加符合执法宗旨，更加有利于执法目标的实现。而对于事实清楚、法律关系明确的状况，行政机关应本着依法行政的原则作出行政行为，没有必要与行政相对人协商。

第二，行政机关对和解标的具有裁量权。如前所述，行政裁量为行政执法和解的存在提供了可能性，如果行政机关针对某一不具有裁量空间的事项与行政相对人进行和解，那该和解必然存在根本性瑕疵，是对法律强制性规定的违反。毫无疑问，此为执法和解必要的构成要件。

第三，行政机关与行政相对人能够达成共识。能够达成共识，首先，强调双方是基于真实的意思表达，互相退让和妥协，不具有意志的强迫。其次，强调的是行政机关作为代表公权力的一方，是否能够和解，要充分考虑最大限度实现公共利益，这也是行政法与民法上的和解典型的不同之处。最后，双方经过协商和沟通，执法主体以适度的执法退让（如停止调查、减免处罚、不予强制执行等），促成相对人及时停止和纠正违法、尽力补救违法侵害后果的积极行动，以此化解执法困境，消弭执法纠纷。在和解实践中，除了契约，还有一种双方形成共识的形式，即"一方作出公示，另一方给予回应"的"公示回应"形式，这种共识的表达形式表现为相对人已经通过实际行动满足了执法机关的具体要求。珠海市地税部门试行的税务诚信报告免责制度，就属于此种形式。

第四，和解能够有效达成行政目的。虽然，行政机关在决定"是否和解"以及"能否和解"之过程，享有裁量权，但是除了遵守前面所述明晰法律事实及关系具有客观上的困难的前提之外，尚须在目的上具有正当性，也就是有效达成行政之目的。无论对行政执法和解的构成要件和适用范围作出如何详细的规定，在执法实践过程中，是否需要采用和解来替代处分，还要考虑许多综合性因素，现实中总有理论上无法预料的意外。这就要求行政机关在决定与相对人和解时，尽到谨慎权衡之义务。考虑和解是否既能实现对违法人的制裁，又能实现公共利益的最大化，也就是执法和解的适用要"具备合目的性、合义务性之要求"。[1]

第五，和解不违反法律、法规的禁止性规定。如果相关法律明确规定行政争议不得和解，则不允许进行执法和解。例如《美国行政争议法》规定 6 种情形不得适用替代性纠纷解决方式。[2]

2. 执法和解应主要适用于经济性规制领域。如前文分析，执法和解能否发挥作用，取决于前期行政执法活动是否有效运转，是否严格执法，充分利用了现有的执法资源，这是执法和解制度确立的稳固基础。因此，在我国行政机关还未能在法律框架内充分利用执法资源严格执法的情形下，构建普遍性的执法和解有较大的风险。在大多数领域，执法和解并不是当下急需构建的制度，仓促地将其推广到一般执法领域，有可能会造成适得其反的后果。从各国及各地区的相关制度来看，行政执法和解大多被运用在税务、反倾销、反垄断、金融监管等经济性规制领域，我国也是率先在反垄断、反倾销、知识产权领域肯定了行政执法和解行为，之后在证券监管领域开始试行执法和解。结合我国实际，应当将对行政执法和解制度适用范围限制在经济性规制

---

〔1〕　台湾行政法学会主编：《行政契约之法理：各国行政法学发展方向》，元照出版有限公司 2009 年版，第 22 页。

〔2〕　包括以下六种情形：其一，需要确立先例，要求事件有一个确定的或者权威的解决；其二，事件涉及政府政策的重大问题或者可能对此产生影响；其三，事件对没有参与程序的个人或者组织影响重大；其四，事件的完全公开处理有重要意义；其五，为了确保行政机关随情事变化而改变对事件的处理，行政机关必须保持对事件的连续管辖权；其六，采用和解程序不利于保持个案决定的一致性。

领域。[1]一方面，这符合大多数国家和地区行政执法和解制度的发展经验和规律，经过了一定的实践检验。另一方面，现有行政执法制度更多立足于传统经济建设和规制，而经济性规制领域中新的问题层出不穷，会产生诸多事实上和法律上的不明确状态，容易陷入裁量困境，这时候设置程序进行中的退出机制是有必要的。

但不能忽视的是，确立执法和解制度，同样是一个"潘多拉的盒子"。若缺少有效监督，无异于给予执法机关利用公权力"合法"损害公共利益的途径。境外执法和解制度成功的经验更多体现在其完善的监督体系，这需要立法进一步努力，构建有效可行的执法和解监督机制。

综上，统一行政执法程序立法中可以明确授权执法和解，具体可做如下规定：在行政执法过程中，当事实、法律观点不明确且这种不确定状态不能查明或者非经重大支出不能查明时，为有效达成行政目的，依据法律法规的规定，行政主体与相对人就此不确定状态可进行和解。和解不得损害公共利益和他人合法权益，不得违反法律、法规的禁止性规定。

第五节　保障及时性原则的行政期限制度

一、行政期限制度的意义

法治的服务功能要求行政具有及时性，因此，行政期限是保证行政及时性原则的重要程序制度。在德国，时间被认为是非常重要的法治国家资源。[2]行政期限制度具有以下意义：

---

〔1〕 根据调整对象不同，可以将规制分为经济性规制和社会性规制。经济性规制是指"在存在着自然垄断和信息偏在（不对称）问题的部门，以防止无效率的资源配置的发生和确保需要者的公平利用为主要目的，政府通过被认可和许可的各种手段，对企业的进入、退出、价格、服务的质量以及投资、财务、会计等方面的活动所进行的规制"。经济性规制的重点领域是电力、天然气、电信、交通、航空等具有自然垄断特征和信息不对称问题的产业及农业、银行业等特殊产业。社会性规制主要包括安全性规制、健康规制和环境规制等。参见张红："破解行政执法和解的难题——基于证券行政执法和解的观察"，载《行政法学研究》2015 年第 2 期。

〔2〕 ［德］汉斯·J. 沃尔夫、奥托·巴霍夫、罗尔夫·施托贝尔：《行政法》（第 1 卷），高家伟译，商务印书馆 2002 年版，第 451～452 页。

第一，督促行政机关及时作出行政决定，稳定法律秩序。对于行政程序，法治国家要求行政程序在适当时间内结束。行政机关收到申请后拖延履行法定职责、迟迟不做决定，是实践中经常发生的事情。期限制度为行政机关设定了必须做出决定的期间，能够加快程序的进程，提高行政效率，尽快确定权利义务关系，实现社会秩序的安定性。

第二，及时做出行政决定有利于保护公民权利。"给得快等于给双倍"——特别在给付行政中，迅速做决定对于公民有着重大的利益。[1]只有法适时被转换，法才变得有效，在旧的、防御国家角度的行政法之下，时间因素有时被忽略，但在今天，适时的权利保护已经构成立法和司法的确定指示，对行政程序，法治国家要求行政程序在适当时间内结束，适时的行为是全部行政法必须遵守的准则。[2]在秩序行政领域，及时作出行政处罚等决定，才能更好地维护被侵害人的合法权益，"迟来的正义非正义"，这句谚语在行政处罚领域同样适用。

第三，行政期限制度对于发挥行政程序制度的功能具有重要作用。一切程序性法律行为均在一定时空中发生的，各项行政程序制度都包含有时限的内容，期限制度贯穿于行政程序整个过程，从程序启动、到程序过程再到终结，都必须有期限的要求。如相对人提出申请、执法机关作出决定，如没有时间的要求，程序功能就无法发挥。再比如各项程序制度回避制度、听证制度、说明理由制度，告知义务，如果缺乏期限的要求，程序的推进及其他功能就无法有效发挥。

第四，期限制度能够在一定程度上克服官僚主义作风。法定期限届满，行政机关没有做出决定的，申请人可以依法寻求法律的救济，便于救济程序的启动，也有利于对于行政不作为、拖延作为的认定。

二、行政期限制度的问题分析

在缺少基本规范的情形下，我国目前行政期限制度存在很多问题，没有

---

〔1〕［德］埃贝哈德·施密特-阿斯曼等：《德国行政法读本》，于安等译，高等教育出版社2006年版，第405页。

〔2〕［德］施密特·阿斯曼：《秩序理念下的行政法体系建构》，林明锵等译，北京大学出版社2012年版，第61页。

引起足够的重视。

第一，由于没有统一的行政程序法，不同的行政法律文件对于期限作出不同的规定，造成法律制度的不统一。有学者对于规定行政处罚处理期限的单行法律规范进行梳理，发现"关于行政处罚一般处理期限的规定，规定处理期限为 30 日的有 5 个法律规范；规定处理期限为 60 日的有 8 个法律规范；规定处理期限为 90 日的有 10 个法律规范；还有一个规定了 180 日的处理期限"。[1]这些不同行政主体对不同行政违法行为的处理期限，规定杂乱无章，具体期限差异性非常之大，使得期限安排的合理性大打疑问。行政期限应当遵循具有合理性的原则，及时性与合理性并不矛盾，合理的期限也就是及时的期限。

第二，许多法定行政行为没有期限规定。如《行政处罚法》（1996）并未对于期限制度作出规定。没有期限规定，一是容易产生行政恣意，影响相对人的合法权益，甚至导致行政腐败；二是由于没有时间规定而增加了执法不作为的认定难度，因为在法律法规中，如对行政主体履行职责的时限做出明确合理的规定，便于实施救济时判明行政主体是否超越法定时限，构成行政不作为。

第三，很多法律仅对期限作出明确规定，但是对行政机关如果没有在法定期间内作出决定，将产生何种实体上的法律后果，没有规定。例如，在行政处罚领域，当前我国法律针对行政处罚处理期限的规定中，都仅仅规定了一段的处理期间，并没有规定相关的法律后果。如果超期作出行政处罚决定，司法实践中法院对于行政处罚决定的效力有不同的认定，增加了司法裁判的不确定性。在《行政许可法》中，对于期限有专门一节的规定，但如果行政许可机关未在法定期限内作出行政许可决定，产生何种法律后果，未作规定。《行政许可法》只是就行政机关逾期未做行政许可延续决定的情形，规定了相应的法律后果。该法第 50 条第 2 款规定，行政机关应当根据被许可人的申请，在该行政许可有效期届满前作出是否准予延续的决定；逾期未作决定的，视为准予延续。

---

〔1〕　沈福俊、崔梦豪："行政处罚处理期限制度的反思与完善——以潘龙泉诉新沂市公安局治安行政处罚案为切入点"，载《北京行政学院学报》2019 年第 2 期。

第四，期限制度的适用缺乏公平性。很多单行法律在期限上对相对人提出严格要求，但缺乏对于行政机关期限的规定，造成适用上的不平等。这种期限上的不平等，致使行政主体在执法中任意拖延时间，造成相对人时间成本、经济成本等无止境的消耗。特别在部门立法中行政机关承袭了传统的管理观念，不具备执法的服务观念，侧重行政主体的便利，重权力行使而轻权利保护。

行政期限作为现代行政程序制度之重要内容，应着重保护行政相对人的利益。从双方法律关系的不对等性来讲，期限的设置上也应倾向于保护行政相对人的利益。从秩序行政到服务行政，涌现出许多这样的新型的行政关系，其中显著的特征是相对人将被赋予更多的权利，这就要求要求行政主体及时履行职责以提供更多更好的服务，以此顺应权利保护不断推进的巨大潮流。

三、行政期限制度的规范考察

（一）境外行政程序法中行政期限的规范考察

多数国家和地区行政程序法都对作出行政决定的一般期限作出规定，但期限具体定为多少，各国和各地区规定差异较大。《意大利行政程序法》第2条规定如果法律法规没有明确规定时限，行政部门应当确定各类行为完成的时限。行政许可审核案件的时限自申请被受理时开始计算。如果行政部门也没有对时限作出规定，时限定为30天。希腊规定申请提交后，行政机关有义务在60日内处理申请并作出决定，其他法律对期限有特别规定的，适用其他法律的规定。期限自申请提交主管机关后开始起算（第4条）。葡萄牙规定在没有特别规定或者行政当局没有定出期间时，行政机关作出行为的期间是10日（第71条）。我国澳门地区规定的一般期间是15日（第70条）。《日本行政程序法》本身没有规定一般期间，而是要求行政机关应当尽力订定自申请到达其办公处所时起至对该申请为处分时止，通常需要的标准期间。订定的期间应在行政机关办公处所或其他适当方法公告（第6条）。

逾期没有规定将产生何种法律后果，从其他国家和地区行政程序法的规定来看。奥地利、日本的行政程序法只规定做决定的期限，对行政机关逾期没有作决定将产生何种实体法上的后果没有规定。只有西班牙、葡萄牙和我国澳门地区作了规定，逾期不做决定的法律后果有两种情形：默示批准和默示驳回。默示批准指行政机关在法定期限内没有对申请人的申请做出答复，视为批准申请。根据《西班牙公共行政机关法律制度及共同的行政程序法》（1999）第 11 条的规定，应利害关系人请求而开始的程序中的行政沉默，利害关系人在任何情况下均可认定其请求已被行政沉默认可，除非相关法律作出相反的规定。但是行使请求权程序的、行为反驳及规定性程序不在此项，在这些程序中，行政沉默具有否定效力。这意味着在西班牙，默示批准属于一般情形。在葡萄牙，默示驳回则属于一般情形，默示批准的范围受到严格限制，在《葡萄牙行政程序法》第 108 条第 3 款列举可以被视为默示批准的七种情形，比如有私人工程的执照、地段划分执照、将工作特许给外国人的许可、不间断工作许可、轮班工作的许可、公私职务的兼任等。

（二）地方行政程序立法中行政期限的规范考察

从地方程序立法的规定来看，除了对于一般期限作出规定，还有如下期限制度。

1. 承诺期限。行政承诺在实践中广泛存在且形式多元，近几年来，行政承诺在行政管理中成为常见的管理手段，行政机关以此向社会表明，履行法定职责的决心和态度，树立行政形象，提高行政效率。从分类来讲，有实体性承诺与程序性承诺之分。[1]程序性承诺一般是行政机关针对审批等程序性事项如流程的简化、时限的缩短、方便相对人等方面给予程序利益的承诺。行政机关在条件允许的情况下，向社会承诺执法办结时限，这种承诺属于程序性承诺。对于行政期限的承诺有两种情形：①在有法定期限的情形下，行政机关承诺，以更短期限办理行政事项。②在法律、法规、规章没有对于期限作出明确规定的情形下，行政机关向相对人承诺在一定的明确期间内办理行政事项。地方程序立法中，《浙江省行政程序办法》《江苏省行政程序规定》规定，行政机关如果明确承诺办理期限的，应当在承诺期间办理完毕。[2]

《湖南省行政程序规定》采取的是引导性的做法，没有强制要求行政机

---

〔1〕 在大陆法系国家德国对行政承诺的规定最为详尽，《德国联邦行政程序法》第 38 条分三部分对行政承诺的作出、变更和效力作出了详细的规定。

〔2〕《浙江省行政程序办法》第 64 条规定："法律、法规和规章对行政执法事项有明确期限规定的，行政机关必须在法定期限内办结。行政机关对行政执法事项的办理期限作出明确承诺的，应当在承诺期限内办结。行政机关的承诺期限应当合理，不得妨碍行政目的的实现。"

关必须按照承诺期间办理事项，而是鼓励行政机关提高办事效率，使实际办结的执法期限尽可能少于法定的期限。[1]这种规定隐含的具体理念和对于行政机关的要求是：单行法律法规和规章如对行政时限有规定的，行政机关应严格遵守最低限度的法定时限外，行政机关在条件允许的情况下，向社会承诺办结时限，在第一时间及时回应其诉求，而不是人为拖延到最后期限，以有效防止行政不作为、拖延作为。

2. 限时办结。我国地方行政程序立法，对于法律法规和规章没有明确法定期限的，有的实行限时办结制度。如《湖南省行政程序规定》对法律法规、规章对行政执法事项以及非许可的行政审批事项没有规定办理期限的，实行限时办结制度。[2]各地也纷纷出台了有关行政机关限时办结的相关规定，如《河北省行政机关限时办结制度（试行）》。《优化营商环境条例》第36条也规定了限时办结制度。[3]在统一行政执法程序立法中，可引入限时办结制度，以督促行政机关积极履职。

3. 行政事项办理流程时限公开制度。法律法规只能对行政机关的行政行为重要环节的程序期限作出规定，对于其他环节不宜作具体规定。但为了提高行政效能，行政机关应当制定执法事项流程时限表，并向社会公布。如《河北省行政机关限时办结制度（试行）》第5条就要求行政机关编制《行政机关办理事项流程时限表》，并向社会公布。《湖南省行政程序规定》也对此作出了类似规定。

四、行政期限制度的立法完善

（一）行政执法期限的一般规定

单行法律法规和规章如对行政时限有规定的，行政机关除应严格遵守最

---

〔1〕《湖南省行政程序规定》第80条规定："法律、法规和规章对行政执法事项有明确期限规定的，行政机关必须在法定的期限内办结。行政机关应当通过优化工作流程，提高办事效率，使实际办结的行政执法期限尽可能少于法定的期限。"

〔2〕《湖南省行政程序规定》第81条。

〔3〕《优化营商环境条例》第36条第1款规定，政府及其有关部门办理政务服务事项，应当根据实际情况，推行当场办结、一次办结、限时办结等制度……第2款规定，法律、法规、规章以及国家有关规定对政务服务事项办理时限有规定的，应当在规定的时限内尽快办结；没有规定的，应当按照合理、高效的原则确定办理时限并按时办结。各地区可以在国家规定的政务服务事项办理时限内进一步压减时间，并应当向社会公开；超过办理时间的，办理单位应当公开说明理由。

低限度的法定时限外，统一行政执法程序立法应鼓励行政机关在条件允许的情况下，承诺办结时限，在第一时间及时回应其诉求，不得人为拖延到最后期限。对承诺期限，因为实践中承诺期限的设置未必具有合理性，不乏行政机关的"一时慷慨"承诺。因此，统一行政执法程序立法不宜作一刀切的规定，可以借鉴《湖南省行政程序规定》的规定，鼓励行政机关在条件允许的情况下，尽可能在比法定时间较短的时间内将行政执法事项办理完毕。

而针对法律、法规、规章对于行政执法事项没有规定法定期限的，行政机关应当实行限时办结制度。"行政的现在拘束性限制其对时间的处分，并且对行政机关设下了明显的时间界限，即使法律并未设下任何期限亦然。"〔1〕适时的行为是行政法必须遵守的准则，行政机关及时履行法定职责是义务和职责。而是否应当将行政机关限时办结进行统一性规定，考虑到行政执法不作为、拖延作为的现象在当前比较突出，因此可以在统一行政执法程序立法中，对于行政机关限时办结的主要环节提出统一的时限要求。

（二）规定内部程序时限制度

尽管内部程序不以当事人为行为对象，但是内部程序是否规范、及时，对当事人将产生直接影响，因此，为提高办事效率，行政机关应当将内部行政事务的时限向社会公开。特别对于执法机关对于请示、报告、咨询等内部程序的办结期限作出承诺，并将内部程序行为的时限向社会公开。《西班牙公共行政机关法律制度及共同的行政程序法》（1999）第42条第5款，对于行政行为处理程序涉及内部程序如请示、其他行政机关提供报告等事项的最长期限作出具体要求。《湖南省行政程序规定》对内部程序时限作出规定，要求向社会公开。〔2〕在统一行政执法程序立法中，借鉴以上做法，对内部程序时限作出统一要求，要求行政机关按照简化办事程序，提高效率的要求，承诺内部程序的办结期限，并向社会公开，以此对于行政机关的推诿、扯皮、低效率形成一定的约束。

（三）关于逾期未作决定的法律后果

行政程序法中应当对相对人的申请作出决定的一般期限作出规定，但是

---

〔1〕 ［德］施密特·阿斯曼：《秩序理念下的行政法体系建构》，林明锵等译，北京大学出版社2012年版，第61页。

〔2〕 参见《湖南省行政程序规定》第82条。

如果行政机关逾期未作出决定产生何种法律后果，存在不同的认识。应松年教授和马怀德教授主持的行政程序法草案中未作规定。姜明安教授主持起草的《行政程序法（专家建议稿）》中规定，行政机关如果没有在法定期限内作出规定，除法律、法规规定视为同意相对人的申请外，均视为拒绝相对人的申请，相对人可以依法申请行政复议或者诉讼。王万华教授认为，当申请的事项涉及申请人的生存救助等事项时，如最低生活保障的申请、抚恤金的申请等，可以适用默示批准，其他情形不适用默示批准，应产生默示驳回的后果。[1]

申请得不到及时处理，对相对人的权利影响很大。如提起复议或者诉讼能得到责令行政机关履行职责的决定或者判决，对于申请人来讲，这种救济其实没有实质性的意义。行政程序法中应当对于行政机关不在法定期间作出决定的实体法律后果作出规定。但应该是默示批准还是默示驳回，应视具体情况而定。默示批准无疑对于申请人的权利保护具有积极意义，但在不经审查的情形下即推定申请人获得批准，有可能危及公共利益，如对于危险品的生产、销售的许可，因此默示批准应合理确定其范围，严格限制其适用范围，且交由单行法律根据具体情形作出规定较为合理。统一行政执法程序立法可以做出一般性的原则规定。

至于秩序行政行为如行政处罚超期作出的法律后果，可按照程序违法来判断其效力。2018年的《行诉解释》第96条规定，"处理期限轻微违法"属于《行政诉讼法》第74条规定的"程序轻微违法"，人民法院判决确认违法。如严重超期对相对人权利义务产生实际影响，可视具体情形认定为可撤销的行政行为或无效的行政行为。

因此，统一的行政执法程序立法中应当规定，行政机关没有在法定期限内作出决定的，除法律、法规规定视为同意相对人的申请外，均视为拒绝相对人的申请，相对人可以依法申请行政复议或者提起行政诉讼。

---

〔1〕　王万华：《中国行政程序立法研究》，中国法制出版社2010年版，第194页。

第五章　行政执法效能的内部程序保障机制

第一节　内部程序机制对于执法效能的促进

一、内部程序作为法律程序规制的原因

（一）内部程序具有外部化效应

行政程序法的直接规范对象是行政机关与相对人间的互动关系，直接的效果表现在互动模式的双向化与程序结构的多边发展。然而，这种直接的外部规范作用，除了进一步外扩，影响其他程序性等外部法规范的调整外，更进一步对于机关内部程序发生"内渗"的规范作用。行政程序法对于行政机关最根本的变动在于机关文化的改变，这种虽然间接但是深层的改变，很大程度来自于行政机关对于规范制定后的有意识因素，但更主要的原因源于行政官僚本身为了满足外部法规范的要求，而对内部程序与机关文化不自觉地调整。这种调整随着日常行政程序的运作以及蕴含其中的微幅调整，而逐渐内渗成内部程序的实质规范，拘束日后的行政机关作业，产生良性的机关文化。这就是外部程序对于内部程序的"内渗"作用，而另一方面，内部程序也具有外部化效应。

我国行政法学上一度曾将内部程序视作一种纯粹的行政程序，认为不属于法律程序，属于行政自主的范畴，理论界和立法界因之缺乏对于内部行政程序的关注及规制。事实上，如果将宏观的政治统治和微观的行政执法结合起来考虑，在外部重要的行政决定，就出自内部指令这样的内部运作，例如，许多重要的规划行为更多是内部程序运作的结果。把"外部"和"内部"完全两分论，行政程序是不可能有效的。在一个行政过程中，外部程序的有效运转程

度取决于内部程序的建构，缺少了内部程序，外部程序将无法有效运转[1]因而，内部程序会产生外部化效应。比如，当行政机关已经进行完所有的外部程序，尤其是公众参与程序之后，在内部的斟酌、讨论、评价，这就是一种内部的行政程序，这种内部程序直接决定着最终的外部决定。缺乏法律规制的内部程序，"就会形成对于行政行为无限干预的专制制度"。[2]内部程序，比如行政机关之间的协调和协商向来属于行政管理的实践，通过内部程序进行的行政机关之间的权力分工与协调，能够强化内部程序的程序理性，内部程序应当成为中国行政程序制度的重要内容。

（二）程序法是组织法的补充

行政组织的作用方式是行政行为，"行政组织问题和行政活动问题二者不能分立"。[3]行政机关之间横向关系组织法规则缺失，导致组织法功能通过行为法机制来实现。因此，在我国行政组织法制建设薄弱的情形下，行为法本身承担着一定的组织法功能。规范行政机关横向关系的行为法机制，是交由成百上千的法律、法规、规章和行政规范性文件规定的。这尽管有利于把行为法机制嵌入具体情境，但加剧了行为法机制的碎片化，难以认识行为法机制的整体要求。行为法机制的共同要素，如行政协助、行政管辖、联席会议等等，由于缺乏统一规定，一旦某部法律文件对行政机关的横向关系未作规定，则必将导致无法可依从而互相推诿或扯皮的现象。要克服行为法机制碎片化的局限，就必须通过行政行为的类型化及其程序的统一化，制定统一的行政程序法进行整合。[4]

基于此，组织法离不开程序法，组织法与程序法的关系非常密切，在一定程度上，程序法是组织法的补充和延伸。应松年教授认为："行政程序法与行政组织法之间存在一定的交叉关系，行政程序法可以规定行政机关设置的原则和程序，行政机关的性质和职权职责划分等事项，行政组织法也可以规定管辖、职务协助、回避等事项，两者的交叉范围有多大，与行政组织法和行政程序法

---

[1]　张淑芳："论行政执法中内部程序的地位"，载《吉林大学社会科学学报》2008年第1期。

[2]　张淑芳："论行政执法中内部程序的地位"，载《吉林大学社会科学学报》2008年第1期。

[3]　王名扬：《英国行政法》，中国政法大学出版社1987年版，第16页。

[4]　叶必丰："行政组织法功能的行为法机制"，载《中国社会科学》2017年第7期。

的完善程度有关系。"〔1〕

另外，对于行政权限的划分，也并不是行政组织法就能够完全解决，即使现有权限配置明确，但是可能由于行政体制的改革、调整，原来的秩序会被打破，所以，它必然依赖于行政管辖制度对于行政机关的职责与权限进行具体的配置。作为内部程序机制的重要组成部分——行政管辖制度，是以组织法为基础的，同时它也可以成为组织法的补充。我国台湾地区学者认为，国家机关组织以法律规定，机关组织必有权限执掌、任务分配，政府行政权限、事务管辖、原属恒定不变，此法理称为"管辖恒定原则"，即自己的事务、区域要自己管辖。但是，当组织法内机关与机关之间的关系已经发生重大变化，这种变化就应当体现到行政程序法中，以配合行政实务上的需要。因此，行政程序法为了配合行政实务上的需要，采取五种管辖恒定原则之例外。如权限委任、权限委托、权限委办、权限委外、职务协助，这五种例外情形即为组织法关系中五种重大变化在程序法中的体现。〔2〕从这个意义上，程序法也可以视为是组织法的补充。西班牙和我国澳门地区，程序法也是作为组织法的补充对于内部程序作出规定。

对于内部程序的规定有利于划清行政机关之间的职责，理清行政机关内部上下级、同级以及府际之间的关系，通过内部程序的完善缓解行政体制碎片化所带来的行政体制运行不畅等问题，从而提高行政程序的效率。

地方行政程序法中，在行政整体性的原则下，均对管辖制度、行政协助制度、期间制度等程序进行规定。《江苏省行政程序规定》还提出区域合作，并提出了进行区域合作的具体方式，如签订合作协议、建立行政首长联席会议制度、成立专项工作小组。

二、内部程序机制对于执法效能提升之作用

（一）内部程序机制能够缓解碎片化体制引起的效能问题

1. 行政协助制度有助于解决行政机构间的协同能力。碎片化的行政体制是导致当前执法效能低下的主要原因。前文已对此进行过探讨，主要体现在：其一，碎片化体制强化了部门壁垒，阻碍了部门间协作的有效达成。其二，有效

---

〔1〕 应松年主编：《行政程序法立法研究》，中国法制出版社2001年版，第290~291页。

〔2〕 刘宗德：《制度设计型行政法学》，元照出版有限公司2009年版，第2~6页。

协作能力的欠缺严重影响了政府供给公共服务的能力。

针对这些问题，如何从制度上实现行政的一体化，减少部门分割、地方分割带来的行政资源浪费、解决问题不力等现象，是内部程序制度构建中需要解决的问题。在体制不变的情况下，机关之间的配合缺乏制度保障，造成实践中获得其他机关配合与协助非常困难的现象，内部程序机制中的行政协助属于微观层面的行政合作，我国台湾地区"行政程序法"第19条就规定了"行政机关为发挥共同一体之行政机能，应于其权限范围内互相协助"。行政机关内部虽有职权划分，但是对外共同担负行政管理的任务，为完成公务，行政机关应当互相提供协助。行政协助的制度化能够在一定程度上解决执法机构间存在的执法困境。

2. 行政管辖制度有助于解决执法中的权限冲突。碎片化的执法体制容易导致形态各异的权限冲突。中国社会处于转型期，行政组织宏大，纵向分权层级较多，就纵向配置而言，由于执法权力缺乏必要分解，不同层级行政机关职能雷同，上下一般粗，由于缺乏统一的级别管辖制度，容易造成上下级执法机关相互打架或者互相推诿等现象。横向上过度分散的事权配置，造成多头执法，部门之间要么互相争夺管辖权，要么互相推诿，"执法打架""有利争着管、无利都不管"等耳熟能详的词汇，表明执法中的权限冲突的普遍性，"依法行政"变成了"依法打架"，影响着行政执法的整体效能，也严重损害了相对人的合法权益。

针对这些情况，行政管辖制度作为一项基本程序制度，能够从程序法律制度上明确具体行政事务的管辖机关，规定当出现管辖冲突时的解决程序。行政管辖的实质在于分工与权限，即权限划分。它是行政程序法中的一项重要制度，在制定统一行政程序法典的国家和地区一般在行政程序法中都将其作为重要的组成部分加以规定。如《德国联邦行政程序法》（1976）、《奥地利普通行政程序法》（1991）、《韩国行政程序法》（1991）以专节规定了行政管辖权。对于行政权限的划分不是行政组织法能够独自完成的，行政系统永远是一个不断调整完善的过程，机关间的基本权限通过组织法可以解决，管辖制度的核心是要解决权限冲突的问题，保证行政管理顺利进行。因此，行政管辖制度作为行政法上一个重要的法律制度，不仅是确保行政权有效行使的前提，也是解决权限冲突的法律基础。[1]

（二）合理的内部程序配置能够有效提升执法效能

行政执法中存在一个严重的普遍现象，就是内部程序外部化的问题。行政机构的内设机构各自直接对外行使，如果行政事务需要不同的内设机构办理，每道内部程序就都转化为外部程序，本来只向行政机关递交一份申请，只需接受一道行政处理决定，变成了向若干内设机构递交若干份申请，接受若干个行政处理决定。如在执法事项上的内部处理程序，科室过于分散，部门化、层级化色彩严重，导致环节复杂，流程较长。而在跨部门执法事项中，常会因增设非法定前置环节和前置条件而涉及更多部门，相对人需要一个部门一个部门去办理，以致执法中经历过多的不必要的行政环节，从而阻碍行政执法的顺利进行，延缓行政目标的实现，甚至使行政目标落空。

这种现象在本质上属于行政程序的异化，即行政程序的价值体现在行政机关执行方便或维护本位利益上，忽视行政相对人的权益，在这里，行政程序被当作强化行政权力、服务政府利益的手段来加以运用，这样的程序也不可能起到保护个人权利的作用，蕴含于"正当程序"观念中的最本质一条：保护个人权利，根本不在行政机关作出行政行为的考量范围之内，因此，在外部表现形式上就是内部程序的外部化，提高了相对人参与程序的成本。

行政程序应以维护相对人利益为出发点，纠正内部程序外部化的现象，行政机关部门统一对外，减少相对人参与程序的成本。同时，对于执法中的内部流程进行优化，减少不必要的繁琐程序，有助于提高行政效率。

第二节　确立行政整体性原则

行政执法领域存在的执法碎片化状态，[2]严重影响了执法效能的发挥，而有效治理执法碎片化，依赖于执法各部门对行政"整体性"价值的认同。

---

〔1〕　金国坤：《行政权限冲突解决机制研究：部门协调的法制化路径探寻》，北京大学出版社2010年，第209页。

〔2〕　执法碎片化指的是行政机关在执法中存在分割的状况，在目标实现方面缺乏共识和合作，导致权力的争夺和利益的冲突。

一、行政执法碎片化的表现及其原因

（一）行政执法碎片化之表现

1. 执法分段治理，忽视整体效能。执法职能分散，一件事情多个部门从不同角度管理，权责配置上存在明显的"分段治理"特征，一项执法事务，由多个部门共同管理，每个部门各管其中一段。执法机关各扫门前雪，难以形成严密的执法链条和实质性的配合联动。2015 年 5 月 25 日鲁山养老院火灾事故，造成 39 人死亡，6 人受伤，着火面积 745.8 平方米，直接经济损失 2064.5 万元。事故发生后，民政部门认为对于起火建筑的具体消防工作应该由公安消防部门负责，而公安消防部门在事后辩解自己并不具备相关设备和能力，同样有监管职责的街道办事处城市管理办公室则以自己没有执法权，无法进入建筑区域内部进行检查为由推卸责任。[1] 这种分环节、分领域的监管体制，往往会造成责任不清，互相推诿，无人对整体负责，难以应对系统性的公共安全风险。

2. 执法中的部门壁垒严重。专业化的行政体制中，横向上行政权力分配给各个职能部门，在部门职责范围内，自我封闭。理论上，单位目标集合成组织的总目标。但是专业化形成的部门本位主义，使得执法大都以本单位的利益为目标，部门壁垒严重。首先是执法机构间造成协作困境；其次是执法信息无法共享，形成一个个信息孤岛，无法互联互通，行政机关部门本位主义的存在更加剧了信息壁垒的形成。

3. 执法机构林立，多头多层执法普遍。由于分段治理、部门壁垒，存在各部门都不愿管或者管不好的事项，导致了在许多民众所关心的问题上，时常出现互相"踢皮球""监管盲区"等现象。这个时候政府通常的反应就是指定专业部门来管理，机构设置随意。特别是为了配合运动式执法，随意增设临时机构的做法经常发生。且执法权在纵向上又缺乏分解，讲究上下对口，职责同构，基层组织"麻雀虽小、五脏俱全"。如此一来，造成的局面就是机构林立，进而催生和加剧了行政碎片化行为的严重性。多头执法、多层执法、执法打架等权限冲突现象时有发生。

---

〔1〕 中国政法大学法治政府研究院编：《中国法治政府发展报告（2015）》，社会科学文献出版社 2015 年版，第 358~359 页。

（二）行政执法碎片化的原因分析

1. 体制原因：专业化的行政体制。行政事务处理的专业化具备一定的科学性与合理性，但往往忽视了整体的综合协调性目标。专业化可以提升行政效能，但绝对的专业化管理会造成庞大的政府系统，导致效率低下；而绝对的综合化管理相当于不需要政府分工，这在事实上也是办不到的。行政执法本来就具有专业性和技术性，这决定了执法管辖要按照专业和部门来确定，基于专业化分工的部门行政是无可替代和不可避免的。但另外一方面，行政执法部门划分过细，不仅可能不科学，不能适应社会管理事务复杂性、交叉性和综合性的特点，而且由于专业化可能导致"视野盲区"，会造成更大的损失。因此，绝对"综合"与绝对"精细"都是不可取的。

2. 主观原因：部门利益的角逐。据公共选择学派理性经济人的假设，政府部门也是经济人。部门在追求公共目标的同时，对于部门利益的追求具有更大的动力。行政机关对于财政资金的争抢以及责任的推诿，公共性价值观念的背离和现实诉求的脱节，加重了碎片化行政行为的产生。行政执法实践中，执法行为与利益挂钩，以罚代管、以罚代养的现象较为普遍，促使执法部门之间的恶意竞争。部门为了自身的小集团利益，刚性的进行制度设置以便阻碍其他部门，以确保本部门利益的最大化，部门壁垒、权限冲突自然难以避免。

3. 制度原因：执法权配置的模糊与不合理。除了体制的客观因素，以及部门利益的主观因素，造成碎片化的原因还有制度上的原因。首先，机构设置缺乏严格的组织法依据，这是导致机构林立、各自为政的组织原因。其次，在执法权限的配置上，立法的授权存在不明确，总会存在模糊地带，甚至存在立法冲突，这就难以避免执法机关在利益的角逐之下，"有利争着管，无利都不管"。最后，执法权在纵向上缺乏分解，缺乏上下级权限的划分，没有对级别管辖作出规定，这就难以避免同一事项，存在多层执法。执法权的交叉，也与立法者在划分执法权时模棱两可的分权方式有关。[1]

二、整体性治理理论：治理执法碎片化的价值理念

阿尔夫·托夫勒认为在第三次浪潮中，我们处于一个新的综合性时代的边

---

〔1〕 金国坤：《行政权限冲突解决机制研究：部门协调的法制化路径探寻》，北京大学出版社2010年版，第32～43页。

缘，在所有的领域中，我们需要将碎片化的部分再度综合起来。[1]如何去整合碎片化的行政体制，实际上是权力运行及各政府部门一体化的过程，对此，很多学者提出具体的行动方案。拉塞尔·M. 林登提出要重拾 19 世纪以前的无缝隙组织方式，无缝隙组织以一种整体的而不是各自为政的方式提供服务，通过培养更多的通才、全能型职责承担者和运用现代化高度发展的信息技术（如图表使用者界面、网络软件、相关数据库、图像软件等）帮助小规模的多专多能的组织同时处理诸多任务，为顾客提供一次到位的服务。[2]哈贝马斯交往行为理论主张通过交往行动来整合分化的社会，具体途径是通过"商谈"达成理解和形成共识，使社会成为一个有机的整体，保持有序与合作。[3]尽管这些方案能否成为实践的指南还有待验证，但不管采取何种方式，目的在于构建一个统一的行动体。

在众多碎片化整合途径中，影响较大的是西方国家的"整体性治理"理论。20 世纪 90 年代中后期，以合作为特征的整体政府改革运动在西方勃兴，英国、澳大利亚、新西兰、美国、加拿大等国相继开始以整体政府为目标的公共管理改革与探索。牛津大学教授、英国科学院院士希克斯《整体政府》一书，在综合大量文献的基础上揭露了"整体政府"的深刻内涵。[4]合作的"跨界性"是整体政府改革的核心特征，而整体性治理指的是迈向整体政府时代的政府治理与模式创新。"协调和整合是整体性治理的关键词，也是整体性治理要完成的两个不同阶段的任务。协调的目的是为了解决组织外部的认识问题，消除组织间的问题和矛盾；而整合则是要求不同治理主体以及政府内部各

---

〔1〕〔美〕阿尔夫·托夫勒：《第三次浪潮》，朱志焱、潘琪、张焱译，新华出版社 1984 年版，第 140 页。

〔2〕〔美〕拉塞尔·M. 林登：《无缝隙政府：公共部门再造指南》，汪大海等译，中国人民大学出版社 2002 年版，第 4 页。

〔3〕〔德〕哈贝马斯：《在事实与规范之间——关于法律和民主法治国的商谈理论》，童世骏译，生活·读书·新知三联书店 2011 年版，第 26~33 页。

〔4〕"整体政府"的核心追求是通过对政府内部相互独立的各个部门和各种行政要素的整合、政府内部不同行政层级的部门之间的整合、政府与社会的整合、政府直接与公民的良性互动协同和社会与社会的整合来实现公共管理目标的，整合是整体政府最本质的内涵。对于这一新趋向，各国都有不同的观点。我国学者周志忍在整理相关文献后，认为"整体性治理""整体政府""协同政府""网络化治理""水平化管理""跨部门协作"等诸多称谓都有其共通之处，即通过有效的跨界合作以解决复杂而棘手的碎片化问题。周志忍、蒋敏娟："整体政府下的政策协同：理论与发达国家的当代实践"，载《国家行政学院学报》2010 年第 6 期。

部门能够从全局考虑，以结果为导向达成行动上的一致。"〔1〕整体性治理着力于政府系统内部机构之间的协调与整合，为我国解决行政执法的碎片化问题的现实需求提供了恰当的理论支撑。

三、以行政整体性原则架构内部程序机制

在我国执法碎片化的原因勾勒之外，特别需要指出的是，在复杂的经济社会中，一个事项由一个部门负责在大多数领域不可能实现，执法面对的任何一项公共事务都具有复杂性，对于多头治理、分段监管，不能完全抹煞其合理的一面，法律法规规定两个或两个以上的行政机关对于同一行政事项都有管理权是出于行政法调整复杂社会生活的需要。〔2〕关键的任务在于，如何确保部门之间的协调配合，处理好部门之间的关系，各部门加强沟通、密切配合、按照各自职责分工，依法行使职权，才能在一定程度上实现整体执法目标。而针对这一点，目前，从制度构建来看，我们缺失一套行政机关协调与配合的机制，专业化的分工是不可避免也无可替代的，那么，部门之间如何形成合力，相互协作，需要制度化，而这需要行政整体性原则的引领。

当前影响执法效能最主要的体制因素就是碎片化的执法体制，整体性治理理论对此提供了很好的价值理念与实践措施。尽管，综合行政执法体制改革是我国行政执法体制改革的方向，也是实现"整体性治理"的体制实践，但要素相近的执法领域合并、综合之后依然会产生新的大部门，部门再大仍有界限，仍会产生协作与整合的需求。因此，除了从体制的角度注重部门之间的刚性整合，也应关注机制性要素对于部门间关系的微调作用，特别是应当发挥程序性机制的作用，这种程序性机制以实现协调与整合的程序性安排为核心。因此，在我国统一行政执法程序立法中，应当确立行政整体性原则，引领与指导行政执法程序的构建，推进执法流程再造、服务平台优化，特别是以行政整体性原则架构内部程序机制，打破部门利益的"柏林墙"，摆脱部门化、碎片化的旧

---

〔1〕　丁煌、方堃："基于整体性治理的综合行政执法体制改革研究"，载《领导科学论坛》2016年第1期。

〔2〕　以对贩卖淫秽出版物的处理为例，假使依其严重程度必须处以罚款、吊销许可证和营业执照并予以治安拘留方能处罚到位的，那么按照目前执法机关职责权限的划分，只能由公安、工商、文化执法部门齐抓共管才能实现。

体制弊端。

第一，行政整体性原则要求行政机关具有合作精神。协调整合的机制固然重要，但是与机制同样重要的是行政机关的合作精神，机制不健全，有了这种合作精神，可以弥补法律的缺陷，但是如果没有这种合作精神，机制再完善也难以执行。政府作为一个组织，其"整体性"价值认同可以降低部门间协调的不确定性。

第二，行政整体性原则要求确立协调配合机制。部门之间如何配合、如何协助、权限冲突如何解决，不提供协助义务承担何种法律责任，目前还缺乏统一的制度，客观上要求统一行政执法程序立法解决这样的问题，行政管辖制度、行政协助制度是协调配合机制中的主要环节。

第三，行政整体性原则强调信息化治理。整体性治理强调通过信息技术的应用，提升治理的能力和效率。除了结构上的协调与整合，行政整体性的实现需要一种整体性技术予以支持。部门间的"隙缝壁垒"和"碎片化"困境，往往通过现代技术能够产生奇效。信息技术和网络技术的发展为部门间的合作创造了条件。以信息化作为治理手段，同一层级的执法部门之间，或是不同层级的执法部门之间，能够实现执法信息共享。而对于对外的执法来讲，要求实现"在线治理"和一站式的无缝隙服务，而实现这些要有集成的信息和成熟的信息共享机制，因此，在内部程序机制中，执法信息共享是一个重要的制度和内容。

第三节　完善行政管辖制度

行政管辖是行政机关对于行政事务的权限划分。这种权限划分主要发生在纵向行政机关和横向行政机关之间，解决的主要是权限分工的问题。因此，凡有行政程序法的国家和地区都相当重视行政管辖权的法律化。

一、行政管辖制度的存在基础

（一）社会分工理论是行政管辖制度的法理基础

行政职权的划分是产生管辖制度的基础，这种职权划分的理论根源在于社会分工。而社会为什么要分工，著名的社会学家涂尔干说："社会容量和社会密度是分工变化的直接原因，在社会发展的过程中，分工之所以能够不断进步，是因为社会密度的恒定增加。"〔1〕在古代农业社会，国家职能单一，我国全部国家机构吏、户、礼、刑、兵、工六部自隋唐到明清一直未改。而在西方国家，自由资本主义时期政府承担守夜人的角色，在这样的社会背景下，行政职能简单，以权限划分为内容的行政管辖制度自然没有现实的需求。但是，社会的发展日新月异，"管得最少的政府是最好的政府"的理论已经成为过时的经典。行政国家的出现，政府职能不断扩张，行政的类型也在不断拓展，行政事务的专业性在日益加强。当政府面临着越来越多的行政任务时，解决这一问题的常规方案就是在专业化分工的基础上增设行政机构和人员，而一个庞大复杂的行政系统成为这一方案的现实结果。行政机关间关系错综复杂，即便机构的设置科学合理，职权的配置合理有效，也难以使各职能部门各司其职、无缝衔接，无交叉重复，因此，单靠组织法不足以解决所有问题，必须依靠程序性的行政管辖制度来解决权限分工的各种具体问题。

（二）权限争议的产生是行政管辖制度的现实基础

随着经济社会发展的复杂化趋势，行政机关各职能部门分工日趋细化，行政的专业化分工决定了很难根据管理的对象划分权限，而只能根据行为的性质进行划分，这样造成了执法中的分段监管，最终构成了多个行政主体都可以管辖某一行政事务的可能。在实践中，职能交叉重复，不可避免产生权限争议，严重影响行政效能，损害公共利益或公民的合法权益。因此，现代法治国家均须从制度视角，借由行政组织法使各行政机关之间权界清晰。但是，行政权限的划分不是组织法能够独自担当的，行政系统永远是一个不断调整完善的过程，它必然依赖于管辖制度对于行政机关的权限进行具体规则的细化，如级别管辖、地域管辖、特殊管辖等。各国也在致力于构建权限争议解决机制，使得争议发生后能及时地定纷止争，恢复被破坏的公法秩序，而这也正是行政管辖制度的核心。管辖制度的核心是要解决各专业法律规范在分别授权有关主管部门对行政事务行使职权的基础上，如何解决权限冲突的问题，而这显然不是组织法的任务，因此，行政管辖制度不仅是确保行政

---

〔1〕　［法］埃米尔·涂尔干：《社会分工论》，渠东译，生活·读书·新知三联书店 2000 年版，第 219 页。

权有效行使的重要前提，也是解决权限冲突的法律基础。[1]当下中国，存在着普遍的权限争议，对于统一的行政管辖制度更有迫切的现实需求。

二、行政管辖制度的立法内容

管辖制度在诉讼法上受到高度的重视，如《行政诉讼法》就详细地规定了级别管辖、地域管辖、专属管辖、选择管辖、移送管辖、指定管辖、移转管辖以及对于管辖权争议的解决等。但在行政法中，对于管辖问题一直未能够给予足够的重视，如《行政处罚法》（1996）仅用简单的一条对行政处罚的级别管辖、地域管辖、职能管辖做了非常笼统的规定。[2]我国关于行政机关管辖的规定，散见于各单行法律、法规和规章当中。如《公安机关办理行政案件程序规定》（2018）对于管辖制度用专门的一章进行细致的规定，内容涉及地域管辖、共同管辖、指定管辖、专属管辖。

但部门规章规定管辖无法解决部门之间的管辖权之争，所以在行政程序法中对于管辖制度作出规定很有必要，这也是很多国家和地区《行政程序法》的做法。如《德国联邦行政程序法》（1976）、《瑞士行政程序法》（1968）、《西班牙行政程序法》、《葡萄牙行政程序法》、《奥地利普通行政程序法》（1991）。就总体而言，各国对于管辖的规定大致包括以下几方面：①地域管辖的确定标准。各国行政程序法几乎都规定了地域管辖的确定标准。②管辖权的竞合。也即各个行政机关都有管辖权的情况。③管辖权的争议及解决。④管辖权的转移。行政机关将不属于自己管辖的案件移送给有管辖权的机关。涉及具体的国家和地区，对于行政管辖权规定的内容和种类并不多。如《德国联邦行政程序法》仅用一个条款去规定行政管辖，但涉及地域管辖权和指定管辖、紧急情形下的管辖、继续管辖，未涉及级别管辖的问题。《瑞士行政程序法》（1968）主要规定的是管辖权争议的处理问题，包括移送管辖和管辖权争议。《西班牙公共行政机关法律制度及共同的行政程序法》（1992）仅对于管辖权的转移作出规定。《奥地利普通行政程序法》（1991）

---

〔1〕 金国坤：《行政权限冲突解决机制研究：部门协调的法制化路径探寻》，北京大学出版社2010年版，第208~209页。

〔2〕 《行政处罚法》（1996）第20条规定：行政处罚由违法行为发生地的县级以上地方人民政府具有行政处罚权的行政机关管辖。法律、行政法规另有规定的除外。

对于管辖权的规定比较全面，第一章官署规定的主要内容是管辖问题，从其具体内容来看，原则上由单行法来确定，如单行法对于职能管辖没有确定的，由行政机关来决定管辖问题，单行法对于土地管辖没有作出规定的，遵循行政程序法的规定。同时，《奥地利普通行政程序法》还对共同管辖下管辖权的争议处理机制作出规定。《葡萄牙行政程序法》则仅对于管辖权争议作出规定，《韩国行政程序法》仅规定移送管辖和指定管辖。我国台湾地区"行政程序法"（1999）对于管辖制度做了较为全面的规定，第11条对于管辖的确定权进行了规定，这一条规定的意义在于，如果处于机构的不断变革，那么组织法和管理法之间对于管辖就存在冲突，这时候由行政程序法做统一规定，由行政机关来决定管辖。"组织法内机关与机关之间的关系已经发生重大变化，这种变化就应当体现到行政程序法中，以配合行政实务上的需要。国家机关组织以法律规定，机关组织必有权限执掌、任务分配，政府行政权限、事务属于和机关管辖、原属恒定不变，此法理称为'管辖恒定原则'，即自己的事务、区域要自己管辖。因此，行政程序法为了配合行政实务上的需要，采取五种管辖恒定原则之例外。"[1]

行政程序法对于管辖的具体内容，与诉讼法相比，为何有比较大的差异？有学者认为，"级别管辖、职能管辖、地域管辖等三种基本的行政管辖权形态，直接调整行政机关的实体职权，行业性强，难以统一规定，而行政决定管辖权和特殊情形下的管辖权是灵活处理管辖权的方法，应成为我国行政程序立法的主要内容"。[2]应松年教授认为，涉及行政机关的权限问题，主要应由宪法和行政组织法规定，行政程序法主要规定行政机关间的相互关系。[3]由此可见，对于行政管辖的立法内容选择，到底规定什么，并不能和诉讼法去做简单的类比。地域管辖、级别管辖、职能管辖主要交由组织法和管理法，行政程序法重点解决的是，管辖制度的灵活处理机制，以及管辖权争议的处理机制。

我国地方行政程序立法中，《湖南省行政程序规定》中对于管辖制度进行了较为详细的规定，包括级别管辖、地域管辖、管辖权争议解决机制。

---

〔1〕 刘宗德：《制度设计型行政法学》，元照出版有限公司2009年版，第2~6页。

〔2〕 高家伟："论行政职权"，载《行政法学研究》1996年第3期。

〔3〕 应松年主编：《比较行政程序法》，中国法制出版社1999年版，第72页。

2011年《山东省行政程序规定》对于地域管辖、移送管辖、共同管辖、管辖权争议进行了规定，2015年《江苏省行政程序规定》对于地域管辖、移送管辖、共同管辖作出规定，而未涉及管辖权争议解决机制，2016年《浙江省行政程序办法》则对于级别管辖、管辖权争议解决机制进行了规定。而其他地方程序立法中对于管辖制度的规定基本上秉承了湖南的做法，表现出很强的趋同性。考察地方行政程序立法，尽管有的规定了地域管辖，一般是作为单行法的补充性规定进行立法；也有级别管辖的规定，这是对于行政执法体制改革中，"执法重心下移"的一种原则性回应，具体还需交给单行法律、法规作出细化。管辖权争议以及特殊情形下的管辖问题如移送管辖、管辖权竞合等依然是地方行政程序立法的主要内容。

三、行政管辖确定的具体规则

（一）地域管辖

《行政处罚法》地域管辖的确定标准是"违法行为发生地"，其所确立的属地管辖原则，在执法领域具有很强的代表性。属地管辖原则是行政执法管辖权配置的基础性规则，以与违法行为相联系的地点来确定管辖权，比较容易获取与该行为有关的信息，便利行政机关收集证据、走访证人，以较低的成本管理行政事务，也有利于相对人通过行政机关维护自己的合法权益。但是，现实生活中，一个违法行为就包括着手地、实施地、经过地、危害结果发生地等等，这几个地点可能全部是不一致的。对于地域管辖的确定不是随便从这几处违法行为发生地中任选一处，而应本着提高行政执法有效性的原则进行最后的确定。所以如果简单地一概确立"违法行为发生地"的地域管辖规则，在特定执法领域会增大管辖中的不确定性，增加部门间协调成本，降低行政效率。[1]更何况，行政执法的事项类别多样，除了违法行为的处理，还包括各种公共服务，如许可、给付等行政执法行为，具体如何确定，不是简单的一个"行为发生地"标准可以解决，必须结合具体情况作出具体规定。

---

〔1〕　如《市场监督管理行政处罚程序暂行规定》第10条将广告违法案件的行政管辖确定为"广告发布者所在地管辖为原则"，如果简单适用地域管辖原则，那么管辖权则更难以确定，而以"广告发布者所在地管辖为原则"，较好地解决了管辖过程中的不确定性，增强了行政执法的有效性。

　　属地管辖原则确立的基础，在于违法行为与某个地理位置有密切且稳定的联系。执法机关与被执法对象在地理位置上有较近距离，相关的检查、处罚、强制等行为一般能够有效实施。比如，在市场监管中，对于有形实体店的交易违法行为，违法行为的预备地、实施地、危害结果发生地等一般都处于同一个监管部门的管辖范围之内，管辖部门较为确定，也便于调查取证，能够取得较好的执法效果，能够充分体现属地管辖原则确立的基础。但在互联网经济下，网络交易行为在空间上的分散性和跨区域性对于传统属地管辖规则提出极大挑战。网络交易行为发生于虚拟空间，消费者、经营者、交易平台、公司注册地所分布的区域往往非常分散，甚至跨多个行政区域，不存在与交易行为具有稳定联系的地理位置。如按照传统属地管辖原则确立执法管辖规则，会加剧管辖过程中的不确定性，降低行政效率，跨地域执法协作增加行政成本，难以保证执法的有效性。因此，面对互联网经济的特点，相关的法律也开始根据网络交易行为的特点重新配置管辖权。如根据《市场监督管理行政处罚程序暂行规定》第9条的规定，"自营"业态的违法行为，由其住所地县级以上市场监督管理部门管辖。平台内经营者的违法行为可由其实际经营地或平台经营者住所地县级以上市场监督管理部门进行管辖。[1]《网络食品安全违法行为查处办法》第21条针对网络交易食品安全违法行为的查处，对于传统的属地管辖进行了适度的调整，赋予了第三方交易平台所在地监管机关的管辖权。[2]这种平台集中监管模式的出现，主要是考虑了网络平台交易

---

　　〔1〕《市场监督管理行政处罚程序暂行规定》第9条规定，电子商务平台经营者和通过自建网站、其他网络服务销售商品或者提供服务的电子商务经营者的违法行为，由其住所地县级以上市场监督管理部门管辖。平台内经营者的违法行为由其实际经营地县级以上市场监督管理部门管辖。电子商务平台经营者住所地县级以上市场监督管理部门先行发现违法线索或者收到投诉、举报的，也可以进行管辖。

　　〔2〕《网络食品安全违法行为查处办法》第21条规定：对网络食品交易第三方平台提供者食品安全违法行为的查处，由网络食品交易第三方平台提供者所在地县级以上地方食品药品监督管理部门管辖。对网络食品交易第三方平台提供者分支机构的食品安全违法行为的查处，由网络食品交易第三方平台提供者所在地或者分支机构所在地县级以上地方食品药品监督管理部门管辖。对入网食品生产经营者食品安全违法行为的查处，由入网食品生产经营者所在地或者生产经营场所所在地县级以上地方食品药品监督管理部门管辖；对应当取得食品生产经营许可而没有取得许可的违法行为的查处，由入网食品生产经营者所在地、实际生产经营地县级以上地方食品药品监督管理部门管辖。因网络食品交易引发食品安全事故或者其他严重危害后果的，也可以由网络食品安全违法行为发生地或者违法行为结果地的县级以上地方食品药品监督管理部门管辖。

行为的特点，并根据这些行为的特点而进行监管体制创新的尝试。[1]

因此，对于地域管辖的确定，原则上应当由单行法规定，更有利于行政事务的处理，因为单行法对于地域管辖的规定往往结合了部门管理的特性，适用单行法的规定更有利于行政事务的灵活处理。只有在组织法和单行法没有规定的情形下，再由程序法作出统一的规定，因此，行政程序法规定地域管辖，应是对于单行法的补充性规定。

尽管，行政机关的管辖权原则上应当由单行法规定，更有利于行政事务的处理，但如果有新兴事物产生而现有法规所规制的情形不足，则会造成管辖权的真空，此时会助长不作为的滋生。对于这种情况，《德国联邦行政程序法》规定了若干管辖权确定的一般规则。世界范围内各国家和地区确定地域管辖的规则并非依据单一标准，总体概括而言有四种情形，第一种是涉及不动产的，被单列出来，由不动产所在地行政机关管辖，其他三种分别依据企业、自然人、法人或社团加以确定。在应松年教授主持的《行政程序法（试拟稿）》第16条和王万华教授主持起草的《行政程序法（试拟稿）》第21条参考德国的规定，针对不动产、公民、法人或组织分别作出规定。

比较学者们的立法建议，仍有观点和思路上的差异。应松年教授主持起草的《行政程序法（试拟稿）》第16条对于地域管辖的规定，从具体内容来看，其实确定了地域管辖的一般规则：行为发生地行政机关管辖。而将一般性的规则置于补充性规定中似乎有"本末倒置"之感。[2]在法律法规没有规定管辖的情况下，依据行为发生地行政机关管辖的一般原则进行确定就可以，例外情形如涉及公民主体身份、法人或组织主体资格事项的，则完全可以由专属管辖加以规定。此外，"行为发生地"的表述更多针对的是违法行为，难以涵盖所有的执法行为，对于大量的依申请行政行为来讲，"行为发生地"

---

〔1〕　王锡锌："网络交易监管的管辖权配置研究"，载《东方法学》2018年第1期。

〔2〕　金国坤：《行政权限冲突解决机制研究：部门协调的法制化路径探寻》，北京大学出版社2010年版，第218页。

并不是一个非常确定的标准。[1]王万华教授的《行政程序法（试拟稿）》第
21 条，是将法典定位为基本法来处理与单行法的关系的例外，[2]首先适用单
行法，在单行法没有规定的情形下，适用行政程序法确定的一般规则，从内
容上看，实际属于专属管辖的情形，符合补充性规定的定位。但存在的问题
是，法条所列举的三种情形很难涵盖所有的情况。[3]《德国联邦行政程序法》
（1976）在所列举的情形之外，均增加了兜底条款，德国规定"不属于上面
第 1 项至第 3 项所列管辖权的，公务员原因发生地在其管辖区对行政机关"，
因此，本文赞同王万华教授的观点，但建议增加第四种情形，也就是不能依
前三项规定确定管辖权的，由公务原因发生地行政机关管辖。

（二）级别管辖

1. 立法现状及问题。级别管辖解决的是上下级行政机关处理行政事务的
分工和权限。我国法律、法规和规章对于级别管辖一般仅有笼统的规定。如
《行政处罚法》（2021）第 23 条规定的是"县级以上人民政府具有行政处罚
权"行政机关管辖。《中华人民共和国反不正当竞争法》（以下简称《反不
正当竞争法》）第 3 条规定的也是"县级以上人民政府工商行政管理部门对
不正当竞争行为进行监督检查"。这些规定并没有确定上下级之间权限的分
工。有的立法对于级别管辖没有任何限制性规定，如《水路运输管理条例》
第 26 条："违反本条例有下列行为之一的，交通运输主管部门可以分别给予
警告、罚款、停业处罚"，此处交通运输主管部门就没有级别管辖的直接规
定。国务院部门通过行政规章规定了一些执法的级别管辖权分工。比如《市

---

〔1〕　应松年教授主持起草的《行政程序法（试拟稿）》第 16 条规定：行政机关的管辖权由组织
法及其他法律、法规规定。法律法规没有规定的，根据下列原则确定：①涉及公民的，由行为发生地行
政机关管辖。但是涉及公民身份事务的，也可以由其住所地行政机关管辖。住所地与经常居住地不一致
的，由经常居住地行政机关管辖。住所地与经常居住地都不明的，由其最后所在地行政机关管辖；②涉
及法人或其他组织的，由行为发生地行政机关管辖。但涉及法人或其他组织主体资格事务的，由其主要
营业地或者主要办事机构所在地行政机关管辖；③涉及不动产的，由不动产所在地行政机关管辖。

〔2〕　王万华：《中国行政程序法典试拟稿及立法理由》，中国法制出版社 2010 年版，第 102 页。

〔3〕　王万华教授起草的《行政程序法（试拟稿）》第 21 条规定：法律法规、规章没有规定地
域管辖的，根据下列规则确定：①涉及不动产的，由不动产所在地行政机关管辖；②涉及公民的，由
其住所地行政机关管辖。住所地与经常居住地不一致的，由经常居住地行政机关管辖。住所地与经常
居住地都不明的，由其最后所在地行政机关管辖；③涉及法人或其他组织的经营行为或从事的组织活
动的，由行为发生地行政机关管辖；涉及法人或其他组织的其他事务的，由其主要营业地或者主要办
事机构所在地行政机关管辖。

场监督管理行政处罚程序暂行规定》第 7 条对于县（区）、市、省级工商行政管理机关的级别管辖权分工进行原则性的规定。[1]《公安机关办理行政案件程序规定》第 13 条规定了公安机关办理行政案件级别管辖确定的一般原则。[2] 地方行政程序立法中，《浙江省行政程序办法》第 10 条规定了省级行政机关行政管理事务的管辖范围，并规定，与公民、法人和其他组织生产、生活直接相关的行政管理事项，一般由设区的市、县（市、区）具有相应行政职权的行政机关或者乡镇人民政府、街道办事处管辖。

总体来看，法律对于级别管辖直接作出规定的很少，部门规章规定的稍多，但部门规章仅规定本部门行政事务的级别管辖，如果出现机关共管事项，就可能会出现管辖权冲突。同时，部门规章规定级别管辖一般来说限于行政处罚领域，对于其他执法事项涉及的非常少。

在单行法对于级别管辖没有规定的情形下，一般由上级行政机关来确定上下级之间职能分工的任务。但很多时候，上下级行政机关共同管辖的情形非常普遍，造成纵向执法权限趋同，上下一般粗，重复执法，执法扰民现象。为确保法治的统一，行政执法程序立法应当对于各级行政机关的级别管辖作出统一的规定。

2. 级别管辖的确定原则。从执法实践来看，不同层级机关之间的执法权限大致趋同，造成多层执法，这是目前行政执法体制存在的弊端之一。执法权纵向上缺乏分解，上下雷同，这属于"职责同构"现象。职责同构在我国比较普遍，指的是不同层级的行政机关在职能、职责、机构设置上的高度统一。职责同构在计划经济体制时期，曾经起到重要作用，但在新的体制下，却可能成为阻碍统一市场形成的障碍。职能重叠、职责划分不清，导致下级部门缺乏应有的独立性和自主性，同时也导致下级对上级组织唯命是从，唯上不唯下，官僚作风不断滋生和蔓延。

从各地权力清单的梳理来看，省、市、区职责同构的问题依然比较突出，

---

〔1〕《市场监督管理行政处罚程序暂行规定》第 7 条规定，县级、设区的市级市场监督管理部门依职权管辖本辖区内发生的行政处罚案件，法律、法规、规章规定由省级以上市场监督管理部门管辖的除外。

〔2〕《公安机关办理行政案件程序规定》第 13 条规定，行政案件由县级公安机关及其公安派出所、依法具有独立执法主体资格的公安机关业务部门以及出入境边防检查站按照法律、行政法规、规章授权和管辖分工办理，但法律、行政法规、规章规定由设区的市级以上公安机关办理的除外。

同一事项在省、市、县三级政府部门的权力清单中重复出现。在实践中导致的结果是多层执法、甚至上下级执法打架的事件也屡有发生，执法效能受到严重损耗；下级缺乏必要独立性、执法事项层层审批，毫无效率可言。行政执法体制改革，从纵向关系来看，重点解决的问题是合理划分不同层级机关的执法权限，改变目前多层执法的状况。推进执法权重心下移，原则上由基层执法部门管辖行政案件，也就是县（区）级行政机关管辖大多数行政案件，是有效改变这一执法状况的根本措施。

第一，从实际需要和技术装备条件看，大多数社会管理、公共服务、市场监管等与公民、法人和其他组织生产、生活直接相关的具体执法事务，都可以放到基层实施。[1] 因为这些执法事项属于事务性的管理，量大面广，需要让看得见的管得着，例如行政处罚案件，交由基层执法更为及时和有效。尤其是很多执法事务大多是简单的常规性执法事项，法律规则非常明确，法律适用较为简单，应下放到县级执法部门，例如行政给付事项。因此，应当在统一行政执法程序立法中，明确由县级、市辖区执法机关作为主要执法机关实施行政执法。

第二，级别管辖的确定应遵循行政效能原则，由投资成本最低、工作效率最高的那一级执法部门负责。首先，执法处于法律系统和社会系统交接的地带，执法者需要对执法的环境、执法对象、民风民情有一定的了解，才能更充分地考量影响执法效果的各种因素，作出使当事人和当地民众信服的行政决定。县、市辖区执法部门接近行政事务的发生地，具有如上所述的优势与便利。再次，"权力的大小与公民的服从程度从来不是成正比的，经验往往可以颠覆意识形态的逻辑。"[2] 因县、市辖区级执法者与相对人双方生活在同样的环境中，具有共同的价值观等认知基础，有利于行政事务的处理决

---

〔1〕 在我国行政法学理论上，有学者从法理上将以下五个因素列为确定级别管辖权的标准：相对人的法律地位或级别；对公共利益的影响程度；对相对人权利义务的影响程度；标的物的价值；涉外因素。参见叶必丰：《行政法学》，武汉大学出版社1996年版，第90～92页。章剑生教授认为：这几个标准对确定级别管辖具有较好的指导意义，但也存在着标准缺乏可操作性、理性欠缺正当性等方面的不足，如在相对人的法律地位或级别的标准中，它被解释为"相对人的法律地位较高，则由较高层次的行政主体来管辖；相对人的法律地位较低，则由较低层次的行政主体管辖"。以这样的表述作为确定级别管辖是否符合平等原则，仍有较大的理论探讨。参见章剑生：《现代行政法基本理论》（下卷），法律出版社2008年版，第562页。

〔2〕 章剑生：《现代行政法基本理论》，法律出版社2008年版，第562页。

定的执行。省、市政府部门除负责本辖区内的重大案件外，一方面是业务指导和制定公共政策，上下级机关之间是管理和执法的关系，从执法的重点难点中找出问题改善管理。另一方面是加强监督、接受申诉、复议，以体现执行和监督分开的行政管理原则。交由基层进行执法，可把上下机关从职权同构变成监督者和执行者的关系。

第三，应考虑管辖要与执法能力相匹配。由基层执法部门管辖大多数行政案件，必须有相应的配套措施。其一，充实基层执法力量，解决执法权与事权不匹配的问题。不仅执法事项下移，执法力量也要下移，否则基层执法部门缺乏承接下放权力之能力、经费、和技术条件，不具备执法能力，会严重影响执法效能。应当不断改善基层执法条件，为基层执法提供有力的执法保障。其二，调整执法机构的设置，解决目前层层设置相同执法机构的问题。

综上，统一行政执法程序立法应当增设级别管辖的规则，明确规定：

（1）应当按照有利于提高行政效能、财权与事权相统一、执法重心适当下移等原则，合理划分上下级行政机关之间的职权。

（2）与公民、法人和其他组织生产、生活直接相关的行政执法事项原则上应当由县级人民政府职能部门行使。设区的市、省级人民政府职能部门对于本辖区内重大复杂的事务行使管辖权以及行使单行法规定的专属管辖权。国务院主管部门对于全国范围内重大复杂的事务行使管辖权。例外情形应当以法律、法规规定为准。

（三）特殊管辖

特殊管辖是级别管辖、地域管辖的例外，是对于管辖中特殊情况的处理，以弥补行政管辖权的缺陷。特别管辖主要有以下几种：

1. 管辖权竞合。管辖权竞合指的是数个行政机关对于同一事项均有地域管辖权。比如，行政处罚中，当事人的违法行为发生地可能会是几地，会出现这几个违法行为发生地的行政机关都有执法管辖权，产生管辖权竞合的问题，这时候，需要明确管辖的机关和规则。

《德国联邦行政程序法》第 3 条第 2 款规定，数个行政机关都有管辖权的，由最先受理的行政机关处理决定，但其共同业务主管监督机关指定另一有地方管辖权的机关处理时，不在此限。我国现行部门规章对于管辖权竞合的问题都规定了先受理在先原则，比如，《公安机关办理行政案件程序规定》

（2018）第 14 条的规定、《司法行政机关行政处罚程序规定》第 9 条的规定、《通信行政处罚程序规定》第 6 条的规定。[1]由此可见我国现行立法中一般规定由立案在先的机关管辖，也就是受理在先原则。

因此，对于管辖权竞合的管辖规则，可以确立如下管辖规则：

第一，受理在先原则。原则上，由现行受理的机关行使管辖权。

第二，规定指定管辖制度。管辖权竞合情形下的指定管辖是两个以上行政机关都有管辖权，但是由于管辖权各方都主张管辖权而协商不成或者都相互推诿，或者受理先后不能区分而协商不成的情形下，由共同上级机关指定某一执法机关行使执法权。[2]这种情形下，指定管辖由谁启动，不仅是积极主张管辖权的行政机关有提请上级机关指定管辖的权利，行政相对人也有权申请上级机关指定管辖，特别在有管辖权的行政机关都不作为的情形下，赋予相对人申请指定管辖的权利很有必要。

因此，统一行政执法程序立法针对管辖权竞合情形下的管辖规则，应当作出如下规定：

数个行政机关对于同一事项都有管辖权的，由先受理的行政机关进行管辖。在以下情形下，可经由指定管辖确定：①不能区分受理先后的，由行政机关协商确定，不能协商确定的，由共同上级机关指定管辖。②有管辖权的数个行政机关，各方消极不作为的，或者争夺管辖权的，可由各方或相对人提请指定管辖。

2. 紧急情形下的管辖权。《德国联邦行政程序法》第 3 条第 4 款规定：迟延采取措施会导致危险时，公务原因发生地在其管辖区的行政机关均对该措施有管辖权。这条规定的是紧急情形下的管辖权。在紧急情形下，有管辖

---

[1]《公安机关办理行政案件程序规定》（2018）第 14 条规定："几个公安机关都有权管辖的行政案件，由最初受理的公安机关管辖。必要时，可以由主要违法行为地公安机关管辖。"《司法行政机关行政处罚程序规定》第 9 条的规定："对同一违法行为，两个以上的司法行政机关都有权管辖的，由先立案的司法行政机关管辖。"《通信行政处罚程序规定》第 6 条规定："两个以上同级通信主管部门都有管辖权的行政处罚案件，由最初受理的通信主管部门管辖；主要违法行为发生地的通信主管部门管辖更为适宜，可以移送主要违法行为发生地的通信主管部门管辖。"

[2] 指定管辖的情形还发生在以下三种情形：一是在发生管辖权争议的时候，也就是双方对于管辖权的专属存在疑问或有不同理解，这种争议不能由双方协商解决，而只能提请上级机关指定管辖。二是有管辖权的机关因为客观原因不能行使管辖权。三是某一事务处于无行政主体管辖的情形下，会发生指定管辖。

权的行政机关可能面临着无法立即采取措施，可能日后难以恢复或弥补的紧急情况，为了避免公共利益、个人利益造成重大损失，有必要由事件发生地的行政机关行使临时管辖权，采取必要措施。我国目前有少数规章中有类似的规定，如《公安机关办理行政案件程序规定》第 62 条就对于紧急情形下的管辖权进行了细致的规定。[1]《110 接处警工作规则》第 20 条规定："对接报的管辖暂不明确的地区发生的案件，应当先指定处警人员进行先期处置，必要时再移交属地公安局有关部门进行处理。"

紧急情形下的管辖权规则有如下几部分：其一，由事件发生地的行政机关行使管辖权。其二，事件发生地对行政机关采取的措施为必要措施，以防止或减少某种危害结果的发生。其三，事件发生地的行政机关进行必要处理。事件发生地的行政机关并不由此取得后续的管辖权，但是应当立即通知有管辖权的行政机关。其四，事件发生地的行政机关依法采取的必要措施的法律效果归属于最终管辖本案的行政机关，紧急措施应当视为最终处理决定的一部分。

3. 移送管辖。移送管辖不是一种独立的管辖制度，而是在确定管辖之后，已经受理的行政主体因没有法定的管辖权，依法将此行政事务移送给有管辖权的行政主体处理的制度。执法实践中，由于缺乏程序法的统一规定，对于发现自己没有管辖权的行政机关，如何处理，比较混乱。有的不予处理，也不告知当事人，或者简单告知当事人不由本机关管辖。管辖制度是行政机关内部关于行政事务处理的分工，不应由当事人来承担不利后果。

境外很多国家和地区就移送管辖制度作出规定。《瑞士行政程序法》（1968）第 8 条规定：①对案件无管辖权之官署，应立即将案件移送给有管辖权之官署。②对有无管辖权疑义之官署，应立即和可能有管辖权之官署就管辖权之问题交换意见。《韩国行政程序法》第 6 条第 1 款规定：行政机关错误受理不属于自己管辖之案件或收受错误之移送时应立即移送有管辖权之行政机关并将该事实通知申请人。行政机关收受或收受移送后管辖变更亦然。

---

[1]　如《公安机关办理行政案件程序规定》第 62 条规定，属于公安机关职责范围但不属于本单位管辖的案件，具有下列情形之一的，受理案件或者发现案件的公安机关及其人民警察应当依法先行采取必要的强制措施或者其他处置措施，再移送有管辖权的单位处理：①违法嫌疑人正在实施危害行为的；②正在实施违法行为或者违法后即时被发现的现行犯被扭送至公安机关的；③在逃的违法嫌疑人已被抓获或者被发现的；④有人员伤亡，需要立即采取救治措施的；⑤其他应当采取紧急措施的情形。

我国一些立法中也体现了移送管辖制度。如《市场监督管理行政处罚程序暂行规定》第 13 条的规定、《药品监督行政处罚程序规定》第 8 条规定，均对于移送管辖制度进行了大致类似的规定，受理后，发现不属于自己管辖的案件，应当移送给有管辖权的行政机关。[1]

移送管辖是无管辖权的行政机关对于已经受理的行政事务作出的一种管辖权处置，如果有管辖权的行政机关拒绝受理，则会引起管辖权冲突。因此，产生的问题是，受移送行政机关能否再次移送？在诉讼程序中，移送管辖以一次为限。如果允许多次移送，不利于行政事务的解决，法律关系难以确定，也容易产生"内耗"，影响对外执法效能。因此，立法应明确规定，如果受移送的行政机关也认为自己没有管辖权的，应当报请共同上一级行政机关指定管辖。如《农业行政处罚程序规定》第 13 条第 2 款明确规定，受移送的机关如果认为移送不当，不能再自行移送，应当报请上级指定管辖。

在统一行政执法程序立法中应明确规定：行政机关受理当事人的申请或依职权启动行政程序后，认为自己没有管辖权的，应当移送有管辖权的行政机关，并通知当事人。

受移送的行政机关应当在立案后将案卷移送的原因、法律依据等及时通知与移送案卷有关的当事人、利害关系人。

受移送的行政机关也认为自己没有管辖权的，不得再行移送，应当报请其共同上一级行政机关指定管辖。

4. 继续管辖。已经依法立案的行政机关在受理行政案件的过程中，因法律、法规修改或废止，或因为机构改革和职能调整而失去对本案的管辖权时，是原机关继续管辖还是移送新的机关管辖？

对于这一问题，《德国联邦行政程序法》第 3 条第 4 款中第 3 项规定：构成管辖权理由的情况在行政程序过程中变更的，原机关继续进行程序有利于

---

[1] 《公安机关办理行政案件程序规定》第 62 条规定：属于公安机关职责范围但不属于本单位管辖的案件，具有下列情形之一的，受理案件或者发现案件的公安机关及其人民警察应当依法先行采取必要的强制措施或者其他处置措施，再移送有管辖权的单位处理。《市场监督管理行政处罚程序暂行规定》第 13 条规定，市场监督管理部门发现所查处的案件属于其他机关管辖的，应当依法移送其他有关机关。《药品监督行政处罚程序规定》第 8 条规定，药品监督管理部门发现案件不属于本部门主管或者管辖的，应当填写《案件移送审批表》，并将相关材料一并移送给有管辖权的药品监督管理部门或者相关行政管理部门处理。

保护当事人且符合程序简化和程序目的，征得现拥有管辖权的机关的同意，可由原机关继续。我国台湾地区"行政程序法"则规定，应当将案件移送有管辖权之行政机关，并通知当事人。但经当事人及有管辖权机关的同意，也可以由原管辖机关继续处理该案件。继续管辖有利于保障行政的连续性，能够减少重复程序和相对人的支出，但是原机关已经不具备法定管辖权，应当移送有管辖权的行政机关。至于是否能够继续管辖，我国台湾地区没有规定实质性条件，但是经当事人和有管辖权机关同意的程序要件，相当于赋予当事人和新的管辖机关选择权，足以保障当事人对自己利益的考量。而对于新的有管辖权的机关，从程序的角度，主要考虑由原机关继续管辖有利于减少程序成本。

　　基于此，统一行政执法程序立法可以借鉴我国台湾地区的做法，无需规定继续管辖的实质性条件，将判断是否有利于保护当事人权利，是否简化程序，是否达到程序目的的标准交由当事人和新的有管辖权的行政机关，由其选择，这样在实践中也更好操作。在统一行政执法程序立法中规定继续管辖制度，对行政行为效力的一致性加以保障，在当前我国行政机构改革，行政职权也在不断地重新配置的背景下，具有更深远的现实意义。

四、规定管辖权争议解决机制

（一）管辖权争议的产生

　　行政管辖权争议，一般是"指两个或两个以上行政机关对于同一行政管理行为都认为有管辖权，或者都认为自己无管辖权"。[1]根据行政权限标准的不同可以划分为级别管辖争议、职能管辖争议和地域管辖争议。级别管辖由于上下级之间的组织关系，一般不会产生管辖权争议，最易产生争议的领域在职能管辖领域和地域管辖领域。

　　行政管辖权争议容易发生在职能管辖领域，职能管辖是各行政部门的权限分工，本质上是个实体法问题，不是程序法问题，一般由组织法和单行行为法加以规定。期冀立法对于行政机关间的职责权限作出绝对明确的划分，也是不太可能的。由于在组织法和行为法层面的法规范条款缺乏清晰的管辖

---

　　〔1〕　韩豫宛："刍议行政执法主体权限冲突的解决"，载《法律适用》1997年第8期。

权授予，或者不明确，或者不一致，容易引发管辖权争议，进而形成权限冲突。产生管辖权争议的另一种情况是由于法律规范授予管辖权重叠。如法律法规将同一行政事务授予不同的职能部门管辖，特别是分环节、分领域管辖的情形，会导致各个部门之间存在管辖权交叉、重叠。有的时候，组织法层面的权限争议和法律规范授予管辖权重叠，会产生更为复杂的管辖争议。以水污染为例，流动的水会跨越不同的区域，造成地表水污染、地下水污染，也会影响居民生活、水生物生长。这个时候由于法律将一个事项分割管理，造成不同的职能部门都有权管辖，而违法行为地又是不同的区域，管辖权交叉重叠，从而引发管辖权争议。[1]

在地域管辖领域，同一事项可能会有几地的行政机关都有权管辖。比如违法行为地的认定，违法行为地可能不是一处，而是几处。这种情况下，由何地行政机关管辖能够实现行政执法的有效性和最优化，应综合考虑违法行为造成的法律后果和社会影响，本着提高行政执法有效性的原则进行认定。但实践中，由于部门行政与部门利益的挂钩，会出现相互推诿和争权的现象，加剧管辖权争议的发生，这是造成权限冲突的根本原因。

管辖权争议发生的执法权限冲突，导致了大量行政不作为和相互推诿现象的发生，使得整体执法目标难以实现，违法行为得不到及时的惩处，社会公共利益得不到及时的有效保护，个体权利得不到及时的保障。因此，管辖权争议解决机制的规定，可以解决因为管辖争议引起的执法不作为、争权夺利、效能低下等问题。我国目前对管辖权争议解决机制的法律程序规定基本上是空白，缺乏统一的可操作性的规定。因此，管辖权争议的解决机制应作为行政管辖制度的重要内容，在行政执法程序立法中作出具体的规定。

（二）管辖权争议解决机制的选择

1. 境外立法考证。我国目前管辖争议都采用了行政机关内部解决的途径，这与管辖争议属于内部行政争议的性质是相符的。境外也基本采用了行

---

〔1〕　在 2018 年国家机构改革以前，水污染防治中，环境保护行政主管部门对水污染防治实施统一监督管理，而交通、水行政、国土资源、卫生、建设、农业、渔业等部门在各自职责范围内对水污染防治具体实施监管。具体分工包括，水利部门负责保持流域最低程度的生态需水量，交通部门负责水上交通工具对水环境造成的污染管理，建设部门负责城市生活面源和点源管理，农业部门负责农村生产和生活面源污染控制，林业部门负责水域沿岸植被过滤带的营造和维护。因此，在水污染治理中，分管部门都具有各自独特的法定职权、管辖领域、专门信息和技术手段等，民间戏称为"九龙治水"。

政机关内部指定管辖或者协商确定的方式来解决管辖争议。如《德国联邦行政程序法》第 3 条规定：数个行政机关均认为拥有或者没有管辖权，或者因为其他原因而管辖权不明确时，由共同业务主管监督机关指定拥有地域管辖权的机关。没有共同监督机关的，由各自业务主管机关共同决定。《奥地利普通行政程序法》第 5 条规定，官署间管辖之争议，由其有事务管辖之共同上级官署决定之。《西班牙行政程序法》（1958）规定了权限冲突，其中第 17 条规定当发生积极或消极的管辖权争议时，由其共同上级机关裁决。

从各国规定来看，解决管辖权争议的基本途径是由行政内部解决。综观各国行政程序法的规定，在权限争议的裁决主体上，一般以共同上级机关裁决为主。

2. 我国立法评析。我国现行立法关于管辖权争议的解决有 6 种，基本上都采用了行政机关内部解决的途径，而且申请上一级行政机关指定管辖、协调解决是基本途径。[1]

有些行政执法权限冲突并不是管辖权的确定不明，管辖权有无的问题是明确的，只是部门行政与部门利益挂钩后出现了相互推诿和争权的现象，是造成权限冲突的根本原因，这种情况中管辖权争议的产生，乃是由执法部门主观认识所致，一般通过指定管辖和协调可以解决问题。但是有些管辖权争议是双方对于管辖权的专属本身就有质疑，或对于管辖权设定持有不同的理解，这本质上是组织法层面的行政权限争议，这种情况下，管辖权争议的解决就是根据事实和法律确定法定权限的归属问题。[2]比如"魔兽争霸审批权之争"中双方对于"出版物"的理解，就涉及根据法律、法规认定事实、对

---

〔1〕 王万华教授经过对于地方立法中管辖权争议解决机制的规范梳理，总结目前我国有六种解决机制。第一种，直接报请共同的上一级行政机关指定管辖。第二种，争议机关先协商解决，协商不成，报请指定管辖。第三种，报法制机构调处或者报请指定管辖。如《河南省行政机关执法条例》第 17 条规定，行政机关之间因执法管辖权发生争议，由同级人民政府法制机构协调或者由同级人民政府指定管辖。实践中有的地方如湖南省事务管辖争议因为涉及不同部门职权划分由编办解决，行政执法中管辖争议由法制部门调处解决。第四种，报各自上一级机关协商解决。第五种，法制机构协调解决。如《葫芦岛市依法行政规定》第 34 条有具体规定。第六种，区分不同争议采用不同解决机制。这是《湖南省行政程序规定》第 14 条的规定。分为执行性的争议、涉及职权划分的争议两类规定不同的解决争议。参见王万华：《中国行政程序试拟稿及立法理由》，中国法制出版社 2010 年版，第 109～110 页。

〔2〕 金国坤：《行政权限冲突解决机制研究：部门协调的法制化路径探寻》，北京大学出版社 2010 年版，第 277 页。

于职责权限作出判断的裁决行为，单纯的指定管辖只能暂时掩盖矛盾，而不能彻底化解问题，也形不成对以后类似问题的宣示和指导作用。[1]

但是这样的权限争议解决机制，需要对于裁决的申请、审查、决定、时限等作出详尽的规定，这很显然不是行政执法程序立法所能够承担的任务，行政权限争议的产生原因远比执法管辖权复杂得多，非上级机关指定管辖能够解决。作为统一的行政执法程序立法是从管辖角度对于管辖权争议规定解决机制，因此，在行政执法程序立法中可以对管辖权争议进行原则性的规定，而具体的裁决程序机制可留给行政法规另行规定。

3. 管辖权争议解决规则。

（1）解决机制。管辖权争议属于内部行政争议，由行政内部解决更为合适。

第一，加强行政主体间协商合作是较为节省成本的解决方式，在提请上级机关解决之前，应当由争议机关协商解决。

第二，由共同上一级机关解决管辖争议。当争议各方行政主体之间不能达成协商意见时，为了保障行政相对人的权益，争议的各方行政主体必须在合理的时间内将该争议上报共同上一级机关，由该上一级机关指定管辖。涉及职权划分的，应当报本级人民政府裁决。在《湖南省行政程序规定》第14条中，已经注意到权限争议的产生，有的是由于职权划分不明；有的可能是管辖权重叠或缺失，涉及法律法规的执行，本质上是法律争议，所以区分不

---

　　[1]　2009年，文化部和新闻出版总署两大政府部门围绕"魔兽争霸"网游监管权的归属问题发生了管辖冲突。2009年11月2日，新闻出版总署发出通知，终止《魔兽世界——燃烧的远征》审批，退回关于引进出版《魔兽世界》申请。通知要求网之易公司（上海网之易网络科技发展有限公司）立即停止违规行为，纠正错误，停止收费和新账号注册，并将视情况依法对其作出相应的行政处罚，包括停止其互联网接入服务。有趣的是，新闻出版总署给网之易公司下发处罚单的第二天，文化部市场司司长李雄就对外宣称，网之易《魔兽世界》早已于7月21日通过文化部审批，网上运营完全合法，并指出处罚通知越权，违反了国务院部门主要职员、内设机构和人员编制规定（国务院"三定"规定）。新闻出版总署和文化部为了一款网络游戏较上了劲。有苦说不出的则是该网游的500万个玩家。2010年2月12日，新闻出版总署发布了通过《魔兽世界——燃烧的远征》公告表，鉴于网之易公司已经按照要求采取了必要的纠正措施，同意引进互联网游戏出版物《魔兽世界——燃烧的远征》并由网之易公司运营。案例参见厉尽国："法治视野下的行政权限争议及其解决"，载《西南政法大学学报》2010年第6期。这起事件本质上是一起积极的行政权限争议，两部门所争议的网络游戏更新是否为"电子出版物"，在相关规定不能明确解决问题的情形下，而各自持有不同的理解，因而发生权限争议。最后各方以互相妥协告终，而冲突解决进程并未向公众公开，虽然作为个案得到妥善处理，但无法形成示范与指导作用，暴露出我国缺乏法治化的行政权限争议解决机制。

同争议采用不同解决机制。[1]因此，对于管辖权争议，一律采用指定管辖这种带有强烈领导意志性的解决方式，可能带来与法治建设相悖的后果。因此，在统一行政执法程序立法中，应当对此作出原则性规定，如果发现管辖权争议涉及职权划分，不宜采取指定管辖的解决机制，而应当报由本级人民政府裁决。

第三，如没有共同上一级机关的，则由争议机关各自的上一级机关协商确定。

（2）赋予当事人申请管辖权争议解决机制的启动权。管辖权争议有积极争议和消极争议两种。积极争议指的是数个执法部门积极主张管辖权而产生的争议。行政职权意味着利益，有时也意味着部门证明自身存在的重要性，这种驱动力下，部门之间抢夺管辖权会产生积极争议。管辖权争议的消极争议指行政机关均认为其对某类行政事务没有管辖权，互相推诿，形成行政不作为。我国目前立法一般只规定管辖权积极争议解决机制，但是对于如果争议机关没有将管辖争议提请解决时如何处理没有规定，比如《行政处罚法》中并未考虑到消极争议的情形。现实生活中许多管辖权争议，特别是互相推诿的行政执法案件，执法部门往往并不主动提请解决权限争议，主要原因在于缺乏利益驱动力。

争议机关都认为自己没有管辖权时，很容易发生这种情况，会间接影响当事人的利益，其影响具有外部性，因此应当赋予当事人申请启动管辖争议解决机制的权利，行政相对人应当参与到管辖争议解决机制中，以更好地维护当事人的利益。《德国联邦行政程序法》第3条、《韩国行政程序法》第6条第2款都对此作出了规定。

因此行政执法程序立法应当赋予当事人申请启动管辖争议解决机制。立法应当规定，公民、法人或者其他组织申请行政机关履行职责过程中发生管辖权争议，如行政机关没有提请解决管辖争议的，申请人可以向争议机关的上一级机关提出申请，要求其指定管辖。没有共同上一级机关的，可以向各

---

〔1〕《湖南省行政程序规定》第14条规定，行政机关之间发生职权和管辖权争议的，由争议各方协商解决，协商不成的，按照下列规定处理：涉及职权划分的，由有管辖权的编制管理部门提出协调意见，报本级人民政府决定；涉及执行法律、法规、规章发生争议的，由有管辖权的政府法制部门协调处理。对需要政府作出决定的重大问题，由政府法制部门依法提出意见，报本级人民政府决定。

该上级机关之一申请指定管辖。受理申请的机关应当及时作出决定。

（3）规定争议机关的紧急处置义务。由于管辖争议解决之前，行政事件处于无处理机关的状态，有的情况下，如果不及时采取措施，会出现事态扩大或者取证难等不利后果，因此德国规定争议机关有采取紧急临时处置的义务。立法应当规定，如果必要，争议机关应当依职权或者根据当事人的申请采取必要的处置行为。

第四节　完善行政协助制度

一、行政协助的概念与作用

（一）行政协助的概念

行政协助是每个行政科层制国家都会面临的问题，解决的是处理行政主体横向关系的制度，是行政机关基于国家行政的整体性和统一性而相互之间承担的义务。行政协助的产生缘于弥补科层制职权分工的不足，行政需要分工，但也离不开合作，特别在现代社会，公共服务的提供已不是部门一己之力、单打独斗所能够完成，因此，行政协助在现代法治国家是普遍存在的现象。在我国，对于行政协助的关注缘于行政程序法的立法需要，但目前由于行政执法部门碎片化的突出现象，实践中对于行政协助制度有现实的需求，因而又引发新的关注。

尽管有各种不同的描述和界定，[1]但我国行政法学界目前就行政协助的基本概念的主要内容方面基本达成共识，行政协助是指"行政主体在履行职责过程中遇到自身无法克服的障碍，为达到行政目标，向与其无隶属关系的

---

〔1〕　学者们对于行政协助的各种定义，可以参见黄学贤、周春华："行政协助概念评析与重塑"，载《法治论丛》2007年第3期。在该文中对于行政协助的各种定义做了非常详尽的描述，文中对于"行政协助"的定义是：指在公务启动之后、行政职权行使的过程中，由于法律因素或者事实因素的限制，行政主体（包括行政机关、法律法规授权的组织或者行政机关委托的组织）无法自行执行职务或者自行执行职务会带来严重不经济，基于公共利益的需要，向无隶属关系的行政主体（包括行政机关或者法律法规授权的组织）提出协助请求，由被请求主体在自身职权范围内对请求主体的行政职务从旁帮助或者由请求主体与被请求主体共同针对行政相对人行使行政职权，并承担相应法律责任的行为及其制度。

其他行政主体提出协助请求，被请求机关依法在自身职权范围内提供职务上的帮助以支持请求机关实现其行政职能的制度"。[1]

行政协助具有以下特征：

第一，行政协助的请求主体和被请求主体之间没有隶属关系。行政协助被请求主体必须是行政主体。两者之间无隶属关系，其原因在于："如果存在着隶属关系，则在职权配置上具有重叠覆盖之关系，在履行职权中具有命令服从之义务，不产生弥补行政职权空白之需求或可予拒绝协助之情形，故不存在行政协助的适用空间。"[2]

第二，行政协助的原因是请求主体在行使职权过程中遇到了难以克服的公务障碍，包括不具备相应行政资源，或者不具备相应的技术条件等，如没有其他行政机关的配合，仅凭行政机关自身客观上无法达成行政目标的实现。

第三，被请求主体对协助事项具有法定行政职权，此为行政委托与行政协助的不同。问题在于，请求主体对请求协助事项是否具有权限，这是一个需要进一步讨论的问题。黄学贤教授等学者认为，"请求主体对某一具体环节的需要协助的事项不一定要有相应职权"，[3]这就意味着可以有，也可以没有，主要看是否有履行公务上的客观不能。同时，被请求主体提供的协助行为只能是一种辅助性的行为，否则就偏离了行政协助的本意。

第四，行政协助的目的是基于行政的整体性和同一性，形成行政合力，共同完成行政任务。

特别需要说明的是，本文仅在行政执法领域探讨行政协助的问题，因为除了行政执法行为以外，在行政决策、行政司法等领域也存在行政协助的空间，但这不是本文所涉及的，并不在此处探讨范围之内。

---

〔1〕　参见王麟："行政协助论纲——兼评《中华人民共和国行政程序法（试拟稿）》的相关规定"，载《法商研究》2006 年第 1 期。金国坤：《行政权限冲突解决机制研究：部门协调的法制化路径探寻》，北京大学出版社 2010 年版，第 237 页。尽管有细微的差别，但是整体上对于行政协助的特征在观点上基本趋同。

〔2〕　唐震："行政协助行为基本要素解析"，载《政治与法律》2013 年第 4 期。

〔3〕　黄学贤主编：《中国行政程序法的理论与实践——专题研究述评》，中国政法大学出版社 2007 年版，第 429 页。

（二）行政协助的意义

1. 行政协助是治理行政执法碎片化的有效途径。现代社会的发展建立在高度理性分工的基础上，传统行政功能分化导致部门主义的遗毒，只讲求专业分工而忽视水平整合的重要性。这同样影响到行政执法，随着行政专业化的加深，行政执法碎片化日益加剧。在行政执法领域，行政机关职权功能的碎片化，阻碍了行政执法目标的达成，因而陷入了"执法交叉""执法重叠""注重分工而缺乏整合"的困境中，诱发了部门利益的竞争，相互之间各自为政，壁垒森严，这非常不利于行政执法中公共产品与公共服务的提供。高度分工与专业化的社会对于权力运行机制提出的要求，就是权力的重新整合，事实上，权力整合的过程就是行政一体化的过程。在行政执法领域提出的问题是，如何治理碎片化的行政执法现状？除了盛行的"整体性治理"理论、网络化治理理论，更有行政协调机制、综合执法等已经在实践中付诸行动的多种途径。而其中，在行政体制改革缓慢的背景下，不打破事权划分现状的前提下，行政协助被视为是"以最低的行政成本来实现对事权划分的补充，弥补和修复事权划分不合理带来的弊端的有效手段"。[1]行政主体间的关系是分工协作关系而非利益冲突对立关系，既要坚持科层制下行政机关之间的专业分工，又要发挥行政整体性机能，有效化解科层制与行政一体化之间的矛盾，作为实行行政科层制职权分工的国家弥补分工不足的必要手段，行政协助是有效化解这一矛盾的重要制度。

行政机关内部虽有职权划分，但对外又为一个整体，共同负担行政管理的任务，因此，为完成公务，行政机关应当互相提供协助。行政协助制度能够整合因职能分工和地理分割形成的碎片化行政资源。科层制下的职权分工，造成了协作上的欠缺，难以满足公共服务复杂性和综合性对于行政整体性的

---

〔1〕 比如，有的学者认为，综合执法改革无疑是我国行政执法体制的深刻革命。但不容否认，综合执法作为行政体制改革的基本模式还存在成本巨大等问题，而且这种改革是长期任务，其改革成效难以立竿见影。能否在不对近代以来形成的行政模式作大变动的条件下，建立一种与综合执法相辅相成的行政法制度，解决综合执法想要解决的问题，并进一步解决综合执法不能解决的问题呢？建立完善的行政协助制度有助于实现这个目标。例如，综合执法的一个好处是可以避免行政权力和行政资源的重复配置，而行政协助同样可以达到这个目的；综合执法无法解决因权力性质迥异或者职能交叉产生的执法脱节或者地区、部门封锁的问题，而行政协助可以有效避免。参见王麟："行政协助论纲——兼评《中华人民共和国行政程序法（试拟稿）》的相关规定"，载《法商研究》2006 年第 1 期。

需求。因此，行政协助应首先被定位为一项处理行政机关之间合作关系的原则，这早已被境外相关立法所肯定。

2. 行政协助能够有效提升执法能力。执法能力的重要标志之一就是科层组织间的合作能力，这种合作效度是执法效能提升的关键因素。比如，在税务执法领域，由于税源的广泛和复杂，税务执法离不开行政协助，相关涉税信息分散在市场监管部门、自然资源、金融等多个部门，如果得不到这些部门的协助，会造成税务部门无法履职或者履职不力，最终造成逃税漏税，损害国家利益。在环境行政执法领域，环境保护行政执法很多情况下需要相关执法部门的配合与协助，例如污染源普查，就涉及经济技术指标，需取得掌握这些指标的统计部门的协助。由此可以看出，有效的协助是使法律得以有效实施的关键，是执法效能提升的关键。现代社会，职能单一的部门都面临着能力有限的问题，需要部门之间通力合作。行政协助的法治化将能够为部门间的合作提供规范的运行机制，有效遏制行政主体间相互推诿扯皮现象的发生，促进行政机关执法能力的提升。

3. 行政协助能够有效提升执法效率。执法效率要求执法考虑行政成本，在一定时效观基础上，以尽可能少的人员，尽可能低的物质消耗，获取尽可能大的执法效益。在特定的社会历史时期，资源总是具有稀缺性，客观上要求行政机关在执法时运用能够有效节约行政资源、降低行政成本的手段。一方面，行政组织内部的资源和权力都是分散的，行政协助能够整合碎片化的行政资源，有效克服行政资源的稀缺。行政协助的发生原因也包括在自己履行部分职责非常不符合行政经济的情形下，请求其他行政机关予以协助。这样就有效地降低了行政成本，同时克服自己的行政不能，有效地达到执法目标，这正是执法效率的应有之义。另一方面，行政协助的实施还可以在总体上整合分散的制度性资源，如其他行政机关实施的行政手段与方法。利用其他行政机关的人员力量，在整合现有资源的基础上就能够有效达到执法目标，客观上也可达到控制机构膨胀之附加效果。

二、行政协助的立法和实践现状

（一）立法现状

行政协助在单行立法中有分散的、零星的规定。[1]很多单行立法根据自身行政执法的现实需要规定了行政协助条款。如《中华人民共和国国家安全法》（以下简称《国家安全法》）第 12 条、《中华人民共和国海关法》（以下简称《海关法》）第 12 条、《中华人民共和国审计法》（以下简称《审计法》）第 37 条规定等，都提到了机关间协助的概念。在《中华人民共和国税收征收管理法》（以下简称《税收征收管理法》）中明确要求"各有关部门和单位应当支持、协助税务机关依法执行职务。"《行政处罚法》（2021）第 26 条规定："行政机关因实施行政处罚的需要，可以向有关行政机关提出协助请求。协助事项属于被请求机关职权范围内的，应当依法予以协助。"但是这些单行立法规定的内容多为原则性条款，对于程序性的操作性条款非常少见。规章层面，《公安机关办理行政案件程序规定》（2018）第六章"简易程序和快速办理"中第六节"办案协作"，对于办案协作情形与程序作出较为细致的规定。

在我国地方行政程序立法中，湖南、江苏、浙江、山东、凉山州、汕头、西安等地的行政程序立法中均有专门条款对于行政协助作出规定，立法内容一般包括协助的情形与行使的具体方式。地方立法中，有少量单独针对行政协助的立法实践，如《营口市协助行政执法暂行规定》和《大石桥市协助行政执法暂行规定》等。

这种单行法分散立法的模式会造成法律制度内容不协调，且内容一般总是抽象的一个条款，缺乏具体操作程序。另外，现有的立法，大多数法律位

---

〔1〕《中华人民共和国地方各级人民代表大会和地方各级人民政府组织法》第 67 条规定："省、自治区、直辖市、自治州、县、自治县、市、市辖区的人民政府应当协助设立在本行政区域内不属于自己管理的国家机关、企业、事业单位进行工作，并且监督它们遵守和执行法律和政策。"《国家安全法》第 12 条规定："国家安全机关因国家安全工作的需要，根据国家有关规定，可以提请海关、边防等检查机关对有关人员和资料、器材免检。有关检查机关应当予以协助。"《海关法》第 12 条的规定："海关执行职务受到暴力抗拒时，执行有关任务的公安机关和人民武装警察部队应当予以协助。"《审计法》第 37 条规定："审计机关履行审计监督职责，可以提请公安、监察、财政、税务、海关、价格、工商行政管理等机关予以协助。"

阶较低，未彰显行政协助制度的重要性，法律保障的缺失也在一定程度上弱化了行政协助的功能价值。

（二）实践现状

相比较立法的简约和抽象，在实践中行政协助的需求和运用是比较多的，只是由于各种原因造成行政协助无法顺利进行，缺乏法律保障是主要因素。其实，行政协助早就为我国政治道德所承认，部门之间是亲密合作的"兄弟"关系，相互协助是理所当然的事情，在这种政治文化下，行政协助被认为是理所当然、不成问题的，无需专门规定的。这种传统的政治文化也是导致行政协助法治化程度较低的一个因素。而在实践中，各行政部门各打自己的小算盘，并未因政治假设而形成紧密合作的观念和习惯。

行政协助在实践中存在很多问题。

第一，缺乏制度框架的行政协助在实践中运行无序。如在税收执法领域，税务部门税收执法离不开自然资源、市场监管等部门的协助。由于自然资源部门掌握实际占用耕地面积等涉税基础数据，因此在相关涉税领域较有能力提供协助，因此税务部门与自然资源部门较早开展税务行政协助的尝试。这种行政协助必然涉及经费支出、人员调配和法律责任的承担等，在目前行政协助法治化还比较低的情况下，由于缺乏基本的制度框架，税务行政协助还显得比较混乱无序，降低了行政执法的效能。

第二，行政系统内利益的分化对行政协助功能实现会形成阻滞。实践中，是否提供协助经常取决于部门之间的利益博弈。行政协助需要支付成本、动用资源却不一定有收益，因此被请求方缺乏协助动力。如果协助相比不协助能获得更多的收益，就能够形成协作生产力。当执法查处的对象有利于增加协助执法部门的收益之时，执法部门自然乐于提供协助。如药监部门请求公安局协助查处当地出售假药的零售药店，这种情形下，公安局的协助动力就比较大，因为此种协助对于请求主体和被请求主体是双赢的结果。协助查处售假药店，会降低存在的治安风险，对于公安局来讲，会消除其将来可能承担的更大责任，所以有动力协助。又如，药监部门监测医疗机构的药品等，有时需要卫生部门的配合才能推进执法，但卫生部门存在不会主动配合药监部门执法的很大可能性。原因之一是药监部门实行垂直管理，两者关系不熟；原因之二是卫生部门和公办医院之间的关系就像父子关系，卫生部门觉得查处公办医院挑战了自己的地盘，不愿意配合查处。以地方保护、行业保护等为表现形式的行政系统内部利益的分化，使得很多横跨行业、地方的事务难以通过行政协助的方式得到有效、及时的处理。有的则通过人脉、关系或者通过领导指令等手段实现行政协助，造成了超越职权、滥用职权的现象，使得行政协助走向异化，掩盖了行政协助的正当价值。

因此，从立法来说，法律保障的缺失弱化了行政协助的功能价值。而从实践来说，对于行政协助的统一立法有着现实的需求，而部门中行政协助的利益博弈则可作为制度构建的考量因素，也即如何增强部门的协助意愿，这是立法设计中需要合理的制度导向予以解决的问题。

三、行政协助制度的立法完善

（一）可以请求协助的法定情形

比较其他国家或地区所规定的行政协助的情形，大致相同。[1]我国台湾地区"行政程序法"第19条规定，发生行政协助的情形包括：①因法律之原因，不能独自执行职务者。②因人员、设备不足等事实之原因，不能独自执行职务者。③执行职务所必要认定之事实，不能独自调查者。④执行职务所必要之文书或者其他资料，为被请求机关所持有者。⑤由被请求机关协助执行，显较经济者。⑥其他职务上有正当理由须请求协助者。各种《行政程序法（试拟稿）》的版本所规定可以提请行政协助的情形也都大体类似。马怀德教授主持起草的《行政程序法（草案建议稿）》第16条第1款对于行政协助的法定情形规定五种情形。[2]应松年教授主持起草的《行政程序法（试拟稿）》中规定可以请求协助的情形包括4种，[3]王万华教授主持起草的

---

〔1〕《德国联邦行政程序法》第5条第1款、《韩国行政程序法》第8条第1项。

〔2〕这五种情形是：①因人员、设备等事实上的原因，不能独自完成行政任务的；②无法自行调查执行公务所需要的事实资料的；③执行公务所必需的文书、资料、信息为被请求机关掌握的；④由被请求机关协助执行，较为经济的；⑤其他必需请求协助的情形。

〔3〕这四种情形是：①独自行使职权难以达到目的的；②执行公务所需要的事实资料不能由行政机关自行调查的；③执行公务所需要的文书、资料、信息为其他行政机关掌握，行政机关自行难以获得的；④其他必须请求协助的情形。

《行政程序法（试拟稿）》第 18 条规定了 5 种情形，[1]内容大体趋同。

考察我国学者们对于行政协助法定情形的确定范围，还存在一些有待讨论的问题。

第一，以上各种建议稿尽管都有兜底条款，但所列举的事项范围较窄，这些条件的设定隐含着一个消极的倾向，一般基于行政机关自身执法客观不能的情形下请求协助，如"独自行使职权不能实现行政目的""不能自行调查"等条件设定。有学者认为，"行政执法中的行政协助除了从这种消极角度出发之外，还应当考虑一种相对积极的因素，一个执法行为如果得到协助便能够大大提高行政执法效率"，[2]那么，就可以考虑请求协助。例如，《韩国行政程序法》中第 8 条第 1 款第 5 项："其他行政机关予以协助处理，将显著地有效率且经济时"，得请求其他行政机关予以行政协助，就是一种积极的建构。从提升与促进执法效能的角度，这是一条非常有意义的条款。因此，建议统一行政执法程序立法借鉴德国、韩国的做法，在列举情形中明确这样的一项协助情形，"其他行政机关予以协助处理，将显著地有效率且经济时"，行政机关得请求协助。

第二，除了法定协助情形之外，应当允许行政机关之间的任意协助。[3]例如《德国联邦行政程序法》（1997）第 4 条第 1 款规定，应其他行政机关请求，任何行政机关应提供辅助性帮助，这其实相当于是鼓励行政机关寻求行政协助的一个条款。只不过在符合法定的情形下（法定协助），《德国联邦行政程序法》的用语是行政机关"尤其可寻求职务协助"，被请求机关非依法定理由不得拒绝提供协助。其他国家和地区没有专门对任意协助进行规定，

---

〔1〕 这五种情形是：①因法定原因，独自行使职权难以达到行政目的的；②因事实原因，尤其因缺少必需的人力和设备而不能完成公务的；③执行公务所必需的文书、统计资料等信息为其他行政机关所掌握的；④执行公务所必需要认定的事实，行政机关独自难以完成调查的；⑤其他必需请求行政协助的情形。

〔2〕 关保英："论行政执法中的行政协助"，载《江淮论坛》2014 年第 2 期。

〔3〕 有的学者把行政协助分为法定协助和任意协助。法定协助指行政协助产生的依据是法律的明确规定。凡是在法律明确规定的情形出现时，行政机关必须请求其他机关协助。在此情形下，被请求机关接到协助请求时，非依法定理由不得拒绝。任意协助并不意味着行政协助可随意发生，而是指在法定协助情形之外、立法规定的一些鼓励行政机关寻求行政协助的情形下，行政机关可以请求协助，也可以自行作出相应的行为。这种分类的意义在于说明两种协助发生的条件不同，且所产生的费用的负担也不同。参见王麟："行政协助论纲——兼评《中华人民共和国行政程序法（试拟稿）》的相关规定"，载《法商研究》2006 年第 1 期。

并不意味着对于任意协助的排斥。对于法定协助作出具体规定，是强调在法定情形下，被请求机关提供协助是法定义务。由于任意协助，可由行政机关通过协商、协议等方式进行，行政程序法不做规定，但可做一个概括性的规定。可规定为："行政机关为发挥共同一体之行政机能，应于各自权限范围内互相提供协助"。[1] 为了防止实践中任意协助破坏职能分工，损害执法形象，危害公共利益和相对人利益，行政程序法可以对禁止提请协助的事项作出规定：①被请求事项不属于被请求机关职责范围内的。②如提供协助将损害公共利益和公民、法人、组织利益的。③属于依法不应当实施的行为。如此，以概括加列举加排除的方式，从正面和反面廓清提请协助的范围，也为任意协助的提请留下裁量空间，以保证行政的机动性和灵活性。

（二）行政协助的拒绝情形

韩国、德国行政程序法中行政协助都被定性为被请求机关的义务。在行政执法程序立法中，也应当明确行政协助的性质，被请求的机关负有协助的义务，应当及时实施协助，不得拒绝提供。

对于拒绝提供行政协助的理由，德国分为两种：不允许提供协助和无须提供协助。[2] 对于"不允许协助"意味着对于拒绝的情形没有自由裁量的余地，而对于"无须提供协助"则意味着有裁量的余地，可以拒绝也可以不拒绝。在韩国、日本和西班牙则只规定可以拒绝的理由。[3] 我国学者把这两种情形分类为应当拒绝和裁量拒绝。[4] 有的学者认为，"从我国实际情况出发，行政机关部门主义严重，行政协助的动力和积极性并不高，因此，'可以'和'应当'的划分在我国并不具有严格划分的意义"。[5]

---

〔1〕　可参见我国台湾地区"行政程序法"（1999）的相关规定。

〔2〕　《德国联邦行政程序法》（1976）第5条之二规定；"下列情况下，被请求机关不允许提供协助：①因法定原因，不能提供协助的；②如提供协助会严重损害联邦或州的利益的；如有关档案依法或依其性质应予以保密时，被请求机关尤其不得提供相应的书证、案卷或有关咨询"；第5条之三规定："在下列情况下，被请求机关无须提供协助：①其他机关较为方便或较小花费即可提供协助；②被请求机关须支出极不相称的巨大开支方可提供；③考虑到请求协助机关的职能，被请求机关如提供协助即会严重损及自身职能。"

〔3〕　有关可以拒绝协助的理由的规定，参见《韩国行政程序法》（1996）第8条之二、《日本行政程序法草案》（1964）第9条之三、西班牙《公共行政机关法律制度及其共同的行政程序法》（1999年修正案）第2条之三。

〔4〕　王万华：《中国行政程序法典试拟稿及立法理由》，中国法制出版社2010年版，第99页。

〔5〕　黄学贤、吴志红："行政协助程序研究"，载《行政法学研究》2009年第4期。

事实上，我国存在的问题是，一方面行政协助的积极性较低，另一方面，也存在破坏职权分工的随意协助的情形，同时在立法上与不得提请协助的情形相呼应，"应当拒绝"和"可以拒绝"的分类还是很有必要。王万华教授起草的《行政程序法（试拟稿）》中将拒绝的情形分为"应当拒绝"和"可以拒绝"。应当拒绝的理由包括：①协助行为不在其职权范围内；②协助行为属于依法不应当实施的。可以拒绝的情形包括：①由其他行政机关提供协助明显更为便利、经济的；②提供协助将严重妨碍自身完成职务的；③有其他无法提供协助的正当理由的。[1]在此，本书认为，应当拒绝的理由应该增加1条：如提供协助将损害公共利益和公民、法人、组织合法权益的。如此规定，以便与前文所述不得提请协助的情形相对应，保证立法的周延。

（三）行政协助的程序

从程序上说，行政协助应当包括如下步骤：

1. 提出请求。行政协助的请求是否应当以书面形式提出？由于行政协助涉及经费、法律责任等问题，应该以书面形式提出请求。书面形式一般只适用于普通情况下，在紧急情况下，可免于书面形式的要求，而代之以事后补正。

2. 请求的审查和答复。如果被请求主体接受协助请求，应当及时给予请求方答复。如被请求机关拒绝提供行政协助，应该说明拒绝提供协助的理由，这在各国的立法中都有体现，但具体是否以书面形式，均未作具体规定。[2]由于拒绝提供协助会导致请求机关原行政行为无法完成从而引起各种法律后果，因此以书面形式说明理由为宜，这也是说明理由制度在内部行政行为领域的体现。《湖南省行政程序规定》第17条第2款规定，不能提供行政协助的，应当以书面形式告知行政机关并说明理由。

3. 行政协助的实施。对于行政协助的实施方式，如提供行政协助的方式是在被请求机关职权范围内针对外部行政相对人执法，则应按法定程序履行；

---

〔1〕　王万华教授起草的《行政程序法（试拟稿）》中将拒绝的情形分为"应当拒绝"和"可以拒绝"。

〔2〕　具体规定请参照《德国联邦行政程序法》（1976）第5条之五、《西班牙公共行政机关法律制度及其共同的行政程序法》（1999年修正案）第2条之三、《韩国行政程序法》（1996）第8条之四。

对于事实原因上的协助，如请求提供资料、文件、技术等，则按照行政机关内部程序履行；如行政协助的实施方式有法律上的特殊规定的，则遵照法律、法规规定的方式实施。同时，不管哪种行政协助，与请求机关原行政行为应当保持时间与空间上的配合。如双方达成行政协议的，尽量对于协助的法律和事实问题及协助期限、权利义务做明确的规定。

（四）行政协助的费用与责任承担

基于本部门行政成本与行政收益考量的部门行政理念，会阻碍行政协助的实施效果，如果行政机关通过行政协助能够得到收益，则行政协助的积极性就高，反之，积极性就低。如何刺激行政协助的意愿，一是行政协助的费用，二是加大不予协助的惩罚机制。因此，费用会直接影响到行政协助的积极性。《韩国行政程序法》规定，由请求机关支付协助费用。[1]而协助机关提供协助的目的是为了帮助请求机关完成其行政管理的任务，因之产生的费用理应由请求机关支付，具体费用可由双方协议确定，未能达成协议的，报共同上级机关确定。

关于行政协助的责任承担。由于协助行为与主行政行为是独立的两个行为，实施协助所产生的责任，由协助机关承担，而因协助完成的行政行为的法律效果则完全归属于请求机关。如是内部协助行为，提供资料、文书，如果拒绝提供导致行政行为不能完成而违法，则由请求机关对外承担法律责任，而对于被请求机关的法律责任可通过内部责任予以追究。如是外部协助行为，请求机关对根据协助完成的行政行为对外承担所有的法律效果，而被请求机关仅对协助行为引起的法律效果承担外部责任。

（五）行政协助争议的解决

行政协助中双方可能发生争议的情形主要有如下几种：①应当给予协助的事项予以拒绝；②答复给予请求机关的协助行为拖延履行；③协助机关提供了错误的协助；④双方就协助费用产生的争议。对于行政协助争议的解决，德国的行政程序的解决机制规定由共同的上级行政机关解决。[2]而在我国，学者们起草的各种《行政程序法》建议稿版本中对于行政协助争议的解决

---

〔1〕《韩国行政程序法》第8条第6项规定，行政协助所需之费用，由请求协助之行政机关负担，其负担金额及负担方法，由请求协助之行政机关及受请求之行政机关协议决定之。

〔2〕参见《德国联邦行政程序法》（1976）第5条之五。

都表达出一致的观点，请求机关与协助机关之间的争议，由双方共同的上一级机关解决。协助争议属于行政机关内部争议，在行政机关内部解决更为合适。

第五节　优化行政执法的内部程序

一、行政执法内部程序之问题分析

（一）行政执法窗口化程度不高

在各地行政服务中心兴起之前，行政相对人取得一项行为或资格的许可，需要"流转往返"于各个部门，极端的例子甚至是盖几百个章，审批材料甚至需要麻袋装。程序冗长、效率低下，导致百姓"谈许可而色变"。为了解决部门分散审批所带来的种种困难和弊端，政府进行了颇有绩效的制度努力，通过行政服务中心的建立集中审批事项。但是，发展到今日的许多行政服务中心，更多承担的是"负责接件"的"收发室"功能，这固然有其效率方面的意义，但在行政事项的处理阶段，依然由各家"背靠背"地自行审查，并未实现机关间的共同处理，行政资源的配置尚未产生实质性的改变，这远非实质意义上的服务集中，形聚神散的物理集中与行政整体性的要求相差甚远。此外，还有很多涉民涉企的事项甚至尚未进入服务中心的窗口。面对上述弊端，"在体制未作变革前，发挥程序理性的积极作用，通过技术上的制度设计实现程序集中"，[1]也是一条可行的路径。

（二）内部工作程序繁琐

内部执法程序，目前存在的问题是程序繁琐，层层审批，存在很多不合理的、不必要的程序环节。很多事情的处理要被分割为不同工序，造成对于行政效能的损耗。一方面，对于行政相对人而言，增加了不必要的成本负担，受到冗长程序之拖累，权利义务处于不确定的状态，可能会损害到很多可期待利益。最为严重的风险就是繁琐的程序可能导致寻租行为，如果执法程序

---

〔1〕　朱新力、石肖雪："程序理性视角下的行政审批制度改革"，载《中国行政管理》2013 年第 5 期。

过于繁琐，也就意味着行政执法的过程被分解为很多的环节，不同的部门可能就会利用属于自己的机会进行寻租活动，这会严重损害行政机关的执法权威以及公信力。作为科学的程序设计应该合理的规避这些问题，取消那些不合理、不必要、不科学的程序。

因此，对于行政机关内部流程的优化，一方面是以公众需求为导向，实现执法部门内部的统一对外，也就是提高执法的窗口化程度，这也是对于行政整体性原则的践行；另一方面，是优化执法的内部工作程序，减少不必要的环节和层级，构建合理而科学的执法内部工作流程。

二、行政执法内部程序的优化路径

（一）行政机关内部统一对外

部门统一对外，这是对于行政整体性原则的践行，对于相对人，不管内部机构有多少，不管跨多少个部门，其只需和"一个窗口"打交道，这样就能感知到执法部门是一个整体，而不是一个个碎片化的部门。

1. 部门内设机构之间统一对外。从行政权的配置看，行政执法权是分配到每一个行政机关的，因此，行政执法权应当由行政机关行使，对于个人及组织而言，只需与行政机关打交道，至于内部如何分配作业流程、划分岗位职责是行政机关内部事务，一般情形下个人及组织不宜介入。行政机关一个窗口对外是个原则，这是行政权的性质决定的，也是便民原则的要求。这种原则要求对于大多数部门来说是可行的，但是一个窗口对外不可绝对化，如果分别办理更有利于申请人的则例外。对于行政机关的特定内设机构，由于其业务有一定的独立性，因而如果法律已经赋予其以自己名义对外做出行政行为的权力，并且个人、组织向该机构直接提出申请可能更为方便、快捷，此时一个窗口对外的原则应当让位于便民原则。

2. 跨部门执法事项的统一对外。很多时候，申请人的申请被受理后，申请事项需要不同的部门进行审查，此时，各个部门如何协作，关系到执法效能的提升。《行政许可法》中规定的一个窗口对外，实践之中的政务大厅，都是在许可的申请受理阶段的行政机关统一对外，尚未涉及申请审查阶段处理程序的统一，不同部门的审查阶段在实践中仍然是各自审查。但是，各个部门各自审查，审查标准未得到整合，会表现为实体要件上存在矛盾，[1]程序冲突也难以避免。[2]从申请、受理、审查、决定等环节规范的是单项事项，关注的是单个部门视角下申请事项的程序。但事实上，从行政过程的视角考察，审查的最终完成是一个复合行为，如果不从行政整体性的视角对审查标准进行整合，"不对行政机关课以集中实施、联合办理的义务，那会导致整个行政过程的非正义"。[3]

《日本行政程序法》第 11 条规定，涉及多数行政机关之处分，行政机关处理申请时，不得以同一申请人之相关申请正在其他机关审查中为由，迟延其本身应为之许认可等之审查或判断。对某申请或同一申请人多数互相关联之申请为处分而涉及多数行政机关时，该多数之行政机关，于必要时，应相互联系采用共同听取该申请人之说明等方式以促进审查。《韩国行政程序法》第 18 条规定，行政机关受理请求多数行政机关参与处分之申请时，应当迅速与相关行政机关协调，以免拖延该处分。

因此，应当将《行政许可法》的统一对外延伸至申请的处理阶段。立法应当规定：同一申请事项如需取得不同部门的许可、批准的，应当将处理程序统一起来，县级以上人民政府可以确定一个部门或者政务中心窗口统一受理申请，将相关事项以电子政务方式抄告相关部门，实行网上并联办理或者集中办理、联合办理。

立法上做明确的规定，也就意味着如果涉及跨部门的事项，法律要对行

---

〔1〕 典型的有"防盗窗"的例子。公安机关的规范依据是《旅馆业治安管理办法》第 3 条，开办旅馆，其房屋建筑、消防设备、出入口和通道等，要具备必要的防盗安全设施，相应地以指南形式出现的许可标准为"为了防止偷盗需要安装防盗设施（一般的要求是安装防盗窗）"。消防部门的规范依据是《消防监督检查规定》第 9 条，公共场所投入使用前，应对疏散通道、安全出口是否畅通进行消防安全检查，相应地以指南形式出现的许可标准为"为了逃生一般不能安装防盗窗"。"要具备必要的防盗安全设施"和"应检查疏散通道、安全出口是否畅通"，两个规范之间并不存在逻辑的冲突。但在适用环节，公安部门的审批人将"必要的防盗设施"解释为"安装防盗窗"，采取的是限缩解释，而消防部门的审批人员对安全出口的解释则囊括了建筑的"所有窗户"，采取的是扩张解释。由于审查标准没有得到整合，行政机关在各自审查时解释方法的不同，就会发生实体要件的冲突。

〔2〕 例如，某新型企业在申请营业执照时，市场监管局以《建设项目环境保护管理条例》为依据要求提供环境影响评价文件；当企业向生态环境局局申请环评时，按当地《企业投资项目备案办法》的要求需提供项目备案文件，而当企业转而履行项目备案程序时，发改委又要求提供工商营业执照。这就是多部门各自办理带来的程序冲突。

〔3〕 骆梅英："行政许可标准的冲突及解决"，载《法学研究》2014 年第 2 期。

政机关课以集中办理、联合办理的义务，以提升行政效能，维护公民、法人、其他组织的合法权益，提供更好更优质的公共服务。不可否认的是，我们已经处于一个信息化时代的潮流中，跨部门执法事项流程的优化，尚仰仗于信息技术的支持，网络全程办理执法事项已经多有实践，信息技术的发展会深刻改变行政机关的权力运行模式，公民足不出户接受行政机关的服务也并不是一个遥远的梦想。当然，在目前传统执法模式还是主流的背景下，基于我国目前行政执法的现实，要求行政机关在审查阶段实现集中，这仍然是非常有现实意义的做法。

（二）优化内部工作程序

实践中，即便是仅涉及一个部门的执法事项，执法的效率也会受到部门内部层级的制约，很多执法事项，需要从科员、科长、处长、副局长、局长层层审批，这成为我国行政执法内部流程的特有行政生态，这样做的目的在于实现层级监控，但是导致了低效甚至无效的行政。因此，改革部门内部的层级权限配置，也是优化内部工作程序的重要领域。在内部，行政执法流程的优化在于如何充分减少不必要的环节和层级。其实，有的事项，仅是简单服务，法律规则明确，属于程序性的事项，由负责的科员就可以即时办理，无需领导进一步批准与审核。大多数一般事项，可能需要经过受理、批准、审核 3 个环节甚至 2 个环节就可以。

因此，行政机关办理行政执法事项，应当健全内部工作程序，优化内部工作流程，尽量减少中间管理层级，以提升行政效能。应当明确行政执法事项的承办人、审核人、批准人，由承办人提出初审意见和理由，经审核人审核后，由批准人批准决定。对于简单的执法事项可由承办人直接作出决定。

第六章　行政执法效能的信息化程序保障机制

第一节　执法信息化对于执法效能的促进

当前，一场信息革命正推动着人类进入信息社会。信息化深刻改变着人类社会的生产结构和生活方式，也改变了政府权力的运行模式。但是与企业信息化、社会信息化等相比较，政府信息化的脚步落后了很多。[1]比如，在执法领域，行政执法人员仍然只是通过传统的方式去获取信息、去提供公共服务、去处理执法事项，这种强与弱的鲜明对比值得我们反思。党的十八届四中全会通过的《依法治国重大决定》中提出要加强行政执法信息化建设和信息共享，提高执法效率和规范化水平，推进政务公开信息化，加强互联网信息数据服务平台和便民服务平台建设，行政执法信息化建设在当前迫切而必要。

一、执法信息化的概念与特征

（一）概念

尽管执法信息化建设在行政管理领域已经陆续开展，但是对于行政执法信息化却没有统一的定义，对于该定义的讨论也比较少。根据国家《2006—2020年国家信息化发展战略》关于信息化的定义，行政执法信息化是指：以行政执法信息和行政执法管理信息资源的全方位、多层次应用为基础，以行政执法信息化队伍为主体，以行政执法信息技术装备为手段，以互联网和信息技术为载体，以优化、创新行政执法体制、机制和方法为核心，适应信息化社会发展需求的一种新的行政执法模式。[2]行政执法信息化是国家信息化

---

[1]　杨光："互联网行政监管难题亟待破题"，载《计算机与网络》2015年第5期。

[2]　宋大涵主编：《行政执法教程》，中国法制出版社2011年版，第439页。

的重点——政府信息化的组成部分，与行政执法信息化相近的，也有学者提出"数字化行政执法""网络化行政执法""电子行政执法"等概念，这些概念与执法信息化既有联系，又有区别，这些概念描述其实都属于执法信息化的一种表现形式。

行政执法信息化与电子政务是两个不同范畴的概念，行政执法信息化是以优化、创新行政执法体制、机制和方法为核心，适应信息化社会发展需求，而产生的行政执法运作模式的转变。加强行政执法信息化建设，能够为完善电子政务提供信息支撑，以更好地服务公众，推动经济社会的发展。"电子政务是手段，电子政府是目的，政府信息化是过程，这一过程能够促进整个社会的信息化和工业化。"[1]同样，执法信息化也是实现电子政务的一个过程，最终的目标都是为了形成电子政府。

（二）特征

行政执法信息化的定义，包含着以下基本内容：

第一，信息技术和信息资源的全方位、多层次应用。这是判断是否属于行政执法信息化的前提性、基础性条件。目前，我国行政执法整体上处于行政执法信息化的起步阶段，对执法领域的覆盖面还不够，还存在成本高、效率差等问题，处于信息化建设的初级阶段。

第二，行政执法状况具有信息化、时代化特征。行政执法信息化，就是用信息化的管理理念和方法解决行政执法主体与公民、法人和其他组织之间，行政执法主体之间、行政执法监督主体之间等三个方面的沟通。[2]在行政机关内部，实现互联互通、信息共享、数据交换、业务协同，提高信息资源分析、加工、应用的能力。其本质是提高信息的处理能力和水平，降低信息沟通成本。在执法外部，利用现代信息技术创新执法体制、机制和方法，具有网络化、效率化、实时化、和高技术化的特征，如果信息技术和信息资源的

---

〔1〕汪玉凯教授认为，电子政务包括三个层次：第一层次是电子政务必须借助信息技术、网络技术、自动化技术，这是它的技术支持；第二层次，电子政务处理的是与公共权力相连的公共事务；第三层次，电子政务是要对现有的行政组织、运行、流程进行改造，才能发展为完整的电子政务。参见汪玉凯：《电子政务在中国——理论、战略与过程》，国家行政学院出版社2006年版，第5页。

〔2〕比如行政审批信息化平台，前端面向社会公众提供交互式的一站式服务，后端通过政府业务专网连通部门行政审批系统，一方面可以实现跨部门的业务协同，另一方面有助于建立统一的行政审批信息数据库，为政府的一体化运作提供技术支撑。

应用，仅仅解决了具体执法和信息资源的应用，仅仅解决了具体执法事务的"软件化"处理，这是不能称之为行政执法信息化的。

第三，行政执法信息化的核心是以信息化推动行政执法创新。行政执法信息化是与政府职能转变、管理体制和方法创新一体化的过程。以信息化提高行政执法效率和质量，以信息化带动执法规范化，以信息化推动行政执法体制、机制和方法的创新。这其中，以信息化推动行政执法体制、机制和方法的创新，是行政执法信息化的核心。[1]

第四，行政执法信息化具有阶段性。经济社会的信息化进程，是推进行政执法信息化的外部条件，行政执法信息化建设不可能一步到位，确定行政执法信息化的标准不能过高，超越现实。行政执法涉及部门和种类多、领域宽，因而信息化建设内容复杂、覆盖面宽，建设难度比较大，我国目前尚处于起步阶段。

二、执法信息化对于执法效能提升之作用

（一）重构行政执法模式

执法信息化的核心和重点在于，以信息化推动行政执法体制、机制和方法的创新，是对于传统执法模式的深刻变革。与传统执法模式相比，执法信息化背景下，执法模式的特征体现在以下方面：

1. 执法资源的整合化。行政执法信息的网络化和实时共享，一方面减少了执法层级和执法环节，提高了执法效率；另一方面，加快执法层级的整合，减少执法主体，使得行政组织从科层制向扁平化、整合化、网络化发展。执法信息化建设将打破传统政府部门之间的界限，使部门林立、条块分割的结构关系发生改变，在信息网络技术的推动下，逐步形成与信息社会相适应的组织结构。所有这些变化，将极大促进执法资源的整合。

---

〔1〕 2015年5月，质检总局执法督查司在宁夏组织专题培训，部署12365系统信息化平台"执法管理"模块试点上线应用工作。此次培训后，上述地方将在执法工作中全面应用该信息化系统。12365系统信息化平台有四个主要的功能模块：一是执法管理模块，可支持全国执法办案网上运行；二是信息采集模块，可支持各地两局接听12365电话等业务录入平台，并采集重要数据；三是统计分析模块，可对全国执法办案数据和举报、投诉数据进行"大数据"分析；四是应急指挥模块，可以支持突发事件应急处置工作。参见何可："质检12365执法信息化系统在部分地方两局试点应用"，载《中国质量报》2015年5月29日，第1版。

2. 执法手段多样化。行政执法信息的充分开发利用，将最大限度地提升行政机关采用行政指导、行政奖励、行政规划、行政合同、行政资助等柔性管理手段的积极性，并将产生更好的效果。信息社会也给行政机关提供了新的治理工具，信用监管、大数据监管等方式成为事中事后监管机制的核心。在传统行政执法模式中，行政执法总以强力姿态出现，执法方式简单粗暴。随着执法信息化的建设，促进了行政机关与行政相对人通过网络的交流与互动，行政执法方式趋向于进一步的多样化与柔性化。

3. 执法行为的规范化。行政执法信息平台的建设和应用，有利于同时提升内外监督的作用，提升行政执法活动的法治化、程序化和规范化水平。运用图像监控技术，可形成执法人员在信息采集、流转、处置和反馈运作的全过程"数据留痕"，促使执法人员执法的规范化。

4. 执法的互动性。行政机关与公民可以进行双向的交流和互动，这是执法信息化的重要特点，是在电子化基础上的质的飞跃。

5. 执法方法的高技术化。遥感、遥测、自动化设备等信息技术产品在执法领域的应用，将进一步提高行政执法活动的技术水平。

6. 推动执法精准化。网络和信息技术能够推动执法数据的网络化共享和高效化利用。执法活动中获取的海量数据，通过大数据技术能够实现传统技术方式难以展现的关联关系，为有效处理复杂社会问题提供新的手段。例如，在企业监管、质量安全等领域，通过大数据将执法获取的数据进行汇聚整合及关联分析，从而更好地提升政府决策和风险防范能力，也能够促使执法的进一步精准化。

（二）有效提升执法效率

执法信息化有利于提高执法效率。行政执法模式一般遵循例行性执法模式，有些领域将此模式称为"网格化执法"，即将需要执法的空间分为若干单元，平均分配执法力量。这种执法最主要的缺陷是执法精力分散，缺乏针对性，没有突出重点，成本很高。要解决"执法资源少、执法任务重、执法成本高"的执法难题，必须向科技要生产力。[1]首先，信息技术是降低人力物力成本的重要方式，比如在重点路段设置监控系统、公路治超不停车检测系统，在

---

〔1〕　袁雪石："建构'互联网＋'行政执法的新生态"，载《行政管理改革》2016年第3期。

执法中大大提升了市场监管的效率和反应能力。[1]利用无线监控系统，实现实时监控和数据采集，能够及时解决各种突发的事情，可以大幅提升执法效率。其次，以信息技术进行违法事实的收集，提升行政机关的取证能力，可以有效地减少非客观因素对于执法的影响，促进行政执法的规范化。[2]比如通过对海巡艇、执法车的智能化改造，以及执法人员和执法场所记录装备的配发，所有的执法行为都被记录、都可回放、都可追溯，督察和纪检等部门可调阅执法人员的执法记录，内部监督更加便利、客观。[3]再次，利用信息技术，可以实现最优的资源利用，使执法资源的分配更加合理。通过互联网、信息化技术积累呈现的执法数据、执法信息和执法状况，有利于决策者在决定执法资源（包括执法人数、执法设备、执法财政拨款等）、在横向的不同执法部门、纵向的不同层次部门之间科学配置时做出更好的决策。比如在交通运输领域，通过信息的采集和数据分析，了解交通流量情况，可以为交通运输执法提供决策服务，实现执法资源的优化配置，从而大大提升执法效能。最后，借助智慧化的信用工具，可以实现有效监管。政府日常监管涉及内容繁多、复杂且抽象，对其成本效益的计算存在很大难度，导致当前无效监管行为和行政资源浪费的现象普遍存在。在当前降低市场准入门槛的大背景之下，如果不能更好地预警和发现有害于社会的潜在风险，各种欺诈舞弊、弄虚作假等不诚信的行为盛行，将威胁市场经济的健康发展。信息时代，信用监管成为新型的监管手段，通过信用信息的分析，监管者可以及时发现那些违法概率较高的主体，对其实施分级分类的信用监管措施，从而实现有效监管，守住社会安全和公共利益的底线。

---

〔1〕 比如，2014 年以来，杭州市国省道及许多农村公路上都安装了非现场执法设备，车辆只要通过该监控设备，就能自动称重，将数据传回指挥中心，路政人员能全天候及时了解超限运输现象的最新动态，随着"机器换人"工作逐步推进，非现场执法信息化管理工作全面铺开，将会大大提升路面执法效率。

〔2〕 许晓东、赵孝锋、郑薇："通过信息化手段提高交通运输行政执法效率"，载《水运工程》2016 年第 10 期。

〔3〕 执法记录仪作为执法信息化建设的重要载体，是对民警现场执法活动进行同步录音录像的便携式执法取证设备，可全程记录民警执法的真实过程。现场执法记录仪，全过程记录现场执法，同步上传现场执法视频，实现现场执法与信息化平台的无缝对接，这就上升到了信息化的程度。如果只是单纯记录现场执法，还不能称之为信息化。

（三）促进行政执法一体化

以分工为基础、以各司其职和层级监控为特征的科层行政执法体制，日益导致"碎片化"的分割执法模式，妨碍了整体执法效能的实现。而执法信息化建设的目标就是通过执法机制的重构，打破部门界限，以公众需求为导向，运用网络信息技术重新整合组织结构、信息资源以及执法流程，整合的最终目标就是促成行政执法一体化。从技术来讲，建立统一的行政执法信息系统是行政执法信息化体系建设的核心。充分利用现代化的科学技术，克服执法资源和信息的部门所有制，形成一个统一的、整合的覆盖全国的行政执法信息系统，能够为行政一体化提供强大的技术支持。

（四）增强公共服务的能力

执法信息化建设，将数量庞大的行政机关予以电脑连接，从而跨越政府的层级鸿沟，进而为民众提供整合性服务，实现网络环境下的"一体化政府"和"一站式"服务。部门通过网络进行互联互通，突破了原有的部门壁垒，所有执法部门只有一个统一的窗口对外，让公民感知到部门是一个整体，权力是没有边界的。相对人可以上网搜索到自己所需要的信息和服务，通过一个统一的入口就可以提交办事申请和获取执法服务，而不必像传统执法模式中，需要周旋和面对于各个部门。运用互联网、人工智能和大数据等现代科学技术，大大提高监管质量和效率，让数据多跑路，让相对人少跑腿，为相对人提供更多的便利。相对人可以不受空间和时间的限制，接受政府无缝隙的"一站式"服务，这样使政府与公众间的联系变得更为紧密。[1]网上办事不受时间、空间的约束，更加便捷，个人在足不出户的情况下，就可以得到更多的信息，执法机关可充分利用互联网的双向互动特点，以公民需求为导向，提供更好、更优质的公共服务。

从执法机关的角度，数字信息时代下，行政国家治理模式逐渐发生变迁，行政机关借助于信息数据极大地增强了公共服务的能力。行政机关逐步适应借助各类信息平台与数据来取代传统的法律规则与技术手段，监管过程更加依赖市场主体的背景数据作为支撑，大数据监管、信用监管等成为行政机关

---

〔1〕 杨勇萍、李祎："行政执法模式的创新与思考——以网络行政为视角"，载《中国法学会行政法学研究会 2010 年会论文集》，第 314 页。

青睐的事中事后监管手段。新的信息规制工具缓解了因执法资源匮乏等多重原因导致的规制不足现象，在现代政府规制体系的发展过程中逐渐成为时代新宠，并必将在未来的社会治理中获得更为广泛的使用。

第二节　确立执法信息共享机制

执法信息化在内部体现为部门间的执法信息共享，只有信息在内部形成有效的共享机制，才能在外部执法中提供更好的公共服务，也才能整合分散的信息资源，促进行政一体化的形成。信息化是实现信息资源共享的前提条件，而执法信息化建设应当以信息共享为基本原则。行政执法信息化系统，本质上是要实现行政执法信息跨地区、跨部门的交换、共享和综合利用的行政执法综合信息系统。因此，行政执法信息系统的构建，要避免各专门信息系统因缺乏互联互通所造成的信息分割、各自为政、重复建设、资源浪费等现象。目前，尽管我国不少部委都有自己的"条条"执法信息系统，但是，存在的问题是，鸡犬之声相闻，老死不相往来。[1]实践中，很多执法部门单个执法应用系统构建较完善，成效也较好，但仅在各自的行业领域使用，不能实现跨部门、跨地域的信息共享、互联互通，与执法信息化的目标还相距甚远，因此，促进执法信息共享是执法信息化建设的基础和前提。

一、执法信息共享之于执法效能的意义

（一）降低信息收集成本，提高行政效率

信息共享是伴随着信息技术的迅猛发展以及电子政务在深度和广度上的应用而被提出来的一个亟待解决的瓶颈问题，也可以说是信息时代对于工业革命时期所形成的官僚制行政模式的一种挑战。政府是最大的信息创建者、采集者和发布者以及消费者，促进政务信息共享是确保政府有效运转、提升整体效能的重要手段。同样，执法机关在执法过程中也采集了非常丰富的信

---

〔1〕　为了解决类似问题，2011 年，美国联邦政府发布了《联邦政府云战略》，该战略要求各个机构必须确定 3 个可以推向云平台的系统，并在年内完成至少一个。同时，联邦政府 2094 所数据中心，通过云计算，在 2011 年合并了 137 所。参见涂子沛：《大数据》，广西师范大学出版社 2013 年版，第 283 页。

息，比如市场监管部门垄断了有关企业法人的基础性信息，如果这些执法信息能够在部门间共享，那么其他部门就不必进行相关信息的重复采集，也不需要向市场监管部门再次核实信息的真伪，从而避免信息资源的重复采集和开发、加工，减少资源的浪费，降低信息收集的成本，提高了办事的效率。有效运转的信息共享机制中，执法部门能够通过公共数据平台获取公共数据，或者通过互联互通渠道获取所需要的专有数据，这样就能更好地为公众提供服务，不需要公民重复提交各种文书，来回开各种证明，公民能够更好地享受到"一体化行政"的优质服务，其效率意义，不证自明。

在执法信息不能共享的情况下，公民、法人及其他组织经常周旋于各个部门，来回奔波，重复提交很多材料，办一件事要花费很多成本。比如在行政审批中，涉及多个部门，每个部门依据本部门的办事要求，要求公众提供材料，导致办理同一个审批事项需要多次重复提交有关资料。对于公民而言，造成重复申请、重复提交，对于行政机关，造成重复审批，双方都有很多不便。根据广州市政协常委曹志伟绘制的"人在证途"的图表，一个人需要办理 103 个常用证件，涉及 60 个单位，100 多个章，28 项办证费。户口簿提交 37 次，照片提交 50 次，身份证提交 73 次。[1]

实践中形形色色的奇葩证明，一方面反映出政府公共服务质量差，另一方面也反映出执法部门信息无法共享的困境。"怎么证明你妈是你妈"在 2015 年曾经是社会热议的话题，尤其经过李克强总理在国务院常务会议的关注后，引发社会民众对于"奇葩证明"的集体讨伐。"奇葩证明"反映的主要是信息共享的问题，由于执法信息不能实现有效共享，因此对于行政机关来讲，不能通过信息共享渠道获取这些信息，只有要求公民提供相应的纸质证明，自己去取证，这无疑增加了公民办事的成本。在信息时代，政府作为信息资源最大的采集者、拥有者，很多信息在机关内部是可查的，如果能够消除部门之间的信息壁垒，实现信息共享，这些奇葩证明的问题也就能够迎刃而解。政府部门如在公共服务的提供中，对于信息进行有效的利用，免去相对人在行政程序中的繁杂义务，对推动政府治理能力具有非常重要的作用。

（二）促进执法部门间的协同能力

执法信息共享的目的在于实现业务协同。有效的信息共享对于打破部门

---

〔1〕 刘密霞："政府信息共享国际经验及借鉴"，载《电子政务》2017 年第 6 期。

分割，治理执法碎片化，促进行政一体化，对于优化再造行政业务流程，具有非常重大的现实意义。行政整体性原则的实现要求信息资源的整合以及执法流程的整合。现代社会，并联审批、突发应急等事务需要部门协作，公共服务的提供也需要不同职能部门通力协作。执法信息的共享有机联系各个部门，实现信息的综合查询，使服务流程更加畅通，极大提高行政效能。从公众来说，要有利于他们便捷地获取执法信息与服务，降低办事成本、提高办事效率。对于执法部门而言，满足提高部门整体效能与服务能力的社会发展需求，打破部门之间资源分割、优化执法流程，实现资源共享和业务协同。如市场监督管理局所掌握的医疗机构登记注册信息，如果为药监局等部门共享，就有利于他们更好地开展执法。如果城市管理综合执法部门能够获得有关规划许可的信息，就可以更好地开展违建执法。[1]税务部门如能得到自然资源、市场监管等部门的涉税信息，就能更好地发现偷税漏税违法行为，这些部门间信息的整合与共享，能够有效地实现部门之间的协作，最终会增进公共福祉，提升执法效能。执法信息共享机制，也是违法行为的重要发现机制，如果信息分散、阻隔，最终会使得社会公共利益受到损害，从而严重影响行政效能。

（三）促进经济和社会的发展

信息和数据的共享是开放的前提，没有政府不同部门不同层级的信息和数据的共享，就无法积聚形成跨行业跨领域的大数据，也无法实现面向社会和商业的高质量高水平的开放，自然也就无法创新技术、产品和服务，无法发挥数据资源的经济价值和社会效益，进而无法推动全社会创新创业和经济发展方式转变。政府掌握着关系到社会经济发展、民生福祉等最为基础的数据，也是范围最为广泛的数据，这些数据依法有序开放是大数据产业发展的关键。从鼓励大众创业、万众创新方面来讲，在政府信息共享基础之上对商业增值潜力显著的高价值公共数据的开放，是比任何补贴奖励措施更为有效的招商引资手段。[2]信息共享不仅能降低行政成本，提高行政效能，更重要的意义是以此为引领，衍生更多的数据产品，推动传统产业转型升级、产业

---

〔1〕　例如，城管综合执法部门执行的主要是规划等领域行政处罚权，如果不能获得规划的行政许可信息，则难以开展违法建设执法活动，实践中如何获得其他部门的许可信息成为难题。

〔2〕　王静、刘晓晨："政府数据共享的法治路径和突破点"，载《中国司法》2019年第11期。

创新以及数字经济的发展。然而多数部门尚未认识到这一点，认为政府信息共享的益处仅仅是重塑政府业务流程，殊不知更重要的意义在于激活并联动各部门"封闭沉睡"的数据，进行关联分析后使之变为更有价值的信息。

二、大数据时代执法信息共享的机遇

"大数据时代"在当前是热门话题，大数据提供了无限的可能和机遇。大数据时代的到来为政府的信息资源共享带来了挑战，更多的是机遇，表现在以下方面。

(一) 大数据为信息的互联互通提供了技术前提

大数据能够促进政府信息资源的深度开发，提升资源利用率。信息的存在形态可以分为电子化的存在形态与数据化的存在形态，这两者之间不是一个概念，存在质的区别。电子化是一种呈现方式，文件保存在纸质上，是书面文件，保存在计算机，是电子文件。这两者之间存储的信息本质上没有什么不同。但是如果是经过数据化的文件，那就是质上的飞跃。大数据技术可以整合不同系统中庞杂的信息，可以对数据进行关联分析，隐藏在信息中的知识被重新挖掘，能够实现价值的增值。数据化的文件所储存的信息经过分解，能够开发出更深层的利用，发挥出数据资源的最大化效用。举例而言，比如土地征收的信息，经过数据化的处理之后，如果要横向比较不同地域的土地征收信息，或者获取耕地征收的基本信息，计算机系统自动整合所有土地征收数据，便能提供所需要的信息。而电子信息与纸质信息，无法胜任提供关联信息的要求。因此，即便部门间的电子信息实现了互联互通，也难以开发出更深层次的应用，目前数据的共享很多还仅仅停留在线下纸质层面。一定程度上，"信息数据化是互联互通的技术前提"。[1] 而大数据时代的到来，大数据技术的发展为信息数据化提供了技术支持，更为信息的有效共享提供了强大的技术支持。

(二) 大数据为部门信息共享带来革命性变革

大数据将为政府部门信息的共享、决策等活动带来革命性的变化。其一，大数据技术可以推进政府信息资源的开发利用，实现信息资源效用最大化。

---

〔1〕 后向东："'互联网＋政务'：内涵、形势与任务"，载《中国行政管理》2016年第6期。

其二，大数据时代的到来意味着信息交互方式的革新。大数据时代的到来，将使信息的含义发生颠覆性的变化，新的大数据技术能够实现更强的对大数据的分析和挖掘，将使海量的数据中的低密度价值被发现。大数据分析和挖掘将要求更多更广的数据被纳入分析，这将使信息的交流发生变化，使社会各界之间交互的要求更高。其三，大数据时代的来临对于碎片化行政体制带来冲击的同时，也为我们从中突围提供了机遇。[1]大数据的特征是要整体，不要抽样。社会治理大数据的形成必须以所有主体掌握的社会治理相关信息完全共享为前提，这就要求打破政府条块分割、部门分割的局面，实现资源的最大整合。通过大数据进一步促进信息共享与交流，能够更好地促进行政一体化的形成，为治理碎片化的行政体制提供了极好的机遇和革命性的变革。

三、执法信息共享的实践考察

（一）信息共享缺乏顶层设计

目前执法信息资源无法有效共享，其中有一个重要的原因在于顶层设计滞后，没有统一的标准。要实现信息共享的合算、有效和可能，必须坚持统一标准。目前很多部门的信息系统构架和数据格式标准都按照不同的技术标准、技术规范建构，系统之间没有可兼容性，各个部门的系统无法对接，无法联动，更无法进行有效的交流共享。在信息共享建设中，只强调建立公共数据库，并未将这些数据库与共享业务有机整合，各单位独立采集数据，同类数据在不同部门重复建设，不同的部门独立采集的信息不能匹配，一致性差，各部门数据交换和共享数据出现冲突，难以有效匹配，这造成严重的资源浪费，也给信息资源的共享造成困难。例如，自然人、法人及其他社会组织等基础信息资源分别由公安、市场监管、税务、民政等部门分头采集，各部门之间独立采集的数据、信息库未能互联互通，且又不互相核对，因而造成标准不统一，导致在交换和共享时出现难以有效匹配的问题。再比如，当前政府部门广泛运用信用监管手段进行市场与社会的治理，通过"行政黑名单""信用数据库"等方式建立本部门的信用数据体系，但是不同部门的信

---

〔1〕 王万华："大数据时代与行政权力运行机制转型"，载《国家行政学院学报》2016 年第 2 期。

用体系之间缺乏有效的制度衔接，国家企业信用信息公示系统、国家信用信息共享交换平台的统一建设还处于初始阶段。信用数据的部门割裂格局制约了信用监管实践的有效展开。[1]

当然，这种现状与信息化的发展阶段不无关系。电子政务的初始阶段，首先是部门实现信息化，部门的信息化以单一部门业务开展为主线，信息系统的设计延续了传统管理的方式，以满足内部使用为限，并未考虑信息共享的问题。各部门在组建自己的信息系统时，往往从本部门的利益出发、从本部门业务的需求出发考虑新技术的应用，采用不同的技术标准，各种各样的执法系统很多，但是相互独立，互相平行，无法互联互通，出现信息孤岛，造成重复建设和浪费。[2]例如，2018年党和国家机构改革，国家层面成立国家市场监管总局，上海市根据机构设置"上下对口"原则成立上海市市场监督管理局。尽管理顺监管体制能够缓解基层部分压力，但并未直接触及监管能力提升方面的改革。有学者在进行调研时，上海市市场监督管理局工作人员反映，建立统一的市场监督管理局后，原工商、质监与食药监信息系统建设标准都不一样，使用时无法直接整合做全生命周期监管，严重制约了监管效能。[3]

随着信息化建设与应用的深入开展，特别是行政审批信息化的开展，信息资源共享的需求进一步强化，信息不能交换共享的问题也越来越突出，到了信息共享的转型时期。这时候各部门发现以往各自组建的信息系统成为一个个独立的封闭的"信息孤岛"，给信息共享造成严重的障碍。当然，信息分散也是信息共享发展的阶段，这是进一步共享的前提。但是如果不进行整合，那会制约信息共享的进一步发展。如果信息系统都是在整体性、系统性、全局性的顶层设计下，按照统一规划和标准建设，以上问题可以得到一定程度的解决，那么信息资源的整合和共享将不再那么困难。

---

〔1〕 卢超："事中事后监管改革：理论、实践及反思"，载《中外法学》2020年第3期。

〔2〕 可以说，有多少个部委就有多少个信息系统。例如，在《不动产登记暂行条例》颁布实施以前，国土资源部门负责登记建设用地使用权和集体土地所有权的信息，住房城乡建设部门负责房屋所有权，林业部门负责林地所有权和使用权。可见，同是不动产登记，信息却由于条块分割分散在多个部门。

〔3〕 叶岚、王有强："中国数字化监管的实践过程与内生机制"，载《上海行政学院学报》2019年第5期。

（二）数据割据形成信息孤岛

执法碎片化的状态下，部门分工过细，表现为分割执法、分段执法。部门只注重自己的执法任务，不会对整个流程负责、也无人对执法的整体效能负责。我国信息资源的管理体制同行政机关执法各部门体制一样，处于部门分割，各自为政、相互之间缺乏横向联系的状况。执法信息按照地理位置和部门分割在多个部门，导致信息沟通的成本急剧上升。信息技术出现之后，很多执法部门都拥有自己的网站和数据库，按照行业建立了自己的执法信息系统，但业务的办理仍然处于分割状态，缺乏互联互通、集成整合。电子政务中信息技术的应用在相当程度上加固了原有部门之间的分割局面，形成一个个的信息孤岛。由于执法体制的原因，许多资源中心处于封闭状态，信息化建设条块分割，严重制约着信息共享的发展。"条块分割"的管理体制下，地方政府形成"纵强横弱"的信息资源配置格局，即政府部门在上下级之间有很好的信息共享机制，但横向的跨部门信息资源共享机制很少，出现一个个各自为政的"信息孤岛"。这样的信息化建设其实是对传统执法流程的一种固化，只是披上了一件现代化的外衣而已，并未改变传统行政执法的格局，其结果是"形成了一个科层化的电子政府。尽管部门对于传统体制的弊端感同身受，也都具有不同程度的合作需要，但基于传统体制的强大惯性，很难实现自我的改良"。[1]

执法信息不能共享的主要表现是：同一个部门的内部机构之间、各个部门之间、各执法系统之间，相互隔离，不能互联互通，此处有一个早期的典型例证可深刻地说明此种现象的存在。2002 年，国信办选择了北京、杭州、深圳和青岛四个城市开展工商、税务和质监部门的企业基础信息共享试点，发现了数量惊人的偷税漏税企业，其中北京 17 648 户、杭州 11 718 户、深圳 84 724 户、青岛近 5 万户。[2]这些企业在工商部门注册后，既不去质监部门赋码，也不去税务部门登记就开张营业了，税务部门根本不知道它们的存在。比如市场监管部门在行政审批中扮演着非常重要的角色，很多事项需要它的前置审批，但市场监管部门的事项办理信息与数据无法与相关部门共享。笔

---

〔1〕　周汉华："以部门信息共享化解群众办事难现象"，载《中国发展观察》2015 年第 5 期。
〔2〕　宋永乐："政府信息共享遭遇五大尴尬"，载《计算机世界》2004 年 10 月 18 日，第 C4、C5 版。

者曾经进行过调研，市场监管部门强调自己内部有一个系统，这个系统与其他部门的系统不能对接，这样市场监管部门的信息就无法与其他部门实现共享，导致很多执法事项分散处理的局面无法得到根本性改变。因此不管办什么事情，都需要公众提交信息资料，而不是通过执法信息共享来获取申请人的信息资料，这样反而助长了申请人提交虚假的材料，增加审核机关的工作量，导致执法出现错误成本，影响执法效果。公众在事项办理过程中，往往需要重复填写大量的基础信息表单，影响办事效率，如居民购房产权证需要到多个部门办理，但填写的基础信息表单却存在50%以上的重复，出现了较为严重的信息浪费。[1] 这充分反映出执法无法适应信息化要求的现实窘境。让数据多跑腿，让群众少跑路，这是信息化时代政府公共服务的努力方向和显著标志。如今政府线上线下服务融合力度加大，然而多数部门依然是"各搭各的网络平台"，"各建各的网上服务大厅"，链接不够，兼容不足，互联互通更是难上加难，不能使"互联网＋"与大数据的优势充分得以释放。

还有典型的交通运输执法，执法对象具有很强的跨区域流动性、分散性特征，提升了执法的复杂性和难度，有效的执法信息共享有助于掌握车辆和从业人员的信息，发现和锁定违法行为。在执法信息化建设的浪潮推动下，各地交通运输执法部门纷纷建立了执法信息系统，但各种信息系统仍处于孤岛状态，缺乏纵横方向互联互通的信息共享，从而大大制约了执法效能。[2] 政府信息部门对所拥有的相关信息资源采取垄断方式，从而很大程度上限制了主管部门的整体管理水平，社会服务能力以及处理应急事务的能力。

在理想状态下，执法信息化建设将打破传统政府部门之间的界限，使部门林立、条块分割的结构关系发生改变，逐步形成与信息社会相适应的组织结构。政府通过数据的治理，将超越立足单个监管机构的传统模式，借助数据的流通共享实现全景式的立体化监管。但是，不管是信用监管还是大数据监管，信用信息的收集和汇聚以及海量数据的处理，均面临跨部门、跨地域的数据信息共享困境。尤其是当前以部门导向与属地化推进为模式的大数据

---

〔1〕 刁富生、邓凯："公共数据资源共享的嬗变：从粗放式管理到精细化治理"，载《探求》2017年第6期。

〔2〕 许晓东、赵孝锋、郑薇："通过信息化手段提高交通运输行政执法效率"，载《水运工程》2016年第10期。

监管，在缺少协作互惠与中央协调的背景下，反而可能会进一步加剧"数据孤岛"现象。可以说，"机构碎片化、部门利益冲突与条块分割等诸多'内部行政法'问题，仍然是当前政府数据治理中的突出问题"。[1]

信息孤岛的存在，也使得当前广泛运用的信用监管和联合惩戒呈现出局限性。尽管政府信用治理如火如荼，但信用信息有效共享才是实施信用监管和联合惩戒的前提条件。联合惩戒必然要求政府部门之间要打破信息壁垒，实现信息共享，方可实现多部门的联合信用惩戒。信用监管作为当前事中事后监管体系的重要手段，理想层面上能够通过市场主体的全景大数据，提前进行风险预判与监管倾斜，进而达成数字信息时代下行政效能的最优解，但实践中却较难实现机构部门之间信息数据的汇聚集中。[2]所以，目前来讲，推进信用监管最大难点仍在于数据归集，这其中，部门间的数据共享壁垒、纷繁复杂的组织协调与数据冲突是主要障碍。[3]

（三）执法信息共享的主动性不足

部门分割的执法体制，导致部门本位主义，从而形成执法信息"部门私有"的归属局面。根据公共选择理论，政府同样具有"经济人"的特性，存在追求利益最大化的倾向，经济思考经常决定执法部门的行动逻辑。

在执法信息共享的实践中，以下两个因素削弱了共享主体的积极性和主动性：

第一，对利益的追求。如果将部门掌握的执法信息予以共享，无疑会提升整体的执法效益，但是掌握信息的部门的利益会受到损害，丧失部门所拥有的信息优势。市场监管、税务等部门间交换企业基础信息技术难度并不大，但如果积极推进，将会承担高额成本，如果支持工作变为一项长期的义务时，那么将是一笔巨大的成本负担。信息共享有成本投入，主要包括开发、连接、协调、维护、安全及其他成本等。对于信息资源的投入可能得不到应有的回报和补偿，加之又有数据责任归属问题，因此对于信息共享持有消极的态度。如果涉及双方互惠、利益互补的事项，双方信息的共享动力就足。两部门或多

〔1〕　卢超："事中事后监管改革：理论、实践及反思"，载《中外法学》2020 年第 3 期。
〔2〕　卢超："事中事后监管改革：理论、实践及反思"，载《中外法学》2020 年第 3 期。
〔3〕　胡春风、蒋斌："市场监管现代化转型的几点思考"，载《中国市场监管研究》2019 年第11 期。

部门可以通过信息共享来达成每个部门各自的利益目标，实现单兵作战无法企及的良好效果，此时共享的动力是充足的。但如果一方受益，另一方付出还要丧失信息优势，那自然就缺乏动力。比如企业信息的共享，市场监管部门是提供信息的义务主体，而税务部门则是信息的受益者，这会导致双方产生利益矛盾。实践中，有的执法部门凭借对于信息的垄断获取丰厚的收益。比如，"北京市公安局曾利用其掌握的人口信息给中国移动、中国联通等通讯公司核实机主身份，每条信息收取查询费 5 元"。[1]也有这样的事例，"一些省市的工商部门为了在企业名称核准时能够收取是否重名的查询费，不愿将企业基础数据提供给其他部门"。[2]部门利益有时会超越一切，社会利益、公共利益则不在考量范围之内，甚至可能会牺牲公共利益换取部门利益。

不仅是我国，在其他国家也同样存在信息共享动力不足的问题。以英国为例，信息共享的障碍，首先是对所请求的信息类型缺乏一致性，这意味着信息的提供方对每次请求都需要做一次处理，这很可能导致合作伙伴不愿意共享信息，此时，他们可能会声称没时间满足要求。过度依赖一方合作伙伴请求信息，可能会造成信息共享关系的紧张，尤其当信息提供方收到的回报比较少的时候。如果所交换的数据是报告中的统计数据，而不是原始数据，会阻碍社区安全伙伴关系中设计的多机构数据分析的要求。[3]

第二，存在信息安全顾虑。政府信息存在特殊性，事关国家安全和社会稳定，如果安全综合保障能力低下，势必会影响各部门信息共享的积极性。大数据技术的推动和互联网的深入发展，为行政机关的治理和公众的参与提供了极大便利，政府数据资源急速快增，但也给不法分子提供了可乘之机。虽然国家出台的《政务信息资源共享管理暂行办法》对政务信息资源共享类型及目录编制提出了要求，但《中华人民共和国保守国家秘密法》（以下简称《保密法》）又对政府数据信息的使用有着严格限制和处罚规定。面对信息共享与数据保密和安全的双重要求，在缺乏具体的共享标准前提下，"数

---

〔1〕 宋永乐："网上联合审批第一例"，载《计算机世界》2004 年 7 月 26 日，第 C4、C5、C6版。

〔2〕 胡小明："电子政务信息资源共享的经济学研究（之四）——减少信息共享的行政阻力"，载《中国信息界》2004 年第 20 期。

〔3〕 刘密霞："政府信息共享国际经验"，载《电子政务》2017 年第 6 期。

据安全与保密比共享更重要"的想法在政府部门中普遍存在。[1]

（四）数据权属不清制约信息共享

在国家大数据战略中，有非常重要的一个要求是，要明确数据的主权归属，谁是数据的采集者、拥有者和使用者，如何使用。而现实情况是，上下级的政府部门从采集、流动到共享，往往是单线的，即下级政府负有采集流转义务，却难拥有共享权利。在跨层级信息共享方面，随着"简政放权"改革的深入推进，大量行政审批和政务服务职能下放到基层执法部门，基层依托各类业务信息系统填报大量数据并上传到省级或国家级主管部门。"由于数据采集、存储、共享和使用的权限没有明确规定，各部门并不清楚哪些数据应在省级集中，哪些数据应给地市级政府或基层政府使用。各职能部门向省级平台大规模上收和归集数据，市级主管部门没有权限在系统中批量获取辖区内各县区的数据，数据'上得去，下不来'问题突出，既阻碍了跨层级共享，也导致该部门没有数据可以拿出来与其他部门共享，各层级、各部门的数据权属不清，严重制约了地方政府数据共享。"[2]上下级部门之间有相互提供信息的义务和获取信息的权利，目前在实践中，上下级之间信息共享的权利和义务不明确，这是构成数据"上得去，下不来"的重要因素。

（五）执法信息共享协调难度大

由于拥有数据的多元主体都有各自的利益和需求，在治理过程中很难保证处于强势地位的主体不会为自己谋取利益，相互扯皮导致效率低下，因此协同治理的实现有很大难度，为了能够保证高效率地执行决策，需要有专门的协调机构进行管理，使各个部门能够保证与其他部门按要求提供共享信息。

执法信息资源的分布存在着部门差异，有丰富信息资源的优势部门，如市场监管部门，也有处于劣势的部门，如教育部门、医疗卫生部门等。加上政府信息部门所有化的特性，部门间进行共享就会破坏掉政府部门原有利益局面，原本紧张对立的关系依托"数据权力"再次强化了权力本位的观念。缺少对价交换的"低交易率"使得信息共享的欲望受挫，进而导致不作为，造成行政效能的低下。信息共享行为主要包括"提供行为"和"使用行为"，

---

〔1〕　周颖："政府部门间信息共享存在的问题与对策研究"，载《南方论刊》2019年第8期。

〔2〕　李重照、黄璜："中国地方政府数据共享的影响因素研究"，载《中国行政管理》2019年第8期。

就要不要提供，如何使用，双方极易产生争议。因此，加强信息共享的统一协调管理机制已经成为最关注的问题之一。横向的跨部门共享存在着协调问题，因为没有隶属关系很难以命令的方式来要求进行共享，只能靠总体的协调达到共享的理想状态。

大数据背景下的协调机制要重视多元主体之间的相互信任、相互合作和相互协商，既要保证最大限度的数据共享，也要减少多元主体之间相互无用的缠斗。例如，武汉市的部门间信息共享在早期主要是由需要共享的两个部门之间自行进行协商，缺乏高级别的部门机构进行统一的协调管理，部门双方只从自身角度来考虑问题，不能实现整体效益的共享，加之没有相应的规范制度，缺乏统一的规划和标准，以至于在信息共享建设初期，武汉市一直无法深入地开展跨部门信息共享的工作。

跨部门的执法信息共享必须要有统一的协调管理来消除部门间的利益纠纷，以及影响共享的各种障碍因素。还需注意的是，各部门的统一协调管理需要有能够统一领导各部门的上级主管部门来进行，同时上升到法律层面，制定出统一的协调管理机制，才能够有效地促进跨部门的信息共享。

四、执法信息共享的规范考察

由于对于信息共享的需求越来越现实，而实践中政务信息共享面临困境，为了解决这些问题，2016 年，国务院印发《政务信息资源共享管理办法》，表明通过政务信息整合与共享提高政府执政能力和决策能力以及更好地提供社会公共服务已经正式上升为国家战略。《政务信息资源共享管理办法》的制定改变了我国在信息共享领域无据可依的局面，为推进我国政务信息共享提供了制度性保障，成为今后政务信息共享的主要政策性文件，作为宏观性的指导性的政策文件，由于缺乏法律的刚性约束力，所以具体的实施还有赖于单行法律法规的积极推动。2017 年 5 月 18 日，国务院办公厅颁布《政务信息系统整合共享实施方案》，2017 年 6 月 30 日国家发展改革委和中央网信办发布《政务信息资源目录编制指南（试行）》。2019 年 4 月 26 日《国务院关于在线政务服务的若干规定》从全面提升政务服务规范化、便利化水平，为企业和群众提供高效、便捷的政务服务，到优化营商环境的角度对在线政务的重要问题作出明确规定，其中也涉及政府数据共享的问题。

地方立法层面，2012 年出台的《广州市政府信息共享管理规定》是全国首部规范政府信息共享的政府规章，2019 年这部规章进行了修订。信息化发展较快的部分地方政府先后都制定了政府信息资源共享的专门规定，例如《武汉市政务数据资源共享管理暂行办法》（2015）、《湖北省政务信息资源共享管理暂行办法》（2017）、《贵阳市政府数据共享开放条例》（2017）、《广东省政务数据资源共享管理办法（试行）》（2018）。此外，为促进公共数据的整合应用，促进大数据发展，不断提升政府治理能力和公共服务水平，这两年地方政府出台了不少地方性法规或规章，如《贵州省大数据发展应用促进条例》（2017）、《天津市促进大数据发展应用条例》（2018）、《上海市公共数据和一网通办管理办法》（2018）、《重庆市政务数据资源管理暂行办法》（2019）、《南京市政务数据管理暂行办法》（2019）等，这些地方性法规和地方政府规章对政府数据共享的多个重要问题作出规定。

除了以上地方立法，还有很多单行法律涉及政务数据共享的内容，如《中华人民共和国环境保护税法》（以下简称《环境保护税法》）、《税收征收管理法》等。从总体考察，现有的规范目前仍存在很多问题。

（一）信息共享程序缺乏可操作性

目前，从国家到地方甚至到具体的职能部门，都出台了多重政务（公共）资源管理制度，且数量非常之多。但是，信息资源共享与开放方面并未能实现质的突破。问题的主要症结在于，公共信息资源在供给与需求上，受到"重权力归属、轻权力运作"的影响，各项政策文件注重管理意识层面的推进，具体制度的规定较为粗放，缺乏"过程意识"，较少关注精细化的规则，导致信息共享的可操作性较差。[1]

在地方，部分地方政府陆续制定了政府信息资源共享的有关规定，如《广东省政务数据资源共享管理办法（试行）》《重庆市政务数据资源管理暂行办法》等。但是这些文件关于跨部门的信息共享只是一笔带过，大多数只有"应当"而缺乏"怎样"的具体操作性条款，缺乏必要的指导性和规范性意义。例如，《重庆市政务数据资源管理暂行办法》第 26 条规定，市政务数据资源主管

---

〔1〕　刁富生、邓凯："公共数据资源共享的嬗变：从粗放式管理到精细化治理"，载《探求》2017 年第 6 期。

部门应当按照数据共享属性，发布政务数据资源共享目录。各政务部门应当根据履行行政管理职能需要，按照政务数据资源共享目录，通过共享系统获取政务数据资源。而其中如何申请，申请的条件和期限等均未作出细致规定。

就其他单行立法来讲，涉及信息共享的法律文件已有不少，但整体来说，与信息共享实施程序相关的条文往往是一笔带过，缺乏可操作性。如《税收征收管理法实施细则》第 4 条要求地方各级人民政府应当组织有关部门实现相关信息的共享；仅规定"应当实行信息共享"，那么具体的步骤和程序如何进行呢？规定的阙如影响了实施的具体效果。此外，信息如何收集、如何管理，这方面的法律规定更是少之又少。信息本身的存在是不区分类别的，在社会中产生传播的信息具有任意性的特点，只有经过接收信息的人对信息进行加工后，信息才能对接收信息的人发生相应的作用。政府收集的信息，应当具有很强的逻辑性，要按照一定的逻辑结构对信息进行归纳整理，只有如此，信息才能发挥最大的效用。

2018 年 1 月 1 日，《环境保护税法》正式实施，这是我国第一部将涉税信息共享制度纳入其中的单行税种法。环境税作为第一个法律层面的绿色税收，以污染物的排放量为计税依据，应税污染物排放量等涉税信息的充分与否无疑成了落实环境税征收的关键步骤。但是，税务机关并不具备识别应税污染物、监测污染物排放量等专业设备、技术和人员，其应纳税额的核定有赖于生态环境主管部门对应税污染物的监测数据。为确保税务机关及时、全面、准确获取环境税涉税信息，税务机关和生态环境主管部门之间的涉税信息共享便成了环境税征管的重要环节，但学界鲜有关注环境税涉税信息共享规则的设计。从立法的角度，当前我国《环境保护税法》及《环境保护税法实施条例》中有关环境税涉税信息共享规则的设计并不清晰，条文中仅仅是用"应当建立涉税信息共享机制""推动涉税信息共享"等宣誓性的表达。这使得当前的环境税涉税信息共享建设难以取得实质性突破，应当通过制定程序性规定来增强其操作性。

（二）信息共享的类型管理制度较为粗放

2016 年国务院颁布的《政务信息资源共享管理暂行办法》第 5 条第 1 款明确规定，"以共享为原则、不共享为例外"。各政务部门形成的政务信息资源原则上应予共享，涉及国家秘密和安全的，按相关法律法规执行。但是其中又规定，政府信息资源共享分为无条件共享、有条件共享、不予共享三种类型。但现实情况是，地方立法的分类也不尽一致，而且相应的类型管理机制也较为粗放。

考察现有地方立法，大致有如下几种分类方法：

第一种，把政府信息资源分为受限共享类、非受限共享类、非共享类。《武汉市政府数据资源共享管理暂行办法》对于政府数据资源进行了以上分类。对于受限共享数据通过申请——审核方式，而对于非受限共享数据则通过云端服务平台获得共享。

第二种，分为无条件共享、授权共享和非共享三类。如《上海市公共数据和一网通办管理办法》第27条规定：公共数据按照共享类型分为无条件共享、授权共享和非共享三类。列入授权共享和非共享类的，应当说明理由，并提供相应的法律、法规、规章依据。如何实现授权共享，上海提出明确数据共享的具体应用场景，建立以应用场景为基础的授权共享机制。

第三种，分为无条件共享、有条件共享、不予共享三类。如《重庆市政务数据资源管理暂行办法》第24条，政务数据资源按照共享属性分为无条件共享、有条件共享和不予共享三种类型。可以提供给各政务部门共享使用的政务数据资源属于无条件共享类；可以提供给部分政务部门共享使用或者仅能够部分提供给各政务部门共享使用的政务数据资源属于有条件共享类；不宜提供给其他政务部门共享使用的政务数据资源属于不予共享类。并规定，凡列入有条件共享类和不予共享类的政务数据资源，应当有法律、行政法规或者党中央、国务院政策依据。《南京市政务数据管理暂行办法》第21条也作了相同的分类。并规定，列入有条件共享类和不予共享类的，应当说明理由，并提供相应的法律、法规和国家有关规定作为依据。《天津市促进大数据发展应用条例》同样将政务数据共享分为以上三类，但并未对于有条件共享和不予共享的依据作出规定。

第四种，仅分为无条件共享和有条件共享两类。如《贵阳市政府数据共享开放条例》中对于政务数据共享的类型就是此种分类模式。

以上关于地方立法对于信息共享类型的分类，表述可能有所不同，但分类标准在实质上相同。其中，不同类型的管理机制较为粗放，这样使得政府部门提供数据时就拥有较大的裁量权。因此，这种分类看似路径清晰，实则暗藏要害，靠单位的自觉性，可能很难实现高质量的信息共享。

第一，地方立法中，政务数据列入有条件共享（授权共享）和不予共享的，一般都规定要提供相应的依据。而有的地方将地方性法规和规章也作为是否共享的依据，可能会导致在实践中不共享的范围更大。如《上海市公共数据和一网通办管理办法》第26条规定，没有法律、法规、规章依据，公共管理和服务机构不得拒绝其他机构提出的共享要求。《广东省政务数据资源共享管理办法（试行）》第18条规定，有条件共享和不予共享的政务数据资源，需提供有关法律、法规和规章依据，否则应当无条件共享。

第二，各地对于不同类型的信息共享管理机制规定较为粗放。针对条件共享的，有的通过审批方式共享，有的通过协议方式，有的通过应用场景模式予以授权共享。审批也好，协议也好，缺乏进一步的规范。就协议共享而言，实践中经常出现私下协商共享数据，而没有经过数据中心，双方通过协议实现了数据体外循环的现象，其他部门无法知晓，局限了数据共享的辐射范围。在治理过程中，可以将双边关系公开透明，让其他部门也知晓，以推动更多双边协议的签订，逐步扩大范围。[1]各地对于无条件共享信息一般全部共享到统一的平台，使用者无需向原单位通知就可以进行查阅或者使用。

第三，对于不予共享的类型，本身应当是涉及国家秘密和安全的，本不应当属于共享范围。从立法技术讲，有的学者主张，可考虑不列为单独一列。[2]比如《贵阳市政府数据共享开放条例》并未把不予共享作为单独一列。

总之，信息共享的问题是复杂的，如何推动信息和数据共享的发展，保障其合法性和合理性，仍然需要法律规范的进一步加持。

（三）电子文件的效力有待落实

各地立法中都已关注到政府电子文件的法律效力的问题，如文书类、证照类、合同类政务数据，规定这些电子文件与纸质文件具有同等法律效力，可以作为行政管理、公共服务和行政执法的依据。在此基础上，还规定各行政机关能够通过政府数据共享系统获得的电子文件，不得要求行政相对人自行重复提供。如《天津市促进大数据发展应用条例》第19条规定：政务部

---

〔1〕 刁生富、邓凯："公共数据资源共享的嬗变：从粗放式管理到精细化治理"，载《探求》2017年第6期。

〔2〕 王静、刘晓晨："政府数据共享的法治路径和突破点"，载《中国司法》2019年第11期。

门通过共享平台获取的文书类、证照类、合同类政务数据，与纸质文书具有同等效力，可以作为行政管理、公共服务和行政执法的依据。《重庆市政务数据资源管理办法》第 28 条规定：各政务部门通过共享系统获取的文书类、证照类、合同类政务数据资源，与纸质文书原件具有同等效力，可以作为履行行政管理职能的依据。《广东省政务数据资源共享管理办法（试行）》第 24 条规定，政务部门在办理公民、法人和其他组织的申请事项时，对公民、法人和其他组织提供的、加具符合《中华人民共和国电子签名法》（以下简称《电子签名法》）规定电子签名、电子印章的电子文件，应当采纳和认可。法律、法规另有规定的除外。

反观 2016 年国务院《政务信息资源共享管理暂行办法》的规定，可能基于实践中难题的考量，针对共享平台可以获取的信息，加上了"原则上"不得要求行政相对人另行提供。那么例外情形是什么呢，什么特殊情形下可要求相对人提供呢？并未作出具体规定。这样的规定很容易为地方立法和实务部门留有规避的操作空间。建议采用更科学、准确和周延的立法技术，将必须要行政相对人另行提供的情况在立法中予以明确列举，或者也可明确必须有法律、行政法规的依据。[1]

（四）共享主体权利义务不明确

信息共享是一种内部行政行为，"本身不会引起行政相对人权利义务的减损，但行政主体间的竞争关系和行为策略所引起的权利义务失衡则会间接影响行政相对人的行政参与度"。[2]所以，厘清各部门信息共享的义务及权利并达到平衡的状态，对于提升信息共享的质量非常重要。

信息共享的行为，主要包括提供行为和使用行为。就提供行为而言，一是要不要提供的问题。《上海市公共数据和一网通办管理办法》第 26 条第 2 款规定：没有法律、法规、规章依据，公共管理和服务机构不得拒绝其他机构提出的共享要求。但如果拒绝提供，申请方如何救济自己的权利？该办法规定，无正当理由拒绝提供的，由本级人民政府或者上级主管部门责令改正。但这种问责力度明显不够，应该对法律责任进行细化，对于不作为和乱作为

---

[1] 王静、刘晓晨："政府数据共享的法治路径和突破点"，载《中国司法》2019 年第 11 期。
[2] 周佑勇、王禄生等：《智能时代的法律变革》，法律出版社 2020 年版，第 59 页。

进行更严厉的责任追究。二是提供成什么样的问题，也就是格式与规范以及提供的质量程度，这需要法律法规的规范与指引。考察地方立法规定，普遍缺乏细致规定，这可能为后续的使用行为产生争议埋下隐患。

就使用行为而言，有两个重点问题：一个是使用用途的限制，另一个是数据的致害问题。

关于数据的使用用途限制问题。目前无论是国务院还是地方立法，都对行政机关使用共享数据的用途作了限定：一是要求在申请数据共享时要说明使用用途。《上海市公共数据和一网通办管理办法》第28条（应用场景授权）进行了创新性的规定：市大数据中心根据"一网通办"、城市精细化管理、社会智能化治理等需要，按照关联和最小够用原则，以公共管理和社会服务的应用需求为基础，明确数据共享的具体应用场景，建立以应用场景为基础的授权共享机制。公共管理和服务机构的应用需求符合具体应用场景的，可以直接获得授权，使用共享数据。二是明确规定，行政机关通过共享平台获取了政府数据后，应当按照使用用途满足本机关履行职责需要。《上海市公共数据和一网通办管理办法》第26条规定：公共管理和服务机构通过共享获得的公共数据，应当用于本单位履职需要，不得以任何形式提供给第三方，也不得用于其他任何目的。这相当于对于行政机关使用共享数据进行了一种绝对性的限制。这种限制，一方面局限于履行职责需要，另一方面是仅限于数据共享的部门之间。其他地方立法如《贵阳市政府数据共享开放条例》也做了类似规定。对行政机关申请数据共享的用途进行限制，主要在于担心数据的滥用和泄露。但是提供部门如何对于数据的用途进行跟踪、监督和控制的权力呢？《南京市政务数据管理暂行办法》第22条第2款规定，通过签署协议和技术手段等方式监督管理数据的使用情况。这样一个笼统的规定，其实很难保障提供机关监督、控制权力的有效实现。如果行政机关获得数据后，对数据再次的开发和利用，权属该如何界定？也恐怕也会形成实践中的一个争议问题。此外，目前对于行政机关使用共享数据进行绝对性的限制，其实还缺乏学理上的充分研究和实践素材的支撑。其实，鼓励各部门以更为开拓创新的方式来共享使用数据，来发挥数据共享最大效用，也是政府信息共享的应有之义。因此，目前立法上的这种绝对性限制是否合理，还需要进一步的讨论。

关于数据的致害问题。如果其他部门提供的数据有误，导致使用主体对于行政相对人的权益造成了损害，并且引发行政纠纷。此时，提供主体是否承担责任，如何追究责任，目前各地立法还未涉及这些问题。而这些其实是非常现实而具体的问题，需要法律的明确指引。

（五）缺乏信息共享的激励驱动机制

拥有数据的政府职能部门在将自己的信息资源与其他部门共享的过程中，要付出更多的代价，包括人力、财力的耗费，特别当信息共享的支持工作变为一项长期的业务时，将使该部门背上沉重的负担。如果没有很好的成本补偿措施，任何单位都无法长久支持这项额外的负担。除了需要财力和技术的强大支持外，信息的汇集统合，始终面临国家治理需求与商业秘密、个人信息隐私之间的冲突张力，同时也会给网络信息安全带来极大的挑战，这些因素导致信息共享始终缺乏主观动力。

为此，为构建信息共享的激励驱动机制，可从几个方面入手：①建立相应的经济补偿机制，对有重大意义和效益的信息共享给予鼓励；②通过信息资源共建推动共享。对于积极参与信息共享的部门给予相应的奖赏，寻求部门"激励相容"的制度安排，使部门利益与公共利益相契合。

五、执法信息共享的立法借鉴

《欧盟行政程序模范规则》中行政信息管理占据很大的篇幅，其中包括信息共享和信息管理。该法指出，在实施第六部分规定的信息管理活动前，应当"先通过一部基本法，若不存在该基本法，则没有实施此类活动的义务。基本法可以采取条例、指令、决定或其他有约束力的方式。基本法中必须清楚地规定关于信息交换机制的任何具体要求"。[1]尤其值得关注的是，该法确立了信息的质量原则，如《欧盟行政程序模范规则》第六部分第10条规定了信息质量原则，要求"信息提供机关有责任确保数据是准确的、最新的以及合法记录的。"[2]

第一，规定信息交换的两种情形。信息交换有两种情形。一种是根据结

〔1〕"欧盟行政程序模范规则"，蔡佩如、王子晨译，载姜明安主编：《行政法论丛》（第19卷），法律出版社2016年版，第321页。

〔2〕"欧盟行政程序模范规则"，蔡佩如、王子晨译，载姜明安主编：《行政法论丛》（第19卷），法律出版社2016年版，第323页。

构化信息机制交换信息。另外一种是无需经事前请求而依职权交换信息。其中"结构化信息机制"旨在建立一种常态化的信息交换机制。《欧盟行政程序模范规则》第六部分第二章第 11 条规定："如适用时，规定结构化信息机制的基本法应当规定：协议使用的工作流程，使用的形式、字典、跟踪机制和为网络成员交换相关信息和进行内部合作时提供的其他标准化工具。"[1]结构化信息机制目的在于使机关间彼此能够以事先设定的工作流程以结构化的方式交流和互动，使得信息交换常态化和顺利运行，以提高信息共享的行政效能，由此可见行政程序是信息共享机制科学运行的载体。

另外一种是无需事先请求，依职权主动提供信息交换的义务。这属于公权机关主动向其他机关提供信息和数据的责任和义务，这种义务在《欧盟行政程序模范规则》中叫作通知义务，《欧盟行政程序模范规则》第六部分第三章第 12 条规定："依通知义务进行的信息交换行为可以按照一定的时间间隔定期进行，也可因基本法具体规定的事件而展开，信息交换原则上以电子方式进行，包括将数据输入旨在交换信息的系统。在特殊的情形下，信息交换可以其他合理的方式进行。"第 17 条规定："依通知义务交换数据或建立数据库的信息系统，应规定清晰和全面的访问管理规则。"[2]这种情形其实类似于我国《政务信息资源共享管理暂行办法》中通过共享平台无条件共享的政务信息资源。

第二，信息疑义程序。《欧盟行政程序模范规则》第六部分第 21 条规定："基于信息共享作出行政行为的机关，应当对于信息系统提供的信息进行独立评估，当其怀疑信息的准确性时，应当立即通过信息系统咨询提供信息的主管机关。行为的主管机关应确保已经充分利用信息系统的相关功能，以获得清晰和完整的信息并避免错误的信息利用。"[3]在我国地方立法中，对于信息共享的申请方如何对信息的准确性提起异议，普遍缺乏细致规定。此条规定其实非常重要，能够有效避免后续使用行为中由于错误信息造成错

---

〔1〕 "欧盟行政程序模范规则"，蔡佩如、王子晨译，载姜明安主编：《行政法论丛》（第 19 卷），法律出版社 2016 年版，第 323 ~ 324 页。

〔2〕 "欧盟行政程序模范规则"，蔡佩如、王子晨译，载姜明安主编：《行政法论丛》（第 19 卷），法律出版社 2016 年版，第 324、326 页。

〔3〕 "欧盟行政程序模范规则"，蔡佩如、王子晨译，载姜明安主编：《行政法论丛》（第 19 卷），法律出版社 2016 年版，第 327 页。

误决策，或者给相对人权益造成损害。

第三，信息的使用限制。《欧盟行政程序模范规则》第六部分第 24 条规定："主管机关对于信息的交换和处理仅限于欧盟法律规定的交换此类信息的目的。如果为了其他目的需进行对于信息的处理行为，必须获得数据提供机关专门的事先批准，并需要接受相关法律的限制。"[1] 在该法中，并未对使用用途进行绝对性的限制，有一般规定，也有例外规定，这在法律技术上比较周延，值得借鉴。

第四，信息共享争议处理机制。《欧盟行政程序模范规则》第六部分第 31 条规定了信息争议的调解程序，"当一方认为另外一方采取的行为不符合基本法，或可能影响信息管理活动的目的时，应当将此事提交至监督机关，由监督机关担任调解者"。[2] 当然，这种调解并不仅仅能发生在信息交换争议中，在所有的信息管理活动中，各参与方之间发生纠纷，都可受到监督机关的监督，并可适用调解程序。

第五，信息共享需遵循信息保护的一般义务。《欧盟行政程序模范规则》第六部分第 25 条规定了所有信息管理活动必须遵守一般数据保护法的义务。

《欧盟行政程序模范规则》就信息共享部分所做的制度性规定来看，对于信息交换的运行机制作出了详细的规定，将运行流程制度化，明确具体，流程和环节一目了然，值得借鉴。但就有关具体共享的程序，《欧盟行政程序模范规则》规定，仍需制定基本法予以进一步的细化。从制度内容来看，我国《政务信息资源共享管理暂行办法》中对以上《欧盟行政程序模范规则》的共享机制都有所涉及，但由于是政策性文件，重在引领和指导，宏观性较强，需要由单行法予以积极的贯彻和推动，也需要地方立法予以践行。

六、执法信息共享机制的立法建议

（一）通过立法推动网上办事，倒逼信息共享机制形成

信息化是不可阻挡的趋势，且有一日千里之势。工业时代形成的传统行

---

〔1〕 "欧盟行政程序模范规则"，蔡佩如、王子晨译，载姜明安主编：《行政法论丛》（第 19 卷），法律出版社 2016 年版，第 327 页。

〔2〕 "欧盟行政程序模范规则"，蔡佩如、王子晨译，载姜明安主编：《行政法论丛》（第 19 卷），法律出版社 2016 年版，第 330 页。

政程序正面临着信息化时代的挑战，但传统的行政体制、方式、观念的改变也不是一朝一夕的事情。信息化时代，落后的生产力和生产方式将被迅速淘汰，在行政执法领域也是一样，行政执法模式也不能固步自封地以现有格局为基础进行简单执法，否则既无法承担起权利保障的功能，更无从谈起执法效能之提升。信息化时代提供的不仅仅是挑战，更提供了发展执法能力的无限可能。行政总是有很多惰性，也总是会有固守传统的惯性，这种情况下，通过立法和政策要求行政机关网上办事，以一种倒逼的方式，迅速淘汰陈旧的执法方式与观念，推动信息共享及制度确立。[1]因此，在行政执法程序立法中应当确立借助信息化手段推动网上办事的规定，推动行政机关网上办事。例如，北京大学姜明安教授主持起草的《行政程序法（专家建议稿）》（2015）就对于行政机关的"在线办公与无纸化作业"作出具体规定。[2]行政执法程序立法可以予以借鉴，以此推动行政机关网上办事。

（二）确立执法信息共享机制

第一，应当明确执法信息共享是法定义务，而非机关的自主选择。数据虽然由各职能部门获取产生，但各职能部门是一级政府的有机组成，在职能过程中产生的数据归政府所有，理应与其他部门共享，应从立法上明确信息共享是法定义务而非自主选择。否则，行政机关很少愿意去做法定义务之外的事。特别是一些行政机关认为信息是专属自己机构或部门的特定事项而非公共信息，利用信息谋取部门利益。因此，非经法定理由，行政机关不得拒绝提供信息。这样就从立法上明确了，信息共享是行政机关的一项法定义务。

第二，应当明确，行政机关可以依法通过互联互通渠道或者信息共享程序获得的信息，不得要求公民、法人或其他组织重复提供。对其他执法部门加具电子签名、电子印章的电子文件，应当采纳和认可。执法信息共享的功能定位是，在公共服务的提供中，对于已经采集和保有的数据进行有效利用，减少相对人的证明提供义务，作出科学合理的行政决策。[3]这样的规定，能

---

〔1〕 周汉华："以部门信息共享化解群众办事难现象"，载《中国发展观察》2015 年第 5 期。

〔2〕 姜明安教授主持起草的《行政程序法（专家建议稿）》第 40 条：（在线办公与无纸化作业）行政机关应当逐步建设和利用电子政务网络平台办理业务、处理公文，并实现信息处理的电子化；应当采取各种有效措施，逐步减少以纸面形式获得、制作或保管信息。行政机关应当积极利用互联网提供表格下载、查询、咨询、申请、政府采购、支付、反馈、投诉等服务。

〔3〕 周佑勇、王禄生等：《智能时代的法律变革》，法律出版社 2020 年版，第 55 页。

够有效解决实践中形形色色的"奇葩证明"、公民"办证难"、"重复申请"等问题。如通过执法信息共享能够解决的事情，不得给公民施加额外提供的义务。通过这样的立法措施，有利于信息共享的推进，也有利于行政执法面对信息化时代进行自觉的改变。

第三，应当明确，在执法中，行政机关可以通过互联互通渠道或信息共享程序从责任信息采集部门获取信息，不再重复采集，法律、法规另有规定的除外。数据出自多源，一致性差，匹配率低，导致资源的极大浪费，这是实践中信息采集存在的突出问题。数据收集的准确性是一个最大的问题，如果一个跨部门信息具有多次重复使用的需要，那就应当确立所要求信息的权威数据源，由某个牵头部门主要负责信息的收集和监管，该部门是信息收集的责任主体，其他部门则可以放心地使用该信息，避免信息重复收集，浪费行政成本，也能够保证"一次创建、多次使用"。

第四，细化信息共享的程序。共享程序的设计，使得部门能够按照规定的程序规则方便快捷共享信息，减少部门之间的协商成本。从各地信息共享程序来看，按照政府信息资源的类别而有所不同。对数据库中的信息进行安全分级，确定相应的共享权限，按照这种标准，对于政府信息资源进行类型化，并确定共享方式和程序。根据国务院《政府信息资源共享管理暂行办法》第12条的统一分类，分为三种：无条件共享类、有条件共享类、不予共享类。从学理的角度，不予共享类可不作为单独的一种类型加以规定。各地立法中，分类大致趋同，共享方式各有特色，无条件共享类一般通过共享平台获取，有条件的共享则一般通过申请——审批的方式予以共享，有的通过协议或者应用场景授权等其他方式予以共享。如何实现共享，统一行政执法程序立法在强调原则性的同时，也要突出灵活性和多样性以及保持必要的弹性，以便各个地方根据本地方的实际情况，采取相应的对策，进行创新性的规定，以适应信息化的发展。

需要注意的是共享的方式有很多，共享平台是信息共享的通道，体现的是底线思维，实践中很多执法部门已经有自己的个性化的信息通道，应当允许使用自己的互联互通渠道实现共享，但这种个性化的信息通道应逐步实现整合。

第五，信息的使用限制。《欧盟行政程序模范规则》第六部分第24条规定，"主管机关对于信息的交换和处理仅限于欧盟法律的相关条款规定的交换此类信息的目的。"〔1〕《政府信息资源共享管理暂行办法》第 14 条也进行了信息的使用限制的规定。当然，这里需要注意的是，一方面要积极推动信息共享，但是另外一方面也要避免信息共享的泛化，执法的客观需要是执法信息共享的前提，提供信息，应当区分合法合理的共享要求与不合法不合理的共享要求，不能一拍脑袋，无理要求行政机关提供任何其所掌握的信息。数据信息需求部门应当在提出请求时，列明所需要的信息清单，详细说明信息的用途和依据。〔2〕提供方如不予提供也必须说明理由，运用明确的制度促使信息共享的高效化运作，而不能仅对于提供方责成义务。

信息共享的目的是因为特定的职能需要，以此为必要限度，不得向社会公布，也不得随意向其他行政部门转让，更不能通过信息牟利，否则要承担一定的法律责任。但立法不宜对于行政机关使用共享数据进行绝对性的限制，对于如果有特定目的需要对信息进行相关处理行为，需要获得提供机关的同意，并且符合法律的规定。

第六，信息的疑义与错误信息快速校核程序。在《欧盟行政程序模范规则》以及《政府信息资源共享管理暂行办法》中均规定了相关的程序。如果部门对于信息的准确性存在疑义，则应当迅速通知信息提供部门予以校核。《政府信息资源共享管理暂行办法》还特别规定，如果校核期间涉及相对人的，如已提供合法有效证明材料，受理单位应照常办理，不得拒绝、推诿或要求办事人办理信息更正手续，充分体现了"以用户为中心"，以"公民需求"为导向的服务理念，统一行政执法程序立法可以对这些规定予以借鉴。

（三）确立执法信息共享的协调管理机制

信息共享难免会引起争议，对于某些信息应否共享、"数据打架"应当以谁为准等争议问题进行协调处理，因此，除信息传递规则，应有协调机制解决利益不均衡下的共享瓶颈问题。

《政府信息资源共享管理暂行办法》所规定的三种分类，看似路径清晰，

---

〔1〕 "欧盟行政程序模范规则"，蔡佩如、王子晨译，载姜明安主编：《行政法论丛》（第 19 卷），法律出版社 2016 年版，第 327 页。

〔2〕 王益民："降低信息化治理的成本的有力举措——《政务信息资源共享管理暂行办法》解读"，载《紫光阁》2016 年第 11 期。

但在具体运行中，到底属不属于不予共享类，哪些属于有条件的共享，无条件共享与有条件共享在《政府信息资源共享管理暂行办法》中并无明确的界分标准，有些部门可能会扩大有条件共享的范围。因此，在具体运行中，必定在这些问题上存在很多争议。部门一般只从自身角度考虑问题，因此需要有专门的协调机构进行管理，消除信息共享的争议，保证信息共享运行机制的畅通，减少主体之间无谓的缠斗。

第一，应由各部门的主管机构进行协调，信息共享在横向跨部门中各部门没有隶属关系，有一个各部门的主管机构才能进行更为权威的有效的协调管理。

第二，协调管理不能仅停留在政策层面，需要上升到法律的规范层面，才能发挥约束力。

在《欧盟行政程序模范规则》中，由专门的监督机关予以调解。在《政府信息资源共享管理暂行办法》中规定先协商，协商不成的由本级政务信息资源共享主管部门协调解决。涉及中央部门，由联席会议协调解决。统一行政执法程序立法应当据此确立执法信息共享争议协调管理机制。

第三节　行政执法的外部信息化程序构建

行政执法信息化，是用信息化的管理理念和方法解决行政执法主体与公民、法人和其他组织之间，行政执法主体之间、行政执法监督主体之间等三个方面的沟通。行政执法信息化建设，深刻改变了行政执法部门与相对人的关系，也会深刻改变执法部门之间的关系。具体而言，在内部，则体现为执法信息共享。在外部，则体现为外部信息化执法程序。

一、行政执法信息化的具体实践

信息化的发展在深刻地改变着政府治理的方式，也在改变我们的生活以及理解世界的方式。当前，执法信息化适用较广的领域主要集中在依申请行政行为领域，特别是行政审批信息化。而在依职权行为领域，主要应用信息化手段获取违法信息，比如人脸识别治理闯红灯、声呐电子警察等执法方式的运用。实践总是走在立法的前面，这些执法信息化的运用，重构了执法程序，要求信息化的执法程序来予以保障和确认。

（一）依申请执法行为的信息化实践——以行政审批为例

典型的依申请行政执法行为是行政审批，目前在各地开展的网上审批是执法信息化的核心和精髓。政府的高度重视也为创新网络化审批提供了有力的政策保障。[1]

行政审批信息化在各地早已展开。[2]2010年，成都市利用现代信息网络技术，建立了第一个集行政审批系统、行政处罚系统、民意征集系统、个性化服务系统和效能监察系统于一体的网上政务大厅。市民进入网上政务大厅、可在线咨询、下载表格、在线申报、通过移交办件流水号和身份证号，在线查询办临进度和办件结果，该项工作于2012年12月荣获第二届"中国法治政府奖"。[3]

目前，行政审批信息化已经不同程度地展开，特别在经济发达地区信息化程度比较高，有的审批领域实现了无纸化审批。目前很多地方实现了网上咨询、表格下载、网上申报和查询。各种审批服务渠道更是犹如百花齐放，如政务服务中心、执法信息系统、政府门户网站、微信公众号、移动政务服务APP等。依据行政审批信息化的程度，总体上可以分为四种情况。

────────────

〔1〕 2015年1月，国务院出台《关于促进云计算创新发展培育信息产业新业态的意见》，推进政务业务协同和信息资源共享，而后发布《关于规范国务院部门行政审批行为改进行政审批有关工作的通知》，指出要加快推行网上集中预受理和预审查，全面实施"一个窗口"的受理模式，推动网上行政审批，加速实现网上受理、审批、查询、投诉、公示等，为充分发挥电子审批优势提供适宜的机会。2015年3月5日，李克强总理在十二届全国人大三次会议中提出拟定"互联网＋"行动计划，大力推进大数据、云计算、物联网、移动互联网等与现代制造业相结合，使各传统行业迎来前所未有的机遇。2015年7月4日，国务院印发的《关于积极推进"互联网＋"行动的指导意见》强调"创新政府网络化管理和服务，加快政府公共服务体系与互联网的深度融合，促进服务资源和公共服务创新供给整合，构建以公众为导向的综合在线公共服务体系。"2016年政府工作报告提出政务服务改革，把"互联网＋"政务服务从"互联网＋"益民服务的总体构架中脱离出来，使其上升为相对独立的行动方向。2019年，国务院公布《国务院关于在线政务服务的规定》，要求国家加快建设全国一体化在线政务服务平台，推进各地区、各部门政务服务平台规范化、标准化、集约化建设和互联互通，推动实现政务服务事项全国标准统一、全流程网上办理，促进政务服务跨地区、跨部门、跨层级数据共享和业务协同，并依托一体化在线平台推进政务服务线上线下深度融合。

〔2〕 行政审批信息化是指通过先进的网络平台技术和设计构架，依托政府业务专网，紧密集成办公自动化系统，建立政府、与企业与社会公众之间网上办事的信道，实行网上咨询、查询、申请、审批等业务功能，形成真正的网上办事的服务平台。构建网上审批系统是在统一标准的前提下，将各部门的业务流程优化后，通过信息手段构建一个连接协调各部门的横向统一的信息平台，实现各部门"一站式"的流程整合，一表式的数据共享，交互透明的办事原则。

〔3〕 朱景文、莫于川主编：《中国法律发展报告2014》，中国人民大学出版社2015年版，第279~286页。

第一种是"网上预审"模式。行政审批的主管部门开通网上预审系统，相对人在接受预审后，再到审批中心办理审批。这样的好处是能够避免相对人因为材料不全而来回奔波，但无法实现部门之间的数据共享和交换。这种方式是"网上预审、窗口办理"的模式。

实践中，将传统审批流程优化补充配合网上审批的模式还有很多做法。①窗口办理、网上查询。当事人通过窗口办理，但是通过申请编码可以上网查询申请事项的办理状态。②网上预约、窗口办理。如同医院挂号预约，采用预约的方式，可以有效地实现业务分流，节省当事人的时间和精力，避免申请人多次往返，提高双方效率。③网上流转、窗口办理。涉及多部门办理的，通过查询可以了解流转的环节和部门，当事人再到相关部门窗口去办理相关事项，这样做的好处是，将申请人办理事项需要的环节和流程清楚地表达出来，申请人可以清楚地了解整个办事的过程。

"网上预审、窗口办理"就是优化传统行政审批流程与网上审批流程结合的模式，这就要求网上审批要注重网上虚拟环境与物理环境中审批流程的衔接与补充。当前存在的问题是，"两种方式的结合没有被有效整合，导致审批流程衔接不顺畅而影响效能"。[1]

适应互联网发展变化和公众使用习惯，推进政府网站向移动终端、自助终端等多渠道延伸，为企业和群众提供多样便捷的信息获取和办事渠道，2019 年 7 月 1 日，全国 31 个省、自治区、直辖市和新疆建设兵团已全部建设完成省级政务服务移动端，2019 年 6 月，中国政务服务平台小程序已在微信中正式上线试运行，行政许可经历了从实体窗口申请到传统互联网申请，再到移动客户端申请的变革。

第二种是建立政府各部门之间的联合审批系统，实现"网上受理申请——抄告相关部门——并联同时审批——作出许可决定"。

第三种是依托电子签名的从申报、到审批、再到发证的全部在网上进行的完善的审批流程。在线提交申请、缴纳费用、处理，处理完毕通知领取证照或者通过物流送达，这是一种非常理想的办事模式。电子支付和物流都为

---

〔1〕　魏琼："国外和港台地区政府网上行政审批流程再造的启示"，载《电子政务》2010 年第 9 期。

"全程网上办理"提供了有力的保障。现代信息技术为全程信息化办理提供了可能和全新的环境条件。[1]当然，网上审批并非指全程在网上进行就非常的完美，尤其是需要实质性审查的审批事项，需要现代和传统的完美结合。

第四种是借助于人工智能的无人审批。行政机关能够借助人工智能系统，对行政相对人的申请进行形式审查和实质审查，并作出是否给予行政许可的决定。[2]例如，《天津市承诺制标准化智能化便利化审批制度改革实施方案》中提出试行"无人审批"。[3]即顺应互联网、智能化发展趋势，在保留的行政许可、公共服务和各类简单证明事项中推出一批"无人审批"事项，通过把所有要件整合成一张表单，申请人进行远程申报，各部门制定智能比对审核标准，计算机软件系统对申请人办事申请进行自动比对和判断，自动出具证件、证照、证书、批文、证明等结果，实现审批服务智能化、自助化、无人化、远程化。天津首批共推出156项"无人审批"事项。2018年，深圳为了优化营商环境，利用互联网技术提升政务服务水平，就普通高校毕业生落户深圳实现无人干预自动审批。

无人审批处理的是较为简单的事项，不涉及裁量和价值判断，可以通过代码和准则来进行事实认定和法律适用，进而由人工智能系统自动出具行政许可决定，这相当于机器代替人作出行政行为，在性质上属于全自动行政行为。但在行政许可事项较为复杂，涉及裁量情形时，不能完全由机器来代替人，而应保留行政机关及其工作人员的决定权，行政机关可以参考人工智能系统给出的判断和建议，并结合对其他相关因素的考虑，作出最终决定。[4]

行政审批信息化拉近了政府部门和公众之间的距离，降低了社会成本和行政成本，提高了服务质量，整合了内外部资源。但是各地行政审批信息化过程中还存在以下一般性问题：

第一，办事指南不够详细。各执法部门发布的信息缺乏经过整合的全面、规范的信息，也缺乏动态性、菜单式的信息公开方式。更未能实现基于现代

---

〔1〕　邸德海："政府信息化的社会责任和主要问题"，载《经济论坛》2004年第9期。

〔2〕　宋华琳："电子政务背景下行政许可程序的革新"，载《当代法学》2020年第1期。

〔3〕　参见天津市委办公厅、天津市人民政府办公厅2018年8月30日发布的《中共天津市委办公厅天津市人民政府办公厅关于印发〈天津市承诺制标准化智能化便利化审批制度改革实施方案〉的通知》（津党办发〔2018〕28号）。

〔4〕　宋华琳："电子政务背景下行政许可程序的革新"，载《当代法学》2020年第1期。

信息技术的实时提醒、双向互动和动态指引。

第二，审批流程并未整合。部门之间审批前置条件多、互为前置等情况仍然不少、审批流程交叉重复，网上审批是建立在审批流程整合的基础之上的，如果审批事项整合不彻底，难以实现网上并联审批的目标。

第三，信息化程度较低。一些政府部门的网上审批只是用现代的信息技术固化了传统的执法流程，为落后的管理方式披上了现代化的外衣。尽管各部门在积极进行信息系统建设，但是仅注重硬件，不注重应用，使用信息化提供服务的比例较小。而且，各部门在行政执法中"各唱各调"，信息的共享程度低，信息化、网络化、智能型的并联审批工作难以得到真正实施。信息不能进行有效的共享，成为行政审批信息化发展的瓶颈。

第四，缺少规范和保障网上行政审批服务的法律法规。推行行政审批信息化，需要解决电子申请的法律效力、电子文件的法律地位、电子档案的存储和效力、信息的保密和安全等。全程网上审批，会涉及资料形式审查的合法性问题，这些法律问题都亟待解决。特别是在跨部门网上审批中，电子签名和电子印章确保审批信息等电子文件在网络传输过程中的真实性和合法性，并作为认定责任的依据，需明确其法律效力。尽管《电子签名法》明确可靠的电子签名与手写签名或者盖章具有同等的法律效力，但是电子签名和印章、电子证照的法律效力在电子政务领域很长时间以来未在全国范围内得到统一确认，这在很大程度上阻碍了电子文件的全面推行。[1]

面对百花齐放的信息化实践，我国的执法信息化程序立法滞后，无法为其建设和运行提供制度支撑。统一行政执法程序立法需要对此予以回应，以适应信息化不可阻挡的趋势。

（二）依职权执法行为的信息化实践

依职权执法行为信息化在我国税收征收领域早有实践。我国税收信息化的起步从20世纪80年代已经开始，20世纪90年代随着金税工程的实施，我国税收领域信息系统日益完善，税收信息化取得了重大进展，目前在不同程度上实现了信息系统的整合，正循着信息化发展的客观规律向更高的信息集

---

[1]　国务院于2019年4月30日发布了国务院令第716号《国务院关于在线政务服务的若干规定》，围绕促进和保障一体化在线平台建设需要解决的问题作出了有针对性的规定，全面确认了电子签名、电子印章、电子证照和电子档案与相应实物件具有同等法律效力。

成阶段推进。[1]

税收执法信息化在内部体现为涉税信息共享，我国税源数据信息少，纳税人涉税信息分散在涉及市场监管、公安、自然资源、住建等多个部门，各部门信息共享程度低，涉税信息主要来自纳税人向税务部门提供的数据，不利于发现纳税人偷逃税问题。利用信息共享机制发现偷税漏税信息，是税收信息化建设的重点。

税收执法信息化在外部体现为信息技术与纳税服务的紧密结合。从手工向信息电子化发展，是纳税服务的发展趋势。目前纳税服务主要是人工为主，随着信息化的发展，网上办税成为纳税人主要的办税方式，业务范围逐步由网上申报发展到网上认证、网上抄报税、网上缴纳、网上查询等。2015 年 8 月，深圳市国税局和地税局开通"微信缴税"功能，实现了全流程"互联网＋"税务服务生态。[2]

在依职权执法领域，已有执法全程信息化的典范。比如，2014 年，江苏海事局系统推进海事执法全程信息化工作，执法人员通过信息化方式开展海事执法与服务，实现执法领域全覆盖、执法流程全贯通、执法界面全链接、执法资源全融合。[3]所有的执法行为都被记录、都可回放、都可追溯，有效提升了执法监督能力；执法人员通过个人执法记录仪和"海事通"查处违法

---

〔1〕 童光辉、朱志钢："税收信息化的成效、问题与建议"，载《财税改革》2013 年第 12 期。

〔2〕 2015 年 8 月，深圳市国税局和地税局同步开通"微信缴税"功能。该功能突破了传统服务的时间、地点限制，纳税人随时滑动指尖即可轻松完成缴税业务。这是全国税务系统首次国、地税联合利用微信平台推出移动支付缴税服务，也是深圳市政府部门运用互联网新技术、打造多元化全天候"互联网＋税务"体系的创新探索。这一项目的推出，不仅为纳税人提供了 24 小时移动缴税便捷服务，而且为深圳税务部门开展纳税人征信平台建设、进一步完善纳税人诚信体系奠定了重要基础。下一步，深圳国、地税微信缴税功能将覆盖所有缴税业务，并实现微信扫码缴税、微信通知缴税、微信查询缴税等多元化支付方式。"微信缴税"上线，使纳税人享受足不出户、随时随地一站式办税的便利，实现了"政策咨询—纳税申报—税款缴纳—凭证寄递"全流程的"互联网＋"税务服务生态，在方便纳税人的同时，有效减轻了办税服务厅的工作压力。参见游春亮："深圳率先开通微信缴税功能，为纳税人提供 24 小时移动缴税服务"，载《法制日报》2015 年 9 月 10 日，第 6 版。

〔3〕 实现执法领域全覆盖，指的是海事行政许可、行政检查、行政征收等所有执法活动的一切过程和环节全部纳入信息化管理、执法流程全贯通指的是所有海事执法活动从触发到办理终结再到内部监督考评所涉及的流程全部通畅无阻并能形成闭环、执法界面全链接指的是在固定执法办案场所、执法车、海巡艇、出差途中等一切场合的任何执法人员都能实时办公处理业务、执法资源全融合指的是打破信息孤岛，促使信息化系统高速、稳定、互连互通，实现"一次录入全面共享、一键查询全面获知"。参见江苏海事局："实施执法全程信息化，促进海事执法廉洁高效"，载《中国海事》2015 年第 6 期。

行为，有效提升了监管能力；通过信息化，指挥中心第一时间获得事故险情现场，显著提升了应急处置能力。

在交通运输领域，执法信息化是提升执法效能的有效手段，交通运输部最近几年就执法信息化建设下达很多文件，为交通运输执法信息化建设提供了政策支持。[1]很多地方在积极开展执法信息化建设，建设各种各样的交通运输执法信息系统，取得了一定的效果。执法信息化的应用，提升了发现违法行为的能力，信息的采集为执法决策提供支持服务，也有利于更好地配置执法资源，既提高了执法效率，也有助于执法监控。

当下，以大数据、云计算、人工智能为主的新一代信息化技术快速发展，大数据和人工智能正深刻地改变着政府治理的方式，一场重大的时代转型正在开启。在人工智能时代，人们通过大数据和算法改造世界。借助于人工智能，行政机关实现了一种行政活动的数据化、电子化和自动化。在交通运输执法领域，我们看到，从视频监控到智能交通，从"电子警察"到"人脸识别"，交通执法领域自动化行政行为已经成为一种重要的执法方式。

2017 年以来，济南、太原、上海、重庆、福州等城市，交警部门在路口启用人脸识别设备来治理交通违法行为。行人和非机动车扎堆闯红灯是个长期以来困扰交警的难题，由于取证难，人力有限，很难进行有效执法。在利用人脸识别系统治理交通违章行为后，执法效能得到极大提升。人脸识别的基本性质为可识别的个人信息，它并非仅是对人脸特征的识别，而是将人脸信息与个人身份、金融、行为、位置、偏好等信息对接，属于关联身份、行为、信息之间的纽带。[2]一般来说，这种执法流程包括如下三个步骤：首先，通过具备人脸识别功能的电子警察抓拍违章行为；其次，经人脸识别系统自动比对得出违章者身份信息；最后，人工审核确认违章者身份信息后，系统将自动提取违章者在公安系统备案登记的手机号码，发送违法处罚告知信息。在有的地方，人脸识别系统与包括个人征信系统在内的数据库对接，

---

〔1〕《交通运输部关于全面建设交通运输法治政府部门的若干意见》（交政法发〔2013〕308 号）中提出"加强执法信息化建设"的要求、《公路水路交通运输信息化"十二五"发展规划》（交规划发〔2011〕192 号）关于"推广建设交通运输行政执法综合管理信息系统"的要求，《交通运输信息化"十三五"发展规划》（交规划发〔2016〕74 号）中提出关于"提高行业协同执法能力"的要求。

〔2〕　朱巍："人脸识别的法律性质认定"，载《检察日报》2019 年 11 月 6 日，第 7 版。

对于交通违章者形成更为强有力的震慑作用。通过人脸识别系统治理闯红灯，解决了执法资源的不足，充分发挥自动化执法高效、客观、中立的优势，执法效能得到极大提升。

信息技术的发展，使得执法重点从"事后惩戒"转向"事前预防"和"事中控制"。传统的行政执法多是通过事后惩戒的模式对当事人和潜在的违法者形成震慑，然而，在风险普遍化的社会环境下，这一模式难以满足社会治理的实际需求。信息化的发展改变了行政机关的执法方式，行政机关运用信息工具可以有效实现"事前预防"和"事中控制"。如公安机关发挥现代信息系统的作用，分析违法犯罪嫌疑人的活动轨迹、数据而实现精准锁定。通过对警情、发案量等数据的量化分析，能够实现治安形势准确研判、风险隐患精确预警。

二、行政执法信息化对于行政程序的影响

行政执法信息化变革了传统的组织结构，信息通过现代化网络技术传递方式从阶梯变为水平方式，管理的组织结构从金字塔型向扁平化发展。行政执法信息化也变革了行政执法的方法和机制，尤其对于传统行政执法程序产生了深刻的影响和变革。

（一）对于程序的时间与空间进行解放

信息技术的发展改变了执法部门提供服务的时间，更在空间上改变了政府机关的位置和存在。[1]相对人面对的是一个被有效整合了的虚拟政府，最理想的状态是感觉不到部门的边界，部门就是一个整体，相对人不必关心服务由谁提供，只关心自己的需求是否得到满足。在新的机制下，公民在任何时候都能享受到"24 小时政府"提供的服务。由于时间与空间的压缩，传统以行为发生地或当事人所属地建立的管辖观念，也面临着重新思考。例如，2019 年 6 月，中国政务服务平台小程序在微信中正式上线试运行，该小程序是一款打破时间和地域限制的国家级政务服务平台，让包括行政许可在内的政务服务随时可办、异地可办。在未来，随着信息化的发展，公民在任何地方可以通过网络与行政

---

〔1〕 叶俊荣：《面对行政程序法——转型台湾的程序建制》，元照出版有限公司 2002 年版，第 338 页。

机关互动，而相对人与执法部门所发生的各种法律关系，也可能于任何时间、任何地点在网络上实现，由此会模糊原来管辖权所赖以确定的时间、空间与人的因素，有关管辖权的详细规定，在未来将面临着重新检讨和变革。

（二）简化了行政执法的程序

执法信息化建设，一方面，它实现了信息化为基础的权力运行创新，流程再造为核心的服务效能升级，从而增强了执法的效能。执法信息化本身构成了行政程序制度创新的来源，它有助于以符合效能原则的方式来实现行政任务，基于互联网的技术优势，设计简化、灵活、迅速且合乎行政目的的行政程序，以良好的公众体验为中心，建构用户友好型的行政程序。相对人不再参与部门各自的程序，也不再经历传统执法程序所有必经的每一个步骤，以"用户为中心"的信息化程序，免除了公民在传统程序中的奔波之苦，程序得以简化，极大地实现了便民原则。

但另一方面，需要正视的是，近年来，各地陆续推行智能监管、无人干预自动审批、人脸识别系统治理交通违章等新型行政活动形式，在一定程度上，极大提升了效能，也将行政自动化程度推上了一个新台阶，但是由此导致的相对人的程序参与权遭受压缩也是不争的事实。区别于传统行政活动中的直接型的信息传输，自动化行政行为在程序上具有机械性、程式化的特点，在自动化设备介入行政活动后，自动化行政中的信息获取方式由被动型的获取转变为主动型的"点击式"获取，当然，这种获取方式具有一定的延迟性、滞后性，导致自动化行政的程序正当性面临拷问。[1]这需要行政程序法去思考如何回应自动化行政行为提出的正当程序问题。

（三）对于传统的书面形式提出挑战

执法信息化背景下，网络和信息技术的应用，对于传统行政执法模式而言，产生很多变化：①法律关系的虚拟化。执法信息化背景下行政执法通过互联网或者在行政机关指定的网络信息设备进行，而无需面对面进行。②行政作业的无纸化。传统行政中行政行为客观化之形式要件主要表现为书面形式，但是网络信息技术的发展打破了传统层级传递信息和书面形式的工作方

---

〔1〕 李群弟："数字时代自动化具体行政行为的法律问题及其规制"，载《2019 年行政法年会论文集》，第 212 页。

式。公众通过邮件、传真等向行政机关提出申请或要求，行政机关可以电子形式进行回复，行政处理决定可以通过网络送达，整体上呈现出无纸化的特点。而现有的行政程序不能适应信息化时代的特点，因为传统行政程序的流程和制度是基于工业时代行政管理的特征而制定，比如传统的签字、盖章、面对面送达等。

以上特点与现有的行政程序法之间存在很多矛盾，其原因在于行政法对行政机关的意思表示载体、确定责任人的方式（签字、盖章）、纠纷证据的提交（原件）等一整套规定，是基于工业时代政府管理方式的特征而制定。因此，执法信息化对于行政程序产生重要的影响，比如，电子文件和电子签章将会因为行政法中没有对其法律地位及法律效力的认可，而无法获得合法性。电子文件通过电子邮件的方式送达，送达时间的认定包括发送时间、进入对方系统时间、足以引起对方注意、打开文件等多个标准，如何确定才合理？要解决这些问题，行政程序法需要重新予以思考，回应信息化时代产生的新生事物，作出相应的变革。

（四）对于个人信息安全带来风险

推进执法信息化，将极大增强行政机关收集、分析、处理信息的能力，行政机关可能基于此而获得海量信息，形成规模庞大、涵盖广泛的数据库。这些信息或数据中心，将无可避免地涉及大量个人信息。个人信息中所包含的隐私、名誉等人格利益有可能因为行政机关的信息泄露、信息滥用行为而遭到严重侵犯。因此，在推进执法信息化的同时，应当建立健全个人信息保护制度，减少和消弭大数据时代信息价值和信息安全之间的内在张力。[1]执法信息化的发展带来的个人信息保护的问题，也需要行政程序法从自己的视野予以关注和思考，如信息的收集、使用、管理方面的程序规制。

三、行政执法的信息化程序立法借鉴

（一）境外信息化程序立法

在许多国家，推行电子政府之初，都面临着行政程序对于新生事物电子

---

〔1〕 马怀德主编：《行政法前沿问题研究——中国特色社会主义法治政府论要》，中国政法大学出版社 2018 年版，第 206 页。

文件等的不适应，为此，各国纷纷为了适应信息化时代的要求，掀起又一次修改、制定行政程序法的小浪潮，以为电子政府扫除障碍。如西班牙、德国、冰岛等国都对行政程序法予以修订，承认电子方式的行政行为。2014年《欧盟行政程序模范规则》则处处体现了信息化的要求，且为最新的境外行政程序立法之学者建议稿，在一定程度上能够体现这个时代的最新要求。

1. 西班牙。《西班牙行政程序法》较早对电子政府作出了回应。1992年《西班牙行政程序法》第38条规定，公共行政机关为接收个人或行政部门的书面材料及通知而建立的总登记及其所有登记都必须输入电脑。第45条规定，公共行政机关为开展活动或行使其职能，应在宪法或法律有关的限定范围内推动技术及电子、电脑或电讯媒介的使用及运用。如果与公共行政机关的技术媒介通用，在尊重每个程序规定的保障及手续前提下，公民可通过技术及电子、电脑或电讯工具与公共行政机关相连接来行使自己的权利。公共行政机关通过电子、电脑或电讯媒介发出的资料，或这些媒介所储存的原件的复印件，只要其真实性、完整性及保存可靠，利害关系人的签收以及其他法律规定的保障及手续的履行均得到保证，上述复制件都享有原始资料的有效性及效力。[1]

2. 德国。德国对于推进电子政府的法律配套建设极为重视。由于《德国联邦行政程序法》第10条规定了行政行为的非要式原则，除非有明确的法律规定，行政程序不受正式要件的制约，程序应该尽量简单、有效。行政机关有权决定处理行政事务的最好方式，包括采取电子方式。因此，一般认为，即使不修改任何法律，大部分的电子政府决定在法律上都是有效的。然而，即使德国法律有这种灵活性原则，仍不能解决电子政府带来的所有新问题，因为德国当时有近3800条规定明示或者默示要求书面文件、手写签名、申请人亲自到办公室接受或者提交文件等规定。这样，在德国电子政府实施计划中，修改行政程序法被作为重点予以突出。

2003年，德国第三次修订行政程序法，清除了公务活动中电子签名的所有法律障碍，赋予电子签名与手写签名同样的法律地位。关于电子化行政的内容，《德国联邦行政程序法》中只是对部分相关内容作了规定，在第3条

---

〔1〕　周汉华：“电子政务法研究”，载《法学研究》2007年第3期。

之后增加第 3a 条作为电子行政条款。根据该条第 1 款的规定，只要接收方设立了传输渠道，那么电子文件的传输就是被允许的。当法律规范明示要求采用书面形式的，只有在电子文件的形式可以提供与书面形式相同的安全性时，才可以以电子文件的形式代替。对此，依据第 3a 条第 2 款第 2 句，满足安全性要求必要的前提是要有合格的电子签名。立法者意图将行政程序中的电子形式等同于书面形式，并转引《电子签名法》明确了电子形式的法定要求。

2008 年，德国第四次修改《德国联邦行政程序法》，这次修法主要是为了转化欧盟的《服务指令》，在《德国联邦行政程序法》第 71a 到 71e 条设置了统一机构从而落实一站式政务方案，该规定类似于我国《行政许可法》上以设立行政服务中心的方式进行相对集中许可，不过《德国联邦行政程序法》的规定更为细致。[1]

2017 年，为继续推行电子政务，德国第五次修改《德国联邦行政程序法》，引入了"全自动作出的具体行政行为"概念，并进行了若干法条的匹配修改。《德国联邦行政程序法》仍加入了全自动作出的具体行政行为，还加入了由相对人点击获悉具体行政行为的配套规定；谨慎表现于对该种具体行政行为的诸多限定，包括法律保留、对不确定法律概念和裁量情形的排除、对调查原则的限制免除。[2]

3. 冰岛。2003 年初，冰岛议会通过了《行政程序法（修正案）》，其中包括电子政府的内容。该修正案的基础是所谓的平等程序，即将电子方式与传统方式同等对待。该修正案第 3 条规定，如果电子数据达到了特定的要求，与手写数据具有同等地位。据此，政府部门可以接受公众发出的电子文件，并以相同的方式处理。第 4 条规定，如果电子文件能够证明其是原始版本而未经修改，则视该电子文件为原始资料。第 5 条继而规定，如果达到特定的技术标准，电子签名可以代替个人书写签名。在修正案中，还对行政行为的电子公布的效力做了规定。该法第 6 条规定，如果行政相对人有条件了解并核查某项行政行为或者其他电子数据，则视为该相对方已经知晓该行政行为或电子数据。第 6 条第 3 款规定，当法律特别规定某项通知必须以可被证实

---

〔1〕　查云飞："人工智能时代全自动具体行政行为研究"，载《比较法研究》2018 年第 5 期。
〔2〕　查云飞："人工智能时代全自动具体行政行为研究"，载《比较法研究》2018 年第 5 期。

的方式作出时，通过使用电子设备而达到该条款的要求，该电子设备要能够确定行政相对人已经收到了相关数据。该修正案还对以电子方式提出行政申请作出了规定。修正案第 7 条规定，在行政机关提供电子通讯的情况下，对行政相对人发出以电子通讯形式发出的申请应该得到回复，并且给予相关指示。

4. 欧盟。《欧盟行政程序模范规则》处处体现了信息化的要求。《欧盟行政程序模范规则》第三部分"个案决定"第二章"程序的启动与管理"第 4 条"现行程序的在线信息"中规定，"行政机关应更多提供关于行政程序更新后的在线信息"，[1]并对于在线信息内容进行了详细的描述，要求信息应当以清晰且简单的方式呈现。

在申请环节，《欧盟行政程序模范规则》第三部分"个案决定"第二章"程序的启动与管理"第 6 条规定，"申请应免除不必要的形式和文本要求，申请者可当场、以邮件形式或通过电子手段向主管机关提交书面申请。"此条规定明确了电子申请的法律地位。第 6 条第 3 款规定，"对于申请应当尽快发出书面回执。在行政机关提供电子通讯的情况下，对行政相对人以电子通讯形式发出的申请应该得到回复，并且给予相关指示"。[2]

《欧盟行政程序模范规则》第三部分"个案决定"第二章"程序的启动与管理"第 8 条"程序管理和程序权利"规定，相对人有以下程序性权利："①以快速、清楚并且易理解的方式获得与程序相关的所有问题的信息。②在可能和适当的情况下，通过电子手段（包括视频会议）远程沟通及完成所有的程序性手续。"[3]

在决定环节，《欧盟行政程序模范规则》第三部分"个案决定"第五章"行政决定的程序"第 32 条专门对于"电子形式的决定"作出规定，"一项书面决定可以由电子形式决定，除非法律另有规定，在此情况下，电子形式

---

〔1〕 "欧盟行政程序模范规则"，蔡佩如、王子晨译，载姜明安主编：《行政法论丛》（第 19 卷），法律出版社 2016 年版，第 289 页。

〔2〕 "欧盟行政程序模范规则"，蔡佩如、王子晨译，载姜明安主编：《行政法论丛》（第 19 卷），法律出版社 2016 年版，第 290 页。

〔3〕 "欧盟行政程序模范规则"，蔡佩如、王子晨译，载姜明安主编：《行政法论丛》（第 19 卷），法律出版社 2016 年版，第 291 页。

的决定应含有一个合格的署名。"〔1〕这样的规定，在法律上认可了以电子形式作出行政决定的法律效力。第32条第2款进一步规定，如果"被送达人宣称行政机关传送的电子文件无法成功读取，行政机关应该给被送达人以更兼容的方式再传送一份电子文书或送达书面文书"。〔2〕

《欧盟行政程序模范规则》第六部分专门规定"行政信息管理"，以非常详细的内容对于行政机关信息收集的规范化、标准化，以及信息共享，作出相应制度安排。

从《欧盟行政程序模范规则》的具体规定来看，有以下特点：其一，采取的是分散立法的形式，特别关于执法信息化的内容，分散到各个环节予以立法。其二，采取的是鼓励性的立法方式，不做强制性要求。这些做法均值得我国行政执法程序立法予以借鉴。

（二）我国地方信息化程序立法借鉴

在我国目前的地方程序立法中，尽管对于信息化程序立法有所体现，但也仅是零星的规定。比如《湖南省行政程序规定》第59条第2款要求对于跨部门的事项，予以网上并联审批。有的程序立法则完全没有体现信息化的任何要求，比如制定于2015年的《江苏省行政程序规定》。信息化的要求贯穿于各个环节的典范和代表为制定于2016年的《浙江省行政程序办法》，在其有关执法程序立法的内容中，处处体现了信息化、电子政务的要求。

《浙江省行政程序办法》第38条对于电子政务、行政执法在线运行、执法信息共享等作出鼓励性的规定。〔3〕第45条规定了行政机关应当对于行政执法全程予以记录。〔4〕在申请环节，明确申请应当采用书面形式，书面形式

---

〔1〕 "欧盟行政程序模范规则"，蔡佩如、王子晨译，载姜明安主编：《行政法论丛》（第19卷），法律出版社2016年版，第300~301页。

〔2〕 "欧盟行政程序模范规则"，蔡佩如、王子晨译，载姜明安主编：《行政法论丛》（第19卷），法律出版社2016年版，第301页。

〔3〕《浙江省行政程序办法》第38条第1款规定，行政机关应当加强电子政务的建设和应用，推进行政执法事项在线运行，优化办理流程，方便公民、法人和其他组织通过浙江政务服务网（电子政务平台）办理行政许可、公共服务等事项。第2款规定，行政机关应当充分利用浙江政务服务网（电子政务平台），促进行政执法信息共享和协作配合，提高行政执法监管水平。

〔4〕《浙江省行政程序办法》第45条规定，行政机关应当依法通过行政执法文书、拍照、录像、录音、监控等形式，对行政执法的启动、调查、审查、决定、送达、执行等进行全过程记录，并对有关记录进行立卷、归档和妥善管理。

包含信函、电子数据交换形式。[1]在送达环节，第66条明确规定，行政机关可以采取电子送达的方式送达执法文书。[2]此外，除行政执法决定文书以外，其他执法文书可以通过传真、电子邮件等方式予以送达，但是需经受送达人同意。[3]电子邮件以进入受送达人特定系统的日期为送达日期。[4]对于公告送达的，应当在政务服务网、政府门户网站公告。[5]

　　总体来讲，《浙江省行政程序办法》对于行政执法的各个环节都在回应信息化时代的要求，作出了细致全面的规定，可为统一的行政执法程序立法予以借鉴。

四、行政执法的外部信息化程序立法建议

　　信息化程序立法并不是一部统一的行政执法程序条例所能够承受之重，尚依赖于国家整个信息法制体系的完善，如《电子签名法》的立法完善，《中华人民共和国个人信息保护法》（以下简称《个人信息保护法》）的制定。就执法信息化来讲，我们目前仅处于初级阶段，执法信息化的许多问题并没有显露，由于执法信息化建设尚处于起步阶段，因而立法只能在尽可能全面体现和把握其特点及其规律的前提下逐步地进行。

　　在此，本文借鉴《欧盟行政程序模范规则》的做法以及《浙江省行政程

---

　　〔1〕《浙江省行政程序办法》第47条第1款规定，公民、法人和其他组织依法向行政机关提出行政许可、行政确认、行政给付、行政裁决等申请的，应当采用书面形式（含信函、电子数据交换形式）；书面申请确有困难的，可以采用口头形式，由行政机关当场记入笔录，交申请人核对或者向申请人宣读，并由申请人确认。公民、法人和其他组织对其所提交的申请材料的真实性负责。第47条第2款规定，行政机关应当依法将与申请有关的事项、依据、条件、数量、程序、期限，以及需要提交的全部材料的目录和申请书样式等在办公场所、本机关或者本级人民政府门户网站上公示。

　　〔2〕《浙江省行政程序办法》第66条规定，行政机关可以根据具体情况选择直接送达、留置送达、邮寄送达、委托送达、电子送达等方式送达行政执法文书；受送达人下落不明或者采用上述方式无法送达的，可以采用公告送达的方式。行政处罚、行政强制等法律对行政机关送达行政处罚决定书、催告书、行政强制执行决定书等有明确规定的，从其规定。

　　〔3〕《浙江省行政程序办法》第70条第1款规定，除行政执法决定文书外，行政机关经受送达人同意，可以通过传真、电子邮件等方式送达行政执法文书。

　　〔4〕《浙江省行政程序办法》第70条第2款规定，向受送达人确认的电子邮箱送达行政执法文书的，自电子邮件进入受送达人特定系统的日期为送达日期。

　　〔5〕《浙江省行政程序办法》第71条第1款规定，行政机关公告送达行政执法文书的，应当通过浙江政务服务网（电子政务平台）、本机关或者本级人民政府门户网站公告。第2款规定，行政机关可以根据需要在当地主要新闻媒体公告或者在受送达人住所地、经营场所或者所在的村（居）民委员会公告栏公告。

序办法》的做法，对统一的执法程序立法有关信息化程序部分拟定一个初步的立法框架。

（一）明确行政机关的信息提供义务

在依申请行为中，行政机关及时、主动、积极、全面的信息提供义务，是保证相对人有能力启动程序的重要前提。除了行政机关的单方信息发布，执法信息化程序更强调双方的交互性，也就是双方通过电子手段的咨询、答复，也是行政机关履行信息提供义务的表现。但目前法律法规中对行政机关积极提供信息之义务的规定较为少见，针对执法信息化过程中行政机关办事指南的粗糙和简略，有必要在统一的执法程序立法中对于行政机关的信息提供义务作出规定，以对于执法实践产生引导性作用。

《欧盟行政程序模范规则》第三部分"个案决定"第二章"程序的启动与管理"第 4 条对于在线信息作出规定。这些在线信息包括"①链接到所适用法律的整合版本；②对于主要法律要求和行政解释的简要说明；③对主要程序步骤的描述；④享有最终决定权的行政机关；⑤行政决定的时限；⑥指出可以获得的救济；⑦链接到程序中相对人与行政机关进行交流的标准形式。上述信息应以清晰且简单的方式呈现"。[1]这种对于在线信息的基本要求值得我国立法予以借鉴。

在我国存在的突出问题是，行政机关提供的办事指南简单、粗略，不及时更新，特别对于跨部门办理的事项，往往是相关法律法规的简单罗列，缺乏整合，以至于相对人不明所以。尤其缺乏信息化时代行政机关与相对人的双向交互。因此适合信息化时代的要求，执法程序立法应当明确：①行政机关在依申请事项中的信息提供义务，要求行政机关提供整合的、准确的、全面的在线信息，且信息应当以清晰且简单的方式予以呈现，以便于相对人的理解。②针对信息化时代行政执法的交互式特征，明确相对人有获取执法信息的程序性权利。立法应当明确，相对人有以快速、清楚且可理解的方式获得与程序相关的所有问题的信息。

（二）赋予电子申请合法性地位

1. 明确电子申请与书面申请具有同等效力。当前，电子文件应用较多的

---

〔1〕"欧盟行政程序模范规则"，蔡佩如、王子晨译，载姜明安主编：《行政法论丛》（第 19 卷），法律出版社 2016 年版，第 289~290 页。

领域主要集中在行政许可的申请。《行政许可法》第33条对在行政许可中推行电子政务作出鼓励性规定，对于行政许可领域中电子政务的发展起到积极推进作用。如《国家林业局行政许可工作管理办法》第8条规定管理办公室应当在国家林业局政府网站上公开行政许可事项的有关信息，并组织逐步推行网上受理行政许可申请、送达行政许可决定。这种做法应当逐步推广到其他依申请行政执法领域，作为立法政策，应当鼓励行政机关和相对人采用电子文件，以便利公民、法人和其他组织，促进执法信息化的发展。基于此，统一行政执法程序立法应当规定，公民、法人和其他组织依法向行政机关提出申请的，应当采用书面形式（含信函、电子数据交换形式），以此赋予电子形式与书面形式同等的法律效力。

2. 收到申请之日的判断。在依申请行政行为中，相对人如通过电子方式申请，行政机关在法定期限不予回复，则可提起复议或者诉讼。其中，法定期限的起算点一般为收到申请之日。而基于互联网系统的特殊性，以电子方式申请的，应以行政机关收到申请之日来起算法定期限。因此，如何判断行政机关收到申请之日呢？根据《电子签名法》第11条第1款的规定，数据电文进入发件人控制之外的某个信息系统的时间，视为该数据电文的发送时间。第11条第2款规定，未指定特定系统的，数据电文进入收件人的任何系统的首次时间，视为该数据电文的接收时间。这两款规定，意味着，如果互联网系统没有异常问题，发送时间、接收时间，提出申请时间，三个时间是等同的。但在实务操作中又有不同的规定，如《最高人民法院关于审理行政许可案件若干问题的规定》第6条规定："行政机关受理行政许可申请后，在法定期限内不予答复，公民、法人或者其他组织向人民法院起诉的，人民法院应当依法受理。前款'法定期限'自行政许可申请受理之日起计算；以数据电文方式受理的，自数据电文进入行政机关指定的特定系统之日起计算；数据电文需要确认收讫的，自申请人收到行政机关的收讫确认之日起计算"。此条规定，主要是考虑到很多行政机关还未实现能够及时查看互联网系统信息的要求，所以做出了另外的规定，行政执法程序立法可以借鉴此条进行规定。

3. 关于申请材料的线上提交。公民、法人和其他组织依法向行政机关提出行政许可、行政确认、行政给付、行政裁决等申请的，公民、法人和其他组织对其所提交的申请材料的真实性负责。如果采用线上提交，申请人同样需要对电子数据的真实性负责。为推进执法信息化的在线运行，优化办理流程，方便公民、法人和其他组织通过网络办理行政许可、公共服务事项，立法可作如下规定：其一，申请人选择线上申请的，合法有效且能够识别身份的电子申请材料与纸质申请材料具有同等法律效力；除法律、法规明确要求纸质材料外，行政机关不得要求申请人提供纸质材料。[1]其二，对申请人已经提交并且能够通过信息化手段调取的材料，或者能够通过数据共享手段获取的其他单位的证明材料，不得要求申请人重复提供。对没有法律、法规依据的证明材料，不得要求申请人提供。[2]

（三）明确电子证照的法律效力

国务院于 2019 年颁布了《国务院关于在线政务服务的若干规定》（国务院令第 716 号），要求国家建立电子证照共享服务系统，实现电子证照跨地区、跨部门共享和全国范围内互信互认，并明确规定"电子证照与纸质证照具有同等法律效力"。何为电子证照？《国务院关于在线政务服务的若干规定》第 15 条规定，"电子证照，是指由计算机等电子设备形成、传输和存储的证件、执照等电子文件"。本书此处对于电子证照的问题进行专门论述，主要的考量在于，电子证照作为具有法律效力和行政效力的专业性、凭证类电子文件，是支撑政府服务运行的重要基础数据。在未来，行政许可电子证照的使用，将依托国家政务服务平台电子证照共享服务系统，实现电子证照跨地区、跨部门共享，这将极大促进行政许可服务的跨地区、跨部门、跨层级数据共享和业务协同。[3]

在传统纸质证照的使用过程中，由于很难进行跨部门信息共享和验证，也无法有效控制审核资料反复提交等现象，有可能滋生假证照这些违法行为，而且很难发现和查处这些违法行为。[4]首先，目前签发的电子证照都有防伪端口，通过手机扫码等形式对电子证照进行查验，这有利于扼制与行政许可相关的违法活动，更好地维护市场秩序。其次，电子证照的推行和签发可以

---

〔1〕　此条参照《上海市公共数据和一网通办管理办法》第 36 条第 3 款的规定。

〔2〕　此条参照《上海市公共数据和一网通办管理办法》第 34 条第 2 款的规定。

〔3〕　参见《国务院关于加快推进全国一体化在线政务服务平台建设的指导意见》（国发〔2018〕27 号）。

〔4〕　杨利军、巫宇清："电子证照对政务信息化的促进作用研究"，载《档案建设》2018 年第 12 期。

有效解决申请流程中多次往返、反复提交纸质材料、"办证难"等顽疾，有效落实"让数据多跑腿，让群众少跑路"，提高办事效率。在电子证照的支持下，行政机关可以随时调用电子政务系统中的电子证照，不再需要相对人提供纸质证照，避免重复提交材料和循环证明等现象。最后，电子证照改变了证照纸质化的唯一形式，便于权利人保存和出示，不易丢失和毁损，也方便各机构之间信息共享，促进公共服务效能的提升。

在统一行政执法程序立法中，应当规定：执法部门通过共享平台获取的文书类、证照类、合同类电子文件，与纸质文书具有同等效力，可以作为行政执法的依据。

（四）确立电子送达的方式

网上送达有其天然的经济、便捷、高效的优势，但是广泛适用需要依托计算机设备的普及，不同地区经济发展的不平衡、不同部门涉及管理对象的不同，使得这项工作的开展在全国范围并不平衡，但可以肯定的是随着电子政务管理的深入开展，网上送达行政决定书必将为越来越多的行政机关采用。随着信息化的发展，行政机关作出的行政决定、行政文书，采用电子传真、电子邮件的方式进行送达，是未来发展的必然趋势。特别与传统的送达方式相比较，电子送达的简便性、快捷性的优点极为突出，极大提高了行政效率，所以电子送达的方式应得到大力提倡和使用。因此，有必要在立法中对这一发展趋势加以肯定，在法律上确立电子送达方式的合法性，并鼓励具备条件的行政机关建立和完善相关制度，推进网上送达方式的开展。

与此同时，需要解决的一个问题是，是否所有的行政执法文书都可以电子方式送达？目前，存在的现实问题是，一些中间性的程序性行为也要求采用书面方式作出，这显然不符合信息时代的发展趋势。在受送达人同意的情形下，执法过程中的文书是可以电子方式送达的。需要讨论的是，终局性的行政执法决定文书是否可以电子文件的方式送达？《浙江省行政程序办法》第70条规定："除行政执法决定文书外，行政机关经受送达人同意，可以通过传真、电子邮件等方式送达行政执法文书。"从这条的规定来看，立法者认为，行政执法决定文书不能采用电子送达的方式，持有非常谨慎的立法态度，但这个观点是否合理，值得探讨。

1. 电子送达的适用范围。明确电子送达的适用范围，首先要解决一个一般性的法律问题，也即电子文件的适用范围。电子文件是指记载于电子媒介的文件。为加强对于行政行为的规范，大多数国家对于电子文件的适用范围仍然持有谨慎的态度。如法国，到目前为止政府还不允许发送电子化的官方决定。但显然，信息化是不可阻挡的趋势，不管现在的态度如何，未来各国和各地区都会面临信息化的程序变革。从我国目前状况看，当前，电子文件应用较多的领域除了行政许可的申请，在行政登记领域应用越来越广泛。如《不动产登记暂行条例》第9条规定，不动产登记簿应当采用电子介质。[1]暂不具备条件的，可以采用纸质介质。总体来说，电子文件在行政法领域迄待规范。

作为立法政策，应当鼓励行政机关和相对人采用电子文件，以便利公民、法人和其他组织，促进执法信息化的发展。但是电子文件的适用，无疑会受到以下因素的制约：①行为性质的限制。涉及限制相对人或第三人重大人身和财产权益的，显然不适合以电子文件的形式作出。②行为内容的限制。行政机关作出的行为内容具体而明确，不会产生歧义和误解。③技术的制约。有一些行为在当前的技术条件下还不适宜用电子文件取代书面文件。如电子文件的使用必须依赖于成熟的电子签章技术和设备。④相对人的特性。对一部分特殊人群不宜采用此种形式，如视觉功能障碍者、年长者等。

各国和各地区对于电子文件的适用范围，一般都交给特别法规或电子签章法。如《意大利行政程序法》（1955）第35条规定：特别法规有要求特别严格之形式或排除文书形式之规定者，依其规定，也就是电子文件的适用范围由特别法进行规定。美国通过《电子签章法》承认电子文件和电子签章效力的前提下，排除了特定事项的适用。[2]

不管何种立法模式，共同的一个规律是，各国和各地区修改行政程序法，原则性地赋予电子文件与书面文件同样的法律效力，但具体的操作仍需交给《电子签名法》或者其他特别法规加以细致规定。需要强调的是，行政行为的电子化不可能完全取代传统行政行为方式，传统行政行为方式也有电子化

---

〔1〕《不动产登记暂行条例》第9条规定，不动产登记簿应当采用电子介质，暂不具备条件的，可以采用纸质介质。不动产登记机构应当明确不动产登记簿唯一、合法的介质形式。

〔2〕马怀德：《行政程序立法研究——〈行政程序法〉草案建议稿及理由说明书》，法律出版社2005年版，第204页。

不能取代的优点，因此它将与传统行政行为方式并存。由于数字鸿沟的存在等因素，适用电子技术需征得当事人的同意，不得强行任何人使用电子文件。在境外的相关立法中，当事人同意原则也是电子政务领域需遵守的基本原则。《新西兰电子交易法》明确规定：以电子形式代替传统书面形式的前提是个人或者组织的同意，否则构成无效行为。[1]

因此，即便满足了电子文件的适用范围，但是能否使用，需征得当事人的同意，此为原则性规定。因此，应当将当事人同意作为行政机关采用电子形式实施行政行为的前提条件。[2]当然，征得当事人的同意为一般原则，原则以外应该有例外规定，如果当事人具有接受此种方式的条件，行政机关可以根据法律的明确规定，要求当事人使用和接受。如高新技术企业注册申请与受理。

但即便当事人同意，在以下情形中行政执法文书不适宜以电子方式送达：①涉及相对人或第三人重大人身和财产权益的；②必须当面递交或亲笔签收回执的书面文件；③法律、法规对于送达方式有特别规定的；④其他不适宜使用电子方式送达的。

2. 电子送达的时间确认。送达的时间如何确认？关于送达的时间，《韩国行政程序法》（1996）第14条第6款规定，关于运用电脑等新信息通讯技术之送达方法，必要时以总统令定之。由于以电子文件的送达涉及诸多问题，所以大多数国家与地区的行政程序法都未作详细的规定，而交由其他专门法律加以规定。《冰岛行政程序法（修正案）》（2003）第6条第3款规定，当法律特别规定某项通知必须以可被证实的方式作出时，通过使用电子设备而达到该条款的要求，该电子设备要能够确定行政相对人已经收到了相关数据。

中国政法大学马怀德教授主持起草的《行政程序法（草案建议稿）》（2005）借鉴我国台湾地区"电子签章法"第7条的规定，对于电子文件的

---

〔1〕　周汉华："电子政务法研究"，载《法学研究》2007年第3期。
〔2〕　姜明安教授主持起草的《行政程序法（专家建议稿）》和马怀德教授主持起草的《行政程序法（草案建议稿）》都将对方同意原则纳入有关电子行政行为的相关章节中。

收发时间作出规定。[1]《浙江省行政程序办法》第70条第2款规定，向受送达人确认的电子邮箱送达行政执法文书的，自电子邮件进入受送达人特定系统的日期为送达日期。这些规定为我们界定电子送达的时点提供有益的参照。由于电子邮件是借助于计算机硬件与网络软件系统运行，通过电子方式送达可能会出现很多问题，因此，应当慎重立法，可以参照《浙江省行政程序办法》的规定，向受送达人确认的电子邮箱送达行政执法文书的，自电子邮件进入受送达人特定系统的日期为送达日期。

综上，在送达部分，统一的行政执法程序立法应当明确电子送达的法律地位，并对电子送达作出鼓励性规定。其一，行政机关应当建立和完善相关制度，在征得当事人同意的前提下，以电子文件方式送达行政文书。其二，对于行政执法文书，在以下情形中，不适宜以电子方式送达：①涉及相对人或第三人重大人身和财产权益的；②必须当面递交或亲笔签收回执的书面文件；③法律、法规对于送达方式有特别规定的；④其他不适宜使用电子方式送达的。其三，向受送达人确认的电子邮箱送达行政执法文书的，自电子邮件进入受送达人特定系统的日期为送达日期。其四，电子送达的行政执法文书应当有合格的署名和签章。

（五）明确电子签名的效力

执法信息化最主要的特征是交互性，不同于简单的信息发布。网络行政中双方主体的身份及文件内容的真实性、合法性和有效性的确认是执法信息化发展不得不面对的问题，这一点在网上审批、电子纳税等执法事项方面显得尤其重要。不仅仅是执法信息化，执法信息化仅是电子政务的发展过程，在整个大的电子政务环境背景下，让这些已有的电子政务交互式业务获得法律效力，就对电子签名及印章产生了非常迫切的需求。

---

〔1〕 马怀德教授主持起草的《行政程序法（草案建议稿）》（2005）借鉴我国台湾地区"电子签章法"第7条的规定。由于电子文件的收发时间，在实践中的情形比较复杂，不宜强求统一，所以该建议稿的思路是，尊重当事人的意思自治，对于收发时间，当事人另有约定或者行政机关另有公告的，从其约定或公告。如果没有约定或公告，在发文者对无法控制的信息系统发送电子文件的情形，以其发出的时间为发文时间。对于电子文件的收文时间，考虑到各种复杂的情形，比如丢失、对象错误、无法打开等现象，对于收文时间采取了慎重立法的态度。在收文者指定收受电子文件的信息系统之情形，收文者自有义务及时查收。故以电子文件进入该信息系统的时间为收文时间。在电子文件发送到收文者指定的信息系统以外的信息系统之情形，则以收文者取出电子文件之时间为收文时间。参见马怀德：《行政程序立法研究——〈行政程序法〉草案建议稿及理由说明书》，法律出版社2005年版，第208页。

电子政务运行于虚拟的网络环境，电子签名或印章就是识别身份的重要标识。因此，对于电子签名、电子印章进行立法规范十分重要。任何电子文件对外发生相应的法律效力，必须符合一定的形式要件——合格的电子签名或印章。借助电子签名或印章，人们可以辨认、确认电子文件签署者的身份、资格，以及签署者认可电子文件内容，并保证电子文件的完整和不受篡改，从而使电子文件在技术上与纸面文件实现功能等同。

作为我国信息化领域的第一部法律，《电子签名法》是既有私法规范又有公法规范的一部法律文件，但主要适用于电子商务。[1] 行政法中不能单纯套用基于电子商务活动发展起来的电子签名的概念。其一，我国的《电子签名法》是否具有行政法之适用性尚存在疑问，因为其主要适用于电子商务领域；其二，在电子政务领域，"当事人意思自治"原则值得质疑。与电子商务领域不同，基于依法行政的原则，具有行政法效力的电子签名必须符合强制性的技术标准，不能由当事人意思自治。因此，在行政法领域，电子签名宜采取技术特定主义的立法例。在这方面，2003 年《冰岛行政程序法（修正案)》第 5 条就规定，如果达到特定的技术标准，电子签名可以代替个人书写签名。[2]

《国务院关于在线政务服务的若干规定》第 8 条规定，政务服务中使用的符合《电子签名法》规定条件的可靠的电子签名，与手写签名或者盖章具有同等法律效力。第 9 条要求国家建立权威、规范、可信的统一电子印章系

---

〔1〕《电子签名法》没有以明示方式将电子签名的适用范围扩及公行为领域，但也没有将其限于电子商务领域。该法第 1 条并未明确电子签名的适用范围问题，仅指出订立《电子签名法》的目的是"为了规范电子签名行为，确立电子签名的法律效力，维护有关各方的合法权益"；而在第 3 条，该法又突出民事活动中电子签名的重要地位及例外性条款，却并无关于行政法领域的类似条款；第 12 条出现了"主营业地"字样，表明立法者是以电子商务活动为立法背景；第 32 条在规定伪造、冒用、盗用他人电子签名之刑事责任和民事责任的同时，没有规定行政责任；第 35 条又以一个授权性条款，规定"国务院或者国务院规定的部门可以依据本法制定政务活动……中使用电子签名……的具体办法"。从这些规范分析可以看出，我国《电子签名法》虽以电子商务活动为立法背景，但并未明确否定电子签名在行政法领域的适用性，同时为行政机关根据电子政务的特点建构电子签名法制提供了法律依据。

〔2〕 我国《电子签名法》授权行政机关另定使用电子签名的具体办法，可以认为是对技术中立主义的补充。在瑞典，《合格的电子签名法》法案规定，如果某项法律或法规要求手写签名，且通过电子方式可以满足签订，那么"合格的电子签名"可被认为满足这种要求。此外，根据法案，在政府机构间进行通信时，对标准电子签名的使用另有规定的，电子签名还应该符合有关要求。参见陈士俊、柏高原："瑞典、丹麦和挪威电子政务立法及启示"，载《电子政务》2010 年第 5 期。

统，国务院有关部门、地方人民政府及其有关部门使用国家统一电子印章系统制发的电子印章，并规定电子印章与实物印章具有同等法律效力，加盖电子印章的电子材料合法有效。这两条规定为电子文件实现与纸面文件功能等同确立了政策依据，全面确认了电子签名、电子印章与相应实物件具有同等法律效力，为电子文件的适用扫清了障碍。电子签名或电子印章需达到特定的技术标准，符合技术标准的电子签名、电子印章具有法律效力。部分地方立法中涉及电子签名及印章的法律效力问题，如《广东省政务数据资源共享管理办法（试行）》第24条规定，政务部门在办理公民、法人和其他组织的申请事项时，对公民、法人和其他组织提供的、加具符合《电子签名法》规定电子签名、电子印章的电子文件，应当采纳和认可。法律、法规另有规定的除外。第25条规定，政务部门使用电子签名、电子印章应当符合《电子签名法》的规定。政务部门对其他政务部门加具电子签名、电子印章的电子文件，应当采纳和认可。但为了促进整个信息化法制环境的改善，有关电子签名、电子印章的法律效力问题，仍需要在实践中落实，并在法律层面予以进一步明确与完善。

（六）确立自动化行政行为的程序规则

我国推进国家治理法治化和现代化与新一轮信息技术革命正好同时发生，这一轮技术革命中人工智能是最引人注目的领域。人工智能正在改变社会的治理结构和秩序生成机制，人作为基本劳动单位的地位被打破。在行政执法领域，技术的发展为行政机关提供了新的治理工具，机器可以代替人力执法，自动化行政行为成为更广泛的执法方式。尽管，随着电子技术和设备的普遍应用，实践中大量的行政行为都已然半自动化，并非什么新鲜的事物，如电子眼执法、电子申请、电子送达等。但人工智能飞速发展的今天，越来越多颠覆人们习惯的执法方式出现，全自动化行政行为在我国也已经有很多实例。在行政许可领域，深圳、天津等地已经实现了无人干预自动审批。在行政处罚领域，有很多城市通过人脸识别系统来治理扎堆过马路等交通违章行为。各地有不同的模式，有的城市完全依靠人脸识别系统来惩戒违法行为人，而没有人工的介入，也没有后续程序的补足，实际上已经构成一种完全自动化行政行为。全自动化行政行为标志着行政程序从个案程序转向集团程序。[1]机器全自动作出行政行为有很多优势，如高效便民、客观中立、同案同处理、降低成本等，但与此同时，传统行政程序法构建的基本程序性权利如听证程序、陈述权与申辩权、说明理由等事实上被压缩，现有程序制度无法得到贯彻，在一定程度上也降低了行政行为的可接受性。为此，行政程序法应当回应人工智能时代的挑战，调整程序机制以实现行政效能与权利保障之间的平衡。

我国目前针对半自动化行政行为有分散的立法，但对于全自动化行政行为尚未有立法例。德国 2017 年修改的《德国联邦行政程序法》中引入了"全自动作出的具体行政行为"概念，但这种引入显示出立法者非常谨慎的态度。其一，关于适用范围。①只包括羁束行政行为，将不确定的法律概念和裁量情形排除在适用范围之外；②只有具体的法律、法规命令、规章明确规定的全自动程序方可适用。其二，关于告知方式。与传统行政行为的告知方式不同，在全自动行政行为方式下，相对人通过网络主动点击获悉。行政机关一般会通过发送电子邮件的方式通知权利人，权利人按邮件中的链接或者路径提示点击获悉具体行政行为。[2]其三，关于自动化行政程序。《德国联邦行政程序法》要求行政机关考虑对个案相对人重要的事实状况。如事实状况很重要，需要履行调查义务，此时自动程序中断，恢复到普通程序。

关于全自动化行政行为的立法，在德国，除了行政程序法还包括数据保护法。依照《德国数据保护法》和《欧盟一般数据保护条例》的规定，数据主体对于自动化处理行为拥有"人工介入要求"的权利。这种介入要求的基本内容是：其一，适用的前提是全自动程序可能给相对人造成严重影响。从此条表述可推定，人工介入的要求仅限于负担行政行为。其二，可要求行政机关人工介入，要求其采取措施保障相对人的权利、自由、正当利益。其三，

---

〔1〕　查云飞："人工智能时代全自动具体行政行为研究"，载《比较法研究》2018 年第 5 期。
〔2〕　查云飞："人工智能时代全自动具体行政行为研究"，载《比较法研究》2018 年第 5 期。

相对人有表达其观点及提起异议的权利。[1]全自动化行政行为的适用，确实存在对于行政程序的实质性缩减，因此需要通过代偿、补强等方式对各项程序进行调整，以实现权利保障的功能。

一场脱胎换骨式的重大时代转型已经开启，未来，自动化执法方式的运用会越来越广泛。但行政执法中如一味依赖科技，趋向于只讲手段不问目的的工具理性，将可能走向不可知的未来，产生不可控的结果。因为机器不会价值判断，更不会坚守道德底线，这需要发挥法学在其中的作用以平衡技术创新和权利保障的关系。面对智能时代执法方式的革新与挑战，结合我国自动化行政行为的具体实践，借鉴境外立法经验，我国行政执法程序立法可针对全自动化行政行为作出如下规定。

第一，明确全自动化行政行为的适用范围。全自动化行政行为适用于事实清楚简单，不需要裁量的行为。当需要多元考虑的时候，人工智能给出的判断和建议仅可作为行政决定的参考。[2]与此同时，适用全自动行政行为需要有法律、法规、规章的明确规定。在负担行政行为中，如果可能给相对人权益造成较大损害，应排除全自动化程序的适用。

第二，可作出倡导性规定，要求技术手段尽可能贯彻现有程序制度。法律和技术都是非自然的"人工"造物，两者都服务于使人类生活更加美好的目的。技术人员应当设计出符合法律要求的算法，促进法律与技术的更好结合。我国各地通过人脸识别系统治理"扎堆过马路"存在不同的模式，这些模式的形成其实体现了法律与技术结合的程度。有的地方人脸识别系统仅是起到取证的作用，行政机关在人工审核确认违章者身份信息后，系统将自动提取违章者在公安系统备案登记的手机号码，发送违法处罚告知信息。这种

---

〔1〕《德国数据保护法》第6a条规定，给数据权利人带来（不利）法律后果或者对其严重损害的决定，原则上禁止全自动进行有关人格特征的评判（例如征信）。参见查云飞："人工智能时代全自动化行政行为研究"，载《比较法研究》2018年第5期。《欧盟一般数据保护条例》第22条吸纳了《德国数据保护法》的立法经验，第22条第1款规定，①数据主体应当有权不被仅仅靠自动化处理——包括用户画像——来对其做出对数据主体产生法律影响或类似严重影响的决策。第22条第3款规定，数据控制者应当采取适当措施保障数据主体的权利、自由、正当利益，以及数据主体对控制者进行人工干涉，以便表达其观点和对决策进行异议的基本权利。参见"欧盟一般数据保护条例"，丁晓东译，载微信公众号"法学学术前沿" http://mp.weixin.qq.com/s/PKqnylbiZmHgdqTnE1-yZA，最后访问时间：2019年12月30日。

〔2〕宋华琳："电子政务背景下行政许可程序的革新"，载《当代法学》2020年第1期。

告知程序就较好体现了法律和技术的结合。而在有的城市完全依赖人脸识别系统，违法者闯红灯被识别身份后，电子屏幕上显示违章者信息、公布照片的方式实现对于违法者声誉的惩戒，达到行政处罚的目的，这在事实上已经构成一个完全的自动化行政行为，但是现有的程序制度完全缺省，也并未安排事后矫正程序，技术基本没有考虑到法律所规定的程序要求，这其实就是行政机关对于技术的完全依赖，只追求效率价值和秩序价值，而未考虑到正当程序的基本要求。而在事实上，如果对于技术提出法律上的要求，那么技术力量就会努力研究出符合法律要求的做法，以最大可能贯彻现有程序制度。如利用现代网络技术，建立当事人自行上网查看视频和网上核对事实的制度，而不是仅仅通知处罚结果。

第三，在全自动程序进行过程中，如可能给相对人造成较大权益影响，相对人有权要求人工介入，要求行政机关采取措施保障自己的合法权益。如要求合理，则自动化程序转为普通程序进行。

第四，在全自动化行政行为中，应将缺省的程序机制后移，将事中程序改为事后纠正程序。[1] 由于自动化行政行为具有非现场性的特点，缺少人与人之间面对面的接触，难以贯彻现有程序制度，正当程序原则也需要回应人工智能时代的新情况。基于此，可将程序机制后移，通过矫正正义模式给技术创新保留足够的空间，允许相对人事后提起异议，防止规模损害个性，完全挤压裁量。

（六）规定行政执法电子卷宗

传统的纸质卷宗在制作、查阅、保存等方面已无法适应信息时代的快速度传信息、高效率共享信息、大容量存储信息的特点，客观上催生了电子卷宗的产生。电子卷宗在信息化时代是不可阻挡的趋势，有很多纸质卷宗无法比拟的优势。首先，在行政执法中使用电子卷宗，能够加快文书流转的效率，增强上下级沟通，有利于法制机构的审核和上级的审批，有效提高执法效率。比如涉及异地执法，流动性大，纸质案卷会带来很多不便。其次，电子案卷有利于增强案卷的规范性和程式化。再次，有利于促进两法衔接。涉及行政执法与刑事案件的衔接，电子卷宗有利于案件的顺畅传递、信息的快捷交换，

---

〔1〕　马颜昕："自动化行政方式下行政处罚：挑战与回应"，载《政治与法律》2020年第4期。

提高案件移送效率，促进两法衔接。最后，采用电子卷宗，有利于提高案件大数据的挖掘、分析和利用。

因此，在统一行政执法程序立法中，应对于行政执法案卷进行专门性的规定，要求行政机关应当建立行政执法案卷，实行一案一卷。为顺应信息化时代的发展和要求，对于执法案卷的电子化应当作出鼓励性的规定。

结　论

当前，随着行政任务的多元化、行政类型的拓展，公共行政出现许多新的样态，对于以控权为单一视角的传统行政法形成剧烈的冲击，单一的控权功能不足以解决行政所面临的现实问题，客观上要求行政法进行能动的现代转型。尤其在全球化、信息化的背景下，对于行政法的效能诉求更为凸显。这种背景下，境外行政法的发展与改革带有强烈的效能导向，而考察行政法学说史，也会发现行政法的研究视野指向公共行政的有效性，这意味着行政效能已经进入行政法的视野，成为行政法的积极功能。而就我国的现实情况而言，当我们提出控制行政权的时候，也是我们最需要行政权的时候。因此，提升行政效能，也是我国行政法发展的现实需求，符合我国当前的实际情况。在我国兴起的新行政法，尽管有不同的研究进路，但行政法应当如何促进行政任务的高效实现，均是隐藏在其中的主题。这一切，意味着行政效能已经成为我国行政法新的价值取向。行政法学应当面向行政所面临的现实任务和问题，突破以司法中心为导向的行政法学传统体系格局，将行政效能纳入行政法基本原则体系，回应行政法学促进行政目标、任务高效实现的需求。

当下，在我国，行政执法效能呈现出严重不足的问题，成为行政执法制度改革的难点。尽管法律规则在日渐完备，但是执法的有效性却成为一种奢谈，如何提升行政执法的效能，这是我国当前必须予以高度重视的严峻课题。因此，行政执法制度的变革除了关注执法的合法性与正当性之外，应当聚焦于如何提升行政执法的效能，这关系到法秩序的有效确立和法律的有效实施，关系到公共福祉的实现。当然，制度的变革有多种途径，而其中，不容忽视的是，行政程序在提升执法效能方面的作用空间。通过行政程序提升行政效能，具有理论与实践基础。境外行政程序立法中，部分国家将效能确立为立法原则，而在我国地方程序立法中，效能价值也逐渐受到重视，这意味着行政程序的效能价值具有规范基础。在行政体制改革缓慢的背景下，通过行政程序也可以在一定程度上解决执法体制不顺引起的效能问题。当前，在统一的行政执法程序立法的时机已经成熟的条件下，以此为契机，通过行政执法程序立法，发挥程序制度在促进行政效能方面的作用空间和具体制度设计，既回应行政执法对于效能的现实需求，也能够实现行政程序功能的转变。因此，在执法程序立法中，提升行政执法的效能应当作为立法目的。在立法内容上，应当积极形塑有助于行政执法目标实现的行政过程、执法方式、程序制度，尤其在信息化的时代背景下，需要特别考虑适应信息化发展趋势的行政程序之转型。具体来讲，对于行政执法效能，可通过执法程序之外部程序、内部程序、信息化程序来予以保障。

在外部程序机制上，从行政过程的整体检视，应当积极形塑有利于行政任务实现的行政过程，改变传统行政程序"控权功能"对于过程的忽视。从执法程序的启动，到执法过程中的常态行政检查机制、后续监管，到执法程序的结束，整个行政过程中的环节，均能够发挥促进执法效能之作用。在行政任务实现的过程中，各种执法方式以互补的姿态合力完成行政任务，应当确认有助于执法目标达成的多元化执法方式，增加行政机关可资使用的手段，为行政机关提供适合的活动形式，使行政能够完成它的任务。执法资源的有限性与行政事务的繁杂，客观上要求通过执法程序类型化构建程序制度，以合理配置执法资源，因此，应当区分正式听证与非正式听证，实现行政效能与权利保障的协调与平衡；扩大简易程序的适用范围，实现行政案件的繁简分流。最后，合理的行政期限制度能够保障行政权及时高效行使。

在内部程序机制上，着力于通过内部程序机制解决碎片化执法体制引起的执法效能问题。碎片化体制强化了部门壁垒，阻碍了部门间协作的有效达成，也由此造成了形形色色、形态各异的权限冲突，造成整体执法目标的丧失，严重影响了政府供给公共服务的能力。新时期出现的新的诉求很难由一个部门单独解决，客观上要求部门之间的有效协作。因此，在我国统一行政执法程序立法中，应当确立行政整体性原则，以此引领和架构内部程序机制，构建行政机关协调与配合的机制，以打破部门利益的"柏林墙"，摆脱部门化、碎片化的旧体制弊端。行政协助制度是治理行政执法碎片化的有效途径，具有实现行政职能一体化的功能。有助于解决行政机构间的协同能力，提升执法能力，在有效整合碎片化行政资源的基础上，有效提升行政效率。行政管辖制度则有助于解决执法中的权限冲突，使行政机关分工明确、各司其职，避免因为权限冲突引起的内耗，有效提高行政效率。而执法内部工作流程中，致力于部门统一对外的实践，正是对于行政整体性原则的践行。但需要强调的是，机制固然重要，但是如果没有合作精神，机制再完善也难以执行，因此，塑造一个良好的行政文化与环境，在当前也是非常现实和迫切的问题。

随着一个信息化时代的到来，执法信息化建设也在迅速展开，以信息化作为治理手段，在部门内部能够实现执法信息共享，而对外的执法，则可以实现"在线治理"和"一站式"的无缝隙服务，极大地增强政府公共服务的能力，提升执法效能。执法信息化将推动行政执法体制、机制和方法的创新，形成对于传统执法模式的深刻变革，尤其对于传统行政执法程序产生了深刻的影响和变革。尽管我国执法信息化程度总体较低，但各种各样的信息化实践在各地已经是百花齐放，由于执法信息化程序的立法滞后，无法为其建设和运行提供制度支撑，在这种背景下，统一的行政执法程序立法需要对此予以回应，以适应信息化不可阻挡的趋势，实现从工业时代的行政程序向信息时代的行政程序之转型。在行政执法程序立法中，应当确立执法信息共享机制，只有在内部形成有效的共享机制，才能在对外的执法中提供一体化的公共服务。本文借鉴境外及地方立法经验，对于我国执法信息共享机制提出具体的立法建议。而在对外的执法程序中，应当体现信息化时代行政所需的特别程序环节与形式。尽管信息化程序立法并不是一部执法程序条例所能承受之重，尚依赖于国家整个信息法制体系的完善，但立法应当在把握信息化特点及其规律的前提下逐步予以推进，以为蓬勃发展的执法信息化实践提供统一的制度支撑，从而促进社会及经济的发展。本文借鉴境外及我国地方有关信息化程序的立法内容，对于统一的执法程序立法有关信息化程序拟定了一个初步的立法框架。

以上，构成了"通过行政程序提升执法效能"的基本观点和思考轨迹。需要重申的是，行政程序的设计不仅是单纯的"控权"，而意在激活行政权力的主动性、积极性，发挥权力本身固有的效益，这在一定程度上，特别在我国当前，也许是比控制权力滥用更重要的功能。但权利保障与提升效能作为双重价值追求，在每一种行政领域也许都需要这两种程序功能的融合，在行政执法程序立法中做到两者的兼顾与平衡，通过程序机制的导引，实现政府与人民双赢的目的。但在实践中，二者一定会在某个具体的场合存在紧张关系，此时"最低限度的程序公正"是对两者的平衡与协调。

参考文献

一、专著类

中文著作

1. 贾国栋：《行政执法的伦理研究》，法律出版社 2011 年版。

2. 蔡立辉等：《电子政务应用中的信息资源共享机制研究》，人民出版社 2012 年版。

3. 蔡茂寅、李建良、林明锵、周志宏等：《行政程序法实用》，新学林出版股份有限公司 2013 年版。

4. 曾凡军：《基于整体性治理的政府组织协调机制研究》，武汉大学出版社 2013 年版。

5. 曾娜：《行政程序的正当性判断标准研究》，知识产权出版社 2014 年版。

6. 曾哲：《行政许可执法制度研究》，知识产权出版社 2016 年版。

7. 陈宏彩：《效能政府建设的框架体系与运行机制研究——基于浙江经验的实证分析》，人民出版社 2009 年版。

8. 陈敏：《行政法总论》，新学林出版公司 2009 年版。

9. 陈瑞华：《程序正义理论》，中国法制出版社 2010 年版。

10. 陈新民：《行政法学总论》，三民书局股份有限公司 2015 年版。

11. 陈钊编著：《信息与激励经济学》，格致出版社 2010 年版。

12. 城仲模：《行政法之基础理论》，三民书局 1999 年版。

13. 城仲模主编：《行政法之一般法律原则》（二），三民书局 1997 年版。

14. 董磊明：《宋村的调解：巨变时代的权威与秩序》，法律出版社 2008 年版。

15. 方世荣主编：《行政法与行政诉讼法学》，中国政法大学出版社 2010

年版。

16. 关保英：《行政法时代精神研究》，中国政法大学出版社 2008 年版。

17. 何霞：《敝则新——面向信息社会的政策与制度创新》，商务印书馆 2014 年版。

18. 贺林波、李燕凌：《公共服务视野下的行政法》，人民出版社 2013 年版。

19. 湖南省行政管理学会：《大数据时代政府治理创新研究》，湖南人民出版社 2015 年版。

20. 季卫东：《法律程序的意义》，中国法制出版社 2012 年版。

21. 季卫东：《法治秩序的建构》，商务印书馆 2014 年版。

22. 江彦佐编著：《行政程序法》，新学林出版股份有限公司 2007 年版。

23. 姜明安、余凌云主编：《行政法》，科学出版社 2010 年版。

24. 姜明安：《法治思维与新行政法》，北京大学出版社 2013 年版。

25. 姜明安等：《行政程序法典化研究》，法律出版社 2016 年版。

26. 姜明安主编：《行政执法研究》，北京大学出版社 2004 年版。

27. 金国坤：《行政权限冲突解决机制研究：部门协调的法制化路径探寻》，北京大学出版社 2010 年版。

28. 金国坤：《依法行政环境研究》，北京大学出版社 2003 年版。

29. 李波：《公共执法与私人执法的比较经济研究》，北京大学出版社 2008 年版。

30. 李洪雷：《行政法释义学：行政法学理的更新》，中国人民大学出版社 2014 年版。

31. 林毅夫：《本体与常无：经济学方法论对话》，北京大学出版社 2012 年版。

32. 刘福元：《政府柔性执法的制度规范建构：当代社会管理创新视野下的非强制行政研究》，法律出版社 2012 年版。

33. 刘平：《行政执法原理与技巧》，上海人民出版社 2015 年版。

34. 刘宗德：《制度设计型行政法学》，元照出版有限公司 2009 年版。

35. 罗传贤：《行政程序法论》，台湾五南图书出版公司 2000 年版。

36. 罗豪才、毕洪海：《行政法的新视野》，商务印书馆 2011 年版。

37. 罗英：《福利行政的正当程序研究》，人民出版社 2014 年版。

38. 吕尚敏：《行政执法人员的行动逻辑：以 W 河道管理局为样本的法社会学考察》，中国法制出版社 2012 年版。

39. 吕艳滨：《信息法制：政府治理新视角》，社会科学文献出版社 2009 年版。

40. 马怀德主编：《行政程序立法研究——〈行政程序法〉草案建议稿及理由说明书》，法律出版社 2005 年版。

41. 马怀德主编：《行政法前沿问题研究——中国特色社会主义法治政府论要》，中国政法大学出版社 2018 年版。

42. 马庆斌：《网络信息化背景下的社会管理创新研究》，中国经济出版社 2013 年版。

43. 孟华编著：《政府绩效评估：美国的经验与中国的实践》，上海人民出版社 2006 年版。

44. 彭明金编著：《行政法 Q&A》，风云论坛有限公司 2004 年版。

45. 彭向刚、朱丽峰编：《和谐社会视野下行政效能建设研究》，中国社会科学出版社 2013 年版。

46. 上海市行政法制研究所编：《行政执法：挑战与探索（2007—2009 年研究报告集)》，上海人民出版社 2011 年版。

47. 沈岿、付宇程、刘权等：《电子商务监管导论》，法律出版社 2015 年版。

48. 沈岿主编：《风险规制与行政法新发展》，法律出版社 2013 年版。

49. 石佑启、杨治坤、黄新波：《论行政体制改革与行政法治》，北京大学出版社 2009 年版。

50. 宋大涵主编：《行政执法教程》，中国法制出版社 2011 年版。

51. 孙笑侠：《程序的法理》，商务印书馆 2005 年版。

52. 孙迎春：《发达国家整体政府跨部门协同机制研究》，国家行政学院出版社 2014 年版。

53. 台湾行政法学会主编：《行政程序法之检讨　传播行政之争讼》，元照出版有限公司 2003 年版。

54. 台湾行政法学会主编：《行政契约与新行政法》，元照出版有限公司

2002 年版。

55. 台湾行政法学会主编：《行政契约之法理：各国行政法学发展方向》，元照出版公司 2009 年版。

56. 台湾行政法学会主编：《损失补偿、行政程序法》，元照出版有限公司 2005 年版。

57. 汤德宗：《行政程序法论》，元照出版有限公司 2000 年版。

58. 唐明良：《环评行政程序的法理与技术：风险社会中决策理性的形成过程》，社会科学文献出版社 2012 年版。

59. 唐琦玉：《政府效能评价体系》，湖南人民出版社 2012 年版。

60. 田刚主编：《域外网络法律译丛·行政法卷》，中国法制出版社 2015 年版。

61. 王霁霞：《行政法实施效果研究：以行为主体的利益选择为视角》，中国法制出版社 2012 年版。

62. 王凯伟：《政府效能与行政监督》，湖南人民出版社 2012 年版。

63. 王磊：《信息时代社会发展研究——互联网视角下的考察》，人民出版社 2014 年版。

64. 王名扬：《美国行政法》，北京大学出版社 2016 年版。

65. 王万华：《中国行政程序法典试拟稿及立法理由》，中国法制出版社 2010 年版。

66. 王万华：《中国行政程序法立法研究》，中国法制出版社 2010 年版。

67. 王锡锌：《行政程序法理念与制度研究》，中国民主法制出版社 2007 年版。

68. 王学杰、杨丹：《境外政府效能建设评鉴》，湖南人民出版社 2012 年版。

69. 王亚南：《中国官僚政治研究》，商务印书馆 2010 年版。

70. 王亚强：《网络行政伦理规约》，中国社会科学出版社 2013 年版。

71. 翁岳生：《法治国家之行政法与司法》，元照出版公司 2009 年版。

72. 翁岳生：《行政法》，中国法制出版社 2002 年版。

73. 肖金明、冯威主编：《行政执法过程研究》，山东大学出版社 2008 年版。

74. 杨桦、廖原：《论电子政务与行政法治》，湖北人民出版社 2008 年版。

75. 杨建顺：《行政强制法 18 讲》，中国法制出版社 2011 年版。

76. 叶俊荣：《行政法案例分析与研究方法》，三民书局 1999 年版。

77. 叶俊荣：《环境政策与法律》，中国政法大学出版社 2003 年版。

78. 叶俊荣：《面对行政程序法——转型台湾的程序建制》，元照出版有限公司 2002 年版。

79. 殷继国：《反垄断执法和解制度——国家干预契约化之滥觞》，中国法制出版社 2013 年版。

80. 应松年、杨小君：《法定行政程序实证研究——从司法审查角度的分析》，国家行政学院出版社 2005 年版。

81. 应松年主编：《外国行政程序法汇编》，中国法制出版社 2004 年版。

82. 于志强主编：《中国网络法律规则的完善思路（行政法卷）》，中国法制出版社 2016 年版。

83. 张步峰：《正当行政程序研究》，清华大学出版社 2014 年版。

84. 张水海、张显伟、尹口：《行政执法实务与案例指导》，中国法制出版社 2011 年版。

85. 张兴祥、刘飞、朱芒、何海波：《外国行政程序法研究》，中国法制出版社 2010 年版。

86. 张兴祥：《中国行政许可法的理论和实务》，北京大学出版社 2003 年版。

87. 张旭东编：《民事诉讼程序类型化研究》，厦门大学出版社 2012 年版。

88. 章剑生：《现代行政法基本理论》，法律出版社 2008 年版。

89. 章志远：《个案变迁中的行政法》，法律出版社 2011 年版。

90. 赵娟：《国有上市公司信息披露监管的选择性执法分析》，首都经济贸易大学出版社 2011 年版。

91. 郑春燕：《现代行政中的裁量及其规制》，法律出版社 2015 年版。

92. 中国政法大学法治政府研究院编：《2013 年度法治政府蓝皮书》，中国人民大学出版社 2014 年版。

93. 中国政法大学法治政府研究院编：《中国法治政府发展报告

（2015）》，社会科学文献出版社 2015 年版。

94. 中国政法大学法治政府研究院编：　《中国法治政府评估报告（2013）》，中国人民大学出版社 2014 年版。

95. 中国政法大学法治政府研究院编：　《中国法治政府评估报告（2014）》，法律出版社 2014 年版。

96. 中国政法大学法治政府研究院：《中国法治政府评估报告（2015）》，法律出版社 2015 年版。

97. 周清明、吴松江、李燕凌：《政府效能与行政体制》，湖南人民出版社 2012 年版。

98. 周佑勇：《行政法原论》，中国方正出版社 2005 年版。

99. 周佑勇、王禄生等：　《智能时代的法律变革》，法律出版社 2020 年版。

100. 朱芒：《功能视角中的行政法》，北京大学出版社 2004 年版。

101. 朱瓯编著：《两岸行政程序法制之比较研究》，中国人民大学出版社 2008 年版。

102. 朱新力、唐明良等：《行政法基础理论改革的基本图谱——"合法性"与"最佳性"二维结构的展开路径》，法律出版社 2013 年版。

103. 朱新力主编：《法治社会与行政裁量的基本准则研究》，法律出版社 2007 年版。

104. 竹立家、杨萍、朱敏：《重塑政府："互联网 + 政务服务"行动路线图（实务篇）》，中信出版社 2016 年版。

外文译著

1. ［德］埃贝哈德·施密特－阿斯曼等：《德国行政法读本》，于安等译，高等教育出版社 2006 年版。

2. ［德］奥托·迈耶：《德国行政法》，刘飞译，商务印书馆 2002 年版。

3. ［德］哈贝马斯：《在事实与规范之间——关于法律和民主法治国的商谈理论》，童世骏译，生活·读书·新知三联书店 2011 年版。

4. ［德］哈特穆特·毛雷尔：《行政法学总论》，高家伟译，法律出版社 2000 年版。

5. ［德］汉斯·J. 沃尔夫、奥托·巴霍夫、罗尔夫·施托贝尔：《行政法》，高家伟译，商务印书馆 2002 年版。

6. ［德］马克斯·韦伯：《社会科学方法论》，韩水法、莫西译，商务印书馆 2013 年版。

7. ［德］米歇尔·施托莱斯：《德国公法史（1800—1914）：国家法学说和行政学》，雷勇译，法律出版社 2007 年版。

8. ［德］施密特·阿斯曼：《秩序理念下的行政法体系建构》，林明锵等译，北京大学出版社 2012 年版。

9. ［法］埃米尔·涂尔干：《社会分工论》，渠东译，生活·读书·新知三联书店 2000 年版。

10. ［美］B.盖伊·彼得斯：《政府未来的治理模式》，吴爱明、夏宏图译，中国人民大学出版社 2001 年版。

11. ［美］H.乔治·弗雷德里克森：《公共行政的精神》，张成福等译，中国人民大学出版社 2003 年版。

12. ［美］O.C.麦克斯怀特：《公共行政的合法性——一种话语分析》，吴琼译，中国人民大学出版社 2002 年版。

13. ［美］R.M.昂格尔：《现代社会中的法律》，吴玉章、周汉华译，译林出版社 2008 年版。

14. ［美］阿瑟·奥肯：《平等与效率：重大的抉择》，王奔州等译，四川人民出版社 1988 年版。

15. ［美］伯纳德·施瓦茨：《行政法》，徐炳译，群众出版社 1986 年版。

16. ［美］达雷尔·M.韦斯特：《下一次浪潮——信息通信技术驱动的社会与政治创新》，廖毅敏译，上海远东出版社 2012 年版。

17. ［美］戴维·H.罗森布鲁姆、罗伯特·S.克拉夫丘克：《公共行政学：管理、政治和法律的途径》，张成福等译，中国人民大学出版社 2002 年版。

18. ［美］戈登·塔洛克：《官僚体制的政治》，柏克、郑景胜译，商务印书馆 2012 年版。

19. ［美］亨廷顿：《变动社会中的政治秩序》，王冠华等译，生活·读书·新知三联书店 1989 年版。

20. ［美］简·E.芳汀：《构建虚拟政府信息技术与制度创新》，邵国松译，中国人民大学出版社 2010 年版。

21. ［美］杰里·L. 马萧：《官僚的正义——以社会保障中对残疾人权利主张的处理为例》，何伟文、毕竞悦译，北京大学出版社 2005 年版。

22. ［美］杰瑞·L. 马肖：《行政国的正当程序》，沈岿译，高等教育出版社 2005 年版。

23. ［美］杰里·L. 马肖：《创设行政宪制——被遗忘的美国行政法百年史（1787—1887）》，宋华琳、张力译，中国政法大学出版社 2016 年版。

24. ［美］肯尼思·F. 沃伦：《政治体制中的行政法》，王丛虎等译，中国人民大学出版社 2005 年版。

25. ［美］肯尼斯·卡尔普·戴维斯：《裁量正义：一项初步的研究》，毕洪海译，商务印书馆 2009 年版。

26. ［美］理查德·B. 斯图尔特：《美国行政法的重构》，沈岿译，商务印书馆 2002 年版。

27. ［美］罗伯特·考特、托马斯·尤伦：《法和经济学》，史晋川、董雪兵译，格致出版社 2012 年版。

28. ［美］迈克尔·D. 贝勒斯：《程序正义——向个人的分配》，邓海平译，高等教育出版社 2005 年版。

29. ［美］米尔依安·R. 达玛什卡：《司法和国家权力的多种面孔——比较视野中的法律程序》，郑戈译，中国政法大学出版社 2015 年版。

30. ［美］史蒂芬·霍尔姆斯、凯斯·R. 桑斯坦：《权利的成本——为什么自由依赖于税》，毕竞悦译，北京大学出版社 2004 年版。

31. ［美］约翰·罗尔斯：《正义论》，何怀宏等译，中国社会科学出版社 2009 年版。

32. ［美］拉塞尔·M. 林登：《无缝隙政府：公共部门再造指南》，汪大海等译，中国人民大学出版社 2002 年版。

33. ［日］大桥洋一：《行政法学的结构性变革》，吕艳滨译，中国人民大学出版社 2008 年版。

34. ［日］南博方：《日本行政法》，杨建顺译，中国人民大学出版社 2009 年版。

35. ［日］室井力、芝池义一、浜川清：《日本行政程序法逐条注释》，朱芒译，上海三联书店 2009 年版。

36. ［日］室井力主编：《日本现代行政法》，吴微译，中国政法大学出版社 1995 年版。

37. ［印］M. P. 赛夫：《德国行政法——普通法的分析》，周伟译，山东人民出版社 2006 年版。

38. ［英］L. 赖维乐·布朗、约翰·S. 贝尔：《法国行政法》，高秦伟、王锴译，中国人民大学出版社 2006 年版。

39. ［英］卡罗尔·哈洛、理查德·罗林斯：《法律与行政（上卷)》，杨伟东等译，商务印书馆 2004 年版。

40. ［英］马丁·洛克林：《公法与政治理论》，郑戈译，商务印书馆 2013 年版。

41. ［英］詹宁斯：《法与宪法》，龚祥瑞、侯健译，生活·读书·新知三联书店 1997 年版。

二、论文类

1. ［德］弗朗茨·约瑟夫·派纳："德国行政程序法之形成、现状与展望"，刘飞译，载《环球法律评论》2014 年第 5 期。

2. ［美］爱德华·L. 鲁宾："行政程序法行政化的时代"，原载《康奈尔法律评论》2002 年第 89 卷，载罗豪才、毕洪海编：《行政法的新视野》，商务印书馆 2011 年版。

3. 毕洪海："普通法国家的行政程序正义进路"，载《政治与法律》2015 年第 6 期。

4. 陈柏峰："城镇规划区违建执法困境及其解释——国家能力的视角"，载《法学研究》2015 年第 1 期。

5. 陈柏峰："乡镇执法权的配置：现状与改革"，载《求索》2020 年第 1 期。

6. 陈家建："督查机制：科层运动化的实践渠道"，载《公共行政评论》2015 年第 2 期。

7. 陈俊成："依职权性行政不作为的危害与治理"，载《学术交流》2012 年第 5 期。

8. 陈铭聪："我国台湾地区'行政程序法'立法争议问题研究"，载

《甘肃行政学院学报》2012 年第 2 期。

9. 陈士俊、柏高原："瑞典、丹麦和挪威电子政务立法及启示"，载《电子政务》2010 年第 5 期。

10. 陈新民："德国行政法学的先驱者——谈德国 19 世纪行政法学的发展"，载《行政法学研究》1998 年第 1 期。

11. 陈新民："和为贵——论行政协调的法制改革"，载《行政法学研究》2007 年第 3 期。

12. 陈征楠："论哈贝马斯的程序主义法正当性学说"，载《厦门大学学报（哲学社会科学版）》2012 年第 3 期。

13. 程雁雷："对划分正式听证和非正式听证标准的思考"，载《行政法学研究》2002 年第 4 期。

14. 崔卓兰、闫立彬："论民主与效率的协调兼顾——现代行政程序的双重价值辨析"，载《中国行政管理》2005 年第 9 期。

15. 崔卓兰、曹中海："论行政程序的内在价值——基于对行政程序底线伦理的探索"，载《法制与社会发展》2006 年第 3 期。

16. 查云飞："人工智能时代全自动具体行政行为研究"，载《比较法研究》2018 年第 5 期。

17. 曹鎏：""放管服'改革背景下行政检查监管目标实现研究"，载《中共中央党校学报》2020 年第 3 期。

18. 曹炜："环境监管中的'规范执行偏离效应'研究"，载《中国法学》2018 年第 6 期。

19. 刁生富、邓凯："公共数据资源共享的嬗变：从粗放式管理到精细化治理"，载《探求》2017 年第 6 期。

20. 丁煌、方堃："基于整体性治理的综合行政执法体制改革研究"，载《领导科学论坛》2016 年第 1 期。

21. 丁煌："威尔逊的行政学思想"，载《政治学研究》1998 年第 3 期。

22. 戴昕、张永健："比例原则还是成本收益分析——法学方法的批判性重构"，载《中外法学》2018 年第 6 期。

23. 傅玲静："论德国行政程序法中程序瑕疵理论之建构与发展"，载《行政法学研究》2014 年第 1 期。

24. 方世荣、白云锋："行政执法和解的模式及其运用"，载《法学研究》2019 年第 5 期。

25. 高家伟："论行政职权"，载《行政法学研究》1996 年第 3 期。

26. 高秦伟："论社会保障行政程序的法制化构建"，载《国家行政学院学报》2008 年第 2 期。

27. 高志宏："试论我国食品安全执法机制的变革"，载《南京大学学（报哲学·人文科学·社会科学版）》2013 年第 6 期。

28. 关保英："论行政执法中的行政协助"，载《江淮论坛》2014 年第 2 期。

29. 郭东："证券监管体制的缺陷与社会证券监管力量的崛起"，载《证券市场导报》2007 年第 12 期。

30. 何海波："内部行政程序的法律规制（下）"，载《交大法学》2012 年第 2 期。

31. 何艳玲："中国土地执法摇摆现象及其解释"，载《法学研究》2013 年第 6 期。

32. 洪家殷："权利保障与效能提升之抉择——兼论行政程序法未来修正之考量"，载台湾行政法学会主编：《行政程序法之检讨　传播行政之争讼》，元照出版有限公司 2003 年版。

33. 后向东："'互联网＋政务'：内涵、形势与任务"，载《中国行政管理》2016 年第 6 期。

34. 胡宝岭："中国行政执法的被动性与功利性——行政执法信任危机根源及化解"，载《行政法学研究》2014 年第 2 期。

35. 胡小明："电子政务信息资源共享的经济学研究（之四）——减少信息共享的行政阻力"，载《中国信息界》2004 年第 20 期。

36. 胡玉鸿："以尊严价值模式重构行政执法程序"，载《浙江学刊》2011 年第 2 期。

37. 黄锴："'以罚代管'行政执法方式生成的制度机理研究——以公路货运'治超'执法领域为基点的社科法学分析"，载《政治与法律》2016 年第 5 期。

38. 黄学贤、吴志红："行政协助程序研究"，载《行政法学研究》2009

年第 4 期。

39. 黄学贤："正当程序有效运作的行政法保障——对中国正当程序理论研究与实践发展的梳理"，载《学习与探索》2013 年第 9 期。

40. 黄学贤："行政程序中的协力行为研究——基于两岸理论与实践的比较"，载《苏州大学学报（哲学社会科学版）》2006 年第 5 期。

41. 江必新、邵长茂："共享权、给付行政程序与行政法的变革"，载《行政法学研究》2009 年第 4 期。

42. 江利红："论宏观行政程序法与我国行政程序立法模式的选择——从行政过程论的视角出发"，载《浙江学刊》2009 年第 5 期。

43. 江苏海事局："实施执法全程信息化，促进海事执法廉洁高效"，载《中国海事》2015 年第 5 期。

44. 姜明安："21 世纪中外行政程序法发展述评"，载《比较法研究》2019 年第 6 期。

45. 姜明安："论行政裁量的自我规制"，载《行政法学研究》2012 年第 1 期。

46. 姜明安："行政程序：对传统控权机制的超越"，载《行政法学研究》2005 年第 4 期。

47. 姜明安："行政法基本原则新探"，载《湖南社会科学》2005 年第 2 期。

48. 姜明安："论行政执法"，载《行政法学研究》2003 年第 4 期。

49. 姜明安："全球化时代的'新行政'法"，载《法学杂志》2009 年第 10 期。

50. 金国坤："基层行政执法体制改革与《行政处罚法》的修改"，载《行政法学研究》2020 年第 2 期。

51. 蒋红珍："非正式行政行为的内涵——基于比较法视角的初步展开"，载《行政法学研究》2008 年第 2 期。

52. 焦海涛："经济法程序的非正式性及其效率价值"，载《云南大学学报（法学版）》2010 年第 6 期。

53. 李洪雷："中国行政法（学）的发展趋势——兼评'新行政法'的兴起"，载《行政法学研究》2014 年第 1 期。

54. 李洪雷："营商环境优化的行政法治保障"，载《重庆社会科学》2019 年第 2 期。

55. 李洪雷："面向新时代的行政法基本原理"，载《安徽大学学报（哲学社会科学版）》2020 年第 3 期。

56. 李文海、秦扬："行政管辖权争议的裁决规则研究——以我国海洋油气管道保护的行政管辖权争议为例"，载《江西社会科学》2014 年第 12 期。

57. 李重照、黄璜："中国地方政府数据共享的影响因素研究"，载《中国行政管理》2019 年第 8 期。

58. 李群弟："数字时代自动化具体行政行为的法律问题及其规制"，载《2019 年行政法年会论文集》。

59. 李海平："比例原则在民法中适用的条件和路径———以民事审判实践为中心》"，载《法制与社会发展》2018 年第 5 期。

60. 林莉红、肖志雄："论行政程序的道德基础"，载《求索》2014 年第 10 期。

61. 凌斌："科层法治的实践悖论：行政执法化批判"，载《开放时代》2011 年第 12 期。

62. 刘杨："执法能力的损耗与重建：以基层食药监执法为经验样本"，载《法学研究》2019 年第 1 期。

63. 刘东亮："什么是正当法律程序"，载《中国法学》2010 年第 4 期。

64. 刘磊："街头政治的形成：城管执法困境之分析"，载《法学家》2015 年第 4 期。

65. 刘莘、邓毅："行政法上之诚信原则刍议"，载《行政法学研究》2002 年第 4 期。

66. 刘杨："专项治理"科层化的实践机制与制度前景——以鄂中 X 镇食品药品监督管理所的执法工作为个案"，载《法商研究》2017 年第 1 期。

67. 刘权："行政判决中比例原则的适用"，载《中国法学》2019 年第 3 期。

68. 刘艺："行政程序中的形式与形式主义"，载《河北法学》2007 年第 6 期。

69. 卢超："事中事后监管改革：理论、实践及反思"，载《中外法学》

2020 年第 3 期。

70. 柳砚涛："行政程序法治化路径研究"，载《华南师范大学学报（社会科学版）》2009 年第 6 期。

71. 柳砚涛、刘林："行政执法程序的经济分析"，载《东岳论丛》2012 年第 1 期。

72. 罗智敏："论正当行政程序与行政法的全球化"，载《比较法研究》2014 年第 1 期。

73. 骆梅英："行政审批制度改革——从碎片政府到整体政府"，载《中国行政管理》2013 年第 5 期。

74. 骆梅英："行政许可标准的冲突及解决"，载《法学研究》2014 年第 2 期。

75. 刘密霞："政府信息共享国际经验及借鉴"，载《电子政务》2017 年第 6 期。

76. 马春庆："为何用'行政效能'取代'行政效率'——兼论行政效能建设的内容和意义"，载《中国行政管理》2003 年第 4 期。

77. 马怀德："预防化解社会矛盾的治本之策：规范公权力"，载《中国法学》2012 年第 2 期。

78. 马颜昕："自动化行政方式下的行政处罚：挑战与回应"，载《政治与法律》2020 年第 4 期。

79. 毛立华："程序类型化理论：简易程序设置的理论根源"，载《法学家》2008 年第 1 期。

80. 茅铭晨："从自定走向法定——我国《行政处罚法》修改背景下的非现场执法程序立法研究"，载《政治与法律》2020 年第 6 期。

81. 毛振宾、孙晶："国内外食品药品投诉举报的发展趋势（下）"，载《中国食品药品监管》2012 年第 3 期。

82. 苗朝霞："依职权行政不作为的认定及监控对策探析"，载《中共郑州市委党校学报》2006 年第 2 期。

83. 倪星、原超："地方政府的运动式治理是如何走向'常规化'的？——基于 S 市市监局'清无'专项行动的分析"，载《公共行政评论》2014 年第 2 期。

84. 彭錞："迈向欧盟统一行政程序法典：背景、争议与进程"，载《环球法律评论》2016 年第 3 期。

85. 渠滢："我国政府监管转型中监管效能提升的路径探析"，载《行政法学研究》2018 年第 6 期。

86. 戚建刚：" '第三代'行政程序的学理解读"，载《环球法律评论》2013 年第 5 期。

87. 戚建刚："我国行政程序法治化之反思"，载《政法论丛》2014 年第 6 期。

88. 宋华琳："电子政务背景下行政许可程序的革新"，载《当代法学》2020 年第 1 期。

89. 宋华琳："中国政府数据开放法制的发展与建构"，载《行政法学研究》2018 年第 2 期。

90. 苏艺："论行政案件快速办理程序的构建——以《行政处罚法》的修改为契机"，载《行政法学研究》2019 年第 5 期。

91. 沈岿："监控者与管理者可否合一：行政法学体系转型的基础问题"，载《中国法学》2016 年第 1 期。

92. 沈岿："论行政法上的效能原则"，载《清华法学》2019 年第 4 期。

93. 沈福俊、崔梦豪："行政处罚处理期限制度的反思与完善——以潘龙泉诉新沂市公安局治安行政处罚案为切入点"，载《北京行政学院学报》2019 年第 2 期。

94. 石珍："行政执法事务繁简分流的程序构建——以 s 市 s 局的执法数据为研究对象"，载《行政法学研究》2015 年第 5 期。

95. 唐明良、骆梅英："地方行政审批程序改革的实证考察与行政法理——以建设项目领域为例"，载《法律科学（西北政法大学学报）》2016 年第 5 期。

96. 唐明良："新行政程序观的形成及其法理——多元社会中行政程序功能与基本建制之再认识"，载《行政法学研究》2012 年第 4 期。

97. 唐任伍、赵国钦："公共服务跨界合作：碎片化服务的整合"，载《中国行政管理》2012 年第 8 期。

98. 唐震："行政协助行为基本要素解析"，载《政治与法律》2013 年第

4 期。

99. 唐忠民、杨彬权："论依法行政的传统法文化阻滞力"，载《河北法学》2014 年第 1 期。

100. 王炳："反垄断执法和解的制度机理"，载《安徽大学学报（哲学社会科学版）》2010 年第 2 期。

101. 王静、刘晓晨："政府数据共享的法治路径和突破点"，载《中国司法》2019 年第 11 期。

102. 王敬波："面向整体政府的改革与行政主体理论的重塑"，载《中国社会科学》2020 年第 7 期。

103. 王军："论'执法打折'难题的破解——从'改进治理方式'的角度展开"，载《四川行政学院学报》2015 年第 4 期。

104. 王麟："行政协助论纲——兼评《中华人民共和国行政程序法（试拟稿）》的相关规定，载《法商研究》2006 年第 1 期。

105. 王青斌："论执法保障与行政执法能力的提高"，载《行政法学研究》2012 年第 1 期。

106. 王清："行政执法中的部门博弈：一项类型学分析"，载《政治学研究》2015 年第 2 期。

107. 王婷、张平："论行政执法和解的风险控制——以反垄断法等特殊执法领域为视角"，载《政法学刊》2015 年第 6 期。

108. 王万华："推进'一带一路'建设中的行政法问题初探"，载《经贸法律评论》2020 年第 1 期。

109. 王万华："大数据时代与行政权力运行机制转型"，载《国家行政学院学报》2016 年第 2 期。

110. 王万华："行政权力运行机制的现代化转型与《行政程序法》的制定"，载《中国行政法学研究会 2014 年年会论文集》。

111. 王万华："法治政府建设的程序主义进路"，载《法学研究》2013 年第 4 期。

112. 王万华："统一行政程序立法的破冰之举——解读《湖南省行政程序规定》"，载《行政法学研究》2008 年第 3 期。

113. 王万华："完善行政执法程序立法的几个问题"，载《行政法学研究》2015 年第 4 期。

114. 王锡锌："网络交易监管的管辖权配置研究"，载《东方法学》2018 年第 1 期。

115. 王锡锌："当代行政的'民主赤字'及其克服"，载《法商研究》2009 年第 1 期。

116. 王锡锌："行政程序法理念与制度：发展、现状及评估——兼评《湖南省行政程序规定》正式颁行"，载《湖南社会科学》2008 年第 5 期。

117. 王锡锌："行政正当性需求的回归——中国新行政法概念的提出、逻辑与制度框架"，载《清华法学》2009 年第 2 期。

118. 王锡锌："正当法律程序与'最低限度的公正'——基于行政程序角度之考察"，载《法学评论》2002 年第 2 期。

119. 王锡锌："中国行政程序立法：主义与问题"，载《湛江师范学院学报》2005 年第 2 期。

120. 王锡锌："中国行政执法困境的个案解读"，载《法学研究》2005 年第 3 期。

121. 王学辉："超越程序控权：交往理性下的行政裁量程序"，载《法商研究》2009 年第 6 期。

122. 王益民："降低信息化治理的成本的有力举措——《政务信息资源共享管理暂行办法》解读"，载《紫光阁》2016 年第 11 期。

123. 汪庆华："人工智能的法律规制路径：一个框架性讨论"，载《现代法学》2019 年第 2 期。

124. 魏程琳："城管执法的能力构成及其实践困境——国家治理能力的视角"，载《云南行政学院学报》2016 年第 1 期。

125. 吴元元："双重博弈结构中的激励效应与运动式执法——以法律经济学为解释视角"，载《法商研究》2015 年第 1 期。

126. 吴元元："信息基础、声誉机制与执法优化：食品安全治理的新视野"，载《中国社会科学》2012 年第 6 期。

127. 徐健："行政任务的多元化与行政法的结构性变革"，载《现代法学》2009 年第 3 期。

128. 许传玺、成协中："以公共听证为核心的行政程序建构"，载《国家检察官学院学报》2013 年第 3 期。

129. 许晓东、赵孝锋、郑薇："通过信息化手段提高交通运输行政执法效率"，载《水运工程》2016 年第 10 期。

130. 薛刚凌："行政法基本原则研究"，载《行政法学研究》1999 年第 1 期。

131. 薛刚凌："论行政程序制度的理性价值"，载《湛江师范学院学报》2005 年第 2 期。

132. 颜运秋："税务和解的正当性分析"，载《法学杂志》2012 年第 8 期。

133. 杨光："互联网行政监管难题亟待破题"，载《计算机与网络》2015 年第 6 期。

134. 杨海坤、郝炜："国家治理及其公法话语"，载《政法论坛》2015 年第 1 期。

135. 杨解君、蔺耀昌："综合视野下的行政执法——传统认知的反思与校正"，载《江苏社会科学》2006 年第 6 期。

136. 杨勇萍、李祎："行政执法模式的创新与思考——以网络行政为视角"，载《中国法学会行政法学研究会 2010 年会论文集》。

137. 杨临宏："城市管理行政执法困境与路径选择——基于效率与控权价值维度的分析视角"，载《行政法学研究》2020 年第 4 期。

138. 杨登峰："从合理原则走向统一的比例原则"，载《中国法学》2016 年第 3 期。

139. 袁雪石："整体主义、放管结合、高效便民：《行政处罚法》修改的'新原则'"，载《华东政法大学学报》2020 年第 4 期。

140. 叶必丰："行政组织法功能的行为法机制"，载《中国社会科学》2017 年第 7 期。

141. 叶慰："对违法行为的分类治理研究——从提高违法成本角度分析"，载《行政法学研究》2013 年第 1 期。

142. 应松年、王敬波："论我国制定统一行政程序法典的法制基础——基于现行法律规范体系之分析"，载《法商研究》2010 年第 4 期。

143. 应松年："中国行政程序法立法展望"，载《中国法学》2010 年第

2 期。

144. 于立深："地方行政程序法的实施与实效分析"，载《江汉论坛》2014 年第 9 期。

145. 于立深："多元行政任务下的行政机关自我规制"，载《当代法学》2014 年第 1 期。

146. 于立深："概念法学和政府管制背景下的新行政法"，载《法学家》2009 年第 3 期。

147. 于龙刚："乡村社会警察执法'合作与冲突'二元格局及其解释——'互动—结构'的视角"，载《环球法律评论》2015 年第 5 期。

148. 于改之，吕小红："比例原则的刑法适用及其展开"，载《现代法学》2018 年第 4 期。

149. 余凌云："听证理论的本土化实践"，载《清华法学》2010 年第 1 期。

150. 袁雪石："建构'互联网＋'行政执法的新生态"，载《行政管理改革》2016 年第 3 期。

151. 岳卫峰："我国构建证券执法和解制度的逻辑缺陷和可能路径"，载《河北法学》2015 年第 3 期。

152. 张步峰："论行政程序的功能——一种行政过程论的视角"，载《中国人民大学学报》2009 年第 1 期。

153. 张红："破解行政执法和解的难题——基于证券行政执法和解的观察"，载《行政法学研究》2015 年第 2 期。

154. 张力："略论程序作为行政正当性的扩展——兼对《湖南省行政程序规定的反思》"，载《长春大学学报》2011 年第 7 期。

155. 张淑芳："论行政简易程序"，载《华东政法大学学报》2010 年第 2 期。

156. 张淑芳："论行政执法中内部程序的地位"，载《吉林大学社会科学学报》2008 年第 1 期。

157. 张咏："论行政检查启动的规范化路径——以警察行政检查为例证"，载《行政法学研究》2020 年第 2 期。

158. 张运昊："行政一体原则的功能主义重塑及其限度"，载《财经法学》2020 年第 1 期。

159. 赵宏："行政法学的体系化建构与均衡"，载《法学家》2013年第5期。

160. 赵宏："欧洲整合背景下的德国行政程序变革"，载《行政法学研究》2012年第3期。

161. 赵金旭："从刚性制度到柔性制度：基层执法困境的一个解释框架——以H大学城取缔黑作坊和流动摊贩为例"，载《第九届珞珈国际论坛论文集》。

162. 赵娟："论行政法治与经济发展——以美国行政法作用领域和方式的演变为例"，载《南京大学法律评论》2004年第2期。

163. 赵元成："简易行政程序的理论基础与制度建构"，载《甘肃社会科学》2006年第5期。

164. 郑春燕："行政裁量中的政策考量——以'运动式'执法为例"，载《法商研究》2008年第2期。

165. 郑春燕："行政任务取向的行政法学变革"，载《法学研究》2012年第4期。

166. 郑鹏程："论现代反垄断法实施中的协商和解趋势——兼论行政垄断的规制方式"，载《法学家》2004年第4期。

167. 郑雅方："论我国行政法上的成本收益分析原则：理论证成与适用展开"，载《中国法学》2020年第2期。

168. 郑戈："国家治理法治化语境中的精准治理"，载《人民论坛（学术前沿）》2018年第10期。

169. 周海源："基本权利规范的正当程序价值——兼议行政程序法如何保障基本权利"，载《西南政法大学学报》2014年第5期。

170. 周汉华："电子政务法研究"，载《法学研究》2007年第3期。

171. 周汉华："以部门信息共享化解群众办事难现象"，载《中国发展观察》2015年第5期。

172. 周琳静、殷继国："误读与澄清：反垄断执法和解制度之本相追问"，载《东北大学学报（社会科学版）》2012年第1期。

173. 周雪光："运动型治理机制：中国国家治理的制度逻辑再思考"，载《开放时代》2012年第9期。

174. 周佑勇："作为过程的行政调查——在一种新研究范式下的考察"，载《法商研究》2006 年第 1 期。

175. 周志忍、蒋敏娟："整体政府下的政策协同：理论与发达国家的当代实践"，载《国家行政学院学报》2010 年第 6 期。

176. 周志忍："行政效率研究的三个发展趋势"，载《中国行政管理》2000 年第 1 期。

177. 朱芒："中国行政法学的体系化困境及其突破方向"，载《清华法学》2015 年第 1 期。

178. 朱新力、石肖雪："程序理性视角下的行政审批制度改革"，载《中国行政管理》2013 年第 5 期。

179. 章剑生："作为担保行政行为合法性的内部行政法"，载《法学家》2018 年第 6 期。

三、外文类

1. C. R. Farina, "On Misusing 'Revolution' and 'Reform'：Procedural Due Process And The New Welfare Act", *Administrative Law Review*, Vol, 50, NO. 3 1998, pp. 591 –634.

2. Edwardl. Rubin, "Due Process and The Administrative State", *California Law Review*, Vol. 72, NO. 6, 1984, pp. 1044 –1179.

3. Jason A. Cade, "Narrative Preference And Administrative Due Process", *Harvard Latino Law Review*, Vol. 14, 2011.

4. Jerry L. Mashaw, "Administrative Due Process：The Quest for A Dignitary Theory", *Boston University Law Review*, Vol. 61, NO. 4, 1981, pp. 885 –931.

5. Jerry L. Mashaw, *Creating The Administrative Constitution ：The Lost One Hundred Years of American Administrative Law*, New haven：Yale University Press, 2012.

6. Jerry L. Mashaw, Richard A. Merrill & Peter M. Shane, *Administrative Law：The American Public Law System, Case and Materials (sixth edition)*, St. Paul, MN：West Publishing Co. 2009.

7. Lisa Blomager Bingham, "The Next Generation of Administrative Law：building the Legal Infrastructure for Collaborative Governance", 10 *Wisconsin Law*

Rev., No. 2, 2010.

8. Rubin Edward，"It Is Time to Make the Administrative Procedure Law Administrative"，98 *Cornell Law Rev*，Issue 1，2003.

四、报纸类

1. 何可："质检 12365 执法信息化系统在部分地方两局试点应用"，载《中国质量报》2015 年 5 月 29 日，第 1 版。

2. 蒋安杰："推进法制的新程序主义进路"，载《法制日报》2010 年 11 月 24 日，第 9 版。

3. 石巍："河北食品药品投诉举报工作显成效"，载《中国食品安全报》2016 年 8 月 13 日，第 B1 版。

4. 宋乐永："网上联合审批第一例"，载《计算机世界》2004 年 7 月 26 日，第 4 版。

5. 游春亮："深圳率先开通微信缴税功能——为纳税人提供 24 小时移动缴税服务"，载《法制日报》2015 年 9 月 10 日，第 6 版。

6. 朱巍："人脸识别的法律性质认定"，载《检察日报》2019 年 11 月 6 日，第 7 版。

五、网络资料

1. "创维税案和解"，载 http：//magazine. caijing. com. cn/2005 – 10 – 03/110062485. html，最后访问时间：2016 年 9 月 20 日。

2. "食品安全执法量翻倍上涨"，载 http：//money. 163. com/16/0126/10/BE8I6FNL00253B0H. html，最后访问时间：2016 年 1 月 15 日。

3. "浙江温岭一鞋厂火灾致 16 死"，载 http：//news. ifeng. com/photo/hdsociety/detail_ 2014 _ 01/14/33010412 _ 0. shtml # p = 1，最后访问时间：2016 年 12 月 7 日。

4. "浙江温岭大火有 17 人获救 8 人死遇难者名单公布"，载 http：//news. enorth. com. cn/system/2013/02/23/010665559. shtml，最后访问时间：2016 年 12 月 7 日。

后　记

当窗外吹来的风清晰地传来秋的讯息，我也完成了以博士论文为基础的书稿修订工作。在书桌前度过的这一段寂静时光，与三年前博士论文写作相比，多了很多享受，就像是农夫经过辛勤耕作，看着一方田地逐渐葱茏，那种欢愉的心情时不时会出现。这三年，未曾落笔，但思考并未停止，当重新面对这篇论文，发现自己，竟然如此热爱这个主题，希望精心雕琢把它打磨得更好。只是，奈何自己资质愚钝，许多问题的解决并不完善，因此，修订完毕之际，虽有愉悦，但也留有几多遗憾，几多忐忑，还有对于自己不够勤勉的惭愧之情。书稿的完成，意味着一个阶段任务的结束，但此刻，我更愿意把它当成又一个崭新的开始，未来，对于整个主题的思考，自己一定还会继续下去。

停笔之际，感铭之情充沛于心。感谢我的恩师——中国政法大学王万华教授！2014 年，蒙恩师错爱，我方有机会进入中国政法大学法学院攻读博士学位，跟随恩师学习深造。在校期间老师对我百般教导和栽培，点点滴滴，历历在目。自己虽在地方高校从教十几年，但资质愚钝，才疏学浅，入门之后，老师对此自是了然于胸，但老师从未对我有过严词，一直以来都是那么温和、宽容，耐心地指导我、督促我、鼓励我。博士一年级下学期老师给我开设了指导课，老师那年只招有我一个学生，但她从未以随意的方式对待这门课程。尽管平日非常繁忙，她仍坚持每周为我专门授课。至今想来，有的只是感动和温暖。有时候去上课，看到她正在阅读大部头的英文原著，或者在听英文广播，让我肃然起敬。想起刚入学时，老师还给我复印了两本英文原著，告诉我一定要读英文原版著作，还应该坚持听英文广播。自己虽有心但无毅力，英文原著试着去读了，英文广播却从未听过，在以自己英语水平差为借口一次次地原谅自己后，也就不了了之了，想来无比惭愧。在老师身上，我目睹了一个法学学者应具有的所有品格。在课堂上，老师总是和风细雨，娓娓道来，旁征博引，句句珠玑，那是我心中最美的师者形象！生活中，老师总是从容淡泊，温润如玉，气质如兰，和老师的相处仿佛如沐春风，为老师那份独特的人格魅力所深深打动！也总有同学私下跟我说，很喜欢你们老师身上那种淡然从容的气质，我听后内心既高兴又骄傲，也打心眼里觉得，遇到恩师，真的是我求学三年中最幸运也最幸福的事情！恩师三年来的悉心教导，让我铭感五内！毕业之后，我自己也成为了一名硕士研究生导师，昔日恩师对自己的悉心教导和关爱总在眼前浮现，我时时告诫自己，要以恩师为榜样，努力尽到为人师者的职责。我想，这也是一种传承吧。

我深知，以我之资质愚钝，能够顺利完成毕业论文，顺利取得博士学位，完全仰仗于恩师的悉心指导，论文的一点一滴都浸透着老师的心血和精力。写作之路因为有老师的强大后盾而减少了不少苦痛。为我量身打造选题，为我铺篇布局甚至遣词造句，为我提供思路，指点迷津，宽容着我的无知，督促着我的懒散。论文答辩前天，老师在电话中细心叮咛我答辩注意事项，时至今日，仍记得那一刻一股暖流涌上心间，真切地体会到中国词汇中的"恩师"饱含了多少深情与幸福！殷殷师爱、谆谆师教，学生将永远铭记在心！毕业的三年以来，自己还未曾赴京去探望老师，这三年来，每逢老师有论文发表，自己总会认真学习，就如同再次聆听老师教导。老师的文章一如既往的朴实严谨，并无任何煽情的文字、华美的词汇，但读老师的文章，我深刻地体会到，什么是求真务实，什么是大道至简。老师的文章充满对于现实的关怀，这时就会想起老师曾经在课堂上说过的一句话：学行政法要有一种入世的情怀。慢慢地明白，关注国家、关注社会，关注行政权的现实运作，老师所讲的入世情怀其实就是公法学者的一种家国情怀。反复阅读老师的文章，感觉自己虽然毕业了，但老师仍在引领着我进步！不知道用什么语言来表达我对您的感激与感恩，我可敬可亲的恩师，学生愿意永远地为您祝福！愿您学术之树长青，愿您永远幸福，永远平安！

感谢我的家人，你们是我的大地，我的港湾！我深知，自己之所以还能够去追逐梦想，是你们在为我负重前行，你们总是那样毫无保留，那般竭尽全力地去支持我，这本书凝结着你们理解和支持的心血，每每想及此，总有一滴晶莹从内心最柔软的地方涌上眼眶。我的亲人们，好好地爱你们，永远是我最重要的事情！

感谢中国政法大学宪法与行政法专业的导师组老师！恕我此处不再一一具名，感谢所有的老师们，在你们身上，深深感受到你们推动中国行政法治进步的一颗赤子之心，感受到身为知识分子那份沉甸甸的家国情怀与社会责任！感谢你们让我领略到行政法学的精髓和意义，让我学习到做学术应有的姿态和方法，向老师们致敬！特别感谢中国政法大学应松年教授、刘莘教授、刘善春教授、王青斌教授、罗智敏教授、卞修全教授、以及中国人民大学法学院莫于川教授、中央民族大学法学院熊文钊教授在论文开题阶段和答辩阶段，对论文写作和修改提出的宝贵意见，衷心地感谢各位老师！

感谢所有在法大结识的朋友们、同门们、同窗门，你们给予的帮助、鼓励、真诚的祝福，让求学的路上充满温情和美好，减少了很多孤独和苦闷，所有的一点一滴，铭记在心，一切尽在不言中，我唯愿我们所有的人都拥有幸福美好的人生！

感谢法大研究生院这片热土！胸怀法治天下的法学教授们的坚守和奉献，见到白发先生的感动，令人热血沸腾的讲座，少年纵马、心怀法治理想的一张张青春面孔……这些激动人心的记忆，鼓舞我作为一名法学教师，应在课堂上传播法治理念，传播善良与公正。还有，还有那么多微小、确实而幸福的记忆，新1号楼开朗热情的宿管大叔、政法复印店文质彬彬的老板、诉讼法研究院资料室里和蔼可亲的老师、小月河畔的一树树花开……有关旧时光的记忆温暖又明亮！法大，你已成为我念念不忘和毕生感激的地方！

感谢我的工作单位太原科技大学以及我所在的法学院！感谢学校支持并鼓励教师的进一步学习与深造，感谢学校对于本书出版提供的资助！感谢法学院领导们的鞭策、激励与支持，使我有动力继续前行；感谢法学院同事们的鼓励与关爱，使得学术道路的艰难时光有了更多的温暖！我将带着一颗感恩的心继续努力！

感谢本书责任编辑艾文婷女士和欧阳正航先生！出版期间诸多杂事均劳烦于两位，他们的奉献精神让我感动，正是他们的热忱、敬业和匠心之心方使得本书能够呈现一个更好的样态！感恩，祝福！谨祝两位工作顺利，生活幸福！

王亚利

2021年2月于太原